W0460652

2

Découvertes

Lehrerbuch

Série jaune

von
Martina Angele
Meike Hethey
Simone Hinrichs
Britta Jung
Inge Mühlmann
Angela Nebauer
Steffen Obeling
Marion Pausch
Hermann Voss

Ernst Klett Verlag
Stuttgart · Leipzig

Inhalt

Symbole und Abkürzungen

- Hör-Seh-Verstehen
- Sprechen
- Leseverstehen
- Schreiben
- Partnerarbeit
- Gruppenarbeit
- △ einfachere Übung
- ▲ schwierigere Übung

L	Lehrerinnen und Lehrer
S	Schülerinnen und Schüler
SB	Schülerbuch
U	*Unité*
CdA	*Cahier d'activités*
GBH	Grammatisches Beiheft
G	Grammatikparagraph
KV	Kopiervorlage
HV	Hörverstehen
UG	Unterrichtsgespräch

Allgemeiner Teil

Das Lehrerbuch

Das Lehrerbuch ***Découvertes – Série jaune*** versteht sich als **Angebot**. Die Vorschläge zur Erarbeitung der *Unités* des Schülerbuchs sowie des *Cahier d'activités* folgen in allen Teilen demselben Prinzip, sodass die Unterrichtenden das für sie passende Angebot leicht auswählen können.
Der **einheitliche Aufbau** aller *Unités* und die **Schlagworte** in der Randspalte sichern eine schnelle Orientierung im Buch.
Zu Beginn einer jeden *Unité* werden die zu erwerbenden **Kompetenzen** – ausgehend von den Bildungsstandards von 2003 (s. dazu weiter unten) – und das dazu passende Angebot im Schülerbuch und im *Cahier d'activités* ausgewiesen.
Für eine rasche bzw. kurzfristige Unterrichtsvorbereitung gibt es die Rubrik ***Préparation en 3 minutes***. Sie enthält einen Vorschlag für eine Unterrichtseinheit inklusive der Auflistung des dafür benötigten Materials und Anregungen für passende Hausaufgaben.
Im Anschluss daran wird ein **exemplarischer Weg** für die Lektionserarbeitung vorgeschlagen; dieser folgt immer demselben „**Schritte-Modell**": Hinführung, Problematisierung, Erarbeitung, Sicherung und Festigung.
Tipps und Tricks bilden eine weitere Rubrik, in der nützliche Informationen für den Unterricht enthalten sind.
Nach jeder *Unité* wird ein Vorschlag für einen Test, eine Klassenarbeit bzw. zur **Standardsicherung** gemacht. Vorschläge zum **modularen Arbeiten** stehen nach *Unités* 2, 4, 6 und 7.
Zusätzlich gibt es vielfältige **Kopiervorlagen**, z. B. für die Erarbeitung der *Atelier*-Texte und zur Stärkung der Mündlichkeit. Den Schwerpunkt bilden Kopiervorlagen zur **Diagnose**, zum **Fördern** und für die **Differenzierung**. Letztere enthalten u.a. Parallelübungen zu ausgewählten Schülerbuchaufgaben, um lernschwächere Schülerinnen und Schüler zu unterstützen, sowie Übungen, um lernstärkere S zusätzlich zu fordern.
Die **beigelegte CD-ROM** enthält **alle Lösungen** der Übungen von Schülerbuch und *Cahier d'activités*, die **Hörverstehenstexte** in editierbarer Form, die **Lösungsbogen** zu den Kopiervorlagen der Diagnose, Förderung und Differenzierung, eine Sammlung aller ***Boîtes à outils*** aus den Lehrerbänden 1+2. Diese Methodenkästen enthalten wertvolle Tipps für den Unterricht und dessen abwechslungsreiche Durchführung.
Das Lehrerbuch gibt es als Printprodukt, als Ringordner mit ausgedruckten Lösungen und als Bestandteil des **Digitalen Unterrichtsassistenten**.

Konzeption des Lehrwerks

Ziele und Adressaten

Découvertes – Série jaune richtet sich speziell an Lernerinnen und Lerner, die Französisch ab Klasse 6 als 2. Fremdsprache am Gymnasium lernen. Schulen, in denen Französisch ab Klasse 7 unterrichtet wird, finden mit ***Découvertes – Série bleue*** ein passendes Angebot.
Bei der Konzeption wurden die Empfehlungen und Vorgaben der Bildungsstandards ebenso berücksichtigt wie internationale Standards und Erkenntnisse aus der Fachdidaktik und Sprachlehrforschung sowie der Lernpsychologie.
Dem Lehrwerk zugrunde liegen die Bildungsstandards für die erste Fremdsprache (Englisch/Französisch) für den Mittleren Schulabschluss aus dem Jahr 2003 sowie die Kernlehrpläne der Bundesländer.

Abschlussniveau

Découvertes Band 2 vermittelt den Lernenden weiterführende Kenntnisse der französischen Sprache sowie Informationen zu Frankreich und Paris. Das Lehrbuch versteht sich als Gesamtangebot. Die Schwerpunkte der schulinternen Curricula der einzelnen Gymnasien legen fest, welche Texte und Aufgaben in *Découvertes 2* als verpflichtend zu betrachten sind. Beispiele für schulinterne Curricula werden im Internet unter www.klett.de angeboten, zudem gibt es auf der CD-ROM ein Beispiel für die *Unité 1* und eine Blanko-Vorlage.
Mit *Découvertes Band 2* erreichen die Schülerinnen und Schüler die Kompetenzstufe **A2** des **Gemeinsamen europäischen Referenzrahmens**. Die weiteren Bände des Lehrwerks führen zu folgenden Niveaustufen:

Découvertes Band 3, Klasse 8: **A2** mit Anteilen **B1**
Découvertes Band 4, Klasse 9: **A2–B1** (produktiv); **B1** (rezeptiv)

Buchaufbau

Das Buch besteht aus einem fakultativen Vorkurs *(Plateau Rentrée)*, wo in spielerischer Form Inhalte, grammatische Strukturen und Wortschatz aus Band 1 wiederholt werden, sieben ***Unités***, drei dazwischengeschalteten fakultativen ***Plateaus*** (nach den *Unités 2, 4* und *7*) und einem fakultativen ***En-plus***-Teil zur Differenzierung. Daran schließen sich eine Zusammenstellung der wichtigsten im Buch vermittelten Lern- und Arbeitstechniken, das Lernvokabular der *Unités*, alphabetische Wortlisten sowie ein Lösungsteil an. Kartenmaterial zum Schauplatz der Texte, zu Paris und zu Frankreich befindet sich im Vorsatz vorn und hinten.

Aufbau der Unités

Die sieben *Unités* sind jeweils bestimmten Themenschwerpunkten zugeordnet, die im Inhaltsverzeichnis ausgewiesen sind. Eine *Unité* besteht in der Regel aus folgenden fünf Teilen:

1. Découvertes
Die ***Découvertes***-Seiten führen in das Thema ein, stellen ersten lexikalischen Input bereit und bieten erste Sprechanlässe. Die ***Vis-à-vis***-Infoboxen zielen auf das **interkulturelle Lernen** ab und bauen in Band 2 weiterhin das soziokulturelle Orientierungswissen auf. Die „**Portfolio**-Box" nennt das Ziel der *Unité*.

2. Ateliers
In den nach A-B gegliederten ***Ateliers*** werden die zentralen **Kompetenzen** nach und nach in Texten und Übungen entwickelt. Die Atelier-**Texte** führen in die Welt einer Gruppe von Pariser Kindern ein, beschreiben deren Alltag und stellen Sprechanlässe zur Verfügung. Sprachliche Mittel, Arbeits- und Lernmethoden sowie soziokulturelles Orientierungswissen werden vermittelt und in überschaubaren **Übungen** trainiert. Die *Atelier*-Übungen sind den Kompetenzen zugeordnet, die in der Randspalte ausgewiesen sind. An die Übungen anschließende Transferteile sowie einzelne offene Aufgabenstellungen nehmen die Steuerung zurück und führen auf die Anwendung hin.
Découvertes Band 2 macht in in jeder *Unité* Angebote für die Entwicklung aller Kompetenzen und Fertigkeiten. Dies schließt eine Schwerpunktsetzung im Rahmen des Fachcurriculums nicht aus. Ausgehend von den Inhalten bieten sich folgende **Kompetenzschwerpunkte** an: Die *Unités 1 + 4* eignen sich besonders für die Schwerpunkte „Lesen" und „Sprechen", die *Unités 2, 5 + 6* für den Schwerpunkt „Schreiben", die *Unités 3 + 7* für die Schwerpunkte „Hören" und „Sprechen".

3. Pratique: tâches
In ***Pratique*** tritt die fiktive Lehrbuchwelt zugunsten der Schülerperspektive zurück. Die Schüler wenden die in den *Ateliers* erworbenen **Kompetenzen** in realitätsbezogenen **Aufgaben** an und entwickeln sie weiter. Die Didaktisierung sowie angebotene Hilfestellungen treten sukzessive zurück, die Problemlösung steht im Vordergrund. Unbekannte Wörter in Dokumenten und Lesetexten zählen nicht zum Lernwortschatz.
Die jeweils letzte Aufgabe in *Pratique* ist eine **Portfolio**-Aufgabe. Sie führt zu einem Produkt, das dem zu Beginn der *Unité* genannten Ziel der Einheit entspricht und schließt die Klammer. Das Ergebnis dieser Aufgabe kann in den Dossier-Teil des Sprachenportfolios übernommen bzw. abgeheftet werden.
Individuelle Ausdruckswünsche bei der Bearbeitung der Portfolioaufgabe werden bei den Lernenden zu einer punktuellen Nachfrage nach weiterer Lexik führen. Daher wird hier unter der Rubrik ***Mon dico personnel*** die individuelle Erweiterung des eigenen Wortschatzes angeregt bzw. unterstützt und im Vokabelteil am Ende einer *Unité* fortgeführt. Der hier vorgeschlagene Wortschatz ist als beispielhaft zu verstehen und zählt nicht zum allgemeinen Lernwortschatz. Im Vokabelteil ist der individuelle Wortschatz blau in einer nachempfundenen Handschrift ausgezeichnet.

4. Bilan
Die ***Bilan***-Teile fassen die wichtigsten Inhalte der *Unité* zusammen und ermöglichen anhand geschlossener Aufgabenformate sowie eines Lösungsteils im Anhang des Buches die selbstständige Überprüfung des Gelernten. Das Ampel-Symbol fordert im Sinne des Europäischen Sprachenportfolios zur Selbsteinschätzung auf. Wird diese als unzureichend eingestuft, so kann über das Internet kostenlos auf weiteres Übungsmaterial zugegriffen werden (⟶ Online-Links in der Randspalte, z. B. Schülerbuch, S. 22).

5. Grammaire (G)
Anhand kurzer Bildsequenzen werden die grammatischen Inhalte der *Unité* signalgrammatisch dargestellt. Die verwendeten grammatikalischen Begriffe werden erläutert.

Besondere Unités

Unité 6 weicht von dem oben erläuterten Aufbau ab.
Das Gliederungsprinzip *Atelier – Pratique* wird hier zugunsten des Arbeitens an **Lernstationen** aufgegeben. In den Stationen 1–4 (Erstellung einer Schülerzeitung) üben die Lernenden nicht nur selbstständig, sondern erarbeiten sich auch überschaubare sprachliche Inhalte selbstgesteuert. Dem Erschließen von Wörtern und Aussprache kommt in dieser Einheit eine besondere Bedeutung zu. Das methodische Vorgehen in dieser *Unité* wird durch entsprechende Angebote im *Cahier d'activités* begleitet. Die *Unité* kann aber auch herkömmlich durchgenommen werden.

Übungsrubriken

Die Übungen und Aufgaben sind sichtbar in der Randspalte den **zentralen Kompetenzen** *Ecouter + Regarder, Lire, Parler* und *Médiation* (Sprachmittlung) zugeordnet; Mischformen wie *Ecouter et parler* können vorkommen.
Die **interkulturelle Kompetenz** wird in der Rubrik *Vis-à-vis* geübt, die **Methodenkompetenz** in der Rubrik *Stratégies*.
Übungen und Aufgaben, die sich für die Vorbereitung auf das französische Sprachzertifikat *DELF (Diplôme d'Etudes en Langue Française)* eignen, sind durch ein Symbol (Delfin) gekennzeichnet. Aufgaben, deren Ergebnis in den Dossier-Teil des Europäischen Sprachenportfolios übernommen werden kann, sind entsprechend ausgezeichnet.
Die **sprachlichen Mittel** werden in den Übungsrubriken *Jeu de mots* (Lexik), *Jeu de sons* (Aussprache) und *En forme* (Grammatik) entwickelt.

Plateauseiten

Nach den *Unités 2, 4* und *7* folgen jeweils drei *Plateau*-Seiten, die keinen neuen Lernstoff enthalten. Die *Plateaus* enthalten je eine Seite zum **Hören** bzw. **Lesen** (*Plaisir d'écouter* bzw. *Plaisir de lire*), eine Seite mit **Wiederholungsübungen** sowie eine Seite mit Aufgaben zur Vorbereitung auf das französischen Sprachzertifikat ***DELF*** *(Diplôme d'Etudes en Langue Française)*. Diese drei Seiten können unabhängig voneinander eingesetzt werden.

En plus

Ein zusätzliches Übungsangebot im *En plus*-Teil (S. 116–133) ermöglicht **binnendifferenzierendes Arbeiten**. Die *En-plus*-Übungen sind nach *Unités* gegliedert und beziehen sich auf genau definierte Stellen innerhalb der Ateliers. An entsprechenden Stellen im *Atelier*-Teil der *Unités* wird auf die Differenzierungsmöglichkeit hingewiesen. Das Angebot umfasst einfachere und schwierigere Zusatzübungen für die qualitative Differenzierung sowie Zusatzübungen von ähnlichem Schwierigkeitsgrad wie in *Atelier* für die quantitative Differenzierung. Stellenweise wird auch eine methodische Differenzierung ermöglicht (z. B. eine Hörübung für Inhalte, denen in *Atelier* eine Sprechübung zugeordnet ist).

Lösungen

Die Lösungen (S. 194–198) dienen der **Selbstkontrolle** der Lernenden; sie beziehen sich auf die *Bilan*-Teile und auf die *Révisions*-Seiten der *Plateau*-Teile. Außerdem werden die Lösungen zu den Lernstationen in *Unité 6* zur Verfügung gestellt.

Das lektionsbegleitende Vokabular

Découvertes Série jaune 2 enthält **479 Lernwörter** ohne Eigennamen. Die gesprochenen Vokabeln können im Lehrwerk-Online-Bereich zu *Découvertes* auf www.klett.de angehört werden.
Das Vokabular wird in **drei Spalten** präsentiert: links steht das französische Wort mit der Phonetik, in der Mitte die deutsche Übersetzung. Die rechte Spalte enthält Beispielsätze aus den *Unités* mit deren Übersetzung und vieles mehr.
Am Anfang der *Unités* stehen Tipps zum Vokabellernen und *Tu te rappelles?*-Kästen, in denen auf bereits gelernte Wörter hingewiesen wird und die in der folgenden *Unité* wieder vorkommen.
Wörter, die interkulturelle Besonderheiten betreffen, werden in *Vis-à-vis*-Kästchen erläutert.
Dort, wo es sich anbietet, wird neuer Wortschatz „vernetzt"; für das, was zusammengehört, gibt es „Auf einen Blick"-Rahmentexte; Sprechanlässe mit neuem Vokabular werden kontrastiv gebündelt. Am Ende jeder *Unité* steht die Rubrik *Mon dico personnel*, die zusätzlichen **individuellen Wortschatz** enthält.

Differenzierung

Découvertes bietet zahlreiche Differenzierungsmöglichkeiten in qualitativer und quantitativer Hinsicht.
Die ***Pratique***-Teile, die dosiert aus der Progression aussteigen, bieten bereits die Möglichkeit, die Schülerinnen und Schüler gezielt zu fördern. Da in den *Pratique*-Teilen kein Lernvokabular eingeführt wird, kann aus diesen auch gezielt ausgewählt und Übungen z. B. nur einer ausgewählten Lerngruppe zugewiesen werden. Diese Aufgaben können individuell in ganz unterschiedlicher Tiefe bearbeitet werden.
Eine weitere Differenzierungsmöglichkeit bieten die ***Plateau***-Teile. Von kompakten Lesetexten bis hin zu einfachen Wiederholungsübungen bieten sie Material für ganz unterschiedliche Bedürfnisse.
Kern des Differenzierungskonzepts im *Découvertes*-Schülerbuch ist der ***En plus***- bzw. ***Différenciation***-Teil (ab S. 116). In den *Atelier*-Teilen der *Unités* wird konkret auf Zusatzübungen verwiesen. Ein „leeres" Dreieck bedeutet, dass es sich um eine einfachere, ein „gefülltes" Dreieck bedeutet, dass es sich um eine anspruchsvollere Übung handelt.
Der *En plus-/Différenciation*-Teil ist nicht ausschließlich als Angebot für die Leistungsdifferenzierung konzipiert. Es gibt auch weiterführende Übungen, Übungen zu einer anderen Fertigkeit und anderes mehr.
Ein Angebot für die reine Leistungsdifferenzierung (gleiche Übungen einmal mit mehr, einmal mit weniger Hilfen) bietet das **Lehrerbuch** (siehe dazu weiter oben).
Weitere Differenzierungübungen gibt es im Internet. Im *Bilan*-Teil werden die Lerner auf **Online-Links** zu einfachen Förderübungen hingewiesen. Es handelt sich dabei um kostenlose, sehr einfache Arbeitsblätter zu den Lernzielen der jeweiligen *Bilan*-Aufgaben.
Verweise auf Übungen im *Cahier d'activités* erfolgen im Schülerbuch dann, wenn diese ein besonders kleinschrittiges Vorgehen anbieten oder wenn eine *Cahier*-Übung eine unmittelbare Unterstützung für die entsprechende Schülerbuch-Übung darstellt.
Punktuelle Differenzierungshinweise gibt es im **Lehrerbuch** unter der Rubrik „Tipps und Tricks".

Weitere Werkteile

Die Lehrerausgabe

In der Lehrerausgabe des Schülerbuchs (Klett-Nr.: 622023) erscheinen der neue Wortschatz und die neuen Strukturen entsprechend markiert.
Auf Fotos mit den realen Lehrwerkfiguren sind häufig die Namen der Personen mitabgedruckt, damit die Unterrichtenden deren Namen sofort parat haben.
Die Lehrerausgabe des Schülerbuchs enthält sämtliche Verweise auf zugeordnete Übungen des *Cahier d'activités*.
Rote Zahlen in der Randspalte verweisen auf die Tracknummern der gesonderten Audio-CD (siehe dazu weiter unten „Tonträger"), die auch im MP3-Format vorliegen.

Grammatisches Beiheft

Der Aufbau des Grammatischen Beiheftes (Klett-Nr.: 622028) folgt den *Unités* des Schülerbuchs. Die einzelnen Abschnitte (G) folgen dem Prinzip der **Induktion**: Ziel ist es, dass die Lernenden die Regeln selbst formulieren. Die Zählung der Grammatik-Abschnitte entspricht der Zählung in den Schülerbuch-*Unités* (siehe oben 5.).
Merksprüche sowie Hinweise auf Fehlerquellen ermöglichen einen **altersgerechten Zugang** zu den grammatischen Inhalten und führen behutsam in die grammatische Terminologie ein.
Leichte Übungen mit der Möglichkeit zur **Selbstkontrolle** (Lösungen sind mitabgedruckt) unterstützen das selbstverantwortliche Lernen. Eine separate, behutsame **„Kleine Grammatikschule"** sichert die unverzichtbare grammatische Terminologie.

Das Cahier d'activités

Das *Cahier d'activités* bietet für alle Kompetenzen und deren Training ein **zusätzliches Übungsangebot** für die Arbeit im Unterricht oder zu Hause. Das *Cahier d'activités* ist fest verlinkt mit dem Schülerbuch: in jeder Überschrift gibt es einen Verweis auf die entsprechende Schülerbuchaufgabe. Parallel zu den *Bilan*- und den *Plateau*-Teilen des Schülerbuchs gibt das *Cahier d'activités* außerdem die Möglichkeit zur **«*auto-évaluation*»**. Im Sinne des Sprachenpasses des *Europäischen Portfolios für Sprachen* werden die Schülerinnen und Schüler angehalten, über ihren **individuellen Lernprozess zu reflektieren**. Die entsprechenden Seiten können direkt in die Arbeit mit dem *Portfolio* einbezogen werden. Die **heraustrennbaren Trainingskarten** nach *Unité 6* ermöglichen das Üben von Zahlen, Wortschatz, Verben und Dialogen.
Im *En plus*-Teil gibt es **differenzierende Übungen** zu den *Cahier*-Aufgaben weiter vorne. Einfachere Übungen tragen dazu bei, dass alle Lernenden dasselbe Niveau erreichen; schwierigere Übungen sind ein Zusatzangebot für leistungsstärkere Schüler/innen.
Extra-Seiten für die Vorbereitung auf die internationale ***DELF*-Prüfung** runden das Angebot des *Cahier d'activités* ab.
Das *Cahier d'activités* liegt für die Schülerinnen und Schüler in zwei unterschiedlichen Versionen vor:
Version 1 und 2 (Klett-Nr.: 622026 und 622025) enthalten beide
- eine MP3-CD mit Hördokumenten aus dem Schülerbuch und dem *Cahier d'activités*,
- eine Video-DVD mit Videodokumenten aus dem Schülerbuch und dem *Cahier d'activités*.

Version 2 (Klett-Nr.: 622025) enthält außerdem eine Übungssoftware zum Lernen am Computer.
Das ***Cahier d'activités* für Lehrerinnen und Lehrer** (Klett-Nr.: 622027) enthält neben allen Lösungen und den transkribierten Hördokumenten sowohl die MP3-CD als auch die Video-DVD als auch die Übungssoftware. In der Lehrerversion sind auf der MP3-CD auch die didaktischen Lieder enthalten, die aus lizenzrechtlichen Gründen in der Schülerversion fehlen.

Tonträger

Neben den dem *Cahier d'activités* beiliegenden CDs gibt es eine separate, kostenpflichtige Audio-CD. Sie enthält die Vertonungen der Lektionstexte, die Hörverstehenstexte sowie die Chansons.

Folien

Für die Unterrichtsdurchführung gibt es sowohl Overhead-Folien mit Abbildungen und/oder Bildergeschichten aus dem Schülerbuch als auch Transferfolien für den zusätzlichen Einsatz im Unterricht. In diesem Lehrerbuch wird bei der Planung des Unterrichts jeweils auf die Folien Bezug genommen.

Interaktive Tafelbilder

Die interaktiven Tafelbilder (Klett-Nr.: 622074) dienen der Einführung und Wiederholung von zentralen Themen unter der Voraussetzung, dass an der Schule mit einem Whiteboard gearbeitet werden kann.
Neben motivierenden Tafelbildern zum Üben von Wortschatz und Grammatik können u. a. die verschiedenen Kompetenzbereiche interaktiv und spielerisch eingeübt werden.

DVD-ROM/Video: Ça tourne

Ça tourne enthält Spielfilme, Reportagen, Interviews, Filmtranskripte und Unterrichtsvorschläge (Klett-Nr.: 622100).
Die **Spielfilme** werden als Ganzes und in Sequenzen passgenau zu den *Unités* des Schülerbuches angeboten.
Zu jedem Spielfilm gibt es einen Unterrichtsvorschlag. Weitere detaillierte Unterrichtsvorschläge, Beschreibungen zu den Filmen, Arbeitsblätter als Kopiervorlagen mit Lösungen befinden sich im speziellen **Lehrerbegleitheft** (Klett-Nr.: 622104).
Die Spielfilme wurden u. a. an Originalschauplätzen des Lehrwerks in Paris gedreht.

Découvertes – Série jaune bietet eine Fülle unterschiedlicher Zusatzmaterialien, hier eine Auswahl.

Klassenarbeiten, Tests und Übungsmaterialien

Sesam: Lernstandserhebungen mit kompetenzorientierten Aufgaben

Mit dieser Aufgabensammlung (Klett-Nr.: 622108) werden zu jeder *Unité* die grundlegenden Fertigkeiten Hör-/Hör-Sehverstehen, Leseverstehen, Textproduktion und Sprachmittlung überprüft. Neu in diesem Heft ist eine Aufgabe zum Hör-Sehverstehen anhand eines authentischen Videos, das ein vertrautes Thema variiert. Darüber hinaus gibt es Aufgaben für zwei **mündliche Klassenarbeiten**, mit denen die Kompetenz *Parler* überprüft werden kann. Bei den Aufgaben dieser Sammlung geht es um die Bewältigung einer authentischen Situation, die den Bezug zur Alltagswelt der S berücksichtigt.
Die Aufgabensammlung enthält zudem ein umfangreiches Angebot an Materialien zu den **sprachlichen Mitteln** sowie zur **Differenzierung**. Alle Aufgaben stehen als **editierbare Word-Dokumente** zur Verfügung.

Fit für Tests und Klassenarbeiten

Das Übungsheft (Klett-Nr.: 622020) bereitet die Schülerinnen und Schüler auf **kompetenzorientierte Klassenarbeiten** vor. Dazu gibt es zu jeder *Unité* einen Übungsteil, der die Basiskompetenzen trainiert. Zahlreiche Aufgaben des Übungsteils belegen die grammatischen Pensen einer *Unité* und wälzen den neuen Wortschatz um. Lerntipps und Verweise auf **Differenzierungsaufgaben** auf der CD runden den Übungsteil ab. Zu jeder *Unité* gibt es eine **simulierte Klassenarbeit**. Die beiliegende CD-Extra enthält außer den Tonmaterialien auch sämtliche Lösungen, Checklisten zur Kontrolle des Lernprozesses sowie Diagnosebögen zur Selbstüberprüfung.

Das Trainingsbuch

Das Trainingsbuch (Klett-Nr.: 622221) ist ideal zum **selbstständigen Lernen** am Nachmittag: *Unité* für *Unité* wird alles Wichtige wiederholt.
Neben Aufgaben zur schriftlichen Produktion und zur Spachmittlung gibt es zahlreiche Übungen zur Festigung der Grammatik und des Wortschatzes.
Das Hörverstehen kann mit der beiliegenden Audio-CD geübt werden.
Das Trainingsbuch kann auch zur Vorbereitung auf Klassenarbeiten und Tests benutzt werden, die ausführlichen Lösungen dienen der Selbstkontrolle.

---

99 grammatische Übungen
99 Wortschatzübungen

Die beiden Hefte (Klett-Nr.: 622019 und 622061) mit Lösungsteil enthalten Übungen zur Wiederholung und Festigung des Gelernten. Tipps und Illustrationen enthalten nützliche Hinweise und erleichtern das Lernen. Bei jeder Übung wird auf die Grammatik im Schülerbuch und auf das Grammatische Beiheft verwiesen. Jede *Unité* schließt mit einem *Tout compris?*-Teil ab. Darin wird den Schülerinnen und Schülern u. a. gesagt, was sie schon können (müssten); zusätzlich werden Strategien genannt, mit denen die Schülerinnen und Schüler das Gelernte sichern können.

Testen und Fördern

Der **kostenlose Online-Service** enthält über 100 Kompetenztests zur Bearbeitung. Die automatische Auswertung auf Knopfdruck gibt einen Überblick über den Lernstand und den Lernfortschritt der Klasse. Zum Ausdrucken gibt es individuelle Diagnoseübungen, Fördermaterialien und vieles mehr.

Lehrersoftware

Der digitale Unterrichtsassistent: für Lehrerinnen und Lehrer

Der **Digitale Unterrichtsassistent** (DUA, Klett-Nr.: 622006) enthält neben dem vollständigen digitalen Schülerbuch auch den gesamten Lehrerband mit Kopiervorlagen zum Ausdrucken, die Lehrerausgabe des *Cahier d'activités*, alle Audio-Dateien des Schülerbuchs, Videoausschnitte zum unmittelbaren Einsatz im Unterricht, Differenzierungshinweise und vieles mehr – genau den Schülerbuchseiten zugeordnet. Damit zeigt er auf einen Blick, welche Materialien an welcher Stelle im Unterricht eingesetzt werden können.
Als zusätzliche Hilfe für die Unterrichtsvorbereitung sind ein **Interaktiver Stoffverteilungsplaner** sowie **Fremdsprachen-Werkzeuge** integriert. Damit können u. a. eigene Texte mit dem Lernstand der Schülerinnen und Schüler (bezogen auf *Découvertes*) abgeglichen werden, Vokabeltests aus dem *Découvertes*-Vokabelbestand erzeugt und Arbeitsblätter erstellt werden.
Der DUA kann auch direkt im Unterricht per Beamer oder Whiteboard eingesetzt werden. Videoausschnitte, Audios und Interaktive Tafelbilder sind unmittelbar bei den passenden Aufgaben platziert und können somit direkt ohne Wechsel des Datenträgers an die Wand projiziert werden.

Übungssoftware

für Schülerinnen und Schüler

Die **Übungssoftware** folgt exakt den *Unités* des Schülerbuches und bietet Schülerinnen und Schülern abwechslungsreiche Übungsmöglichkeiten.
Die Schülerinnen und Schüler können verschiedene Themenbereiche, die im Unterricht behandelt wurden, ganz in ihrem eigenen Tempo vertiefen; dazu gehören vor allem Aufgaben mit authentischen Audios und Videoausschnitten zur Förderung des Hör- und Sehverstehens. Daneben gilt es, Dialoge zu bilden, die Aussprache zu üben, Texte in die richtige Reihenfolge zu bringen und vieles mehr.
Mit verschiedenen Selbsttests können die Schülerinnen und Schüler sich selbst einschätzen. Sie sehen, wo sie noch Schwächen haben und in welchen Bereichen sie noch verstärkt üben sollten. Speziell zu diesen Bereichen erhalten sie im Anschluss ganz individuelle Übungs-Empfehlungen.
Die CD-ROM liegt dem *Cahier d'activités* (Klett-Nr.: 622025) bei. Eine umfangreichere Version mit einem extra Vokabeltrainer ist separat erhältlich.

Lektüren

Zu ***Découvertes Band 2*** gibt es auch Lektüren, die im Hinblick auf Wortschatz und Grammatik auf das Schülerbuch abgestimmt sind.

Ab dem Ende des 1. Lernjahres

Léo Koesten: *L'école du Labrador* (Klett-Nr.: 591845)
Inhalt: Ein blinder Schüler kommt auf das *Collège Balzac*. Sein Alltag ist sehr schwierig. Marie möchte ihm helfen und versucht, in einem Tierheim einen Blindenhund für ihn zu finden. Mit Audio-CD.

Ab dem Ende des 2. Lernjahres

Léo Koesten: *Oui, chef!* (Klett-Nr.: 591846)
Inhalt: Als seine Mutter stirbt, gerät der 13-jährige Maxime völlig aus dem Gleichgewicht. Er schwänzt die Schule, um sich seiner Leidenschaft, dem Kochen zu widmen. Sein Vater und der Schulleiter können dies nicht akzeptieren. Mit 13 ist Maxime zu jung, um den Beruf des Kochs zu erlernen – auch wenn er sehr begabt ist. Doch es gibt eine Lösung, die für alle Beteiligten annehmbar ist …
Die in der Lektüre beschriebenen Kochrezepte wurden von einem echten Sternekoch in Paris ausprobiert. Auch die Leser können die Rezepte nachkochen.

Für Materialien, die hier nicht erwähnt sind: ⟶ www.klett.de

Schulische Inklusion

Allgemeine Hinweise

Erfolgreiche Förderung von S mit unterschiedlichen Lernbeeinträchtigungen im Unterricht der allgemeinbildenden Schule zu ermöglichen – dies ist eine **zentrale Aufgabe schulischer Inklusion**. Hierfür bedarf es aber weniger einer besonderen Pädagogik für diese Kinder und Jugendlichen, als vielmehr einer allgemein inklusionsfördernden pädagogischen Haltung.

Eine schulische Kultur der Vielfalt basiert auf der **Akzeptanz der Unterschiedlichkeit** von S auch im Hinblick auf Lernvoraussetzungen und Leistungsvermögen. Dort, wo Lehrkräfte ihren S im Schulalltag mit dieser Haltung begegnen, ermöglichen sie auch lernbeeinträchtigten, entwicklungsverzögerten und behinderten Kindern und Jugendlichen, sich erfolgreich auf Lernen einzulassen.

S mit Handicaps im sprachlichen, kognitiven oder sozialen Entwicklungsbereich sind beispielsweise beim Erlernen einer Fremdsprache besonders beeinträchtigt. Sie bedürfen eines **Sicherheit und Schutz** gewährenden, zugleich aber auch fordernden Lernumfelds, um Hemmungen und Versagensängste zu überwinden und sich unterrichtsbezogen sprachlich äußern zu können.

Sich in sozial komplexe Situationen wie Gruppenarbeit oder Unterrichtsgespräche einzubringen, kann S, die in ihrer emotional-sozialen Entwicklung beeinträchtigt sind, trotz hoher Intelligenz überfordern. Um ihre sozialen und kommunikativen Kompetenzen zu fördern, bedarf es klarer **Gesprächsregeln**. Es sollten aber alternativ auch Rückzugsmöglichkeiten und Phasen der Stillarbeit angeboten werden.

Wenn Mitschüler für diese spezifischen Bedürfnisse sensibilisiert werden und Empathie und Solidarität entwickeln können, entsteht ein **Lernklima**, von dem alle S profitieren.

Nicht nur, aber besonders für wahrnehmungs-, konzentrations- und lernbeeinträchtigte S ist die **Strukturierung des Lernumfelds** und des Unterrichts wichtig. Sie benötigen Sicherheit und Orientierung. Sie müssen einschätzen können, was sie erwartet und was von ihnen erwartet wird. **Lernzielabsprachen** in Form von Tages- und Wochenzielen, transparente Regeln für den Unterricht und verbindlich vereinbarte Konsequenzen bei Regelüberschreitungen tragen entscheidend dazu bei.

Darüber hinaus verlangt gelingende Inklusion nach einer **Methodenvielfalt**, die den unterschiedlichen Lernvoraussetzungen und Lerntypen Rechnung trägt. Dies erfordert im Umgang mit S mit schwierigen Lernvoraussetzungen oftmals eine erweiterte individuelle Förderung. Denn selbstständiges Lernen, allein oder in der Gruppe, und der eigenverantwortliche Umgang mit Lernzeiten und Lernzielkontrollen bedarf der **kleinschrittigen Anbahnung** sowie zusätzlicher individueller Hilfen.

Auch ***Découvertes*** bietet Aufgaben, deren Bearbeitung lernbeeinträchtigten S ein hohes Maß an Selbstständigkeit und Erfolgserlebnissen ermöglicht. Gerade die **Übungen mit Spaß und Spielcharakter und kleinere Rollenspiele** kommen den Bedürfnissen entwicklungsverzögerter Kinder und Jugendlicher sehr entgegen. Lehrkräfte müssen aber berücksichtigen, dass bei jüngeren S mit Lernschwächen nur bedingt auf bisher erworbenen Kompetenzen aufgebaut werden kann.

Regelmäßige **Wiederholungs- und Übungsaufgaben** sowie Aufgaben mit kontinuierlicher Progression ermöglichen auch S mit begrenzter Merkfähigkeit Erfolgserlebnisse. Der Erfolg bemisst sich für sie zunächst an den **positiven Rückmeldungen** der für sie besonders wichtigen Lernbegleiter, der Lehrkräfte. Zur Entwicklung eines lernförderlichen Selbstbewusstseins und zum Aufbau der Lernmotivation sind die jungen Menschen in hohem Maße auf positive Rückmeldungen angewiesen. Da sie aber durchaus um ihre Lernschwächen wissen, helfen ihnen Leistungsbewertungen, die ihren individuellen Lernfortschritt würdigen, aber auch aufzeigen, welche Lernziele ihnen helfen, weitere wichtige Kompetenzen zu erlangen.

Weiterführende Informationen finden Sie hier:

Hintergrundwissen Inklusion

Handreichung Sekundarstufe I
Themenheft
ISBN: 978-3-12-547009-5

- Wissenswertes zu über 20 Lernbeeinträchtigungen
- Hinweise zur Arbeit mit Förderplänen
- Tipps für ein gelungenes Classroom-Management
- Formulierungshilfen zur Leistungseinschätzung
- Kurztipps zur Entspannung im Unterricht

Lehrwerkscharaktere und -inhalt

Découvertes série jaune: Charaktere

Marie Chabane, 11 Jahre alt (Band 1), ältere Schwester Clara, jüngerer Bruder Gabriel, Hund Moustique; sie liebt Musik

Léo Pirou, 11 Jahre alt (Band 1), Vater arbeitet als Journalist in Deutschland, Hund Malabar; er liebt Comics, Rockmusik und Videospiele

Alex Guibert, 11 Jahre alt (Band 1), jüngerer Bruder Jérôme, Katze Malou; Großmutter Mme Latière besitzt den Schreibwarenladen; sie liebt Rugby und Judo

Mehdi Azemour, 11 Jahre alt (Band 1), er liebt Karate und Mangas

Jérôme Guibert, 10 Jahre alt (Band 1), ältere Schwester Alex

Découvertes série jaune, Band 1: Inhalt

Handlungsort der Geschichten des Lehrwerks ist das *Quartier des Batignolles* im 17. Arrondissement von Paris, ein sehr lebendiges und dynamisches Viertel, das einen repräsentativen Querschnitt durch die Bevölkerungsschichten aufweist. In diesem Viertel liegt das *Collège – Lycée international Honoré de Balzac*, einer der größten Schulkomplexe von Paris.

Storyline	Themen in Stichworten
In **Unité 1** lernen sich Léo und Marie kennen: Sie treffen im Tierheim in einem Vorort von Paris aufeinander, wo sie ihre Hunde Moustique (Marie) und Malabar (Léo) abholen. Moustique und Malabar schließen bei dieser Gelegenheit gleich Freundschaft. Im weiteren Verlauf begegnen sich Léo und Marie auf der Straße wieder und stellen fest, dass sie im selben Viertel wohnen.	**Mes amis et moi** **Kennenlernen** **Schwerpunkt:** Kontaktaufnahme
In **Unité 2** lernen die beiden die burschikose Alex kennen, die sich im Schreibwarengeschäft ihrer Großmutter aufhält. Beim Kennenlernen spielen wiederum die Tiere eine entscheidende Rolle: Malabar verfolgt eine Katze, die sich in eben diesen Laden flüchtet. Im zweiten Text der *Unité* kommt Alex' Bruder Jérôme hinzu und erst durch dessen Neckerei wird Léo bewusst, dass Alex ein Mädchen ist.	**Mes amis et mes activités** **Kennenlernen** **Schwerpunkt:** Vorlieben und Abneigungen
In **Unité 3** lädt Léo seine neuen Freunde zu seiner Geburtstagsfeier ein. Mit dabei ist auch sein Kumpel Mehdi. Die Freunde überlegen, was sie Léo schenken sollen. Léo ist am Vortag seines Geburtstages traurig, weil sein Vater ihm am Telefon mitteilt, dass er nicht zur Geburtstagsfeier kommen kann. Er arbeitet als Journalist in Deutschland. Doch am Tag darauf trifft unerwarteter Besuch ein … Der Vater hat es doch noch geschafft.	**Ma famille et mes amis** **Geburtstagsfeier** **Schwerpunkt:** Familie
In **Unité 4** hat die Schule begonnen. Léo findet auf dem Schulhof einen geheimnisvollen USB-Stick. Die Kinder sehen im CDI auf dem Computer nach, was sich darauf befindet: Es ist eine Deutsch-Klassenarbeit. Nun geht es darum, wie man mit diesem sehr nützlichen Wissen umgeht. Es kommt zu einer Meinungsverschiedenheit unter den Freunden. Schließlich stellt sich heraus, dass es die Klassenarbeit eines Deutschlehrers an einer anderen Schule ist.	**Mon collège et moi** **Schule** **Schwerpunkt:** Tagesablauf, Stundenplan
In **Unité 5** übernachtet Alex von Freitag auf Samstag bei Marie. Die beiden schmieden Pläne für das Wochenende. Am Samstag besucht Marie Alex bei ihrem Judotraining – und ist beeindruckt. Anschließend interviewt sie ihre Freundin für die Stadtteilzeitung. Zum Abschluss des Tages treffen die beiden Mädchen Léo und Mehdi im Park am Crêpestand.	**Mon quartier et moi** **Freizeitbeschäftigungen** **Schwerpunkt:** Orientierung i.d. Stadt *activités au choix*
In **Unité 6** bekommt Maries Familie Besuch aus Lyon. Zunächst ist Marie wenig begeistert. Dann aber erlebt sie gemeinsam mit dem Besuch das Fest zum 14. Juli. Dabei lernen sie zwei Brüder kennen, die eine Wette abgeschlossen haben: Der jüngere der beiden fordert Marie zu einem Tanz auf – und ist erfolgreich.	**Les fêtes et moi** **14. Juli** **Schwerpunkt:** etwas erzählen
In **Unité 7** ist Léos Vater da. Vater und Sohn ziehen durch Paris, um an unterschiedlichen Orten Material für eine Reportage zu sammeln, z.B. am Eiffelturm, im Bus, auf einem Flohmarkt und im Parc Astérix.	**Ma ville et moi** **Paris** **Stationenlernen**

Hör-Seh-Verstehen bei Découvertes

Découvertes bietet für jede *Unité* Spielfilme, Reportagen und Interviews an, die das Hör-Seh-Verstehen trainieren. Das Filmmaterial befindet sich auf einer dem *Cahier d'activités* beiliegenden Video-DVD sowie bei *Ça tourne 2* (Klett-Nr.: 622100).
Ça tourne 2 enthält genau auf die *Unité* des Lehrwerks abgestimmte Spielfilme, Reportagen , Interviews sowie Filmtranskripte und Unterrichtsvorschläge. Weitere umfassende Unterrichtsvorschläge befinden sich im Lehrerbegleitheft zu *Ça tourne 2* (Klett-Nr.: 622104).

Filmübersicht für das Schülerbuch

Zu diesen Filmen für das Schülerbuch wird Unterrichtsmaterial auf der Klett-Homepage (www.klett.de) zum Download angeboten. Die Filme befinden sich auf der Video-DVD des *Cahier d'activités*.

Unité 1

Filmtitel: La rentrée

Einsatzort:
Seite 10, Vis-à-vis

Unité 2

Filmtitel: Les catacombes de Paris

Einsatzort:
Seite 25, Vis-à-vis

Unité 3

Filmtitel: Le bulletin scolaire

Einsatzort:
Seite 42, Vis-à-vis

Unité 4

Filmtitel: Qu'est-ce qu'on mange ce soir?

Einsatzort:
Seite 57, Vis-à-vis

Unité 4

Filmtitel: Anaïs fait les courses.

Einsatzort:
Seite 60, Nr. 5 B

Unité 5

Filmtitel: Arcachon et Bordeaux

Einsatzort:
Seite 74, Vis-à-vis

Unité 6

Filmtitel: Le groupe Presteej

Einsatzort:
Seite 92, Nr. 2

Unité 6

Filmtitel: Le sourire

Einsatzort:
Seite 96, Nr. 2

Unité 7

Filmtitel: On discute des vacances.

Einsatzort:
Seite 108, Nr. 7 A

Filmübersicht für das Cahier d'activités

Zu diesen Filmen bietet das *Cahier d'activités* Unterrichtsmaterial an. Die Filme befinden sich auf der Video-DVD des *Cahier d'activités*.

Unité 1

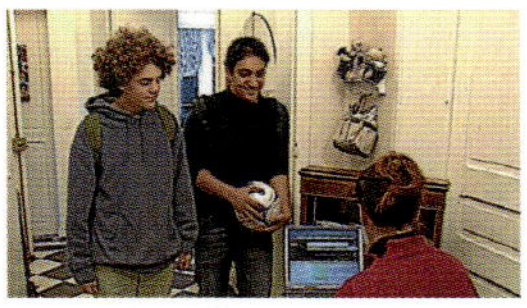

Filmtitel: Maxime et Driss

Einsatzort:
Cahier d'activités: Seite 14, Nr. 5
(nach Schülerbuch, Seite 20, Nr. 2)

Unité 2

Filmtitel: Découvertes à vélo

Einsatzort:
Cahier d'activités: Seite 26, Nr. 6
(nach Schülerbuch, Seite 35, Nr. 3)

Unité 3

Filmtitel: Au collège

Einsatzort:
Cahier d'activités: Seite 38, Nr. 3
(nach Schülerbuch, Seite 52, Nr. 1)

Unité 4

Filmtitel: On fait des crêpes.

Einsatzort:
Cahier d'activités: Seite 50, Nr 4
(nach Schülerbuch, Seite 69, Nr. 4)

Unité 5

Filmtitel: C'est beau, ça!

Einsatzort:
Cahier d'activités: Seite 68, Nr. 3
(nach Schülerbuch, Seite 85, Nr. 1)

Unité 7

Filmtitel: Taïg Khris: l'as du roller

Einsatzort:
Cahier d'activités: Seite 84, Nr. 5
(nach Schülerbuch, Seite 104, Nr. 5)

Unité 7

Filmtitel: Dans la rue

Einsatzort:
Cahier d'activités: Seite 91, Nr. 4
(nach Schülerbuch, Seite 106, Nr. 3)

S. 8–9 Plateau Rentrée

Ziele

Inhaltlicher Schwerpunkt

Das *Plateau Rentrée* widmet sich in spielerischer Form der Wiederholung einiger ausgewählter Bereiche des ersten Bandes. Die Grundlage für dieses Spiel bilden Fragekärtchen (S. 9), die sich gemäß ihrer Farben drei Bereichen zuordnen lassen: blau = *Vis-à-vis* (interkulturelles Orientierungswissen), grün = sich verständigen (Kompetenz Sprechen) und orange/gelb = Wortschatz und Grammatik (Verfügbarkeit sprachlicher Mittel).

Zur Methodik

Dieses *Plateau* ist so konzipiert, dass die S in spielerischer Form Inhalte von Band 1 reaktivieren und üben können. Zudem bietet das LB hier Möglichkeiten an, mit deren Hilfe die S in kooperativer Form und schülerorientiert wichtige lexikalische (Kleidung und Wetter) und grammatische Inhalte (z.B. die Verben *mettre*, *lire*, *écrire*) der *Unité* 6 und/oder *Unité* 7 reaktivieren können. Dabei wird zunächst gemeinsam Wortschatzarbeit im Plenum umgesetzt, die dann mit schülerorientierten Kopiervorlagen vertieft wird.
Die Grundlage für dieses Lernarrangement bilden die Kopiervorlagen 1–4 (⟶ Übersicht S. 21).

S. 8–9 Le match de la rentrée

Préparation en 3 minutes

- **Mitnehmen!** Ausgeschnittene und ggf. folierte Fragekarten (S. 9), Spielfeld (S. 8) als OHP-Folie (digital vorhanden unter Online-Link j7627p), KV 1+2, ggf. KV aus LB 1 (⟶ Übersicht S. 21)
- **Schülerbuch:** S. 8–9
- **Schwerpunkte:** Über die Ferien sprechen, Wiederholungen
- **Methoden/Sozialformen:** Omniumkontakt (⟶ *Boîte à outils 3*), Brainstorming; PA (⟶ KV 2), GA
- **Hausaufgabe:** KV 1 versprachlichen ⟶ Zweiminutenrede

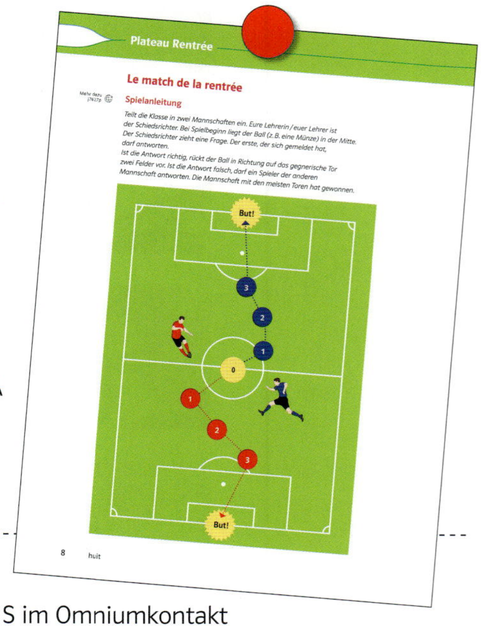
Plateau Rentrée

Le match de la rentrée

Mehr dazu j7627p

Spielanleitung

Teilt die Klasse in zwei Mannschaften ein. Eure Lehrerin / euer Lehrer ist der Schiedsrichter. Bei Spielbeginn liegt der Ball (z.B. eine Münze) in der Mitte. Der Schiedsrichter zieht eine Frage. Der erste, der sich gemeldet hat, darf antworten.
Ist die Antwort richtig, rückt der Ball in Richtung auf das gegnerische Tor zwei Felder vor. Ist die Antwort falsch, darf ein Spieler der anderen Mannschaft antworten. Die Mannschaft mit den meisten Toren hat gewonnen.

8 huit

Hinweise zur Durchführung

Hinführung (KV 1)
KV 1: Mithilfe der Kopiervorlage berichten die S im Omniumkontakt (⟶ *Boîte à outils 3*) zunächst über den Verlauf Ihrer Sommerferien. Nach Abschluss dieser Phase kann der L 3–4 S auffordern, im Plenum etwas aus ihren Ferien zu berichten. Hinweis auf die HA (s. u.).

Vorbereitung (SB)
Einteilung der Lerngruppe in zwei Teams: Die Mannschaften geben sich zunächst einen Namen: *Equipe X contre Equipe Y.*
S. 9: Lesetraining: Zunächst lesen alle S in EA die Fragen bzw. Aufgaben. Anschließend Austausch mit dem Partner in einer Murmelphase (ca. 10 Minuten) über mögliche Lösungen.

Spiel/Durchführung (SB)
S. 8: Erläuterung der Spielregeln für die S, nachdem ein S diese laut vorgetragen hat (⟶ Zur Methodik, Alternative).

Hausaufgabe
Eine Zweiminutenrede üben, in der die Ferienaktivitäten geschildert werden.

Tipps und Tricks

Zur Methodik Das Spiel kann in verschiedenen Sozialformen durchgeführt werden:
1. Es werden zwei Mannschaften aus der gesamten Lerngruppe gebildet – diese spielen gegeneinander.
2. Die Lerngruppe teilt sich in 4–6 Gruppen, in denen sich jeweils zwei Mannschaften bilden, die gegeneinander spielen.
3. Die S spielen das Spiel zu zweit und kontrollieren sich gegenseitig.

Alternative Interessant wäre es, das Spiel mit der gesamten Lerngruppe auf einem großen Spielfeld im Freien durchzuführen.

Reaktivierung Découvertes 1, Unité 6

Lexik An dieser Stelle werden Vorschläge gemacht, wie – falls gewünscht – das Thema Kleidung in einem „Schnelldurchlauf" reaktiviert werden kann:
Zunächst wird das Vokabular mithilfe des Brainstormingverfahrens an der Tafel wiederholt. Dabei sollte das TB in drei Bereiche (*vêtements/fringues*, *couleurs* und *expressions*) vorstrukturiert werden. Drei S beginnen. Sie schreiben je einen Begriff an die Tafel und geben dann die Kreide an einen anderen S weiter, der sich meldet, usw.

Tafelbild 1

Les couleurs	Les vêtements (les fringues)	Expressions
blanc/blanche	un t-shirt	Il/Elle porte un/une …
rouge	un pantalon	Il/Elle a mis un/une …
bleu/bleue	un jean	Je le trouve …
jaune	une robe	C'est joli / bizarre / super / moche / …
vert/verte	une jupe	
noir/noire	un pull	
orange	une chemise	
gris/grise	un anorak	
marron	une veste	
	un chapeau	
neu: multicolore	des baskets	
	des chaussures	
	un short	
	…	
	neu: des lunettes de soleil	

KV 2 Im Anschluss bearbeiten die S die KV 2. Verlauf:
Sie beschreiben sich zunächst gegenseitig und dann immer abwechselnd eine Zeichnung. Dabei kontrolliert der Partner die Informationen anhand des auf Kopf gedruckten Lösungsvorschlags.

Vertiefung: Einen neuen Partner suchen und jeweils die anderen Abbildungen übernehmen.

Alternative Aktuelle Mode kann auch über Bilder und Beschreibungen über die Website von großen französischen Kaufhäusern (z.B. *Galeries Lafayette*) zusammengestellt werden.

Grammatik Die wesentlichen grammatischen Inhalte können anhand von Übungen und KV im LB 1 *Découvertes Série jaune* gezielt nachgeholt werden (⟶ Übersicht zu den Übungen der Kopiervorlagen der *Unités* 6 und 7, S. 21).

S. 1–2 CdA: Le jeu des monuments

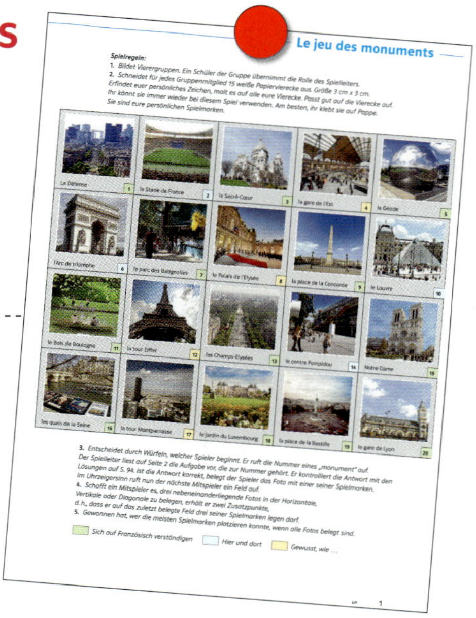

Préparation en 3 minutes

- **Mitnehmen!** *CdA*, 4–6 Würfel, KV 1, 3–4, ggf. KVs aus LB 1 (⟶ Übersicht, S. 21)
- ***Cahier d'activités*:** S. 1–2
- **Schwerpunkt:** Wiederholung
- **Sozialformen:** GA, PA
- **Hausaufgabe:** Online-Link ug826y

Hinweise zur Durchführung

Hinführung (KV 1)
Besprechung der Hausaufgabe: Die S üben in PA ihre Zweiminutenrede über die Ferienaktivitäten. Im Anschluss präsentieren 3–5 S ihre Rede im Plenum (⟶ Reaktivierung U7).

Vorbereitung (*CdA*)
S. 1: Zu Beginn werden reihum die Sehenswürdigkeiten 1–20 laut vorgelesen; die anderen S sprechen im Chor nach.
Einteilung in 4er-Gruppen, Zuordnung des jeweiligen Spielleiters und Hinweis für ihn auf die Lösungen auf S. 94.

Spiel/Durchführung (*CdA*)
S. 1: Erläuterung der Spielregeln für die S, nachdem ein S diese laut vorgetragen hat (⟶ Zur Methodik, Alternative).

Hausaufgabe
Online-Link ug826y: *Paris pour ados.*

Tipps und Tricks

Zur Methodik Die Gruppenzusammensetzung sollte auf jeden Fall eine andere sein als beim Spiel im SB. Hier bieten sich auch heterogene Gruppen an, da sich etwaige Leistungsunterschiede durch den spielerischen Ansatz dieser Gruppenübung nicht nachteilig auswirken.

Alternative Weitere Frage von der Internetseite (⟶ Hinweis *CdA*, S. 2 unten, Online-Link zv9868) herunterladen, ausdrucken, folieren und an schnell arbeitende Gruppen verteilen.

Reaktivierung Découvertes 1, Unité 7

Lexik Im Anschluss an die Darstellung der Zweiminutenreden kann zur Reaktivierung übergeleitet werden, indem die S auch nach dem Wetter zu ihren Urlaubs- und Ferienschilderungen befragt werden. Die ersten Antworten sollen dann an der Tafel (⟶ Tafelbild 2) festgehalten werden. Sollte das Vokabular nur zögerlich genannt werden, wird im UG mithilfe vorbereiteter Symbole das TB vom L vervollständigt.

KV 3 Anschließend Bearbeitung von KV 3.

Tafelbild 2

Quel temps fait-il?

Beau
Il fait chaud.
Il fait beau.
Il y a du soleil.
Il y a du vent.

Le temps

Mauvais
Il fait froid.
Il neige.
Il fait mauvais.
Il y a du vent.
Il pleut.

Neu:
Il y a du brouillard. / Il y a des orages. / Il y a des nuages …

Grammatik Verbentraining: Als Nächstes werden die Formen der Verben ***mettre, lire, écrire*** reaktiviert. Der L schreibt die drei Infinitivformen der Verben an die Tafel. Zwei S agieren als Spielleiter. Alle S stehen auf und die Spielleiter nehmen einen Mitschüler dran, zeigen auf ein Verb und nennen die Person (*je / ils* ...). Der Mitschüler nennt die richtige Form (z. B. *j'écris*). Der L zeigt an, ob er/sie sich setzen darf oder nicht. Nach einer bestimmten Zeit oder wenn alle S sitzen, beendet der L das Spiel.

KV 4 Anschließend Bearbeitung von KV 4.
Alternativ kann KV 4 auch als Hausaufgabe gegeben werden.

Weitere grammatische Inhalte können anhand von Übungen und KV im LB 1 *Découvertes Série jaune* gezielt nachgeholt werden (⟶ Übersicht s. u.).

Übersicht Übungen mit grammatischer Ausrichtung aus dem Lehrerbuch zu Band 1, *Découvertes Série jaune*:

Übung/Übungsform	Fundort	Ziel/Inhalt
Tandembogen	LB 1, *Unité* 6, KV 1, S. 230	Anwendung des *Passé composé* (Frage-Antwort-Schema)
Tandembogen	LB 1, *Unité* 6, KV 5, S. 234	Anwendung von Verben mit direkten und indirekten Objekten
Einzelarbeit mit Hilfe einer Tabelle	LB 1, *Unité* 7, KV 4, S. 256	Verbformen *lire* und *écrire*
Sätze rekonstruieren	LB 1, *Unité* 6, Fördern, KV 3, S. 291, Nr. 6 LB 1, *Unité* 6, Differenzierung, KV 1, S. 306	Anwendung des *Passé composé*

Der besondere Tipp Auf der Klett-Seite befinden sich unter dem angegebenen **Online-Link j7627p** auch noch mehrere Übungen/Arbeitsblätter mit Lösungen zum *Passé composé*.

Les vacances *(f.)*

Je suis allé(e) à / en / au(x) . . .
J'ai été . . .
Je suis resté(e) à la maison.

la plage – der Strand
la mer – das Meer
se baigner – baden *(je me suis baigné(e))*
faire de la natation – schwimmen
plonger – tauchen
faire de la planche à voile – surfen
bronzer – sich sonnen
jouer à qc (au beach volley) – spielen

faire du camping – zelten
le camping – der Zeltplatz
la colonie de vacances – das Ferienlager

la montagne – der Berg, die Berge
faire de la randonnée – wandern

visiter qc – etw. besichtigen *(nicht: jdn besuchen!!!)*
aller voir qn – jdn besuchen
rendre visite à qn – jdn besuchen

lire – lesen *(j'ai lu)*
dormir beaucoup – viel schlafen *(j'ai beaucoup dormi)*
rencontrer les copains / copines – die Freunde treffen
aller à la piscine – ins Schwimmbad gehen
faire la connaissance de qn – jdn kennenlernen

s'amuser (bien) – (viel) Spaß haben, sich amüsieren *(nous nous sommes bien amusé(e)s)*

Klettbuch 622024 Découvertes, Lehrerbuch. © Ernst Klett Verlag Stuttgart 2013
Von diesen Vorlagen ist die Vervielfältigung für den eigenen Unterichtsgebrauch gestattet. Die Kopiergebühren sind abgegolten.

Les vêtements

Travaillez à deux. La fiche de travail est entre vous. Elève A (qui regarde les solutions) commence et montre un dessin. Elève B décrit le dessin et A contrôle la description. Retournez la fiche, B montre un autre dessin etc. (Setzt euch gegenüber. Partner A kann die Lösungen lesen. Partner B beschreibt ein Bild und Partner A kontrolliert die Lösung. Anschließend wird das Blatt umgedreht und es werden die Rollen getauscht.)

Solutions:

1. Elle porte un t-shirt rouge, une casquette de Paris, un pantalon bleu et des chaussures jaunes. Je la trouve/Elle est cool, …

2. Il a mis/porte une chemise blanche, un pantalon noir et des chaussures noires. Je le trouve/Il est …

3. Le petit garçon porte un t-shirt blanc, un pantalon rouge et des chaussures marron. Je le trouve/Il est …

4. Il a mis un anorak vert, une chemise bleue et un pantalon bleu (une chemise et un pantalon bleus) et des chaussures noires et blanches. Je le trouve/Il est …

5. Elle porte une jupe verte et jaune, une veste orange et des chaussures vertes. Je la trouve/Elle est …

6. Elle porte une robe/jupe rouge, un pull noir, une casquette grise et des baskets blanches. Je la trouve/Elle est …

7. Il porte une chemise noire, une veste blanche, un jean/un pantalon bleu et des chaussures noires. Je le trouve/Il est …

8. C'est une petite fille avec un pull jaune, une veste verte, un chapeau blanc, une jupe grise et des chaussures rouges. Je

Klettbuch €22024 Découvertes, Lehrerbuch. © Ernst Klett Verlag Stuttgart 2013
Von diesen Vorlagen ist die Vervielfältigung für den eigenen Unterrichtsgebrauch gestattet. Die Kopiergebühren sind abgegolten.

Le temps

Faltet den Partnerbogen in der Mitte und erzählt euch gegenseitig, wie das Wetter an euren Orten ist. Verbessert euch, wenn nötig.

A	B
 **Paris** 25 °C	 **Nice** 35 °C
[A Nice, il fait beau et très chaud, mais il y a du vent.]	[A Paris, il fait beau et chaud.]
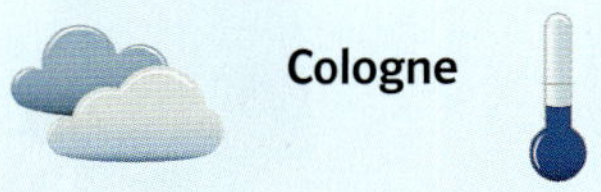 **Cologne** 15 °C	 **Strasbourg**
[A Strasbourg, il fait mauvais et il pleut.]	[A Cologne, il fait mauvais et froid/il ne fait pas chaud.]
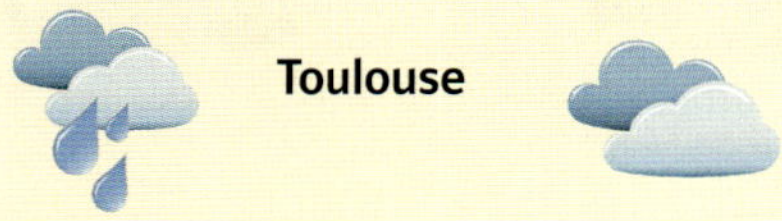 **Toulouse**	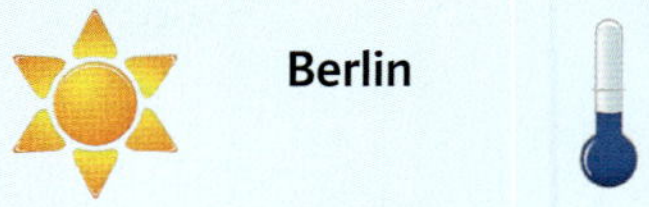 **Berlin** 3 °C
[A Berlin, il fait beau mais froid.]	[A Toulouse, il fait mauvais, il y a des nuages et il pleut.]
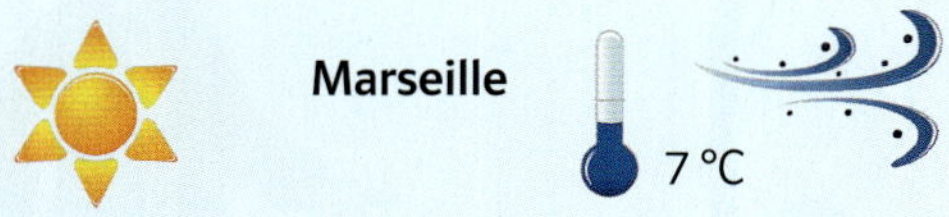 **Marseille** 7 °C	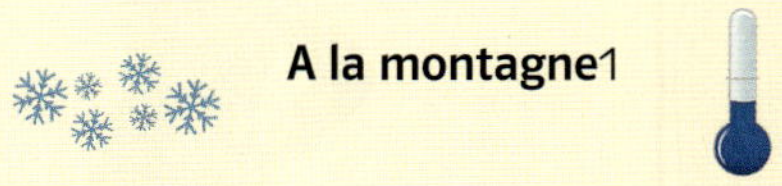 **A la montagne**1 2 °C
[A la montagne, il fait mauvais, il fait froid et il neige.]	[A Marseille, il fait beau, il y a beaucoup de vent, mais il fait froid.]
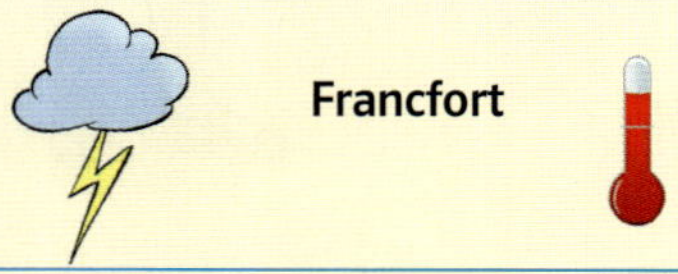 **Francfort** 28 °C	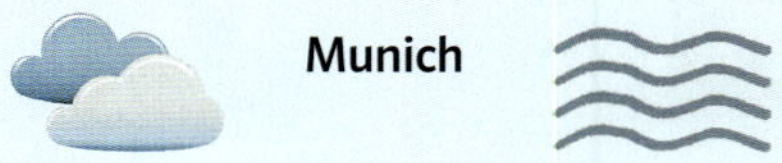 **Munich**
[A Munich, il fait mauvais/il y a des nuages et il y a du brouillard.]	[A Francfort, il y a des nuages, il fait chaud et il y a des orages.]
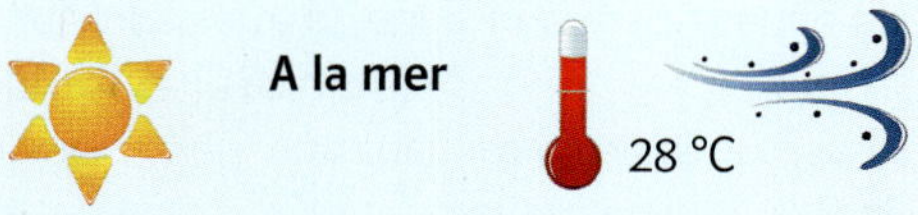 **A la mer** 28 °C	 **Lyon** 24 °C
[A Lyon, il fait chaud, mais il pleut.]	[A la mer, il fait beau et chaud, il y a du vent.]

Klettbuch 622024 Découvertes, Lehrerbuch. © Ernst Klett Verlag Stuttgart 2013
Von diesen Vorlagen ist die Vervielfältigung für den eigenen Unterrichtsgebrauch gestattet. Die Kopiergebühren sind abgegolten.

mettre, lire, écrire

Complète les phrases avec la bonne forme des verbes ***mettre, lire*** *et* ***écrire****.*
Puis note ces formes dans les mots croisés.

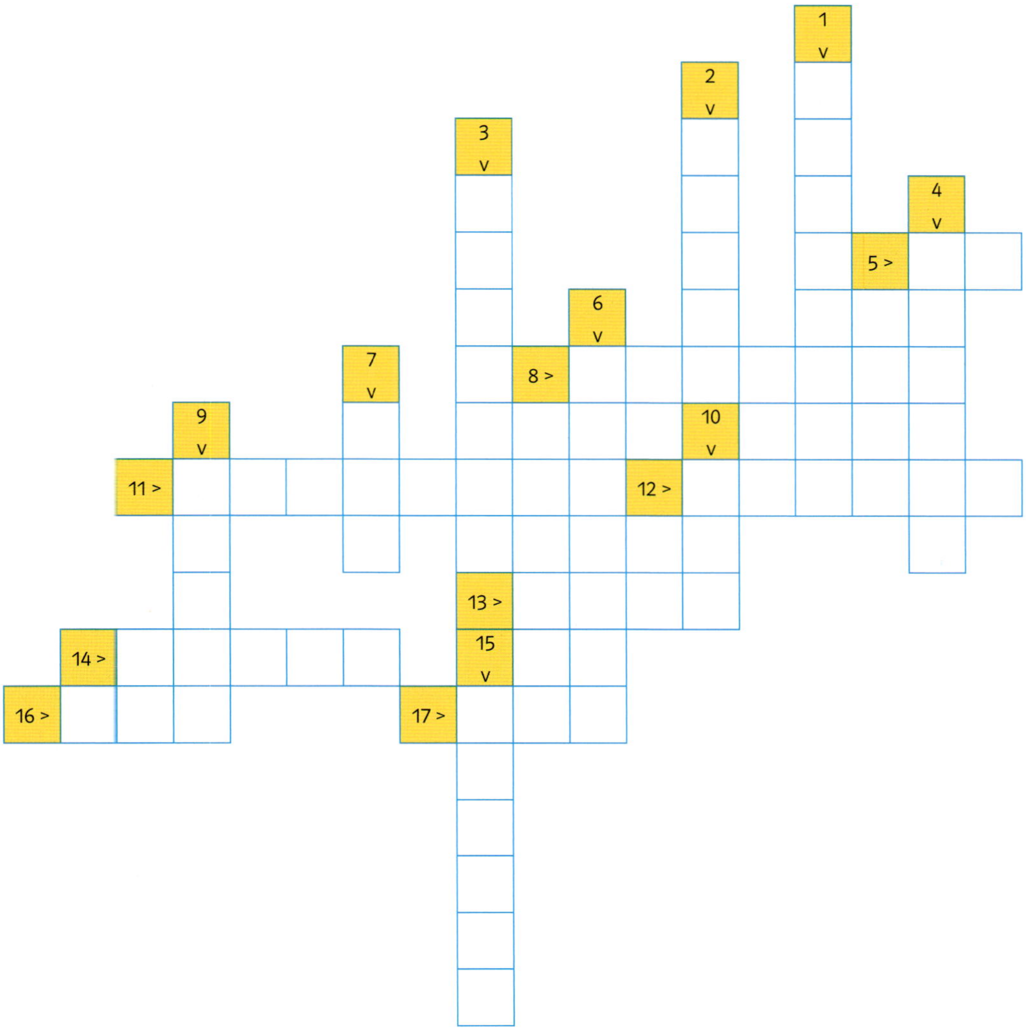

Senkrecht:

1. Nous … un article pour le journal du collège.
2. Elle a … une lettre à sa copine.
3. Est-ce que vous … pour un journal?
4. Ils … le journal.
6. Les élèves … leurs vêtements de sport.
7. Clara … le courriel de son père.
9. J'… quatre phrases dans mon cahier.
10. Tu ne … pas l'interview de ZAZ?
15. … vos portables dans les sacs!

Waagerecht:

5. Vous avez … l'article sur le parc Astérix?
8. Nous … une robe pour la fête de Lucie.
11. En vacances, mes parents … toujours une carte postale à ma grand-mère.
12. Nous … les questions de l'interro.
13. Il fait très froid. … ton anorak.
14. … le texte, puis répondez aux questions.
16. Où est-ce que Marie a … les croissants?
17. Léo … sa casquette.

Klettbuch €22024 Découvertes, Lehrerbuch. © Ernst Klett Verlag Stuttgart 2013
Von diesen Vorlagen ist die Vervielfältigung für den eigenen Unterichtsgebrauch gestattet. Die Kopiergebühren sind abgegolten.

Unité 1

S. 10–24 **C'est la rentrée!**

Ziele

Inhaltlicher Schwerpunkt

In dieser *Unité* geht es um den Schulanfang nach den Sommerferien. Die Freunde Alex, Marie, Léo und Mehdi treffen sich in der Schule wieder und müssen gleich feststellen, dass sie in unterschiedlichen Klassen sind: Léo und Mehdi sind nicht mehr zusammen, genauso wenig wie Alex und Marie. Besonders Léo regt sich darüber auf. Dafür lernen sie einen neuen Schüler kennen, Julien Aldon, der noch für Verwirrung sorgen wird: Er kommt Alex bekannt vor, weil sie ihn mit einem bekannten Schauspieler (Tristan Aldon) verwechselt. Nach dem Mittagessen recherchieren Alex und Léo im Internet und erkennen die Verwechslung.

Kompetenzerwartung

Am Ende dieser *Unité* können die Schüler Personen vorstellen und beschreiben sowie Stimmungen und Gefühle ausdrücken und begründen (⟶ Portfolio-Auftrag, SB, S. 10 ⟶ S. 21, Nr. 4). Sie können ein Gespräch beginnen, aufrechterhalten und beenden.

Kompetenzen (Die Schüler können …)

Funktionale kommunikative Kompetenzen: Kommunikative Fertigkeiten

Hör-(Seh-)verstehen/Sprechen

Kompetenzerwartungen	Kompetenztraining
– das Thema von Gesprächen verstehen	SB: S. 17 (3B) SB: S. 10 (B), 12 (1), 16 (2), 18 (7) CdA: S. 14 (5)
– die richtige Jahreszahl heraushören	SB: S. 118 (9)
– Gespräche beginnen, aufrechterhalten, beenden	SB: S. 10 (A), 11, 13 (2B), 14 (6B), 15 (8), 20 (2), 22 (1) CdA: S. 11 (13) SB: S. 13 (2B), 18 (6A), 20 (2), 22 (1)
– Personen beschreiben	SB: S. 14 (7), 20 (2), 22 (1)
– über Menschen und Gefühle sprechen	SB: S. 117 (5)

Sprachmittlung

Kompetenzerwartungen	Kompetenztraining
– jemandem den Inhalt eines Films auf Französisch zusammenfassend wiedergeben	SB: S. 21 (3)
– deutsche Begriffe auf Französisch erklären	SB: S. 117 (6)
– eine franz. Mitteilung auf Deutsch wiedergeben	CdA: S. 11 (14)
– eine deutsche Personenbeschreibung auf Französisch wiedergeben	CdA: S. 12 (2)

Leseverstehen/Schreiben

Kompetenzerwartungen	Kompetenztraining
– den Inhalt von Texten verstehen (auch in Form von Bildern)	SB: S. 12 (1), 13 (2), 16 (2), 17 (3A), 21 (3) CdA: S. 8 (8)
– Informationen zu Personen finden und Stichworte notieren	SB: S. 19 (9) SB: S. 14 (6A)
– Personen vorstellen, Dinge beschreiben	SB: S. 20 (1) SB: S. 17 (4B), 18 (6B), 19 (8), 20 (1)
– Gefühle beschreiben	SB: S. 21 (4), 22 (3) CdA: S. 7 (6), 10 (11)

Funktionale kommunikative Kompetenzen: Verfügung über die sprachlichen Mittel

Wortschatz

Kompetenzerwartungen	Kompetenztraining
über Wortschatz zu diesen Themen verfügen und ihn anwenden:	
– Ordnungszahlen	SB: S. 11, 22 (1)
– Stimmungen/Gefühle	SB: S. 12 (1), 14 (7), 20 (2), 21 (4) CdA: S. 7 (6), 12 (1)
– Personen beschreiben	SB: S. 16 (2), 18 (6), 20 (1) CdA: S. 4 (2), 10 (12)
– Wörter definieren	SB: S. 17 (5B), 117 (6)
– Schulwortschatz	SB: S. 116 (1) CdA: S. 4 (1)

Grammatik

Kompetenzerwartungen	Kompetenztraining
grammatisches Grundinventar anwenden:	
– die Verben *connaître* und *savoir*	SB: S. 13 (3-5), 116 (2) CdA: S. 5 (2), 6 (3), 14 (4)
– der Fragebegleiter *quel*	SB: S. 14 (6), 22 (2), 116 (4), 117 (8) CdA: S. 7 (5), 12 (3A), 14 (4)
– Relativsätze mit *qui*, *que* und *où*	SB: S. 15 (1), 17 (4), 18 (6), 23 (4) CdA: S. 8 (7), 9 (9), 12 (3B), 13 (1), 14 (4)
– die Demonstrativbegleiter *ce*, *cette* und *ces*	SB: S. 19 (8), 22 (2), 117 (8) CdA: S. 9 (10), 12 (3C), 13 (3), 14 (4)
– das *Passé composé*	SB: S. 116 (3)

Aussprache und Intonation

Kompetenzerwartungen	Kompetenztraining
– grundlegende Ausspracheregeln erkennen und üben (stimmhaftes/ stimmloses s, *liaison* bei *avoir* und *savoir*)	SB: S. 13 (5) CdA: S. 6 (4)

Orthografie

Kompetenzerwartungen	Kompetenztraining
– zwischen *ces* und *ses* unterscheiden	SB: S. 117 (7)

Interkulturelle Kompetenzen

- **soziokulturelles Orientierungswissen**
- **praktische Bewältigung interkultureller Begegnungssituationen**
- **verständnisvoller Umgang mit kultureller Differenz**

Kompetenzerwartungen	Kompetenztraining
- über ein grundlegendes Orientierungswissen zu *la rentrée* in Frankreich und zu Klassenstufen im *Collège* verfügen und dieses mit der eigenen Lebenswelt vergleichen	SB: S. 10–11, 12 (1) CdA: S. 5 (1)

Methodische Kompetenzen

Textrezeption

Kompetenzerwartungen	Kompetenztraining
- einen Comic anhand der Zeichnungen verstehen	CdA: S. 10 (11)

Interaktion

Kompetenzerwartungen	Kompetenztraining
- Sprechfertigkeiten in kommunikativen Alltagssituationen üben	SB: S. 10 (A), 13 (2B), 14 (6B/7), 15 (8), 18 (6A), 19 (8), 20 (2), 21 (3)

Textproduktion

Kompetenzerwartungen	Kompetenztraining
- eine Person beschreiben	SB: S. 18 (6B), 20 (1B) CdA: S. 10 (12)
- Stimmungen beschreiben (Portfolio)	SB: S. 21 (4) CdA: S. 7 (6)
- *la rentrée* beschreiben	CdA: S. 5 (1)

Lernstrategien

Kompetenzerwartungen	Kompetenztraining
- Informationen aus einem Text herausfiltern	SB: S. 19 (9)
- Gesprächsanlässe sammeln	SB: S. 15 (8)
- zu einem deutschen Text Stichwörter notieren und den Text zusammenfassen	SB: S. 21 (3)

Lernbewusstheit und Lernorganisation

Kompetenzerwartungen	Kompetenztraining
- grammatische Regeln erkennen	SB: S. 15 (1)
- Strategien zur Selbstkontrolle und Bewusstheit des eigenen Lernstandes nutzen (*Bilan*)	SB: S. 22–23 (1–4) CdA: S. 12 (1–3)

S. 10–11 Découvertes: C'est la rentrée!

1 Découvertes

Unité 1

C'est la rentrée!

Après les grandes vacances, les élèves rentrent au collège. Ils cherchent leur nom et leur classe sur les listes.

Vis-à-vis

La rentrée: Nach langen Sommerferien beginnt in Frankreich Anfang September das neue Schuljahr – *l'année scolaire.*
Im *Collège* werden die Klassen jedes Jahr neu zusammengesetzt.
Wie ist das bei euch?
Ihr könnt auch das Video im Internet ansehen.

A ***Avant l'écoute:*** *Choisissez deux personnages et faites un mini-dialogue.*

B *Ecoutez les scènes. De quoi est-ce que les élèves parlent?*

1. Les filles parlent des …
2. Mme Ducharme est peut-être …
3. Anne-Sophie a envie de …

PORTFOLIO

Am Ende dieser Unité kannst du Personen vorstellen und Stimmungen und Gefühle ausdrücken.

10 dix

Préparation en 3 minutes

- **Mitnehmen!** SB, *CdA*, OHP, Folie U1/1, CD-Player, CD 1 (Tracks 1–3; MP3 1–3), farbige Kreide
- **Schülerbuch:** S. 10–11
- ***Cahier d'activités:*** S. 4, Nr. 1
- **Schwerpunkte:** Der Beginn des neuen Schuljahres; die Ordnungszahlen
- **Methoden/Sozialformen:** Bildbeschreibung, einen unbekannten Hörtext verstehen (⟶ *Boîte à outils 11*), ggf. Fragekette (⟶ *Boîte à outils 13*), ggf. Zahlenspiele (⟶ *Boîtes à outils 9* und *23*, abgewandelt); PA
- **Hausaufgabe:** SB, S. 116, Nr. 1: *filet à mots* zum Wortfeld Schule

Neue Wörter

la rentrée, un nom, une liste, Ducharme, en 5e, la sixième, la cinquième, la quatrième, la troisième

Schritte zur Erarbeitung

Hinführung (*CdA*)
L schreibt Begriff *la rentrée* an und erläutert ihn (⟶ Interkulturelles). S formulieren ausgehend von der Frage *Qu'est-ce que c'est pour vous, la rentrée?* ihre Erfahrungen, Erlebnisse und Erwartungen. L sammelt die Antworten stichwortartig an der Tafel (⟶ Zur Methodik 1, Alternative 1).
S. 4, Nr. 1: Bearbeitung in PA zur Wiederholung des Wortfelds ‚Schule'.

Problematisierung (Folie U1/1, SB)
Folie U1/1: L zeigt nacheinander das 1. und 2. Bild, S beschreiben (bekannte Personen, Ort, Tätigkeit). Die Vokabeln *un nom* und *une liste* sind leicht zu erschließen und werden vorentlastet.
SB, S. 10: Text und *Vis-à-vis*-Kasten werden gemeinsam gelesen (Hinweis auf Internet-Code). S erzählen, was in Deutschland anders ist. Gleichzeitig wird das Vorwissen zur französischen Schule reaktiviert.

Erarbeitung (SB, CD 1, Tracks 1–3; MP3 1–3, Folie U1/1)
SB, S. 10, A: S überlegen sich in PA kurze Dialoge, die von einigen S vorgestellt werden (zu jeder der drei Gesprächssituationen sollte ein Mini-Dialog vorgetragen werden).
SB, S. 10, B: Die drei Sätze werden von den S nach dem Hören der jeweiligen Situation vervollständigt (⟶ Zur Methodik 2).
Folie U1/1: S beschreiben die unteren zwei Bilder und wiederholen ihre Kenntnisse zum französischen *Collège* (auch in PA oder GA möglich).
L fragt nach Léo: *Léo a quel âge?* Dass Léo elf Jahre alt ist, wissen die S noch aus Band 1, *Unité* 3. L erklärt: *Maintenant, après la rentrée, Léo est en cinquième.* L notiert die Beispiele *troisième, quatrième, cinquième, sixième* an der Tafel, S beschreiben die Bildung durch die Endung *-ième* und ergänzen durch ihre Kenntnisse (*le premier* ist als Ordnungszahl schon von den Geburtstagen bekannt). L weist auf Besonderheiten hin: neben *le premier/la première* und der wieder regelmäßigen Bildung bei den jeweils weiteren „Ersten" (z. B. *le/la vingt-et-unième*) sind das noch die Schreibweisen von *cinquième, neuvième, onzième.* S übertragen den Tafelanschrieb ins Heft (⟶ Tafelbild 1).

Sicherung (SB)
S. 11: S sehen sich die Tabelle auf der Seite unten an und beantworten die Frage. L geht noch einmal auf die Zählweise im französischen Schulsystem ein.

Festigung (SB)
S nennen Zahlen und nehmen andere S dran, welche die passende Ordnungszahl bilden (⟶ Alternative 2).
Hausaufgabe: S. 116, Nr. 1: *filet à mots* zum Wortfeld Schule, falls das vorher nicht zu ausführlich wiederholt wurde. Sonst können die S einen kurzen Text über ihre Ferienerlebnisse schreiben, um das *Passé composé* zu wiederholen. Variante: *Deux vérités et un mensonge*, d. h., die S notieren drei Sätze oder kurze Geschichten zu ihren Ferienerlebnissen, von denen zwei stimmen und eine/r erfunden ist. Diese/r muss dann von den anderen S erraten werden.

Tafelbild 1

Die Ordnungszahlen

le 1er / la 1ère – le **premier**, la **première**	le/la 6e – le/la sixième
le/la 2e – le/la deuxième	le/la 9e – le/la neu**v**ième
le/la 3e – le/la troisième	le/la 11e – le/la onz_ième
le/la 4e – le/la quatrième	le/la 20e – le/la vingtième
le/la 5e – le/la cinq**u**ième	le/la 21e – le/la vingt-et-unième

Interkulturelles

Der Begriff *la rentrée* bezeichnet den Schulbeginn (*la rentrée scolaire*) nach den Sommerferien. Dennoch wird der Begriff mittlerweile viel umfassender verwendet. Er bezeichnet allgemein die Wiederaufnahme der gesellschaftlichen Aktivitäten – z. B. im kulturellen Bereich und in der Politik. Oft gibt es zur *rentrée* spezielle Angebote, sodass auch der Einzelhandel daran beteiligt ist.
Die 30 schulischen „Akademien" Frankreichs, sozusagen die Regionen im Bildungswesen, sind in drei Bereiche aufgeteilt (A, B, C), in denen es zu unterschiedlichen Zeiten Winter- und Frühlingsferien gibt. Die drei größten Städte Frankreichs – Paris, Marseille und Lyon – gehören zu unterschiedlichen Zonen. Die Sommerferien sind allerdings für alle Bereiche gleich, genauso wie die Weihnachtsferien und die Ferien an Allerheiligen (*la Toussaint*).
Die Sommerferien umfassen in der Regel den Juli und den August, d. h., der letzte Schultag des Schuljahres ist meist in der ersten Juli-Woche, der erste Schultag des neuen Schuljahres in der ersten Septemberwoche.

Tipps und Tricks

Zur Methodik

1. S können ihre Erwartungen an das neue Schuljahr auch auf Deutsch formulieren, wenn ihnen die Vokabeln fehlen.
2. SB, S. 10, B: Vor dem Hörtext können die Strategien zum Hörverstehen kurz wiederholt werden (⟶ *Boîte à outils 11*/SB, S. 136: *Stratégies*).

Alternativen

1. S berichten als Einstieg über ihre Ferienerlebnisse und wiederholen dabei das *Passé composé* der Verben auf *-er* und *faire*. Dabei können sie sich in der Fragekette einen Ball zuwerfen (⟶ *Boîte à outils 13*). Anschließend wird der Begriff *la rentrée* erläutert.
2. An dieser Stelle können nach den langen Ferien auch die Zahlen wiederholt werden, z. B. mit den bekannten Zahlenspielen: Bingo; jede Zahl mit einer Fünf wird durch ein bestimmtes Wort ersetzt (beliebig steigerbar); Ermittlung eines „Zahlenkönigs"/einer „Zahlenkönigin" (= derjenige, der beim schnellen Reihum-Abzählen bis zuletzt stehen bleibt, weil er alle Zahlen weiß); in leistungsstarken Klassen auch möglich: Vokabel-Memory mit Zahlen (⟶ *Boîte à outils 23*). S. auch Zahlenspiele (⟶ *Boîte à outils 9*).

S. 12–13 Atelier A (1/On est dans quelle classe?)

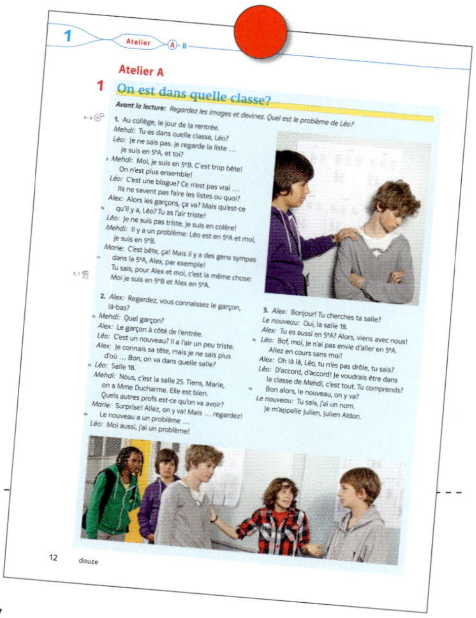
1 Atelier A B

Atelier A

1 On est dans quelle classe?

Avant la lecture: Regardez les images et devinez. Quel est le problème de Léo?

1. Au collège, le jour de la rentrée.
Mehdi: Tu es dans quelle classe, Léo?
Léo: Je ne sais pas. Je regarde la liste … je suis en 5ᵉA, et toi?
Mehdi: Moi, je suis en 5ᵉB. C'est trop bête! On n'est plus ensemble!
Léo: C'est une blague? Ce n'est pas vrai … Ils ne savent pas faire les listes ou quoi?
Alex: Alors les garçons, ça va? Mais qu'est-ce qu'il y a, Léo? Tu as l'air triste!
Léo: Je ne suis pas triste, je suis en colère!
Mehdi: Il y a un problème: Léo est en 5ᵉA et moi, je suis en 5ᵉB.
Marie: C'est bête, ça! Mais il y a des gens sympas dans la 5ᵉA, Alex, par exemple! Tu sais, pour Alex et moi, c'est la même chose: Moi je suis en 5ᵉB et Alex en 5ᵉA.

2. *Alex:* Regardez, vous connaissez le garçon, là-bas?
Mehdi: Quel garçon?
Alex: Le garçon à côté de l'entrée.
Léo: C'est un nouveau? Il a l'air un peu triste.
Alex: Je connais sa tête, mais je ne sais plus d'où … Bon, on va dans quelle salle?
Léo: Salle 18.
Mehdi: Nous, c'est la salle 25. Tiens, Marie, on a Mme Ducharme. Elle est bien. Quels autres profs est-ce qu'on va avoir?
Marie: Surprise! Allez, on y va! Mais … regardez! Le nouveau a un problème …
Léo: Moi aussi, j'ai un problème!

3. *Alex:* Bonjour! Tu cherches ta salle?
Le nouveau: Oui, la salle 18.
Alex: Tu es aussi en 5ᵉA? Alors, viens avec nous!
Léo: Bof, moi, je n'ai pas envie d'aller en 5ᵉA. Allez en cours sans moi!
Alex: Oh là là, Léo, tu n'es pas drôle, tu sais?
Léo: D'accord, d'accord! Je voudrais être dans la classe de Mehdi, c'est tout. Tu comprends? Bon alors, le nouveau, on y va?
Le nouveau: Tu sais, j'ai un nom. Je m'appelle Julien, Julien Aldon.

12 douze

Préparation en 3 minutes

- **Mitnehmen!** SB, *CdA*, OHP, Folie U1/2, CD-Player, CD 1 (Tracks 4–6; MP3 4–6)
- **Schülerbuch:** S. 12–13, Nr. 1+2
- ***Cahier d'activités:*** S. 4, Nr. 2; S. 5, Nr. 1
- **Schwerpunkt:** Leseverstehen
- **Methoden/Sozialformen:** ggf. Gruppenbildung mit Postkarten (⟶ *Boîte à outils 39*); PA, GA
- **Hausaufgabe:** Drei Fragen zum Text formulieren (mit Antwort); *CdA*, S. 4, Nr. 2

Neue Wörter

quel/quelle/quels/quelles, savoir, savoir faire qc, une blague, vrai/vraie, avoir l'air, la colère, bête/bête, le même/la même, connaître qn/qc, là-bas, à côté de, un nouveau/une nouvelle, la tête, On y va!, en cours, sans, drôle/drôle, tout, comprendre qc, Julien Aldon

---

Schritte zur Erarbeitung

Hinführung (SB, Folie U1/2)
S. 116, Nr. 1; ggf. S-Texte: Besprechung der Hausaufgabe.
Folie U1/2: S beschreiben das obere Bild.

Problematisierung 1 (Folie U1/2)
Folie U1/2: L: *Quel est le problème de Léo?* S stellen im UG Mutmaßungen an. Hier sollte der Ausdruck *être en colère* vorentlastet werden.

Erarbeitung 1 (SB, CD 1, Track 4; MP3 4)
S. 12, Nr. 1: S hören den ersten Abschnitt bei geschlossenem Buch und benennen Léos Problem. Da die S ihn vermutlich gut verstehen können, sollte hier Zeit für Gefühlsäußerungen und Diskussionen eingeplant werden. Dann wird der Abschnitt noch einmal gehört, S lesen leise im Buch mit, neue Vokabeln werden erläutert (⟶ Zur Methodik 1).
S lesen den Text mit verteilten Rollen (bei diesem Abschnitt: fünf S, mit Erzähler) vor.

Sicherung 1 (SB, *CdA*)
SB, S. 12, Nr. 1: S lesen Text in 4er- oder 5er-Gruppen (plus Erzähler), mögliche Einteilung durch Abzählen oder Postkarten (⟶ *Boîte à outils 39*).
CdA, S. 5, Nr. 1: S arbeiten schriftlich und in PA (⟶ Zur Methodik 2, Differenzierung). Einige Versionen werden vorgelesen, evtl. wird zum Abschluss eine Musterlösung formuliert.

Problematisierung/Erarbeitung 2 (Folie U1/2, SB, CD 1, Tracks 5–6; MP3 5–6)
Folie U1/2: L zeigt Bild 2. S stellen Vermutungen darüber an, wer der Junge auf dem Bild ist: *Qui est le garçon?*
S. 12, Nr. 1: Die Abschnitte 2 und 3 werden bei geschlossenem Buch gehört, die Frage wird beantwortet. Hier kann auch nach dem Namen des „Neuen" gefragt werden. Ggf. äußern S sich dazu, welche Gefühle man hat, wenn man irgendwo neu ist. Weiteres Vorgehen (⟶ Zur Methodik 1).

Sicherung 2 (SB)
S. 12, Nr. 1: S üben das Lesen der Abschnitte 2 und 3 in denselben Kleingruppen wie beim ersten Abschnitt. Der Text wird noch einmal komplett vorgelesen, wobei bei jedem Abschnitt eine neue Gruppe vorliest (⟶ Alternative).

Festigung (SB, *CdA*)
SB, S. 13, Nr. 2 A: Überprüfung des Textverständnisses (schriftlich, EA).
Hausaufgabe: S formulieren drei Fragen zum Text (mit Antwort), Hinweis auf die Vermeidung von geschlossenen Fragen; *CdA*, S. 4, Nr. 2.

Tipps und Tricks

Zur Methodik

1. SB, S. 12, Nr. 1: *Quel/le* sowie die Formen von *savoir* und *connaître* werden zunächst nur übersetzt, wobei sich die Singular-Formen von *savoir* mit dem Hinweis auf das bereits aus Band 1 bekannte *Je ne sais pas*. erschließen lassen. Das neue Verb *comprendre* wird mit dem Hinweis auf *prendre* eingeführt (die Konjugation kann an dieser Stelle wiederholt werden).
2. *CdA*, S. 5, Nr. 1: Die Übung ist anspruchsvoll, deshalb sollte sie möglichst in PA in der Klasse durchgenommen werden (vorzugsweise in leistungsheterogenen Paaren – ein stärkerer und ein schwächerer S formulieren gemeinsam). Hinweis auf *au collège* durch L.

Boîte à outils 39

Gruppenbildung mit Postkarten

Eine motivierende Variante zum Abzählverfahren stellt die Gruppeneinteilung mithilfe von Postkarten dar: Jede/r S bringt zu Beginn des Schuljahres eine selbst ausgewählte Postkarte mit (schön sind natürlich Fotos oder Motive, die mit Frankreich zu tun haben), die in einer dekorativen Schachtel ihren Platz finden. Soll in Kleingruppen gearbeitet werden, bildet ein S die Zufallsgruppen durch das Ziehen der Postkarten. Dieses Verfahren lässt sich natürlich auch anwenden, wenn Hausaufgaben vorgelesen werden sollen oder wenn jemand für eine Präsentation ausgewählt werden soll.

Differenzierung Lernstärkere S erzählen das Geschehen mündlich anhand der Stichwörter.

Alternative Die Szene kann über das bloße Vorlesen hinaus von den S auch szenisch interpretiert werden.

Doppelstunde Die oben aufgeführte Planung bezieht sich auf eine Doppelstunde. Stehen zwei Einzelstunden zur Verfügung, kann die Texteinführung aufgeteilt werden: In der 1. Stunde werden die Abschnitte 1 und 2 erarbeitet, in der nächsten Stunde folgen der 3. Abschnitt und die Überprüfung des Leseverstehens.

S. 12–13 Atelier A (2)

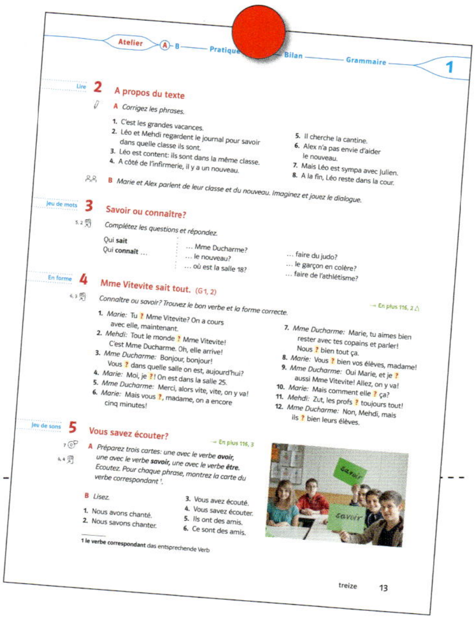
Atelier A B Pratique Bilan Grammaire 1

Lire **2 A propos du texte**

A *Corrigez les phrases.*

1. C'est les grandes vacances.
2. Léo et Mehdi regardent le journal pour savoir dans quelle classe ils sont.
3. Léo est content: ils sont dans la même classe.
4. A côté de l'infirmerie, il y a un nouveau.
5. Il cherche la cantine.
6. Alex n'a pas envie d'aider le nouveau.
7. Mais Léo est sympa avec Julien.
8. A la fin, Léo reste dans la cour.

B *Marie et Alex parlent de leur classe et du nouveau. Imaginez et jouez le dialogue.*

Jeu de mots **3 Savoir ou connaître?**

5, 2 *Complétez les questions et répondez.*

Qui **sait**
Qui **connaît** …

… Mme Ducharme?
… le nouveau?
… où est la salle 18?
… faire du judo?
… le garçon en colère?
… faire de l'athlétisme?

En forme **4 Mme Vitevite sait tout.** (G 1, 2)

6, 3 *Connaître ou savoir? Trouvez le bon verbe et la forme correcte.* → En plus 116, 2

1. *Marie:* Tu ? Mme Vitevite? On a cours avec elle, maintenant.
2. *Mehdi:* Tout le monde ? Mme Vitevite! C'est Mme Ducharme. Oh, elle arrive!
3. *Mme Ducharme:* Bonjour, bonjour! Vous ? dans quelle salle on est, aujourd'hui?
4. *Marie:* Moi, je ?! On est dans la salle 25.
5. *Mme Ducharme:* Merci, alors vite, vite, on y va!
6. *Marie:* Mais vous ?, madame, on a encore cinq minutes!
7. *Mme Ducharme:* Marie, tu aimes bien rester avec tes copains et parler! Nous ? bien tout ça.
8. *Marie:* Vous ? bien vos élèves, madame!
9. *Mme Ducharme:* Oui Marie, et je ? aussi Mme Vitevite! Allez, on y va!
10. *Marie:* Mais comment elle ? ça?
11. *Mehdi:* Zut, les profs ? toujours tout!
12. *Mme Ducharme:* Non, Mehdi, mais ils ? bien leurs élèves.

Jeu de sons **5 Vous savez écouter?** → En plus 116, 3

7 6, 4 **A** *Préparez trois cartes: une avec le verbe* **avoir,** *une avec le verbe* **savoir,** *une avec le verbe* **être.** *Ecoutez. Pour chaque phrase, montrez la carte du verbe correspondant[1].*

B *Lisez.*

1. Nous avons chanté.
2. Nous savons chanter.
3. Vous avez écouté.
4. Vous savez écouter.
5. Ils ont des amis.
6. Ce sont des amis.

1 **le verbe correspondant** das entsprechende Verb

treize 13

Préparation en 3 minutes

- **Mitnehmen!** SB, *CdA*, Folie U1/2, OHP, ggf. CD 1 (Track 7; MP3 7), CD-Player
- **Schülerbuch:** S. 12–13, Nr. 1–4, ggf. Nr. 5; S. 116, Nr. 2
- ***Cahier d'activités:*** S. 4, Nr. 2; S. 5–6, Nr. 2–3
- **Schwerpunkt:** Die Verben *savoir* und *connaître* (⟶ G 1–2, GBH, S. 8–9)
- **Methoden/Sozialformen:** Fragekette (⟶ *Boîte à outils 13*), Auswischtechnik (⟶ *Boîte à outils 4*); PA
- **Hausaufgabe:** SB, S. 13, Nr. 4

Schritte zur Erarbeitung

Hinführung (*CdA*, Folie U1/2, SB)
CdA, S. 4, Nr. 2: Besprechung der Hausaufgabe.
Folie U1/2: Mithilfe der Folie wird der Inhalt des Textes im UG zusammengefasst. L kann als Einstieg den Satzanfang *Le texte parle de …* vorgeben. Anschließend stellen die S in einer Fragekette jeweils eine Frage zum Text und verbessern ggf. die Antwort (⟶ *Boîte à outils 13*; hier in abgewandelter Form: L hört nur zu; jede/r S stellt natürlich eine neue Frage).
SB, S. 13, Nr. 2 B: Dann denken sich die S in PA einen kurzen Dialog aus, der von einigen S vorgestellt wird (⟶ Differenzierung 1).

Problematisierung
L schreibt die Sätze *Je ne sais pas./Je ne sais pas faire du judo./Je ne connais pas Mme Ducharme.* an die Tafel und lässt die S die Sätze übersetzen sowie die Unterschiede benennen.

Erarbeitung (SB)
S. 12, Nr. 1: L schreibt den Infinitiv von *savoir* an die Tafel und übersetzt. Dann wird das Paradigma notiert (die Formen von *je*, *tu* und *ils* gehen aus dem Text hervor, die anderen werden ergänzt). S schreiben die Verbformen ab, L liest sie laut vor, S wiederholen im Chor, wobei immer eine Form (in starken Lerngruppen auch zwei) weggewischt wird (⟶ *Boîte à outils 4*). Dasselbe Vorgehen für *connaître*; hier sind die Formen von *je* und *vous* im Text zu finden (⟶ Zur Methodik 1, Alternativen 1+2).

Sicherung (SB)
S. 13, Nr. 3: S arbeiten in PA (mündlich), Vergleich im UG. Ggf. werden die Sätze übersetzt (⟶ Zur Methodik 2).

Festigung (*CdA*, SB)
CdA, S. 5, Nr. 2, und S. 6, Nr. 3: S setzen die Verbformen ein, ohne in ihr Heft zu sehen. Die (Selbst-)Kontrolle erfolgt dann mithilfe des Heftes oder im UG (⟶ Zur Methodik 3, Alternative 3).
Hausaufgabe: SB, S. 13, Nr. 4 (⟶ Differenzierung 2)

Tipps und Tricks

Differenzierung

1. Schwächeren S kann der L bekanntes Vokabular als Hilfe geben (*être dans une classe avec qn, être dans la même classe, peut-être, comment est-ce que …?, trouver bien, c'est super, c'est dommage, c'est nul, pas de problème, …*).
2. SB, S. 116, *En plus*, Nr. 2: Einfachere Übung zu den Verbformen, die als HA gegeben werden kann.

Zur Methodik

1. Beim Verb *connaître* erfolgen die Hinweise auf den *accent circonflexe* vor dem *-t* und die Verdopplung des *-s* im Plural.
2. Hier werden *savoir* + Fragewort und *savoir* + Infinitiv bewusst gemacht.
Savoir que folgt in *Unité* 2, die Unterscheidung *savoir–pouvoir* in *Unité* 3.
3. *CdA*, S. 5, Nr. 2: Im Unterschied zum SB werden hier die Verben getrennt geübt. Im schwierigeren B-Teil kommt schon der Anschluss mit einem Infinitiv vor. Moustique stellt die Zusatzfrage, um sicherzustellen, dass die S die Lücken nicht nur formal ausfüllen, sondern sich auch um ein gewisses Verständnis bemühen (Antwort: *au collège/dans la cour du collège).*
***CdA*, S. 6, Nr. 3:** Beim Einsetzen der Pronomen in der 3. P. Sg. bzw. Pl. reicht es, wenn eines der Pronomen geschrieben wird.

Alternativen

1. Beim Verb *savoir* bietet sich zur Auflockerung des Unterrichts ein Verb-Rap an.
2. In lernschwächeren Gruppen können die Verben nacheinander eingeführt werden, jeweils im Anschluss an den jeweiligen Abschnitt des Textes: Zuerst könnten Abschnitt 1 des Textes und das Verb *savoir* erarbeitet werden, in der nächsten (Doppel-)Stunde dann die Abschnitte 2 und 3 sowie das Verb *connaître*.
3. SB, S. 13, Nr. 5: Falls noch Zeit bleibt, kann auch in dieser Stunde schon die Aufgabe zum HV bearbeitet werden.

S. 13–14 Atelier A (3)

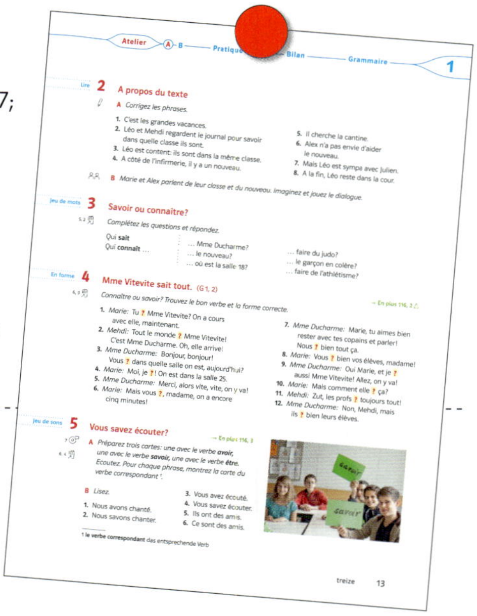
Atelier A – B — Pratique — Bilan — Grammaire 1

Lire **2 A propos du texte**

A *Corrigez les phrases.*

1. C'est les grandes vacances.
2. Léo et Mehdi regardent le journal pour savoir dans quelle classe ils sont.
3. Léo est content: ils sont dans la même classe.
4. A côté de l'infirmerie, il y a un nouveau.
5. Il cherche la cantine.
6. Alex n'a pas envie d'aider le nouveau.
7. Mais Léo est sympa avec Julien.
8. A la fin, Léo reste dans la cour.

B *Marie et Alex parlent de leur classe et du nouveau. Imaginez et jouez le dialogue.*

Jeu de mots **3 Savoir ou connaître?**

Complétez les questions et répondez.

Qui **sait** / Qui **connaît** … | … Mme Ducharme? … le nouveau? … où est la salle 18? | … faire du judo? … le garçon en colère? … faire de l'athlétisme?

En forme **4 Mme Vitevite sait tout.** (G 1, 2)

Connaître ou savoir? Trouvez le bon verbe et la forme correcte. → En plus 116, 2

1. *Marie:* Tu ? Mme Vitevite? On a cours avec elle, maintenant.
2. *Mehdi:* Tout le monde ? Mme Vitevite! C'est Mme Ducharme. Oh, elle arrive!
3. *Mme Ducharme:* Bonjour, bonjour! Vous ? dans quelle salle on est, aujourd'hui?
4. *Marie:* Moi, je ?! On est dans la salle 25.
5. *Mme Ducharme:* Merci, alors vite, vite, on y va!
6. *Marie:* Mais vous ?, madame, on a encore cinq minutes!
7. *Mme Ducharme:* Marie, tu aimes bien rester avec tes copains et parler! Nous ? bien tout ça.
8. *Marie:* Vous ? bien vos élèves, madame!
9. *Mme Ducharme:* Oui Marie, et je ? aussi Mme Vitevite! Allez, on y va!
10. *Marie:* Mais comment elle ? ça?
11. *Mehdi:* Zut, les profs ? toujours tout!
12. *Mme Ducharme:* Non, Mehdi, mais ils ? bien leurs élèves.

Jeu de sons **5 Vous savez écouter?** → En plus 116, 3

A *Préparez trois cartes: une avec le verbe* **avoir**, *une avec le verbe* **savoir**, *une avec le verbe* **être**. *Ecoutez. Pour chaque phrase, montrez la carte du verbe correspondant*[1].

B *Lisez.*

1. Nous avons chanté.
2. Nous savons chanter.
3. Vous avez écouté.
4. Vous savez écouter.
5. Ils ont des amis.
6. Ce sont des amis.

[1] **le verbe correspondant** das entsprechende Verb

treize 13

Préparation en 3 minutes

- **Mitnehmen!** SB, *CdA*, CD-Player, CD 1 (Track 7; MP3 7), rote und blaue Kreide, ggf. KV 1
- **Schülerbuch:** S. 12–14, Nr. 1, 4–6; S. 116, Nr. 3–4
- ***Cahier d'activités:*** S. 6–7, Nr. 4–5
- **Schwerpunkte:** *liaison*, stimmhaftes *s*; Fragebegleiter *quel* (⟶ G 3, GBH, S. 9)
- **Methoden/Sozialformen:** Kartenabfrage; PA
- **Hausaufgabe:** *CdA*, S. 7, Nr. 5

Schritte zur Erarbeitung

Hinführung 1 (SB)
S. 13, Nr. 4: Besprechung der Hausaufgabe. Wiederholen der Verbformen von *savoir* und *connaître* (reihum, jede/r S sagt eine Form).

Problematisierung 1
L schreibt *nous avons* und *nous savons* an die Tafel und lässt S so vorlesen, dass der Unterschied deutlich zu hören ist. An dieser Stelle kann auf die Begriffe Bienen-s und Schlangen-s zurückgegriffen werden, die den S aus Band 1 bekannt sind (⟶ Zur Methodik 1).

Erarbeitung 1 (SB, CD 1, Track 7; MP3 7)
S. 13, Nr. 5 A: S bereiten drei Karten mit den Verben *avoir, savoir* und *être* vor. Die Sätze werden vorgespielt, die entsprechende Karte wird hochgehalten. Sätze, bei denen es viele Abweichungen gibt, werden vom L vorgesprochen und von S nachgesprochen.

Sicherung 1 (SB)
S. 13, Nr. 5 B: S arbeiten zunächst in PA, bevor die richtige Aussprache im Plenum deutlich wird. Die *liaisons* in schwierigen Sätzen können an der Tafel eingezeichnet werden; L sollte diese Beispiele vorlesen und von S im Chor nachsprechen lassen (⟶ Alternative).

Festigung 1 (*CdA*)
S. 6, Nr. 4: S arbeiten in EA. Der Witz stellt ein lockeres Element dar, ohne strenge

Anbindung an die Übungen der Seite. Allerdings spielt im ersten Satz der Unterschied zwischen stimmlosem und stimmhaftem *s* eine Rolle, sodass sich dieser Satz auch zum Vorlesen eignet (Vorbereitung der Übung 4).
Im Anschluss an die Übung können in einer Tabelle die unterschiedlichen Umsetzungen gegenübergestellt werden (→ Differenzierung 1, Der besondere Tipp).

Hinführung 2
L schreibt den schon bekannten Satz *Tu es dans quelle classe?* an die Tafel, S übersetzen.

Problematisierung 2 (SB)
S. 12, Nr. 1: S suchen weitere Formen von *quel* + Nomen aus dem Text heraus, diese werden an der Tafel gesammelt und übersetzt.

Erarbeitung 2 (SB, rote und blaue Kreide)
S benennen die Unterschiede und stellen fest, dass sich der Begleiter *quel* in Geschlecht und Zahl nach dem Nomen richtet, das er begleitet. Ein Beispiel für die weibliche Pluralform wird ergänzt (→ Tafelbild 2). L benennt *quel* als Fragebegleiter. S finden weitere Beispiele und achten dabei ggf. auf die *liaison* (Hinweis durch L). S übertragen das Tafelbild in ihr Heft.
S. 14, Nr. 6 A: S arbeiten schriftlich in EA.

Sicherung 2
Die Lösungen werden an der Tafel notiert, da die unterschiedlichen Formen nur im Schriftbild deutlich werden.

Festigung 2 (SB, ggf. KV 1)
S. 14, Nr. 6 B: Hier steht die Bewältigung der kommunikativen Situation im Vordergrund. S arbeiten (zunächst) mündlich in PA. Ggf. können die Fragen aus Wiederholungsgründen auch mit der *est-ce que*-Frage gebildet werden (→ Differenzierung 2).
KV 1: Eine spielerische Ergänzung, z. B. für schnelle S, bietet dieses Dominospiel.
Hausaufgabe: *CdA*, S. 7, Nr. 5 (→ Zur Methodik 2).

Tafelbild 2

Der Fragebegleiter quel

Singular	**Plural**
Quel garçon?	**Quels** profs est-ce qu'on va avoir?
Quelle classe?	**Quelles** chansons est-ce que tu aimes?

→ Beachte: Der Fragebegleiter **quel** richtet sich in Geschlecht und Anzahl nach dem folgenden Nomen.

Tipps und Tricks

Zur Methodik

1. Die Erinnerung an die Vibrationen beim Bienen-s veranschaulicht den Begriff (Hand an den Kehlkopf legen lassen → *CdA* 1, Vorkurs S. 6).
2. Da hier *à côté de* neu eingeführt wurde und in dieser Übung angewendet wird, sollte dies zum Anlass genommen werden, als Vorbereitung auf die HA die Ortspräpositionen zu wiederholen.

Alternative

Die Wiederholung des *Passé composé* kann nach Wunsch ausgeweitet werden: *nous avons dansé/nous savons danser* → *gagner, discuter, travailler, écouter, chercher.* Dazu gibt es im *En-plus*-Teil eine zusätzliche Schreibaufgabe → **SB, S. 116, Nr. 3**.

Differenzierung

1. Die Lautopposition kann mit den folgenden Zungenbrechern zusätzlich geübt werden:
1. – *Qui pose six chaises ici dans la cuisine de Sabine?*
– *C'est Zozo! Six chaises pour ses six sœurs!*
2. *Tu sais faire la bise? Quelle surprise!*
3. *Lucie -cie -cie!*
Ici -ci -ci!
Dans la cuisine -sine -sine.
Il y a une surprise -prise -prise!
Alors dis Merci Merci Merci.
4. Folgende Sätze sollen die S in der richtigen Schreibweise notieren:
– [vuzaleu?]
– [oʒimnazevu?]
– [oʒimnazosi.]
– [kelsyrpriz!]
5. *Dans le bus, Béatrice fait une bise bizarre à Gaspard.*
6. *Onze cousins et douze cousines dansent dans la cuisine.*
7. *Au restaurant, le professeur pose des questions à Joséphine – c'est pas possible!*
8. *Le sept septembre, Elise présente une super surprise.*
2. SB, S. 116, *En plus*, Nr. 4: Einfachere Lückenübung. Stärkere S hingegen können die von ihnen erdachten Fragen und Antworten spielerisch in einem Dialog umsetzen.

Der besondere Tipp

Zur Veranschaulichung der Lautdiskriminierung stimmhaftes/stimmloses *s* gibt es zwei Lieder, die sich für den Einsatz im Unterricht eignen: *Dansons la capucine* und *Bonjour, ma cousine* (wobei das letzte Lied evtl. noch etwas zu schwierig ist). Beide *comptines* sind leicht im Internet zu finden.

Doppelstunde

Die oben aufgeführte Planung bezieht sich auf eine Doppelstunde. Stehen zwei Einzelstunden zur Verfügung, so liegt der Schwerpunkt der ersten Stunde auf der Lautdiskriminierung. In der zweiten Stunde wird der Fragebegleiter *quel* eingeführt.

S. 14–15 Atelier A (4)

Préparation en 3 minutes

- **Mitnehmen!** SB, *CdA*, ggf. OHP, Folie, Kärtchen mit Stimmungen, KV 2
- **Schülerbuch:** S. 14–15, Nr. 7–8
- ***Cahier d'activités:*** S. 7
- **Schwerpunkte:** Stimmungen ausdrücken, ein Gespräch beginnen und in Gang halten
- **Methoden/Sozialformen:** Echo-Methode (⟶ *Boîte à outils 21*), Pantomime, Rollenspiel; GA, PA
- **Hausaufgabe:** Gesichter zeichnen und Stimmungen begründen / KV 2

1 Atelier A – B

Ecrire / Parler **6 Léo et le nouveau** (G 3)

	m.	f.
Sg.	quel	quelle
Pl.	quels	quelles

→ En plus 116, 4

A *Ecrivez les questions de Léo.*
Exemple: 1. *Léo:* Tu es de quelle ville?

Léo	Le nouveau
1. ville?	Je suis de Strasbourg.
2. âge?	J'ai 12 ans.
3. activités?	Je fais de la natation.
4. chanteurs?	J'aime le chanteur de «Caligola».

B *Du lernst jemanden kennen und möchtest wissen …*
1. … in welcher Straße er oder sie wohnt.
2. … welche Bücher er oder sie liest.
3. … welche Farben er oder sie mag.
4. … welchen Sport er oder sie mag.
Spielt den Dialog. Erfindet weitere Fragen und Antworten.

Parler **7 Ça va? Tu es en forme?**

→ En plus 117, 5

ON DIT
Ça va!
Je suis en forme.
Je vais bien!
Je suis (très) content/contente!
Pas de problème!
C'est bien./C'est super!
J'aime bien ça./J'adore ça.
Je trouve ça drôle.

Ça ne va pas!
Je suis triste/fatigué(e).
Je ne vais pas trop bien.
Je suis en colère!
C'est bête/dommage.
Ce n'est pas possible!
C'est nul!/Ça m'énerve!
Ce n'est pas drôle!

Findet den passenden Tonfall: Sprecht laut, leise, traurig, freudig, wütend …

Ein Schüler stellt eine Stimmung dar. Die anderen fragen ihn, wie es geht, und versuchen, seine Stimmung zu erraten. Der Darsteller erklärt seine Stimmung.

Exemple:
– Ça ne va pas? Tu es en colère?
– Oui, je suis en colère parce que je ne trouve plus mes affaires. Ça m'énerve!

14 quatorze

Neue Wörter

la forme, être en forme, aller bien, possible/possible, énerver qn, Ça m'énerve!, je veux dire, tu peux, Je n'ai pas compris.

Schritte zur Erarbeitung

Hinführung (*CdA*, SB, ggf. Folie)
CdA, S. 7, Nr. 5: Besprechung der Hausaufgabe, Anschreiben der Formen.
SB, S. 14, Nr. 7: L zeichnet zwei Smileys (gut gelaunt, schlecht gelaunt) an die Tafel oder kopiert vorher die Fotos auf Folie und zeigt diese.

Problematisierung
L: *Qu'est-ce qu'on dit quand ça va/ça ne va pas?* S nennen entsprechende Ausdrücke.
L: *Pourquoi est-ce que ça va/ça ne va pas?* S begründen exemplarisch mit *parce que* … .

Erarbeitung 1 (SB)
S. 14, Nr. 7: Die Ausdrücke im *On-dit*-Kasten werden mit entsprechendem Tonfall nachgesprochen *(→ Boîte à outils 21)*, dann in Kleingruppen Pantomime und Ratespiel (→ Der besondere Tipp). Dabei sollten sich die S bereits vor der Vorführung der Pantomime eine Begründung für die dargestellte Stimmung überlegen. Auf den neuen Ausdruck *Ça m'énerve!* wird besonders hingewiesen.

Sicherung 1
Einzelne S stellen vor der Klasse eine Stimmung dar, die von den anderen erraten wird. So wird gewährleistet, dass die Übertragung von der Aussage zur Frage funktioniert (*Tu vas bien?* usw.) (→ Alternative 1).

Festigung (*CdA*)
S. 7, Nr. 6: Die S drücken hier auch schriftlich ihre Befindlichkeit aus (→ Alternative 2).

Problematisierung 2
L: *Julien est nouveau. Qu'est-ce qu'on dit pour faire connaissance?* Der Ausdruck *faire connaissance* ist unbekannt und wird übersetzt.

Erarbeitung 2 (SB)
S nennen Ausdrücke, um ein Gespräch zu beginnen.
S. 15, Nr. 8: L fragt nach weiteren Redemitteln (nachfragen, zeigen, dass man versteht, …), bevor die Ausdrücke im *On-dit*-Kasten gelesen werden. Die Ausdrücke *Je veux dire, Tu peux répéter?* und *Je n'ai pas compris.* sind neu und werden mehrmals nachgesprochen. In PA spielen die S anschließend Szene A oder B nach. Leistungsstarke S schaffen auch beide Dialoge. Hier ist es sinnvoll, den Partner nicht selbst auswählen zu lassen, sondern Zufallstandems zu bilden (→ Zur Methodik).

Sicherung 2 (KV 2)
Einige S spielen ihren Dialog vor, die anderen S geben eine Rückmeldung.
Hausaufgabe: Die S zeichnen verschiedene Gesichter mit Sprechblasen und begründen die jeweilige Stimmung schriftlich (→ Alternative 3).

Tipps und Tricks

Der besondere Tipp

SB, S. 14, Nr. 7: Hier sollten die S ihre Gruppen selbst bilden, da diese Aufgabe zurückhaltenden S dann leichter fällt.

Alternativen

1. Der L kann zur Überprüfung auch Kärtchen mit verschiedenen Stimmungen an einzelne S verteilen und diese dann vor der Klasse darstellen lassen, um sicherzugehen, dass verschiedene Stimmungen dargestellt und begründet werden.
2. ***CdA*, S. 7, Nr. 6:** Wenn in dieser Stunde die Mündlichkeit im Vordergrund stehen soll, kann die Übung in die HA verlagert werden und tritt an die Stelle des jetzigen Vorschlags.
3. Eine spielerische Variante findet sich auf **KV 2**: Die S können mithilfe des Tests herausfinden, ob sie eher *optimiste* oder *pessimiste* sind.

Zur Methodik

Für die Ausgestaltung der Gesprächssituationen kann L auf die Übung **A6** verweisen. Dort ging es in reduzierter Form auch um die Kontaktaufnahme und das Kennenlernen. Das *Passé composé* von *comprendre* folgt systematisch in *Unité* 2; *vouloir* und *pouvoir* folgen in *Unité* 3.

S. 15–16 Atelier B (1/Des surprises en 5^e^A)

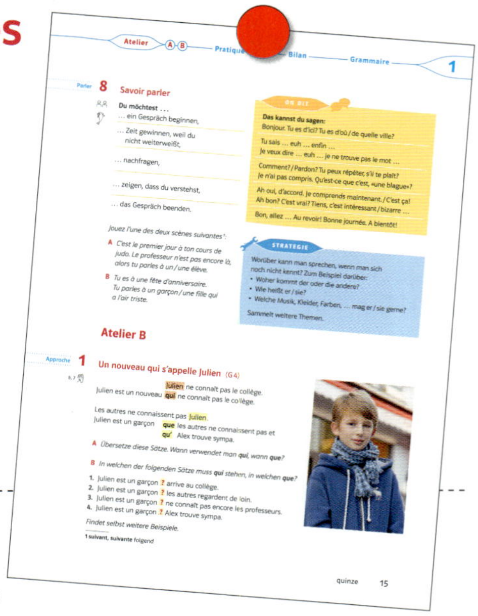
Atelier (A) (B) Pratique Bilan Grammaire 1

Parler **8** **Savoir parler**

Du möchtest …
… ein Gespräch beginnen,
… Zeit gewinnen, weil du nicht weiterweißt,
… nachfragen,
… zeigen, dass du verstehst,
… das Gespräch beenden.

ON DIT
Das kannst du sagen:
Bonjour. Tu es d'ici? Tu es d'où / de quelle ville?
Tu sais … euh … enfin …
Je veux dire … euh … je ne trouve pas le mot …
Comment? / Pardon? Tu peux répéter, s'il te plaît?
Je n'ai pas compris. Qu'est-ce que c'est, «une blague»?
Ah oui, d'accord. Je comprends maintenant. / C'est ça!
Ah bon? C'est vrai? Tiens, c'est intéressant / bizarre …
Bon, allez … Au revoir! Bonne journée. A bientôt!

Jouez l'une des deux scènes suivantes[1]:
A *C'est le premier jour à ton cours de judo. Le professeur n'est pas encore là, alors tu parles à un / une élève.*
B *Tu es à une fête d'anniversaire. Tu parles à un garçon / une fille qui a l'air triste.*

STRATEGIE
Worüber kann man sprechen, wenn man sich noch nicht kennt? Zum Beispiel darüber:
- Woher kommt der oder die andere?
- Wie heißt er / sie?
- Welche Musik, Kleider, Farben, … mag er / sie gerne?

Sammelt weitere Themen.

Atelier B

Approche **1** **Un nouveau qui s'appelle Julien** (G4)

Julien ne connaît pas le collège.
Julien est un nouveau **qui** ne connaît pas le collège.

Les autres ne connaissent pas Julien.
Julien est un garçon **que** les autres ne connaissent pas et **qu'** Alex trouve sympa.

A *Übersetze diese Sätze. Wann verwendet man **qui**, wann **que**?*
B *In welchen der folgenden Sätze muss **qui** stehen, in welchen **que**?*
1. Julien est un garçon ? arrive au collège.
2. Julien est un garçon ? les autres regardent de loin.
3. Julien est un garçon ? ne connaît pas encore les professeurs.
4. Julien est un garçon ? Alex trouve sympa.

Findet selbst weitere Beispiele.

1 **suivant, suivante** folgend

quinze 15

Préparation en 3 minutes

- **Mitnehmen!** SB, *CdA*, OHP, Folie U1/3, KV 3, CD-Player, CD 1 (Tracks 8–11; MP3 8–11)
- **Schülerbuch:** S. 15–16, Nr. 1–2
- ***Cahier d'activités:*** S. 8
- **Schwerpunkte:** Die Relativpronomen *qui* und *que* (⟶ G4, GBH, S. 10); Leseverstehen
- **Methoden/Sozialformen:** Hörverstehen, Stopp-Lesen (⟶ *Boîte à outils 37*), Fehlerlesen (⟶ *Boîte à outils 22*); PA
- **Hausaufgabe:** *CdA*, S. 8, Nr. 8

Neue Wörter

1. qui, que; **2.** quand, penser à qn, tout à coup, une boulette, le papier, une star, sur Internet, ce/cet/cette/ces, timide/timide, lui, un acteur/une actrice, la poubelle, continuer, où, avoir cours, un résultat, ressembler à qn/qc, être né(e), mille, en deux mille, un cinéma

---

Schritte zur Erarbeitung

Hinführung (Folie U1/3)
Besprechung der Hausaufgabe.
Folie U1/3: L zeigt das obere Bild, S nennen bekannte Informationen zu Julien.

Problematisierung 1 (Folie U1/3)
Folie U1/3: L greift S-Sätze auf und macht daraus Sätze mit *qui*, z. B.: *Julien est un nouveau qui ne connaît pas le collège./Julien est un garçon qui est de Strasbourg.* S übersetzen Sätze (⟶ Zur Methodik 1).

Erarbeitung 1 (SB)
S. 15, Nr. 1 A: Sätze werden gemeinsam gelesen und übersetzt. S benennen Möglichkeiten der Unterscheidung: nach *que* folgt eine Person bzw. eine Gruppe, nach *qui* ein (verneintes) Verb. L weist auf Apostrophierung von *que* hin.

Sicherung 1 (SB)
S. 15, Nr. 1 B: S arbeiten in EA; schnelle S finden weitere Beispiele (⟶ Zur Methodik 2).

Festigung 1 (*CdA*)
S. 8, Nr. 7: S arbeiten in EA (⟶ Zur Methodik 3).

Problematisierung 2 (Folie U1/3)
Folie U1/3: Die SB sind geschlossen. S beschreiben Bild 2 von Léo kurz und lesen den Inhalt von Alex' Nachricht vor. Auf diese Weise werden einige Vokabeln vorentlastet. L zeigt das dritte Bild der Folie und liest die Zusammenfassung des Films vor. Da hier unbekannte Vokabeln enthalten sind, die nicht zum Lernwortschatz gehören, beschränkt sich L darauf, die S die Infos über den Film, die sie verstehen, wiedergeben zu lassen, und weist auf die Schauspieler hin. So fällt den S der Nachname *Aldon* auf und sie können Mutmaßungen über die folgenden Geschehnisse in der Schule anstellen.

Erarbeitung 2 (SB, CD 1, Tracks 8–11; MP3 8–11, KV 3)
S. 16, Nr. 2/KV 3: SB sind weiterhin geschlossen, S hören den Text zweimal und kreuzen die richtigen Antworten auf der Kopiervorlage an. Dann Lektüre des Textes in EA, Überprüfen der Antworten (⟶ Alternative).
Der Text wird einmal zusammen gelesen, dabei können Verständnisschwierigkeiten geklärt werden. Dann lautes Lesen in PA, z. B. Stopp-Lesen (⟶ *Boîte à outils 37*).

Sicherung 2 (SB, *CdA*)
SB, S. 16, Nr. 2: Fehlerlesen (⟶ *Boîte à outils 22*).
Hausaufgabe: *CdA*, S. 8, Nr. 8

Tipps und Tricks

Zur Methodik

1. *Qui* und *que* sind als Fragepronomen ‚wer' und ‚was' bekannt. Die Farbunterlegung im Buch entspricht den Signalfarben für Subjekt und direktes Objekt in Band 1, *Unité* 6. Auf die Terminologie wurde in der Vorentlastung noch bewusst verzichtet, um einen intuitiven Zugang zu unterstützen und das entdeckende Lernen zu ermöglichen.
2. Für das Finden weiterer Beispielsätze zu *qui* kann L die S auf Übung **A6** hinweisen, dort gibt es Informationen zu Julien. Die Beispielsätze müssen sich jedoch nicht zwingend auf Julien und den Kontext der *Unité* beziehen.
3. *CdA*, S. 8, Nr. 7: Die Übung verstärkt die Vorentlastung im SB durch weitere Beispielsätze. Außerdem werden zwei Detektivaufgaben gestellt: 1. Kennzeichnen des Subjekts in den Relativsätzen mit *que*; 2. Kennzeichnen der Verben im Relativsatz. Zu 1: siehe die Bemerkung im GBH, S. 11. Zu 2: Das Finden des Verbs im Relativsatz hat den Sinn, die S dafür zu sensibilisieren, welches Verb für die Wahl des Relativpronomens wichtig ist.

Alternative

Soll der Fokus hier nicht auf dem Hörverstehen liegen, können die S direkt im SB mitlesen. KV 3 wird dann weggelassen.

Doppelstunde

Die oben aufgeführte Planung bezieht sich auf eine Doppelstunde. Stehen zwei Einzelstunden zur Verfügung, so liegt der Schwerpunkt der ersten Stunde auf der Vorentlastung der Relativpronomen und auf der Bildbeschreibung. In der zweiten Stunde steht das Erschließen des neuen Textes im Vordergrund.

S. 16–17 Atelier B (2)

Préparation en 3 minutes

- **Mitnehmen!** SB, *CdA*, CD-Player, CD 1 (Tracks 12–13; MP3 12–13), farbige Kreide, ggf. KV 4
- **Schülerbuch:** S. 16–17, Nr. 2–5
- ***Cahier d'activités:*** S. 8–9, Nr. 8–9
- **Schwerpunkte:** Leseverstehen, Hörverstehen; Anwendung der Relativpronomen *qui*, *que* und *où* (⟶ G4, GBH, S. 10)
- **Sozialform:** PA
- **Hausaufgabe:** SB, S. 17, Nr. 5; ein Bild/Foto mitbringen

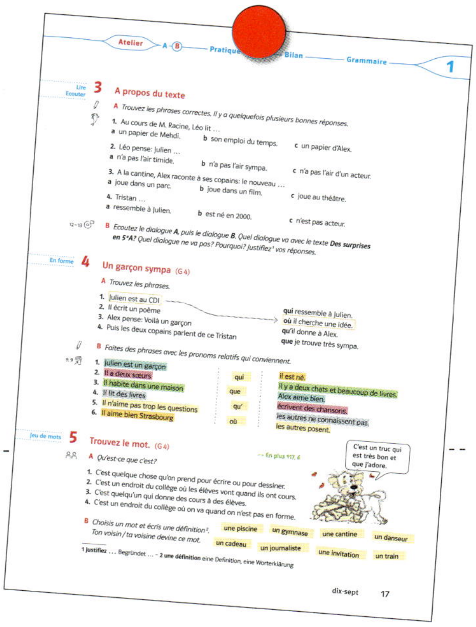
Atelier A B — Pratique — Bilan — Grammaire 1

Lire / Ecouter **3 A propos du texte**

A *Trouvez les phrases correctes. Il y a quelquefois plusieurs bonnes réponses.*
1. Au cours de M. Racine, Léo lit … a un papier de Mehdi. b son emploi du temps. c un papier d'Alex.
2. Léo pense: Julien … a n'a pas l'air timide. b n'a pas l'air sympa. c n'a pas l'air d'un acteur.
3. A la cantine, Alex raconte à ses copains: le nouveau … a joue dans un parc. b joue dans un film. c joue au théâtre.
4. Tristan … a ressemble à Julien. b est né en 2000. c n'est pas acteur.

12–13 **B** *Ecoutez le dialogue **A**, puis le dialogue **B**. Quel dialogue va avec le texte **Des surprises en 5eA**? Quel dialogue ne va pas? Pourquoi? Justifiez[1] vos réponses.*

En forme **4 Un garçon sympa** (G 4)

A *Trouvez les phrases.*
1. Julien est au CDI
2. Il écrit un poème
3. Alex pense: Voilà un garçon
4. Puis les deux copains parlent de ce Tristan

qui ressemble à Julien.
où il cherche une idée.
qu'il donne à Alex.
que je trouve très sympa.

9, 9 **B** *Faites des phrases avec les pronoms relatifs qui conviennent.*
1. Julien est un garçon
2. Il a deux sœurs
3. Il habite dans une maison
4. Il lit des livres
5. Il n'aime pas trop les questions
6. Il aime bien Strasbourg

qui / que / qu' / où

il est né.
Il y a deux chats et beaucoup de livres.
Alex aime bien.
écrivent des chansons.
les autres ne connaissent pas.
les autres posent.

Jeu de mots **5 Trouvez le mot.** (G 4)

A *Qu'est-ce que c'est?* → En plus 117, 6
1. C'est quelque chose qu'on prend pour écrire ou pour dessiner.
2. C'est un endroit du collège où les élèves vont quand ils ont cours.
3. C'est quelqu'un qui donne des cours à des élèves.
4. C'est un endroit du collège où on va quand on n'est pas en forme.

C'est un truc qui est très bon et que j'adore.

B *Choisis un mot et écris une définition[2]. Ton voisin/ta voisine devine ce mot.*
une piscine | un gymnase | une cantine | un danseur | un cadeau | un journaliste | une invitation | un train

1 **Justifiez** … Begründet … – 2 **une définition** eine Definition, eine Worterklärung

dix-sept 17

Schritte zur Erarbeitung

Hinführung (*CdA*)
S. 8, Nr. 8: Besprechung der Hausaufgabe. Damit jede/r S eine Rückmeldung bekommt, werden die Texte zunächst in PA vorgelesen, dann wird eine Musterlösung an der Tafel festgehalten.

Problematisierung (SB)
S. 16, Nr. 2: Evtl. Text noch einmal lesen.
S. 17, Nr. 3 A: S arbeiten in PA. Vergleich im UG. Weitere Fragen für das UG: *Pourquoi est-ce que Léo pense à Mehdi?, Que pense Alex?, Qui est Tristan Aldon?, Qu'est-ce qu'Alex trouve sur Internet?, Pourquoi est-ce qu'elle a l'air bête?*

Erarbeitung (SB, CD 1, Tracks 12–13; MP3 12–13, farbige Kreide)
S. 17, Nr. 3 B: Beide Dialoge vorspielen, S nennen unpassenden Dialog (B) und begründen ihre Entscheidung. L schreibt Begründung im *qui*-Satz an: *Julien est un garçon qui ressemble à Tristan*. S wiederholen Kenntnisse zu den Relativpronomen. L ergänzt Satz mit *où*, Entwickeln und Abschreiben des Tafelbilds (→ Tafelbild 3).

Sicherung (SB)
S. 17, Nr. 4: S bearbeiten Teil A in PA, mündlich. Vergleich im UG, dann Bearbeitung von Teil B in EA, schriftlich. Vergleich im UG. Über möglicherweise anders lautende Schülerlösungen kann gesprochen werden.

Festigung (*CdA*, KV 4, SB)
CdA, S. 9, Nr. 9: S arbeiten in PA. Die Aufgabe sollte vorher anhand eines Beispiels erklärt werden (→ Zur Methodik 1, Differenzierung 1+2).
Hausaufgabe: SB, S. 17, Nr. 5: in Teil B drei eigene Definitionen schreiben (→ Zur Methodik 2); ein Bild einer Person aus einer Zeitschrift ausschneiden oder ein Foto mitbringen (wichtig: die Person sollte ganz abgebildet sein).

Tafelbild 3

Die Relativpronomen qui, que und où

Julien est un garçon **qui** ressemble à Tristan.
→ **qui** = Subjekt des Relativsatzes

Julien est un garçon **que** les autres ne connaissent pas.
→ **que** = direktes Objekt des Relativsatzes

C'est le collège **où** ils font connaissance.
→ **où** = Ortsbestimmung im Relativsatz

Tipps und Tricks

Zur Methodik

1. *CdA*, S. 9, Nr. 9: Die Übung zeigt die Funktion der Relativpronomen zur Satzverknüpfung. In einem ersten Schritt können die S aufgefordert werden, die Nomen, die sich wiederholen, zu umkringeln.
2. Die Wörter *invitation, journaliste* und *danseur* wurden bewusst aufgenommen: Sie sind nicht eingeführt, können aber erschlossen werden. Die Übung bereitet bereits auf die Ausweich-*Stratégie* in *Unité* 4 vor.

Differenzierung

1. *CdA*, S. 13, *En plus*, Nr. 1: Leichtere Differenzierungsübung zu *qui, que* und *où*.
2. Soll die Unterscheidung zwischen den Relativpronomen noch ausführlicher geübt werden, z. B. weil noch Zeit zur Verfügung steht oder weil die S damit noch Schwierigkeiten haben, kann der Tandembogen (→ **KV 4**) eingesetzt werden.

S. 17–18 Atelier B (3)

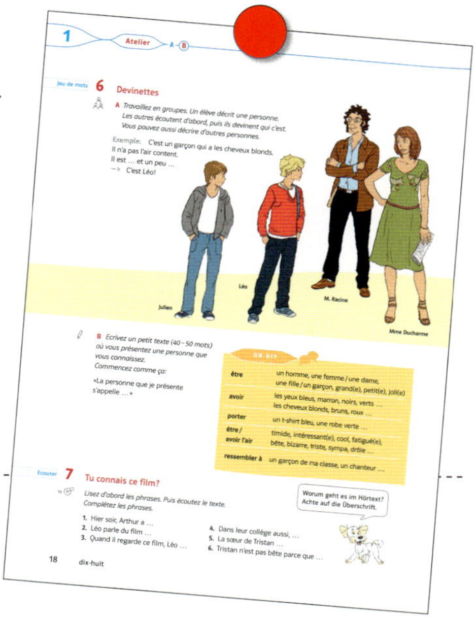
1 Atelier A B

Jeu de mots **6 Devinettes**

A *Travaillez en groupes. Un élève décrit une personne. Les autres écoutent d'abord, puis ils devinent qui c'est. Vous pouvez aussi décrire d'autres personnes.*

Exemple: C'est un garçon qui a les cheveux blonds.
Il n'a pas l'air content.
Il est … et un peu …
→ C'est Léo!

B *Ecrivez un petit texte (40–50 mots) où vous présentez une personne que vous connaissez. Commencez comme ça:*

«La personne que je présente s'appelle …»

ON DIT

être	un homme, une femme / une dame, une fille / un garçon, grand(e), petit(e), joli(e)
avoir	les yeux bleus, marron, noirs, verts … les cheveux blonds, bruns, roux …
porter	un t-shirt bleu, une robe verte …
être / avoir l'air	timide, intéressant(e), cool, fatigué(e), bête, bizarre, triste, sympa, drôle …
ressembler à	un garçon de ma classe, un chanteur …

Ecouter **7 Tu connais ce film?**

Lisez d'abord les phrases. Puis écoutez le texte. Complétez les phrases.

1. Hier soir, Arthur a …
2. Léo parle du film …
3. Quand il regarde ce film, Léo …
4. Dans leur collège aussi, …
5. La sœur de Tristan …
6. Tristan n'est pas bête parce que …

18 dix-huit

Préparation en 3 minutes

- **Mitnehmen!** SB, Bild/Foto einer Person oder Folie U1/3, OHP, Magnete oder Klebeband
- **Schülerbuch:** S. 17–18, Nr. 5–6
- **Schwerpunkt:** Personenbeschreibung
- **Methoden/Sozialformen:** Fragekette (⟶ *Boîte à outils 13*), Gruppenbildung mit Postkarten (⟶ *Boîte à outils 39*), ggf. Museumsgang (⟶ *Boîte à outils 12*, in abgewandelter Form); GA
- **Hausaufgabe:** Personenbeschreibung, Gestaltung einer Portfolio-Seite

Neue Wörter

une devinette, décrire qn/qc, deviner qc, un homme, une femme, un œil/des yeux, marron/marron, un cheveux/des cheveux, blond/blonde, brun/brune, roux/rousse, présenter qn

Schritte zur Erarbeitung

Hinführung (SB, Bild/Foto einer Person oder Folie U1/3)
S. 17, Nr. 5: Besprechung der Hausaufgabe: Einige S lesen ihre Definitionen vor und lassen die anderen S raten, worum es sich handelt (Fragekette ⟶ *Boîte à outils 13*).
L zeigt das Bild einer Person (auf Folie, als Seite aus einer Zeitschrift o. Ä.; es kann z. B. auch das Bild eines französischen Promis oder einer Comicfigur gezeigt werden). Alternative: Folie U1/3 mit dem Foto von Julien Aldon wird noch einmal gezeigt.

Problematisierung (Bild/Foto einer Person)
L lenkt die Personenbeschreibung mithilfe von Fragen: *Qui est-ce?, Qu'est-ce qu'il/elle porte?, Est-ce qu'il/elle a les cheveux bruns?* usw. Dabei werden neue Ausdrücke semantisiert (⟶ Zur Methodik 1).

Erarbeitung (SB)
S. 18, Nr. 6: Die Redemittel des *On-dit*-Kastens werden gelesen und von den S nachgesprochen, falls das bei der vorherigen Personenbeschreibung noch nicht geschehen ist. Dann üben die S in Kleingruppen das Beschreiben verschiedener Personen (Teil A, mündlich), bevor sie in Teil B die Person, von der sie ein Bild mitgebracht haben, schriftlich beschreiben (EA) (⟶ Zur Methodik 2).

Sicherung (Bilder)
Es werden Zufallsgruppen à 7 oder 8 S gebildet (⟶ *Boîte à outils 39*), die ihre mitgebrachten Bilder zuerst dem Gruppensprecher geben, ohne sie den anderen zu zeigen. Dieser verteilt die Bilder und lässt anschließend die S ihre Beschreibungen vorlesen und die anderen S die beschriebene Person erraten (⟶ Alternative).

Festigung
Nach der GA-Phase wählt der L mehrere Bilder aus und lässt die S beschreiben und erraten (⟶ Differenzierung).
Hausaufgabe: Die S beschreiben sich selbst oder ihre/n Lieblingssänger/in o. Ä. Sie können auch eine Portfolio-Seite gestalten und neue Ausdrücke in ihrem *dico personnel* festhalten.

Tipps und Tricks

Zur Methodik

1. Auf die Verwendung des bestimmten Artikels bei den Ausdrücken *avoir les yeux bleus/ les cheveux blonds, …* sollte L besonders hinweisen.
2. Das Beschreiben selbst gewählter Personen ist für die S motivierender als die Vorgabe

durch den L. Natürlich werden die S auch nach weiteren unbekannten Ausdrücken fragen, z. B. eine Brille tragen, Sommersprossen haben, einen gestreiften Pullover tragen, …

Alternative Wenn die Lerngruppe nicht so groß ist, können auch sämtliche Bilder an der Tafel oder an den Wänden befestigt werden und die S sehen sich zunächst im Museumsgang alle Fotos an (⟶ *Boîte à outils 12*). Dann beschreiben einzelne S ihr Foto und die anderen S erraten die Person.

Differenzierung In leistungsstarken Lerngruppen kann der L vor der Beschreibung alle Fotos einsammeln und sie zufällig verteilen, sodass jede/r S eine unbekannte Person beschreiben muss.

S. 18–19 Atelier B (4)

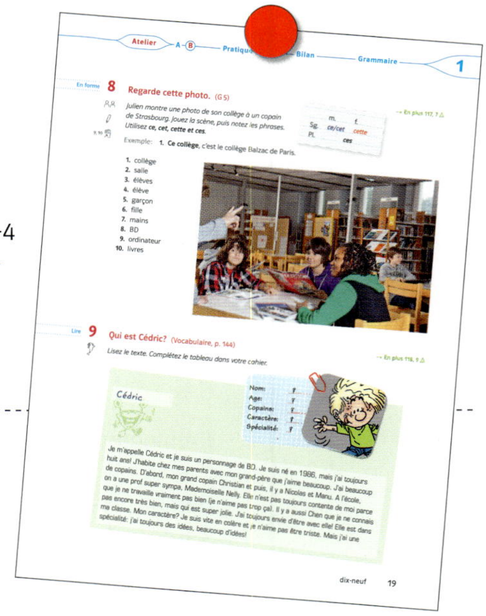
Atelier A–B Pratique Bilan Grammaire 1

En forme **8 Regarde cette photo.** (G 5)

*Julien montre une photo de son collège à un copain de Strasbourg. Jouez la scène, puis notez les phrases. Utilisez **ce, cet, cette et ces**.*

→ En plus 117, 7

	m.	f.
Sg.	ce/cet	cette
Pl.	ces	

Exemple: 1. **Ce collège**, c'est le collège Balzac de Paris.

1. collège
2. salle
3. élèves
4. élève
5. garçon
6. fille
7. mains
8. BD
9. ordinateur
10. livres

Lire **9 Qui est Cédric?** (Vocabulaire, p. 144)

Lisez le texte. Complétez le tableau dans votre cahier.

→ En plus 118, 9

Cédric

Nom: ?
Age: ?
Copains: ?
Caractère: ?
Spécialité: ?

Je m'appelle Cédric et je suis un personnage de BD. Je suis né en 1986, mais j'ai toujours huit ans! J'habite chez mes parents avec mon grand-père que j'aime beaucoup. J'ai beaucoup de copains. D'abord, mon grand copain Christian et puis, il y a Nicolas et Manu. A l'école, on a une prof super sympa, Mademoiselle Nelly. Elle n'est pas toujours contente de moi parce que je ne travaille vraiment pas bien (je n'aime pas trop ça). Il y a aussi Chen que je ne connais pas encore très bien, mais qui est super jolie. J'ai toujours envie d'être avec elle! Elle est dans ma classe. Mon caractère? Je suis vite en colère et je n'aime pas être triste. Mais j'ai une spécialité: j'ai toujours des idées, beaucoup d'idées!

dix-neuf 19

Préparation en 3 minutes

- **Mitnehmen!** SB, *CdA*, CD-Player, CD 1 (Track 14; MP3 14), rote und blaue Kreide
- **Schülerbuch:** S. 18–19, Nr. 7–9; S. 136; S. 117, Nr. 7; S. 118, Nr. 9
- ***Cahier d'activités:*** S. 9, Nr. 10; S. 13–14, Nr. 3–4
- **Schwerpunkte:** Hörverstehen; der Demonstrativbegleiter *ce* (⟶ G 5, GBH, S. 12)
- **Sozialform:** PA
- **Hausaufgabe:** SB, S. 19, Nr. 9

Schritte zur Erarbeitung

Hinführung (SB)
S. 18, Nr. 7: L lässt die Strategien zum HV wiederholen (SB, S. 136). Auch Moustique gibt bereits einen wertvollen Hinweis zur folgenden Übung.

Problematisierung (SB)
S. 18, Nr. 7: Mögliche Vorentlastung durch Fragen zu Tristan: *Qu'est-ce que vous savez de Tristan Aldon?* (*Il ressemble à Julien, il est acteur …*) *Que fait un acteur?* (*Il travaille pour la télévision, il joue dans des films …*). Die S lesen die Satzanfänge im SB.

Erarbeitung (SB, CD 1, Track 14; MP3 14, rote und blaue Kreide)
S. 18, Nr. 7: L spielt Text vor, S vervollständigen die Satzanfänge. Die Lösungen werden im UG besprochen und ggf. an der Tafel notiert. L schreibt Sätze aus dem Text **B2** bzw. aus dem Hörtext an die Tafel: *Ce garçon s'appelle Tristan. Tu connais cet acteur? Julien n'est pas cette star de cinéma. Regarde ces photos.* S übersetzen die Sätze und benennen die Unterschiede. Die Regeln zur Anwendung des Demonstrativbegleiters *ce* werden formuliert, das Tafelbild wird entwickelt und abgeschrieben. Auf die Form *cet* und die *liaison* wird besonders hingewiesen (⟶ Tafelbild 4).

Sicherung (SB)
S. 19, Nr. 8: S arbeiten in PA (⟶ Differenzierung 1).

Festigung (*CdA*, SB)
CdA, S. 9, Nr. 10: Die ergänzende Übung verknüpft die Anwendung des Demonstrativbegleiters mit Ausdrücken der Personenbeschreibung (⟶ Differenzierung 2).
Hausaufgabe: SB, S. 19, Nr. 9 (⟶ Interkulturelles, Differenzierung 3)

Tafelbild 4

<u>Der Demonstrativbegleiter ce</u>

<u>Singular</u>	<u>Plural</u>
ce garçon	ces garçons
cet acteur	ces acteurs
cette star	ces stars

→ Beachte: Vor Vokal und stummem h wird ce zu cet.

→ Im Plural gibt es nur eine Form: **<u>ces</u>**.

Interkulturelles

Cédric Dupont ist ein 8-jähriger Junge, der viele lustige Ideen hat und in der Schule nicht sehr fleißig ist. Er schwärmt zunächst für seine Lehrerin Miss Nelly und später für die gleichaltrige Chen, eine kleine Chinesin. Immer wieder versucht er ihr zu zeigen, dass er sie mag, doch gelingt es ihm leider nie. Er hat einen Rivalen, Nicolas d'Aulnay des Charentes du Ventou aus reichem Elternhaus.
Cédric lebt mit seinen Eltern Robert, einem Teppichverkäufer, und Marie-Rose, Hausfrau, zusammen. Sein Großvater Jules wohnt ebenfalls bei ihnen. Cédrics Vater und der Großvater verstehen sich überhaupt nicht.
Cédrics bester Freund, Christian, ist immer für ihn da und unterstützt ihn unermüdlich bei seinen Bemühungen um Chen.
Cédric ist in 56 Ländern erschienen und in neun Sprachen übersetzt worden. Er wird v. a. von Lesern zwischen sechs und 14 Jahren gelesen. Es gibt auch eine *Cédric*-Fernsehserie.

Tipps und Tricks

Differenzierung

1. SB, S. 117, *En plus*, Nr. 7: Schwierigere Differenzierungsübung, die eine Unterscheidung zwischen den Homophonen *ces*, *ses* und *c'est* verlangt.
2. *CdA*, S. 13, *En plus*, Nr. 3: Leichtere Differenzierungsübung.
***CdA*, S. 14, *En plus*, Nr. 4:** Schwierigere Differenzierungsübung.
3. Gute S können den Text zu Beginn der nächsten Stunde anhand der gefundenen Stichwörter mündlich zusammenfassen (monologisches Sprechen, notizengestützt).

Hausaufgabe: Vor der Bearbeitung der Aufgaben zu *Pratique* die Hausaufgabe SB, S. 19, Nr. 9, besprechen. Falls das Thema vertieft werden soll, kann zusätzlich eine Hör- und Sprechübung zu den Jahreszahlen bearbeitet werden (**SB, S. 118, *En plus*, Nr. 9**).

S. 20–21 Pratique

In *Pratique* tritt die fiktive Lehrbuchwelt zurück. Die S wenden die in *Atelier* erworbenen Kompetenzen in realitätsbezogenen **Aufgaben** an und entwickeln sie auf diese Weise weiter. Die Didaktisierung sowie angebotene Hilfestellungen treten sukzessive zurück, die Problemlösung tritt in den Vordergrund. Unbekannte Wörter in Dokumenten und Lesetexten zählen nicht zum Lernwortschatz. Die jeweils letzte Aufgabe in *Pratique* ist eine **Portfolio-Aufgabe.** Sie zielt auf ein Produkt, das dem zu Beginn der *Unité* genannten Ziel entspricht. Alle Lösungen finden sich auf der CD-ROM.

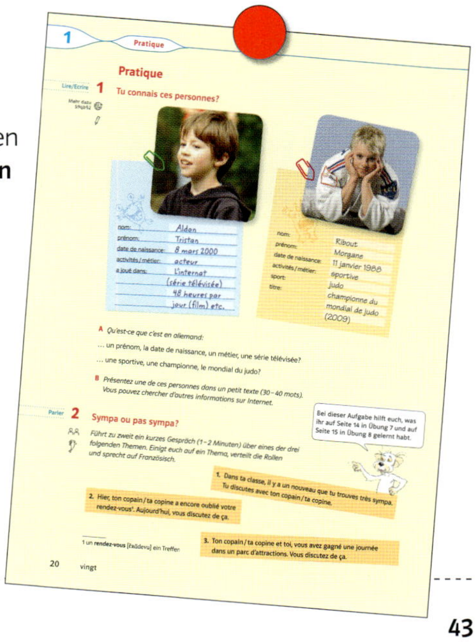
1 Pratique

Pratique

Lire/Ecrire **1** Tu connais ces personnes?

Mehr dazu 59qb52

nom: Alden
prénom: Tristan
date de naissance: 8 mars 2000
activités/métier: acteur
a joué dans: L'internat (série télévisée) 48 heures par jour (film) etc.

nom: Ribout
prénom: Morgane
date de naissance: 11 janvier 1988
activités/métier: sportive
sport: judo
titre: championne du mondial de judo (2009)

A *Qu'est-ce que c'est en allemand:*
… un prénom, la date de naissance, un métier, une série télévisée?
… une sportive, une championne, le mondial du judo?

B *Présentez une de ces personnes dans un petit texte (30–40 mots). Vous pouvez chercher d'autres informations sur Internet.*

Parler **2** Sympa ou pas sympa?

Führt zu zweit ein kurzes Gespräch (1–2 Minuten) über eines der drei folgenden Themen. Einigt euch auf ein Thema, verteilt die Rollen und sprecht auf Französisch.

Bei dieser Aufgabe hilft euch, was ihr auf Seite 14 in Übung 7 und auf Seite 15 in Übung 8 gelernt habt.

1. Dans ta classe, il y a un nouveau que tu trouves très sympa. Tu discutes avec ton copain/ta copine.
2. Hier, ton copain/ta copine a encore oublié votre rendez-vous[1]. Aujourd'hui, vous discutez de ça.
3. Ton copain/ta copine et toi, vous avez gagné une journée dans un parc d'attractions. Vous discutez de ça.

1 un **rendez-vous** [ʀɑ̃devu] ein Treffen

20 vingt

Lire/Ecrire **SB, S. 20, Nr. 1**
Hier geht es in Teil A um das Leseverstehen und das Erschließen unbekannter Ausdrücke, während in Teil B die Textproduktion mit vorheriger Internetrecherche im Mittelpunkt steht (⟶ Zur Methodik). L kann S zusätzlich auf die Übung **B6** und die dort enthaltenen Redemittel hinweisen. Auch PA ist möglich.
Ergänzende Übungen im Internet unter dem Online-Code 59qb52.

Zur Methodik Umgekehrtes Vorgehen wie in SB, S. 19, Nr. 9. Hier soll ausgehend von Stichwörtern ein Text erstellt werden. Das Geburtsdatum wurde hier mit 2000 eingeführt. Im Vokabelteil wird im Kasten auf S. 144 auf die Jahreszahlen hingewiesen; zudem findet sich dort ein Hinweis auf die Übersicht über die höheren Zahlen auf S. 159.

Lire et écrire ***CdA*, S. 10, Nr. 11**
In dieser Übung begegnen die S der Comicfigur Titeuf und sollen vor der Lektüre zunächst die Textsorte benennen. Es kommen zwar einige neue Wörter und Ausdrücke darin vor (*une autre langue, profiter, écrit, qu'est-ce qui se passe?, une feuille, improviser*), aber die Übung begnügt sich mit dem Globalverständnis der Geschichte, das sich in einer adäquaten Zuordnung der Gefühle ausdrückt (EA). Dazu verwenden die S die Redemittel des *On-dit*-Kastens (**SB, S. 14, Nr. 7**). Zudem kann auf den Wegfall des *ne* bei Verneinungen in der gesprochenen Sprache eingegangen werden. Anschließend weisen die S ein weitergehendes Verständnis nach, indem sie ein mögliches Ende der Geschichte (zeichnen und) erfinden (Original: Titeuf geht deprimiert weg und sagt: *C'était ma première déclaration … manque de bol, je l'ai faite à la maîtresse.*).
Zum Verständnis der Geschichte könnte L Fragen stellen, z. B.: *Est-ce que Titeuf aime le cours d'anglais? Pourquoi? Qui est Nadia? Qu'est-ce qu'ils font? Que fait la maîtresse? …*

Parler **SB, S. 20, Nr. 2**
Die S diskutieren in PA über ein Thema, das sie aus drei Vorschlägen auswählen können (Vorschläge 1 und 3: Zwiegespräche; Vorschlag 2: Streitgespräch). Vorbereitung auf die

DELF mündliche *DELF*-Prüfung.
Hilfreich ist an dieser Stelle der Hinweis auf die *On-dit*-Kästen **S. 14, Nr. 7, S. 15, Nr. 8,** und **S. 18, Nr. 6,** die die nötigen Redemittel beinhalten.

Parler ***CdA*, S. 11, Nr. 13**
Partnerarbeit mit Tandembogen und Möglichkeit zur Überprüfung der Lösungen.
Thema ist das *carnet de correspondance* (⟶ Interkulturelles).
Die Übung greift Ausdrücke auf, die im **SB, S. 14, Nr. 8,** vermittelt wurden.
Zur Vorentlastung lässt L vor Durchnahme der Übung auf Deutsch Vermutungen anstellen, welche Funktion das abgebildete *carnet de correspondance* wohl haben könnte.
Nach der Bearbeitung lässt L die Funktion auf Deutsch zusammenfassen und gibt weitere Informationen.

Interkulturelles ***Le carnet de correspondance*** müssen alle S in Frankreich während des Schultags immer bei sich haben. Es ermöglicht eine einfache Kommunikation zwischen Lehrern – ggf. auch der Schulleitung – und Eltern. Eingetragen werden dort z. B. Verspätungen, Fehltage, Sanktionen sowie Bemerkungen zum Verhalten des S. Die Eltern bestätigen die Kenntnisnahme durch die regelmäßige Unterschrift und können ihrerseits Bemerkungen hinzufügen. *Le carnet de correspondance* kann jederzeit von jedem Mitarbeiter der Schule eingesehen werden.
Inzwischen ist ein *cahier de textes numérique* verbindlich vorgeschrieben, d. h. die Kommunikation erfolgt via Internet.

Ecrire ***CdA*, S. 10, Nr. 12**
Die beste Freundin bzw. der beste Freund wird in einem kurzen Text von 40 bis 50 Wörtern vorgestellt. Die S können Fotos oder Zeichnungen hinzufügen und eine Portfolio-Seite gestalten.

Differenzierung ***CdA*, S. 13, *En plus*, Nr. 2:** Einfachere Übung: Hier soll der Eindringling gefunden und durch eine passende Vokabel ersetzt werden

---

Médiation **SB, S. 21, Nr. 3**
Der Inhalt des deutschen Films „Französisch für Anfänger" soll auf Französisch sinngemäß wiedergegeben werden, dabei wird der Einsatz der Relativpronomen geübt. Die *Stratégie* im blauen Kasten mit dem Hinweis auf die Sprachmittlung ausgehend von Stichworten sollte zuerst gemeinsam gelesen werden. Wichtig: S auf bewusstes Auswählen von Informationen hinweisen, es soll nicht wortwörtlich übersetzt werden.

Ecouter
Médiation ***CdA*, S. 11, Nr. 14 (CD 1, Track 19; MP3 19)**
Unterricht in einer französischen Klasse: Die Mitteilung eines Lehrers wird gehört, anschließend sollen die S selbst entscheiden, welche Informationen wichtig bzw. unwichtig sind. Nachdem die unwichtigen Informationen durchgestrichen wurden, wird der Inhalt der Nachricht auf Deutsch zusammengefasst.

Portfolio **SB, S. 21, Nr. 4**
Die S äußern mithilfe von Nebensätzen mit *quand* positive und negative Gefühle. Im *dico personnel* sollen persönliche Anlässe für gute bzw. schlechte Gefühlslagen festgehalten werden.

S. 22–23 Bilan

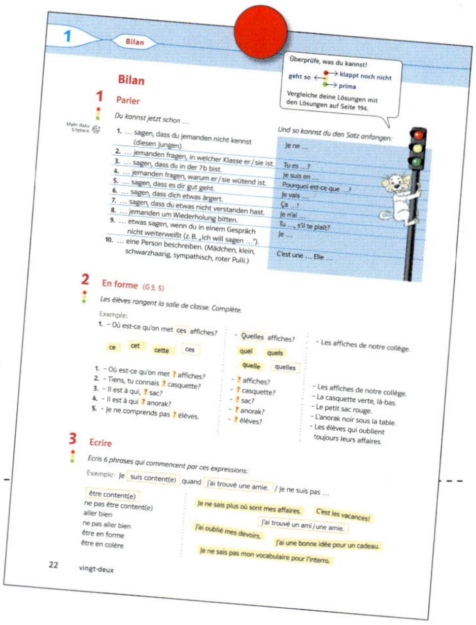
1 Bilan

Bilan

Überprüfe, was du kannst!
geht so ← klappt noch nicht / prima
Vergleiche deine Lösungen mit den Lösungen auf Seite 194.

1 Parler
Du kannst jetzt schon …
1. … sagen, dass du jemanden nicht kennst (diesen Jungen).
2. … jemanden fragen, in welcher Klasse er / sie ist.
3. … sagen, dass du in der 7b bist.
4. … jemanden fragen, warum er / sie wütend ist.
5. … sagen, dass es dir gut geht.
6. … sagen, dass dich etwas ärgert.
7. … sagen, dass du etwas nicht verstanden hast.
8. … jemanden um Wiederholung bitten.
9. … etwas sagen, wenn du in einem Gespräch nicht weiterweißt (z. B. „Ich will sagen …").
10. … eine Person beschreiben. (Mädchen, klein, schwarzhaarig, sympathisch, roter Pulli.)

Und so kannst du den Satz anfangen:
Je ne …
Tu es … ?
Je suis en …
Pourquoi est-ce que … ?
Je vais …
Ça … !
Je n'ai …
Tu …, s'il te plaît?
Je …
C'est une … Elle …

2 En forme (G 3, 5)
Les élèves rangent la salle de classe. Complète.
Exemple:
1. – Où est-ce qu'on met ces affiches? – Quelles affiches? – Les affiches de notre collège.
ce cet cette ces | quel quels quelle quelles
1. – Où est-ce qu'on met ? affiches? – ? affiches? – Les affiches de notre collège.
2. – Tiens, tu connais ? casquette? – ? casquette? – La casquette verte, là-bas.
3. – Il est à qui, ? sac? – ? sac? – Le petit sac rouge.
4. – Il est à qui ? anorak? – ? anorak? – L'anorak noir sous la table.
5. – Je ne comprends pas ? élèves. – ? élèves? – Les élèves qui oublient toujours leurs affaires.

3 Ecrire
Ecris 6 phrases qui commencent par ces expressions:
Exemple: Je suis content(e) quand j'ai trouvé une amie. / Je ne suis pas …
être content(e)
ne pas être content(e)
aller bien
ne pas aller bien
être en forme
être en colère
Je ne sais plus où sont mes affaires. C'est les vacances! J'ai trouvé un ami / une amie. J'ai oublié mes devoirs. J'ai une bonne idée pour un cadeau. Je ne sais pas mon vocabulaire pour l'interro.

22 vingt-deux

Im *Bilan*-Teil überprüfen die S ihre in dieser *Unité* erworbenen Fertigkeiten selbstständig. Kopiervorlagen zur **Diagnose**, zum **Fördern** und zur **Differenzierung** befinden sich *en bloc* im hinteren Teil des Buches – im Anschluss an die *Unités*.
Die **Lösungen** der *Bilan*-Aufgaben befinden sich im SB auf S. 194, im *CdA* auf S. 94–95 und auf der CD-ROM. Lösungsbogen zu den Kopiervorlagen befinden sich auf der CD-ROM zum Ausdrucken und zur Weitergabe an die S.

Selbsteinschätzung/ Autcevaluation Die S nehmen ihre Selbsteinschätzung hinsichtlich der geforderten Kompetenz vor (rot für „klappt noch nicht", gelb für „geht so", grün für „prima"), machen dann die Übung und überprüfen im Anschluss, ob ihre Selbsteinschätzung richtig war.

Die ***En plus*-Übungen** des *Cahier d'activités* (Lösungen S. 95) dienen dazu, bei diagnostizierten Problemen diese zu beheben und dazu gezielt Übungsmaterial zur Verfügung zu haben; der *En plus*-Teil enthält neben leichteren auch schwierigere Übungen zur Differenzierung. Bei den Aufgaben des *CdA* sind Querverweise zu den entsprechenden *En plus*-Übungen vermerkt.

Parler **SB, S. 22, Nr. 1**
Aufgabe zur Evaluation: Du kannst jetzt schon … .

Jeu de mots ***CdA*, S. 12, Nr. 1**
Ergänzende Übung zur Äußerung von Stimmungen und Gefühlen.

Differenzierung ***CdA*, S. 13, *En plus*, Nr. 2:** Einfachere Übung: Hier soll der Eindringling gefunden und durch eine passende Vokabel ersetzt werden.

En forme **SB, S. 22, Nr. 2**
Übung zur richtigen Form des Demonstrativbegleiters *ce* bzw. des Fragebegleiters *quel*; kann auch in PA durchgeführt werden.

Ecrire **SB, S. 22, Nr. 3**
Die S bilden sechs Sätze mit *quand* zu verschiedenen Stimmungen, dabei achten sie ggf. auf die Verneinung und den *accord* des Adjektivs. Diese Schreibübung kann auch differenzierend eingesetzt werden, wenn ein S eine gelenkte Vorbereitung für die freie Portfolio-Aufgabe in *Pratique* (**SB, S. 21, Nr. 4**) braucht.

Médiation ***CdA*, S. 12, Nr. 2**
Übung zur Personenbeschreibung: Übertragung des Steckbriefs einer deutschen Sängerin in ein Porträt auf Französisch.

Differenzierung ***CdA*, S. 13, *En plus*, Nr. 2:** Einfachere Übung: Hier soll der Eindringling gefunden und durch eine passende Vokabel ersetzt werden.

En forme **SB, S. 23, Nr. 4**
Geschlossene Übung zu den Relativpronomen *qui*, *que* und *où*.
***CdA*, S. 12, Nr. 3**
Ergänzende Übung zum Fragebegleiter *quel*, zu den Relativpronomen *qui*, *que* und *où* sowie zum Demonstrativbegleiter *ce*.

Differenzierung ***CdA*, S. 13, *En plus*, Nr. 1:** Einfachere Übung: Hier muss nur zwischen den Relativpronomen unterschieden werden.
***CdA*, S. 13, *En plus*, Nr. 3:** Einfachere Übung: Hier muss nur der richtige Demonstrativbegleiter eingesetzt werden. Moustique stellt die Zusatzfrage, um sicherzustellen, dass die S die Lücken nicht nur formal ausfüllen, sondern sich auch um ein gewisses Verständnis bemühen.
***CdA*, S. 14, *En plus*, Nr. 4:** Schwierigere Übung: Ergänzend zur *Bilan*-Übung kommen hier die Verben *savoir* und *connaître* hinzu; außerdem sind die einzusetzenden Wörter nicht durch verschiedene Aufgabenteile vorgegeben.
***CdA*, S. 14, *En plus*, Nr. 5:** Zusätzliche Übung zum Hör-(Seh-)Verstehen: Hier wird zunächst in Teil A eine Hör-/Seh-Erwartungshaltung aufgebaut, bevor es in Teil B nach dem Hören

(CD 1, Track 20; MP3 20) ums Detailverstehen geht. Die neuen Wörter *secrétaire, journaliste* und *surfer* sind alle leicht erschließbar.
Teil C beinhaltet die kreativ-produktive Weiterführung.
Auf der Video-DVD kann die Szene als Video angeschaut werden.

Test, Klassenarbeit, Standardsicherung

Vorschlag für die inhaltliche Ausrichtung eines Tests, einer Klassenarbeit bzw. der Standardsicherung.

Sprechen
Einen Dialog zu einer angenehmen / unangenehmen Situation führen oder ergänzen und dabei Gefühle ausdrücken (Themenbeispiele: Verliehener oder vergessener Gegenstand; Vergessen einer Verabredung oder Verspätung; Einladung zu einer Aktivität).

Verfügung über die sprachlichen Mittel

Grammatik:
- Die Relativpronomen *qui*, *que* und *où* verwenden, z. B. in einer geschlossenen Übung, indem die Pronomen in einen Lückentext eingefügt werden.
- Den Fragebegleiter *quel* und den Demonstrativbegleiter *ce* richtig einsetzen, z. B. in einer geschlossenen Übung, indem aus mehreren Lösungsvorschlägen im Satz die richtige gefunden werden muss.
- Die Verben *savoir* und *connaître* situativ anwenden, z. B. in einer halboffenen Übung mit Bildern, die Fragen aufwerfen und zu denen die S je einen passenden Satz mit *savoir* oder *connaître* bilden müssen.

Wortschatz: Sich und andere vorstellen und dabei Vorlieben, Abneigungen und einfache Charaktermerkmale benennen, z. B. in einer offenen Aufgabe, bei der S anhand von Fotos Personen mit eindeutigen Aktivitäten und bestimmten Gesichtsausdrücken beschreiben.

Interkulturelles Lernen
Kenntnisse über den ersten Schultag nach den Sommerferien an französischen Schulen anwenden, z. B. in einem Dialog über die *rentrée scolaire* typische Merkmale der *rentrée* benennen / erfragen.

Les dominos

Découpez les douze cartes. Puis jouez à deux. À la fin, choisissez six questions et répondez!
(Spielt das Domino-Spiel zu zweit und beantwortet am Schluss sechs der Fragen.)

gâteaux?	Tu écoutes quelles ...	chanteur?	Tu prends quel ...
salles?	Aujourd'hui, tu mets quelle ...	chaussures?	Au collège, tu aimes quel ...
rue?	Ce soir, tu regardes quel ...	bus?	Tu cherches quelle ...
jeu?	Tu écoutes quel ...	chansons?	Aujourd'hui, tu as cours dans quelles ...
veste?	Tu chantes quelle ...	film?	Tu manges quels ...
professeur?	Tu joues à quel ...	chanson?	Aujourd'hui, tu mets quelles ...

Klettbuch 622024 Découvertes, Lehrerbuch. © Ernst Klett Verlag Stuttgart 2013
Von diesen Vorlagen ist die Vervielfältigung für den eigenen Unterrichtsgebrauch gestattet. Die Kopiergebühren sind abgegolten.

Test: Est-ce que tu es optimiste ☺ ou pessimiste ☹ ?

Coche la réponse (a, b ou c) qui correspond à ta réaction. (Wie würdest du reagieren? Kreuze die entsprechende Antwort – a, b oder c – an.)

1. C'est la rentrée! Mon ami/e et moi ne sommes pas dans la même classe.

a) Je suis en colère, comme Léo! Zut! (2)
b) Je suis triste, mais je vais trouver un/e autre ami/e dans ma classe. (4)
c) Ce n'est pas bien. – MAIS: Il/Elle reste mon ami/e! (6)

2. Mon chien mange mes devoirs!

a) Je vais faire mes devoirs encore une fois. (6)
b) Je suis en colère et je ne donne pas à manger à mon chien. (2)
c) Je ne suis pas content/e, mais je vais trouver une solution *(= eine Lösung).* (4)

3. C'est mon anniversaire! Voilà le cadeau de mes parents. Zut! Pas de portable!

a) Je suis triste parce que mes parents n'ont pas le cadeau que je voudrais! (2)
b) Je comprends mes parents. Un portable, c'est cher. (6)
c) Mais il y a un autre cadeau super pour moi! (4)

4. Mon ami/amie va au cinéma avec un autre garçon/une autre fille.

a) On va au cinéma ensemble. (6)
b) Il/Elle n'est plus mon ami/e! (2)
c) Je vais au cinéma avec un/e autre ami/e. (4)

5. J'ai une mauvaise note à l'école.

a) Je suis en colère. Mon prof est nul! Tout le monde est nul! (2)
b) Je vais travailler plus *(= mehr).* (6)
c) C'est dommage. Mais qu'est-ce qu'il y a à la cantine? (4)

6. Je ne suis pas invité/e à une fête!

a) C'est dommage, mais je vais aller au cinéma. (6)
b) Ce n'est pas possible! Une fête sans moi, ce n'est pas drôle! (4)
c) Je suis triste. Je n'ai pas d'amis. (2)

Maintenant, compte tes points. (Zähle jetzt deine Punkte zusammen.) Tu as …

… entre 12 et 18 points?	… entre 20 et 28 points?	… entre 30 et 36 points?
→ Tu es trop pessimiste. ☹	→ Tu n'es pas pessimiste et tu n'es pas optimiste… *ou:* Tu es pessimiste et optimiste!	→ Tu es optimiste! ☺
Etre toujours triste ou en colère, ce n'est pas bien. La vie est belle *(= Das Leben ist schön)*!	Tu es réaliste et tu sais: la vie est belle, mais il y a aussi des problèmes.	Bravo, pour toi, tout est super! Comme ça, la vie est toujours belle.

Klettbuch 622024 Découvertes, Lehrerbuch. © Ernst Klett Verlag Stuttgart 2013
Von diesen Vorlagen ist die Vervielfältigung für den eigenen Unterrichtsgebrauch gestattet. Die Kopiergebühren sind abgegolten.

Des surprises en 5^{e}A

C'est vrai, c'est faux ou ce n'est pas dans le texte?
Ecoute le texte et coche la bonne réponse.

1. Léo, Alex et Julien ont cours dans la salle 17.

☐ vrai ☐ faux ☐ pas dans le texte

2. Léo pense à Mehdi.

☐ vrai ☐ faux ☐ pas dans le texte

3. Deux boulettes de papier tombent sur la table de Léo.

☐ vrai ☐ faux ☐ pas dans le texte

4. M. Racine donne beaucoup de devoirs aux élèves.

☐ vrai ☐ faux ☐ pas dans le texte

5. A la cantine, Alex et Léo retrouvent Marie et Julien.

☐ vrai ☐ faux ☐ pas dans le texte

6. A la cantine ils mangent de la mousse au chocolat.

☐ vrai ☐ faux ☐ pas dans le texte

7. Après le repas, Alex et Léo vont au CDI.

☐ vrai ☐ faux ☐ pas dans le texte

8. Le garçon qui ressemble à Julien s'appelle Stéphane.

☐ vrai ☐ faux ☐ pas dans le texte

Maintenant, lis le texte et vérifie tes solutions.
(Überprüfe deine Lösungen mithilfe des Textes.)

Solutions:
1. faux (18); 2. vrai; 3. vrai; 4. pas dans le texte; 5. faux (Marie et Mehdi); 6. pas dans le texte; 7. vrai; 8. faux (Il s'appelle Tristan.)

Klettbuch 622024 Découvertes, Lehrerbuch. © Ernst Klett Verlag Stuttgart 2013
Von diesen Vorlagen ist die Vervielfältigung für den eigenen Unterrichtsgebrauch gestattet. Die Kopiergebühren sind abgegolten.

Tandembogen: Relativpronomen *qui, que* und *où*

Travaillez à deux.

Die folgende Anleitung müsst ihr nur lesen, wenn ihr noch nicht mit einem Tandembogen gearbeitet habt:

1. *Schneidet den oberen Teil des Arbeitsblattes ab und faltet den Tandembogen entlang der senkrechten Mittellinie. Haltet den Bogen so, dass jeder nur seine Seite sehen kann.*
2. *A beginnt: Ergänze den Satz, indem du qui, que oder où einsetzt.*
3. *B: Korrigiere die Antwort deiner Partnerin/deines Partners, wenn sie falsch ist. Sie/Er sollte das sagen, was in den Klammern steht. Dann ergänzt du den nächsten Satz, indem du qui, que oder où einsetzt.*
4. *A: Korrigiere die Antwort deiner Partnerin/deines Partners, wenn sie falsch ist. Sie/Er sollte das sagen, was in den Klammern steht.*
5. *Wechselt die Rollen nach einem Durchgang.*

- -

A	B
1. C'est un chanteur … je connais.	1. C'est un chanteur [que] je connais.
2. Je n'aime pas le garçon [qui] est nouveau.	2. Je n'aime pas le garçon … est nouveau.
3. Nous allons manger dans le restaurant … est à côté du collège.	3. Nous allons manger dans le restaurant [qui] est à côté du collège.
4. Ils vont manger dans un restaurant [où] les repas sont bons.	4. Ils vont manger dans un restaurant … les repas sont bons.
5. Tu aimes la chanson … on chante à l'école?	5. Tu aimes la chanson [qu'] on chante à l'école?
6. Tristan est l'acteur [qui] ressemble à Julien.	6. Tristan est l'acteur … ressemble à Julien.
7. Tu connais la piscine … nous avons vu Tristan?	7. Tu connais la piscine [où] nous avons vu Tristan?
8. Il lit un livre [qu'] il n'aime pas.	8. Il lit un livre … il n'aime pas.
9. Mon ami habite dans une maison … il y a une piscine.	9. Mon ami habite dans une maison [où] il y a une piscine.

Von diesen Vorlagen ist die Vervielfältigung für den eigenen Unterrichtsgebrauch gestattet. Die Kopiergebühren sind abgegolten.

2

Unité 2

S. 25–38 Paris mystérieux

Ziele

Inhaltlicher Schwerpunkt

In dieser *Unité* steht Julien im Mittelpunkt. Die Klassen 5e A und 5e B machen einen gemeinsamen Ausflug in die *Catacombes* von Paris. Am Vorabend verfolgt Julien einen Chat von drei Mitschülern, die über ihn lästern. Während des Ausflugs ist Julien in schlechter Stimmung und denkt darüber nach, warum einige Mitschüler ihn nicht mögen. Es ergibt sich aber zunächst keine Gelegenheit, mit seinen Freunden über seine Probleme zu sprechen. In Gedanken versunken bleibt Julien bei der Besichtigung der *Catacombes* zurück, als plötzlich eine Hand nach ihm greift. Es ist der Comic-Zeichner Vladimir, der in den *Catacombes* für einen Manga recherchiert. Ihm erzählt Julien von seinen Problemen. Vladimir rät ihm, Lehrer und Mitschüler zu informieren und hilft ihm dabei, seine Gruppe zu finden. Einige Zeit später findet Julien in der FNAC den neuen Manga von Vladimir und stellt fest, dass der Zeichner ihre Begegnung in den *Catacombes* in seinem Comic verarbeitet hat.

Kompetenzerwartung

Am Ende dieser *Unité* können die S über Ereignisse und persönliche Erlebnisse berichten (⟶ Portfolio-Auftrag, SB, S. 25 ⟶ S. 35, Nr. 3) sowie Auskunft über deren zeitliche Abfolge geben und persönliche Einschätzungen formulieren.

Kompetenzen (Die Schüler können …)

Funktionale kommunikative Kompetenzen: Kommunikative Fertigkeiten

Hör-(Seh-)verstehen/Sprechen

Kompetenzerwartungen	Kompetenztraining
– global und selektiv Inhalte von Texten verstehen	SB: S. 25, 26 (1), 28 (6), 29–30 (2), 31 (6), 34 (1), 119 (2) CdA: S. 22–23 (12), 24 (1), 26 (5/6)
– ihre Meinung äußern	SB: S. 25, 27 (3), 33 (10B), 36 (1/2) CdA: S. 21 (10)
– über vergangene Ereignisse sprechen	SB: S. 29 (1), 36 (1) CdA: S. 24 (3)
– über Gefühle sprechen	SB: S. 32 (8), 36 (1), 37 (5)
– ein Telefongespräch führen	CdA: S. 21 (10)
– sich in eine Person hineinversetzen	SB: S. 34 (1), 36 (1)
– einen Rap verstehen und nachsprechen	SB: S. 31 (5)

Sprachmittlung

Kompetenzerwartungen	Kompetenztraining
– bei einer Führung Informationen weitergeben	SB: S. 28 (6)
– einen französischen Text auf Deutsch zusammenfassen	CdA: S. 22–23 (12)
– eine Geschichte auf Französisch nacherzählen	SB: S. 119 (2)

Leseverstehen/Schreiben

Kompetenzerwartungen	Kompetenztraining
– den Inhalt von Texten verstehen	SB: S. 25, 26 (1), 29–30 (2), 34 (1), 37 (6); S. 27 (2), 30 (3) CdA: S. 22 (12); S. 16 (1), 22 (12)
– eine Infografik erschließen	SB: S. 28 (6)
– eine Geschichte schreiben	SB: S. 33 (10), 35 (3)

– über Ereignisse berichten (auch mithilfe von Bildern)	SB: ✎ S. 27 (2), 118 (1), 119 (2), 120 (6) CdA: ✎ S. 18 (4), 19 (6), 22 (12), 24 (3), 26 (5)
– einen Brief aus der Sicht einer anderen Person schreiben	SB: ✎ S. 35 (2) CdA: ✎ S. 26 (5)
– einen argumentativen Dialog schreiben	CdA: ✎ S. 21 (10)
– ein Gedicht schreiben	CdA: ✎ S. 25 (1)

Funktionale kommunikative Kompetenzen: Verfügung über die sprachlichen Mittel

Wortschatz

Kompetenzerwartungen	Kompetenztraining
über Wortschatz zu diesen Themen verfügen und ihn anwenden:	
- Paris und das unterirdische Paris	SB: S. 25, S. 26 (1), 28 (6), 29–30 (2) CdA: S. 15 (1), 19 (6), 22–23 (12)
- Kommunikation in Chat-Foren	SB: S. 26 (1),
- Meinungsäußerung	SB: S. 26 (1), 27 (3) CdA: S. 21 (10)
- Gefühle/Eigenschaften	SB: S. 29 (1), 36 (2)
- Telefongespräche	SB: S. 32 (8), 37 (5), 119 (3) CdA: S. 21 (10)

Grammatik

Kompetenzerwartungen	Kompetenztraining
grammatisches Grundinventar anwenden:	
- das *Passé composé* (mit *avoir*), auch unregelmäßige Verben	SB: S. 28 (5), 31 (4), 32 (7), 35 (3), 36 (3), 118 (1), 120 (4) CdA: S. 15 (2), 17 (3), S. 18 (4), 20 (9), 24 (2–3), 25 (2/5)
- das Verb *voir*	SB: S. 27 (4) CdA: S. 16 (2), 24 (2), 25 (1)
- Verben auf *-dre*	SB: S. 31 (4), 37 (4), 120 (4) CdA: S. 19 (7), 24 (2), 25 (3)
- Adjektive auf *-eux*	SB: S. 29 (1), 36 (2), 119 (3) CdA: S. 19 (5)
- abhängiger *que* -Satz	SB: S. 27 (3) CdA: S. 21 (10), 26 (4)
- Zeitadverbien	CdA: S. 18 (4), 24 (3)

Aussprache und Intonation

Kompetenzerwartungen	Kompetenztraining
- stumme und klingende Endsilben unterscheiden	SB: S. 31 (5)
- *y* und *u* unterscheiden	CdA: S. 20 (8)

Orthografie

Kompetenzerwartungen	Kompetenztraining
- Schrift-Laut-Umsetzung (*y* und *u*) vornehmen	CdA: S. 20 (8)
- Textvokabular schreiben	CdA: S. 21 (11)

Interkulturelle Kompetenzen

- **soziokulturelles Orientierungswissen**
- **praktische Bewältigung interkultureller Begegnungssituationen**
- **verständnisvoller Umgang mit kultureller Differenz**

Kompetenzerwartungen	Kompetenztraining
- das unterirdische Paris	SB: S. 25, 26 (1), 28 (5/6), 29–30 (2) CdA: S. 22–23 (12)
- Jugendsprache und Abkürzungen in frz. Chat-Foren	SB: S. 26 (1)
- Mangas als in Frankreich sehr populäre Form der Jugendliteratur	SB: S. 26 (1), 29–30 (2), 32 (7)
- Konventionen am Telefon	SB: S. 32 (8), 37 (5)
- *Charade* als beliebte Rätselform	CdA: S. 16 (2)

Methodische Kompetenzen

Textrezeption

Kompetenzerwartungen	Kompetenztraining
- vor der Lektüre Vorwissen zu einem Text bewusst aktivieren	SB: S. 26 (1)
- beim Lesen und Hören selektive Informationen herausfinden	SB: S. 28 (6), 30 (3), 31 (6), 119 (2) CdA: S. 22–23 (12), 24 (1), 26 (5)

Interaktion

Kompetenzerwartungen	Kompetenztraining
- kleine Rätsel erfinden	SB: S. 27 (4) CdA: S. 16–17 (2)
- kleine Szenen mit den Redemitteln der *Unité* erstellen	SB: S. 30 (3), 32 (8)

Textproduktion

Kompetenzerwartungen	Kompetenztraining
- Kriterien für einen gelungenen Text aufstellen als Orientierungsgrundlage	SB: S. 33 (10)
- das Ende einer Geschichte erfinden/schreiben (Portfolio)	SB: S. 27 (3B), 35 (3)
- einen Brief und die Antwort darauf schreiben	SB: S. 35 (2)
- eine Postkarte schreiben	SB: S. 119 (2B)
- Reime schreiben (Portfolio)	CdA: S. 25 (1)

Präsentation

Kompetenzerwartungen	Kompetenztraining
- Rollenspiele in GA vorbereiten und im Plenum vorspielen	SB: S. 30 (3), 32 (8)

Lernbewusstheit und Lernorganisation

Kompetenzerwartungen	Kompetenztraining
- Strategien zur Selbstkontrolle und Bewusstheit des eigenen Lernstandes nutzen (*Bilan*)	SB: S. 36–37 (1–6) CdA: S. 24 (1–3)

S. 25–26 Découvertes/Atelier A (1/Des quiches dans les catacombes)

Préparation en 3 minutes

- **Mitnehmen!** SB, Folien U1/3, U2/1+U2/2, OHP, CD 1 (Track 21; MP3 21), CD-Player, KV 1+2, *CdA*
- **Schülerbuch:** S. 25; S. 26, Nr. 1
- ***Cahier d'activités:*** S. 15, Nr. 1; S. 16, Nr. 1
- **Schwerpunkte:** Kennenlernen der *Catacombes de Paris*; Leseverstehen
- **Sozialform:** GA
- **Hausaufgabe:** Lernen der neuen Vokabeln, kurzes Porträt von Julien Aldon

---

Neue Wörter

mystérieux/mystérieuse, une visite, courageux/courageuse, les catacombes, un escalier, un souterrain, un couloir, l'empire, la mort, une pierre, un égout, une fois, un voyage, oublié/oubliée; 1. une quiche, souvent, chatter avec qn, une discussion, voir qc, la peur, avoir peur, un vampire, à propos de qc, une souris, depuis, Marignan, sombre/sombre, un groupe, un manga, un guide/une guide, des milliers *(m.)*, un crâne, contre, des idées noires, une sortie, une grille, fermer qc, fermé/fermée, un moment, à ce moment-là, le bras

---

Schritte zur Erarbeitung

Hinführung (*CdA*, Folie U2/1, SB, CD 1, Track 21; MP3 21, KV 1)
CdA, S. 15, Nr. 1: Wiederholung der Kenntnisse der S über Paris aus Band 1. Bearbeitung im Plenum.
Folie U2/1: S beschreiben die Bilder, stellen Vermutungen an, um was es sich handelt, und formulieren vielleicht bereits ein erstes Interesse an den *Catacombes*. L führt neue Vokabeln ein.
SB, S. 25, B: L spielt den Text zweimal vor und S beantworten die Fragen B+C im UG. Durch die Informationen aus *Vis-à-vis* und die gemeinsame Lektüre des Textes sammeln die S erste Informationen über die Pariser Unterwelt und entlasten die Arbeit an den Lektionstexten (⟶ Differenzierung, Interkulturelles 1).

Problematisierung (SB, Folie U1/3)
S. 26, Nr. 1: S tragen im UG ihre Kenntnisse zu Julien Aldon zusammen, den sie in der U1 kennen gelernt haben. L notiert die Informationen an der Tafel (⟶ Tafelbild 1) (⟶ Zur Methodik 1).

Erarbeitung (Folie U2/2, SB, KV 2)
Folie U2/2: L deckt nur die ersten vier Bilder auf und die S formulieren im UG ihre Erwartungen an den Lektionstext. L führt weitere neue Vokabeln ein (*avoir peur, sombre, des idées noires*).
S. 26, Nr. 1: S erarbeiten in GA die Abschnitte 1–3 mithilfe der KV 2 (⟶ Zur Methodik 2, Interkulturelles 2).

Sicherung (*CdA*)
S. 16, Nr. 1: Sicherung des Textverständnisses. Zum Abschluss der Übung können einige Fragen und Antworten beispielhaft im Plenum vorgetragen werden (⟶ Zur Methodik 3).

Festigung (SB, KV 2)
S. 26, Nr. 1/KV 2: In GA wird die Erarbeitung des Textes mit Abschnitt 4 abgeschlossen.
Hausaufgabe: Lernen der neuen Vokabeln; S schreiben ein kurzes Porträt von Julien Aldon (⟶ Zur Methodik 4).

Tafelbild 1

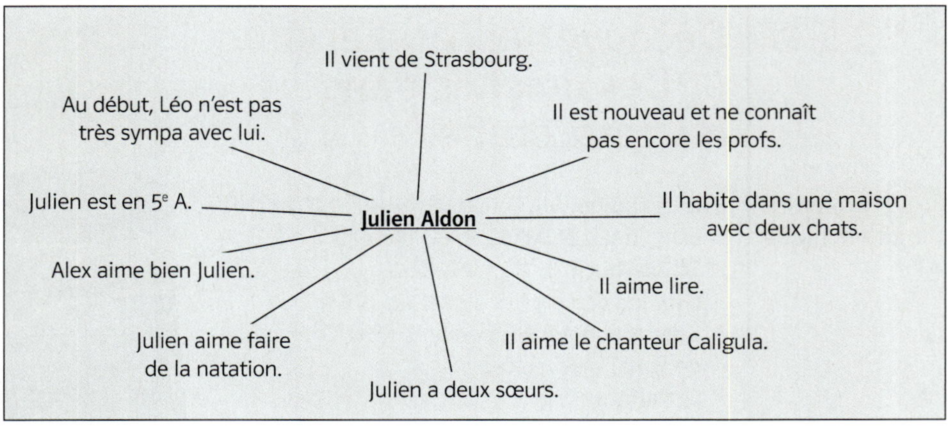

Interkulturelles

1. Ende des 18. Jh. musste die Pariser Stadtverwaltung erkennen, dass der *Cimetière des Innocents* seine Kapazitätsgrenzen weit überschritten und negative gesundheitliche Folgen für die Bewohner des Viertels hatte. Daher wurde 1785 der Entschluss gefasst, die Gebeine in die alten Steinbrüche unter der Stadt umzubetten. Bis 1814 wurden alle alten Friedhöfe von Paris aufgelöst und die Knochen in die *Catacombes* gebracht. Von Beginn an erregte das *Ossuaire municipal* Aufmerksamkeit. Zunächst konnten nur ausgesuchte Personen aus dem Adel wie der spätere Karl X., der österreichische Kaiser Franz I. oder Napoléon III. die *Catacombes* besichtigen. Während des Aufstands der Pariser Kommune wurden die unterirdischen Gänge sogar Schauplatz heftiger Kämpfe. Seit 1874 stehen sie aber einer breiteren Öffentlichkeit offen. Heute sind die in ca. 30 m Tiefe liegenden *Catacombes* mit ihren 2,7 km langen Gängen und den sterblichen Überresten von ca. 6 Millionen Pariser Bürgern v. a. ein Anziehungspunkt für Touristen.

2. Die „internationale" Entsprechung von *mdr* (*mort de rire*) ist *lol* (*laughing out loud*).

Tipps und Tricks

Differenzierung

SB, S. 25: Leistungsstarke Klassen können anhand von Hör-Seh-Aufträgen zum angegebenen Video zusätzliche Informationen zu den *Catacombes* von Paris erarbeiten (**KV 1**).

Zur Methodik

1. SB, S. 26, Nr. 1: Anstelle des TB 1 kann L auch eine Folie mit einem Bild von Julien Aldon auflegen (⟶ Folie U1/3) und die Informationen auf ihr zusammentragen. So stehen sie weiterhin zu Verfügung und können z. B. im weiteren Verlauf der U2 ergänzt werden.

2. SB, S. 26, Nr. 1: Bei der Gruppeneinteilung (3–4 S) sollte L darauf achten, dass leistungsheterogene Gruppen entstehen. Evtl. können in den Gruppen auch klare Rollen verteilt werden, z. B. *le gardien du temps, le secrétaire, le chercheur des mots inconnus.*

3. *CdA*, S. 16, Nr. 1: Da der Text im SB recht lang ist, bietet diese Übung eine Möglichkeit der Unterbrechung nach Abschnitt 3. Je nach Zeit kann der Auftrag auch auf eine bzw. zwei Fragen reduziert werden.

4. Hausaufgabe: Mit dieser Aufgabe wird die Kompetenz „eine Person beschreiben" aus der U1 aufgenommen und weiter gefördert.

S. 26–27 Atelier A (2)

Préparation en 3 minutes

- **Mitnehmen!** SB, KV 2+3, Folie U2/2, OHP
- **Schülerbuch:** S. 26, Nr. 1; S. 27, Nr. 2–3
- **Schwerpunkte:** Textverständnis, über den Text sprechen, die eigene Meinung formulieren
- **Methoden/Sozialformen:** Fehlerlesen (⟶ *Boîte à outils 22*), Echo-Lesen (⟶ *Boîte à outils 15*), *set de table* und *réfléchir – partager – discuter* (⟶ U4, *CdA*, S. 46); PA
- **Hausaufgabe:** Fortsetzung der Geschichte schreiben (ca. 10 Sätze)

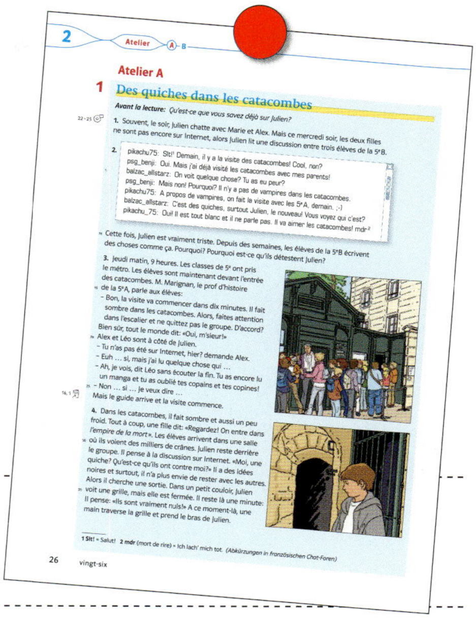
2 Atelier A B

Atelier A

1 Des quiches dans les catacombes

Avant la lecture: *Qu'est-ce que vous savez déjà sur Julien?*

22–25

1. Souvent, le soir, Julien chatte avec Marie et Alex. Mais ce mercredi soir, les deux filles ne sont pas encore sur Internet, alors Julien lit une discussion entre trois élèves de la 5ᵉB.

2.
pikachu75: Slt![1] Demain, il y a la visite des catacombes! Cool, non?
psg_benji: Oui. Mais j'ai déjà visité les catacombes avec mes parents!
balzac_allstarz: On voit quelque chose? Tu as eu peur?
psg_benji: Mais non! Pourquoi? Il n'y a pas de vampires dans les catacombes.
pikachu75: A propos de vampires, on fait la visite avec les 5ᵉA, demain. ;-)
balzac_allstarz: C'est des quiches, surtout Julien, le nouveau! Vous voyez qui c'est?
pikachu_75: Oui! Il est tout blanc et il ne parle pas. Il va aimer les catacombes! mdr[2]

Cette fois, Julien est vraiment triste. Depuis des semaines, les élèves de la 5ᵉB écrivent des choses comme ça. Pourquoi? Pourquoi est-ce qu'ils détestent Julien?

3. Jeudi matin, 9 heures. Les classes de 5ᵉ ont pris le métro. Les élèves sont maintenant devant l'entrée des catacombes. M. Marignan, le prof d'histoire de la 5ᵉA, parle aux élèves:
– Bon, la visite va commencer dans dix minutes. Il fait sombre dans les catacombes. Alors, faites attention dans l'escalier et ne quittez pas le groupe. D'accord?
Bien sûr, tout le monde dit: «Oui, m'sieur!»
Alex et Léo sont à côté de Julien.
– Tu n'as pas été sur Internet, hier? demande Alex.
– Euh … si, mais j'ai lu quelque chose qui …
– Ah, je vois, dit Léo sans écouter la fin. Tu as encore lu un manga et tu as oublié tes copains et tes copines!
– Non … si … je veux dire …
16, 1 Mais le guide arrive et la visite commence.

4. Dans les catacombes, il fait sombre et aussi un peu froid. Tout à coup, une fille dit: «Regardez! On entre dans *l'empire de la mort*». Les élèves arrivent dans une salle où ils voient des milliers de crânes. Julien reste derrière le groupe. Il pense à la discussion sur Internet. «Moi, une quiche? Qu'est-ce qu'ils ont contre moi?» Il a des idées noires et surtout, il n'a plus envie de rester avec les autres. Alors il cherche une sortie. Dans un petit couloir, Julien voit une grille, mais elle est fermée. Il reste là une minute: Il pense: «Ils sont vraiment nuls!» A ce moment-là, une main traverse la grille et prend le bras de Julien.

1 **Slt!** = Salut! 2 **mdr** (mort de rire) = Ich lach' mich tot. *(Abkürzungen in französischen Chat-Foren)*

26 vingt-six

Neue Wörter

Qu'est-ce que tu en penses?, que, trouver que, penser que

Schritte zur Erarbeitung

Hinführung (KV 3)
Besprechung der HA: Einzelne S tragen ihre Porträts von Julien Aldon im Plenum vor.
KV 3: S sichern die neu gelernten Vokabeln mit der Bearbeitung des Rätsels ab.

Problematisierung (Folie U2/2, KV 2, SB)
Folie U2/2: S rekapitulieren im UG den Inhalt des Lektionstextes. Sie können dabei auf ihre Notizen der vorangegangenen Stunde zurückgreifen (KV 2) (⟶ Zur Methodik 1).
S. 26, Nr. 1: Im Anschluss lesen die S den Text mit der Methode des Fehlerlesens (⟶ *Boîte à outils 22*), um v. a. die Aussprache der neuen Vokabeln zu festigen (⟶ Differenzierung 1).

Erarbeitung (SB)
S. 27, Nr. 2: S arbeiten in PA (⟶ Zur Methodik 2, Differenzierung 2).

Sicherung (SB)
S. 27, Nr. 3 A: Die Fragestellungen sollen ein Nachdenken über die Cyber-Mobbing-Problematik anregen. Die Diskussion kann in Kleingruppen erfolgen. Ggf. können bereits jetzt die Methoden *set de table* und *réfléchir – partager – discuter* eingeführt werden (U4, *CdA*, S. 46) (⟶ Differenzierung 3). Die Fragestellungen erfordern Meinungsäußerungen der S, die sie mit abhängigen *que*-Sätzen (*penser que, trouver que*) ausdrücken sollen.

Festigung (SB)
S. 27, Nr. 3 B: Die S nennen im UG ihre Ideen zur Fortsetzung der Geschichte. L sammelt diese an der Tafel (⟶ Tafelbild 2, Doppelstunde).
Hausaufgabe: S schreiben eine kurze Fortsetzung der Geschichte (ca. 10 Sätze). Das TB 2 kann hier als Grundlage dienen (⟶ Zur Methodik 3).

Tafelbild 2

<u>**Et Julien? Qu'est-ce qu'il va faire?**</u>

→ «La main» va aider Julien.
→ c'est la main du professeur / de Léo / d'Alex / d'un élève de la 5ᵉ B …
→ Julien ne trouve pas la sortie.
→ Julien trouve la sortie et il quitte les catacombes.
→ Julien a peur et il cherche le groupe.
→ Alex trouve Julien et il raconte ses problèmes à Alex.
→ Julien fait une découverte intéressante dans les catacombes.

Tipps und Tricks

Zur Methodik

1. Folie U2/2: In vielen Klassen stellt das Auflegen der Folie einen stummen Impuls dar, der die S dazu auffordert, sich zu den Abbildungen zu äußern. Wenn die Lerngruppe diese Methode noch nicht kennt, leitet L das UG zunächst durch konkrete Fragen zum Text ein.
2. SB, S. 27, Nr. 2: Wenn der Text im Plenum im Rahmen der Hinführung bereits relativ präzise zusammengefasst wurde, ist eine explizite Sicherung der Übungsergebnisse im Plenum nicht unbedingt erforderlich.
3. Hausaufgabe: Die HA soll nicht direkt in der nächsten Stunde besprochen werden, sondern zu Beginn der Arbeit am zweiten Lektionstext (Atelier B, S. 29–30, Nr. 2).

Differenzierung

1. In leistungsschwächeren Gruppen kann der Text auch per Echo-Lesen wiederholt werden (⟶ *Boîte à outils 15*). Durch das vorherige Hören der Textpassagen können S sich die Aussprache leichter einprägen.
2. SB, S. 27, Nr. 2: Schwächere S können sich in Teil B auf die vorgegebenen Sätze beschränken und lediglich Zeit- und Ortsangaben aus dem Text (*mercredi soir, jeudi matin, devant l'entrée, dans les catacombes*) sowie Konjunktionen (*mais, parce que*) ergänzen. Die Lösungsmöglichkeit (⟶ CD-ROM) kann ggf. auch als Lückentext gegeben werden.
3. SB, S. 27, Nr. 3: Leistungsstärkere Gruppen können selbst weitere Fragen an den Text stellen. Dafür sind evtl. Impulse nützlich: *Julien: quitter le groupe? être triste? trouver la sortie?; vous: aimer les mangas? aimer les visites avec un guide? visiter les catacombes?*

Doppelstunde

Wenn genügend Zeit zur Verfügung steht, können die Überlegungen zur möglichen Fortsetzung der Geschichte in ein Rollenspiel einfließen, das in GA erarbeitet wird. Einzelne Gruppen können ihre Versionen im Plenum vorspielen.

S. 26–27 Atelier A (3)

Préparation en 3 minutes

- **Mitnehmen!** SB, Folie U2/2, OHP, *CdA*, farbige Kreide
- **Schülerbuch:** S. 26, Nr. 1; S. 27, Nr. 4
- ***Cahier d'activités:*** S. 16, Nr. 2; S. 25, Nr. 1
- **Schwerpunkt:** Das Verb *voir* (⟶ G 6, GBH, S. 15)
- **Sozialform:** GA
- **Hausaufgabe:** Die Formen von *voir*; eine eigene *charade* verfassen

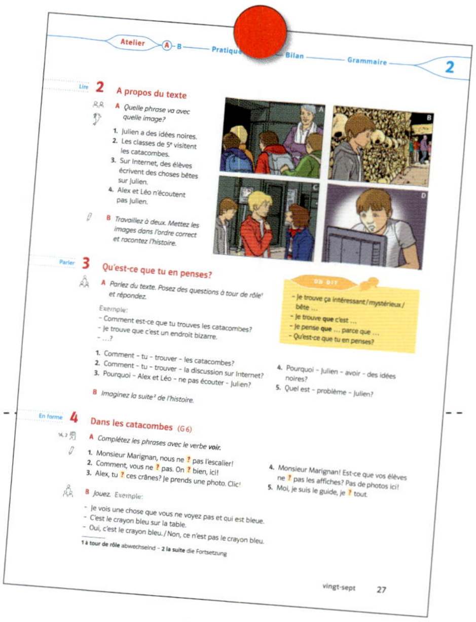

Atelier A – B — Pratique — Bilan — Grammaire — 2

Lire **2 A propos du texte**
A *Quelle phrase va avec quelle image?*
1. Julien a des idées noires.
2. Les classes de 5e visitent les catacombes.
3. Sur Internet, des élèves écrivent des choses bêtes sur Julien.
4. Alex et Léo n'écoutent pas Julien.

B *Travaillez à deux. Mettez les images dans l'ordre correct et racontez l'histoire.*

Parler **3 Qu'est-ce que tu en penses?**
A *Parlez du texte. Posez des questions à tour de rôle[1] et répondez.*
Exemple:
– Comment est-ce que tu trouves les catacombes?
– Je trouve que c'est un endroit bizarre.
– …?

On dit
– Je trouve ça intéressant/mystérieux/bête …
– Je trouve **que** c'est …
– Je pense **que** … parce que …
– Qu'est-ce que tu en penses?

1. Comment – tu – trouver – les catacombes?
2. Comment – tu – trouver – la discussion sur Internet?
3. Pourquoi – Alex et Léo – ne pas écouter – Julien?
4. Pourquoi – Julien – avoir – des idées noires?
5. Quel est – problème – Julien?

B *Imaginez la suite[2] de l'histoire.*

En forme **4 Dans les catacombes** (G 6)
16, 2
A *Complétez les phrases avec le verbe* ***voir.***
1. Monsieur Marignan, nous ne ? pas l'escalier!
2. Comment, vous ne ? pas. On ? bien, ici!
3. Alex, tu ? ces crânes? Je prends une photo. Clic!
4. Monsieur Marignan! Est-ce que vos élèves ne ? pas les affiches? Pas de photos ici!
5. Moi, je suis le guide, je ? tout.

B *Jouez.* Exemple:
– Je vois une chose que vous ne voyez pas et qui est bleue.
– C'est le crayon bleu sur la table.
– Oui, c'est le crayon bleu. / Non, ce n'est pas le crayon bleu.

1 **à tour de rôle** abwechselnd – 2 **la suite** die Fortsetzung

vingt-sept 27

Schritte zur Erarbeitung

Hinführung (Folie U2/2)
Folie U2/2: Anhand von Bild 6 kurzes UG über die Problematik des Cyber-Mobbings führen. L fordert S auf, ihre Meinung zu äußern und auch über Lösungsmöglichkeiten nachzudenken (⟶ Der besondere Tipp).

Problematisierung (SB, farbige Kreide)
S. 26, Nr. 1: S suchen die Formen des Verbs *voir* im Text. L klärt mit S zusammen die Bedeutung des Verbs. S leiten aus den im Text enthaltenen Formen die zwei fehlenden Formen her. L entwickelt parallel Tafelbild 3.

Erarbeitung (SB)
S. 27, Nr. 4 A: S arbeiten in EA. Besprechung der Lösung im Plenum (⟶ Interkulturelles 1).

Sicherung (*CdA*)
S. 16, Nr. 2: Mit dieser Übung sichern die S auf spielerische Weise die Formen von *voir* ab. Im zweiten Teil lernen sie die *charade* als bei den Franzosen beliebte Rätselform kennen (⟶ Differenzierung, Interkulturelles 2).

Festigung (SB)
S. 27, Nr. 4 B: In GA formulieren die S kleine Rätsel: *Je vois une chose que vous ne voyez pas* … Als Gegenstände kommen die eingeführten Klassenraumgegenstände sowie die Kleidungsstücke der S in Frage. Exemplarisch können abschließend einzelne Fragen im Plenum zur Aufgabe gestellt werden.
Hausaufgabe: S lernen die Formen des Verbs *voir*. Sie verfassen eine eigene *charade*.

Tafelbild 3

voir

On voit quelque chose? (l. 5)
Vous voyez qui c'est? (l. 8)
Ah, je vois, … (l. 23)
… ils voient des milliers de crânes. (l. 30)
Julien voit une grille … (l. 35)

Je vois	nous voyons
Tu vois	vous voyez
Il/elle/on voit	ils/elles voient

Interkulturelles

1. Fotografieren ist in den *Catacombes* genau genommen nicht verboten, wohl aber das Fotografieren mit Blitzlicht.
2. Seit dem 18. Jh. ist die Charade bei den Franzosen eine beliebte Rätselform, die Wortspiel und Phonetik verbindet. Bei dieser Form des Silbenrätsels müssen sowohl die Silben als auch das ganze Wort erraten werden. In einer Charade wird ein Wort in seine Silben zerlegt und es werden zunächst die Silben beschrieben. Dabei beginnen die Sätze stets mit *mon premier, mon second* … Die abschließende Umschreibung des ganzen Wortes wird durch *mon tout* eingeleitet. Bei der Beschreibung einer Silbe kann man sich durchaus vom phonetischen Bild leiten lassen, z. B.
Mon premier ouvre les portes.
Mon second se boit.
Mon troisième garde les moutons.
Jules César aime bien mon tout.
⟶ *Cléopâtre: clé – eau – pâtre*

Tipps und Tricks

Der besondere Tipp

In Lerngruppen mit einem angespannten Sozialklima ist es mitunter besser, die S ihre eigenen Einschätzungen und Erfahrungen nicht in der Fremdsprache thematisieren zu lassen. Ggf. bietet sich ein Wechsel ins Deutsche an. Alternativ können die Stellungnahmen auch im Rahmen der Lehrwerksgeschichte erfolgen. Ein Bild von Julien vor dem Computer kann als Impuls für das UG dienen.

Differenzierung

***CdA*, S. 16, Nr. 2:** Schwächere Lerngruppen können anstatt dieser Übung auch *CdA*, S. 25, *En plus*, Nr. 1, bearbeiten. **Alternativ** kann diese Differenzierungsübung bei ausreichend Zeit auch vor der SB-Übung, S. 27, Nr. 4, durchgenommen werden.

S. 28 Atelier A (4)

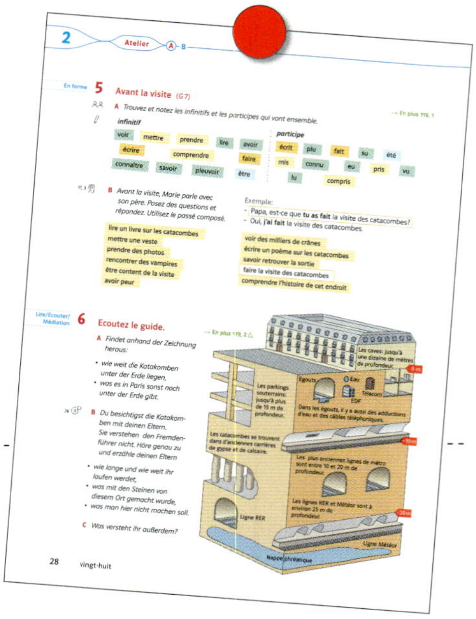
2 Atelier A – B

En forme **5 Avant la visite** (G7)

A *Trouvez et notez les infinitifs et les participes qui vont ensemble.* → En plus 119, 1

infinitif: voir, mettre, prendre, lire, avoir, écrire, comprendre, faire, connaître, savoir, pleuvoir, être

participe: écrit, plu, fait, su, été, mis, connu, eu, pris, vu, lu, compris

17, 3 **B** *Avant la visite, Marie parle avec son père. Posez des questions et répondez. Utilisez le passé composé.*

Exemple:
– Papa, est-ce que **tu as fait** la visite des catacombes?
– Oui, **j'ai fait** la visite des catacombes.

lire un livre sur les catacombes
mettre une veste
prendre des photos
rencontrer des vampires
être content de la visite
avoir peur
voir des milliers de crânes
écrire un poème sur les catacombes
savoir retrouver la sortie
faire la visite des catacombes
comprendre l'histoire de cet endroit

Lire/Ecouter/Médiation **6 Ecoutez le guide.** → En plus 119, 2

A *Findet anhand der Zeichnung heraus:*
- *wie weit die Katakomben unter der Erde liegen,*
- *was es in Paris sonst noch unter der Erde gibt.*

26 **B** *Du besichtigst die Katakomben mit deinen Eltern. Sie verstehen den Fremdenführer nicht. Höre genau zu und erzähle deinen Eltern*
- *wie lange und wie weit ihr laufen werdet,*
- *was mit den Steinen von diesem Ort gemacht wurde,*
- *was man hier nicht machen soll.*

C *Was versteht ihr außerdem?*

28 vingt-huit

Préparation en 3 minutes

- **Mitnehmen!** SB, *CdA*, CD 1 (Track 26; MP3 26), CD-Player, farbige Kreide, KV 4
- **Schülerbuch:** S. 28, Nr. 5–6; S. 118, Nr. 1
- ***Cahier d'activités:*** S. 17, Nr. 3; S. 18, Nr. 4; S. 15, Nr. 2; S. 25, Nr. 2
- **Schwerpunkte:** Partizipien der unregelmäßigen Verben (⟶ G 7, GBH, S. 16 f.), Sprachmittlung
- **Sozialform:** PA
- **Hausaufgabe:** *CdA*, S. 18, Nr. 4

Schritte zur Erarbeitung

Hinführung
Besprechung der Hausaufgabe: Einzelne S stellen ihre *charade* im Plenum vor. Die Klasse versucht, die Rätsel zu lösen (⟶ Alternative 1).

Problematisierung (SB, farbige Kreide, KV 4)
S. 28, Nr. 5 A: Die S arbeiten in PA. Besprechung der Lösung im Plenum. Im UG wiederholen die S die Bildung des *Passé composé* und des *Participe passé* der Verben auf *-er*. L entwickelt Tafelbild 4 (⟶ Zur Methodik 1, Differenzierung 1).

Erarbeitung (SB)
S. 28, Nr. 5 B: Die S wenden die unregelmäßigen Partizipien an und formulieren Fragen und Antworten mithilfe von vorgegebenen Satzbausteinen. Besprechung der Lösung im Plenum (⟶ Zur Methodik 2, Differenzierung 2).

Sicherung (*CdA*)
S. 17, Nr. 3: Die S arbeiten in EA. Die Übung integriert alle bisher bekannten unregelmäßigen *Participes passés* mit der Ausnahme von *connaître* (⟶ Alternative 2, Differenzierung 3).

Festigung (SB, CD 1, Track 26; MP3 26, *CdA*)
SB, S. 28, Nr. 6: Der Umgang mit der Illustration in A ist eine *pre-listening activity*. Wichtig für das Detailverstehen des HV-Textes ist nur das Wort *carrière*; *jeter* ist zwar unbekannt, kann aber durch das bekannte *poubelle* erschlossen werden.
Hausaufgabe: *CdA*, S. 18, Nr. 4: S erzählen den Besuch in den *Catacombes* aus der Sicht von Julien im *Passé composé* nach. Die Übung legt den Schwerpunkt auf die Erzählstruktur. Die Verwendung gliedernder Adverbien wird gefordert. Dabei gibt es mehrere Möglichkeiten. Es wird eine zusammenhängende schriftliche Erzählung verlangt. Durch die Orientierung am Geschehen des ersten Lektionstextes wird aber eine Überforderung der S vermieden.

Tafelbild 4

<u>Le passé composé</u>

Alex **<u>a joué</u>** au rugby.
Hilfsverb + participe passé = passé composé

<u>Die Verben auf -er</u>
jouer → joué — Léo **<u>a joué</u>** au foot.

<u>Le passé composé et le participe passé des verbes irréguliers</u>
Hier, j'ai lu un manga.

<u>Das Participe passé der unregelmäßigen Verben</u>

être → été	écrire → écrit
avoir → eu	faire → fait
savoir → su	mettre → mis
voir → vu	prendre → pris
pleuvoir → plu	comprendre → compris
lire → lu	ouvrir → ouvert
connaître → connu	

Ich muss sie lernen, man kann sie nicht ableiten.

Tipps und Tricks

Alternativen

1. Bei ausreichend Zeit können die S Plakate zu ihren *charades* anfertigen. Neben dem eigentlichen Rätsel können sie auf ihm Bilder zu jeder Silbe und dem Lösungswort gestalten. Die Plakate werde entweder im Klassenraum aufgehängt oder im Portfolio abgeheftet.
2. *CdA*, S. 17, Nr. 3: Die Übung kann spielerisch weitergeführt werden. S basteln Domino-Kärtchen mit den Infinitiven und den *Participes passés*: *pris / lire* – *lu / voir* – *vu / mettre* etc. Sie spielen mit diesen Kärtchen Domino.

Zur Methodik

1. SB, S. 28, Nr. 5 A: L kann (laminierte) Karten zu den Infinitiven und unregelmäßigen Partizipien anfertigen (**KV 4**), die für Zuordnungsübungen verwendet oder auch für längere Zeit im Klassenraum ausgehängt werden können.
2. SB, S. 28, Nr. 5 B: In dieser Dialogreplik muss nicht alles stereotyp wiederholt werden, was Marie fragt. Es kann auch variiert werden. Zu vermeiden sind jedoch ja/nein-Antworten.

Differenzierung

1. SB S. 28, Nr. 5 A: In leistungsschwächeren Klassen kann die *Entraînement*-Übung ***CdA*, S. 15, Nr. 2**, vorgeschaltet werden, um die bekannten Partizipien zu wiederholen.
2. SB S. 28, Nr. 5 B: Leistungsstärkere S können im Anschluss **SB, S. 118, *En plus*, Nr. 1**, bearbeiten. Mithilfe von Satzbausteinen berichten sie im *Passé composé* über den Nachmittag von Alex. L kann einige Lösungsblätter zur selbstständigen Korrektur vorbereiten.
2. *CdA*, S. 17, Nr. 3: Leichtere Differenzierungsübung ***CdA*, S. 25, *En plus*, Nr. 2**. In PA diktieren sich die S Sätze im *Passé composé* und kontrollieren sich gegenseitig.

S. 29–30 Atelier B (1/Manga souterrain)

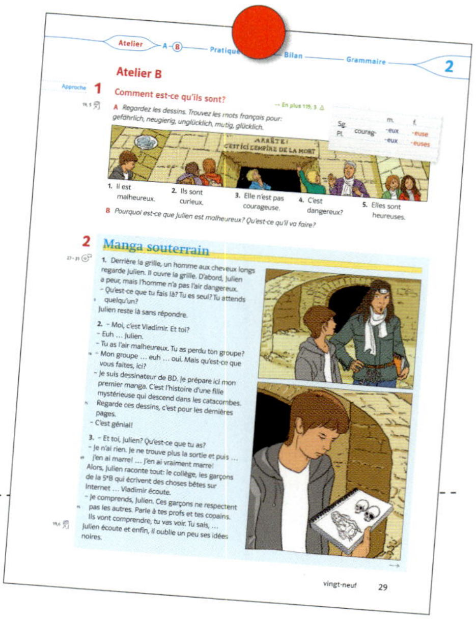
Atelier – A – B – Pratique – Bilan – Grammaire 2

Atelier B

Approche **1** Comment est-ce qu'ils sont?

→ En plus 119, 3

A *Regardez les dessins. Trouvez les mots français pour: gefährlich, neugierig, unglücklich, mutig, glücklich.*

		m.	f.
Sg.	courag-	-eux	-euse
Pl.		-eux	-euses

1. Il est malheureux. 2. Ils sont curieux. 3. Elle n'est pas courageuse. 4. C'est dangereux? 5. Elles sont heureuses.

B *Pourquoi est-ce que Julien est malheureux? Qu'est-ce qu'il va faire?*

2 Manga souterrain

27–31

1. Derrière la grille, un homme aux cheveux longs regarde Julien. Il ouvre la grille. D'abord, Julien a peur, mais l'homme n'a pas l'air dangereux.
– Qu'est-ce que tu fais là? Tu es seul? Tu attends quelqu'un?
Julien reste là sans répondre.

2. – Moi, c'est Vladimir. Et toi?
– Euh … Julien.
– Tu as l'air malheureux. Tu as perdu ton groupe?
– Mon groupe … euh … oui. Mais qu'est-ce que vous faites, ici?
– Je suis dessinateur de BD. Je prépare ici mon premier manga. C'est l'histoire d'une fille mystérieuse qui descend dans les catacombes. Regarde ces dessins, c'est pour les dernières pages.
– C'est génial!

3. – Et toi, Julien? Qu'est-ce que tu as?
– Je n'ai rien. Je ne trouve plus la sortie et puis … j'en ai marre! … J'en ai vraiment marre!
Alors, Julien raconte tout: le collège, les garçons de la 5ᵉB qui écrivent des choses bêtes sur Internet … Vladimir écoute.
– Je comprends, Julien. Ces garçons ne respectent pas les autres. Parle à tes profs et tes copains. Ils vont comprendre, tu vas voir. Tu sais, …
Julien écoute et enfin, il oublie un peu ses idées noires.

vingt-neuf 29

Préparation en 3 minutes

- **Mitnehmen!** *CdA*, SB, Folie U2/3, OHP, CD 1 (Tracks 27–31; MP3 27–31), CD-Player, KV 5
- **Schülerbuch:** S. 29, Nr. 1–2; S. 30, Nr. 3; S. 119, Nr. 3
- ***Cahier d'activités:*** S. 18, Nr. 4; S. 19, Nr. 5–6
- **Schwerpunkte:** Adjektive auf *-eux*; Leseverstehen
- **Methoden/Sozialformen:** Rollenspiel; PA, GA
- **Hausaufgabe:** Neue Vokabeln lernen; *CdA*, S. 19, Nr. 5: Adjektive auf *-eux*

Neue Wörter

1. curieux/curieuse, dangereux/dangereuse, malheureux/malheureuse, heureux/heureuse;
2. ouvrir qc, seul/seule, attendre qn, quelqu'un, répondre à qn/qc, sans faire qc, perdre qc, un dessinateur/une dessinatrice, descendre, un dessin, une page, ne … rien, en avoir marre de qn/qc, respecter qn/qc, entendre qn/qc, appeler qn, monter, presque, une porte, la chance, expliquer qc à qn

---

Schritte zur Erarbeitung

Hinführung (*CdA*)
S. 18, Nr. 4: Besprechung der Hausaufgabe.

Problematisierung (SB)
S. 29, Nr. 1A: Die Adjektive auf *-eux* werden eingeführt und damit neue Vokabeln des zweiten Lektionstextes vorentlastet. S arbeiten in EA. Mit Hinweis auf den signalgrammatischen Kasten wird die Angleichung dieser Adjektivgruppe besprochen.
S. 29, Nr. 1B: Es erfolgt die Überleitung auf den Text. S greifen im UG auf ihr Vorwissen aus dem ersten Lektionstext zurück (⟶ HA Atelier A (2), S. 57).

Erarbeitung (SB, Folie U2/3, CD 1, Tracks 27–31; MP3 27–31, KV 5, *CdA*)
Folie U2/3: Die S konkretisieren vor der Textarbeit ihre Hypothesen zum Inhalt und vorentlasten die folgende Erarbeitung. L führt zum Verständnis notwendige Vokabeln ein (*ouvrir, perdre, dessinateur, dessiner, descendre, monter, j'en ai marre*).
S. 29–30, Nr. 2/KV 5: Erarbeitung über das Hörverstehen. Der Text wird zweimal vorgespielt, S bearbeiten die Kopiervorlage. In PA überprüfen S im Anschluss durch die Lektüre des Textes ihre Antworten. Abschließende Besprechung im Plenum (⟶ Interkulturelles 1+2, Alternative, Doppelstunde).

Sicherung/Festigung (SB, *CdA*)
SB, S. 30, Nr. 3: S bearbeiten Teil A in EA. Besprechung der Ergebnisse im Plenum. Zu zweit bzw. zu dritt erarbeiten sie im Anschluss ein Rollenspiel zu den in Teil B angegebenen Situationen. Einzelne Gruppen spielen ihre Szenen vor der Klasse vor (⟶ Zur Methodik).
Hausaufgabe: Neue Vokabeln lernen; *CdA*, S. 19, Nr. 5 (⟶ Differenzierung).

Interkulturelles

Vorbild für die Figur des Vladimir ist der französische Manga-Autor ***Vald***, der die Skizzen für seine Manga-Reihe *Catacombes* am Originalschauplatz anfertigte (*Catacombes, collections Senpai chez Pika*). Der mehrteilige Manga-Grusel-Thriller ist für eine Manga-begeisterte und etwas ältere französische Zielgruppe geschrieben. Seit Beginn der 1990er-Jahre sind **Mangas** in Frankreich präsent. Im Jahr 2001 erschienen bereits 269, nur drei Jahre später 614 neue Mangas in Frankreich. Seit 1999 findet in Paris jährlich das *Festival de bande dessinée et d'animation japonaise* statt.

Charakteristisch sind die großen Augen der Manga-Figuren, die es erlauben, die Gefühle der Protagonisten besser darzustellen. Mangas umfassen in der Regel zwischen 150 und 200 Seiten und sind oftmals als Serie konzipiert. Im Gegensatz zum französisch-belgischen Comic, in dem auch die Gestaltung des Hintergrundes der einzelnen *vignettes* eine große Rolle spielt, stehen bei Mangas die Figuren und die Handlungsstränge im Vordergrund, was dazu führt, dass der Hintergrund oftmals nur sehr spartanisch gestaltet wird. Lautmalende Wörter (*onomatopées*) spielen hingegen eine umso wichtigere Rolle.

2. Vladimir stellt sich Julien mit Vornamen vor, Julien siezt ihn dennoch respektvoll. Das Siezen + Gebrauch des Vornamens ist in Frankreich z. B. am Arbeitsplatz nicht unüblich.

Tipps und Tricks

Alternative

SB, S. 29–30, Nr. 2: Alternativ kann das Leseverstehen in den Mittelpunkt gestellt werden, indem der Text z. B. gemeinsam im Plenum gelesen wird. In diesem Fall bietet es sich an, nach dem dritten Abschnitt ***CdA*, S. 19, Nr. 6,** zu bearbeiten, in der ein kurzes *résumé* des ersten Teils des Textes entsteht. In der Weiterentwicklung ähnlicher Übungen aus Band 1 müssen die S hier selbstständig auf eine angemessene Zeichensetzung achten.

Doppelstunde

Stehen statt einer Doppelstunde nur zwei Einzelstunden zur Verfügung, bietet es sich an, in der ersten Stunde lediglich die Abschnitte 1–3 zu erarbeiten. ***CdA*, S. 19, Nr. 6**, kann dann für eine erste Sicherung eingesetzt werden. Anhand der Folie U2/3 können zu Beginn der zweiten Stunde die bereits erarbeiteten Inhalte rekapituliert werden, bevor der zweite Teil des Textes (Abschnitte 4–5) in den Mittelpunkt rückt.

Zur Methodik

SB, S. 30, Nr. 3: L kann als Hilfestellung auf die Redemittel aus SB, S. 27, Nr. 3, und S. 28, Nr. 5, verweisen.

Differenzierung

Nach der gemeinsamen Bearbeitung von SB, S. 29, Nr. 1, kann die HA auch differenzierend gestellt werden. Leistungsstärkere S können die anspruchsvollere Übung SB, S. 119, *En plus*, Nr. 3, bearbeiten, während leistungsschwächere S die Adjektive auf *-eux* anhand der Übung *CdA*, S. 19, Nr. 5, festigen.

S. 29–32 Atelier B (2)

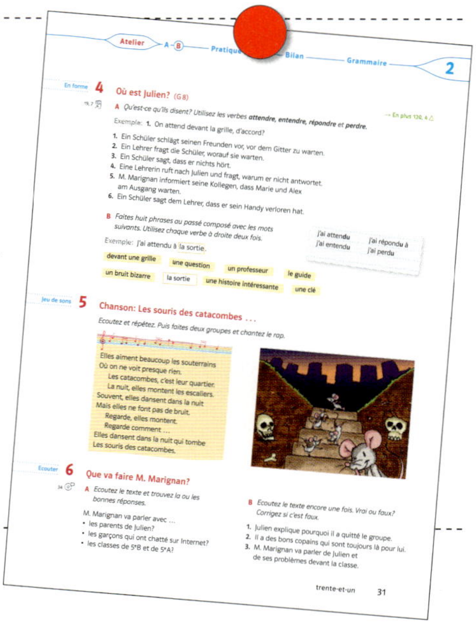

Atelier – A – B – Pratique – Bilan – Grammaire 2

En forme **4 Où est Julien?** (G 8)

A *Qu'est-ce qu'ils disent? Utilisez les verbes* ***attendre, entendre, répondre*** *et* ***perdre.*** → En plus 120, 4

Exemple: 1. On attend devant la grille, d'accord?

1. Ein Schüler schlägt seinen Freunden vor, vor dem Gitter zu warten.
2. Ein Lehrer fragt die Schüler, worauf sie warten.
3. Ein Schüler sagt, dass er nichts hört.
4. Eine Lehrerin ruft nach Julien und fragt, warum er nicht antwortet.
5. M. Marignan informiert seine Kollegen, dass Marie und Alex am Ausgang warten.
6. Ein Schüler sagt dem Lehrer, dass er sein Handy verloren hat.

B *Faites huit phrases au passé composé avec les mots suivants. Utilisez chaque verbe à droite deux fois.*

Exemple: J'ai attendu à la sortie.

devant une grille – une question – un professeur – le guide – un bruit bizarre – la sortie – une histoire intéressante – une clé

j'ai attendu – j'ai entendu – j'ai répondu à – j'ai perdu

Jeu de sons **5 Chanson: Les souris des catacombes ...**

Ecoutez et répétez. Puis faites deux groupes et chantez le rap.

Elles aiment beaucoup les souterrains
Où on ne voit presque rien.
Les catacombes, c'est leur quartier.
La nuit, elles montent les escaliers.
Souvent, elles dansent dans la nuit
Mais elles ne font pas de bruit.
Regarde, elles montent.
Regarde comment ...
Elles dansent dans la nuit qui tombe
Les souris des catacombes.

Ecouter **6 Que va faire M. Marignan?**

A *Ecoutez le texte et trouvez la ou les bonnes réponses.*

M. Marignan va parler avec ...
- les parents de Julien?
- les garçons qui ont chatté sur Internet?
- les classes de 5ᵉB et de 5ᵉA?

B *Ecoutez le texte encore une fois. Vrai ou faux? Corrigez si c'est faux.*

1. Julien explique pourquoi il a quitté le groupe.
2. Il a des bons copains qui sont toujours là pour lui.
3. M. Marignan va parler de Julien et de ses problèmes devant la classe.

trente-et-un 31

Préparation en 3 minutes

- **Mitnehmen!** *CdA*, KV 6, Folie U2/3, OHP, SB, farbige Kreide
- **Schülerbuch:** S. 29–30, Nr. 2; S. 31, Nr. 4; S. 32, Nr. 7; S. 119, Nr. 3; S. 120, Nr. 4
- ***Cahier d'activités:*** S. 19, Nr. 5+7; S. 25, Nr. 3
- **Schwerpunkte:** Adjektive auf *-eux*, Verben auf *-dre* (⟶ G 8, GBH, S. 18 f.)
- **Methoden:** *Jeu de memory*, Vokabelmemory (⟶ *Boîte à outils 23*)
- **Hausaufgabe:** SB, S. 32, Nr. 7

Schritte zur Erarbeitung

Hinführung (*CdA*, SB, KV 6)
CdA, S. 19, Nr. 5/SB, S. 119, Nr. 3: Besprechung der Hausaufgabe.

KV 6: Im Anschluss spielen S in GA ein Vokabelspiel und überprüfen damit ihre Kenntnisse der neuen Vokabeln (⟶ Differenzierung 1, Alternative, Der besondere Tipp).

Problematisierung (Folie U2/3, SB)
Folie U2/3: Die S resümieren im UG den Text.
S. 29–30, Nr. 2: Lesen mit verteilten Rollen im Plenum.

Erarbeitung (SB, farbige Kreide)
S. 29–30, Nr. 2: S suchen aus dem Text die Formen der neuen Verbgruppe auf *-dre* heraus. L sammelt sie an der Tafel (*tu attends, répondre, tu as perdu, une fille descend, ils entendent, attendre, tu n'as rien entendu*). S stellen Vermutungen zur Konjugation dieser Verbgruppe an. L entwickelt Tafelbild 5.

Sicherung (SB)
S. 31, Nr. 4: S wenden die Verben an. L macht S auf Verbanschlüsse bei *attendre* und *répondre* aufmerksam (*attendre qn, attendre* + Ortspräposition; *répondre à qn, répondre à une question*). In Satz 3 wird *ne … rien* verlangt. Es wird im Text eingeführt (⟶ Differenzierung 2).

Festigung (*CdA*, SB)
CdA, S. 19, Nr. 7: S festigen die Verben auf *-dre* in Verbindung mit *ne … pas / ne … plus / ne … rien / ne … pas encore* (⟶ Differenzierung 3).
Hausaufgabe: SB, S. 32, Nr. 7: S übertragen einen kurzen Text, der zugleich eine Fortsetzung des zweiten Lektionstextes darstellt, ins *Passé composé*. Dabei müssen sie sowohl unregelmäßige Verben als auch Verben auf *-dre* zeitlich verändern.

Tafelbild 5

Die Verben auf -dre

Tu attends quelqu'un?
Ils entendent les autres.
Tu as perdu ton groupe?

attendre, entendre, perdre, descendre usw. = Verben auf -dre.

j'attend**s**	nous attend**ons**
tu attend**s**	vous attend**ez**
il/elle atten**d**	ils/elles attend**ent**

Passé composé: j'ai attend**u**

Tipps und Tricks

Differenzierung

1. KV 6: Leistungsschwächere Gruppen können das Spiel zunächst nur mit den gerade neu gelernten Vokabeln des Atelier B spielen, leistungsstärkere S können ihr Memoryspiel vergrößern und um die Wörter des Atelier A ergänzen.
2. SB, S. 31, Nr. 4: Leistungsschwächere Gruppen können anstelle dieser Übung die leichtere Übung im SB, S. 120, *En plus*, Nr. 4, machen.
3. *CdA*, S. 19, Nr. 7: Leistungsschwächere S können alternativ die leichtere Übung *CdA*, S. 25, *En plus*, Nr. 3, bearbeiten, die die Bildung der Verben auf *-dre* in den Mittelpunkt stellt.

Alternative

KV 6: Wenn wenig Zeit zur Verfügung steht, kann auch die Methode Vokabelmemory angewendet werden (⟶ *Boîte à outils 23*).

Der besondere Tipp

KV 6: L kann auch mehrere Versionen des Memoryspiels vorbereiten und laminieren. Dann lässt sich das Spiel leicht mehrfach einsetzen.

S. 31–32 Atelier B (3)

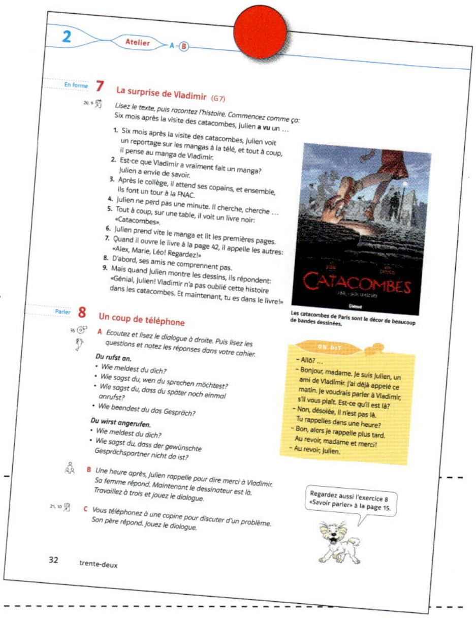

2 Atelier A B

En forme **7 La surprise de Vladimir** (G 7)

20, 9

Lisez le texte, puis racontez l'histoire. Commencez comme ça:
Six mois après la visite des catacombes, Julien **a vu** un …

1. Six mois après la visite des catacombes, Julien voit un reportage sur les mangas à la télé, et tout à coup, il pense au manga de Vladimir.
2. Est-ce que Vladimir a vraiment fait un manga? Julien a envie de savoir.
3. Après le collège, il attend ses copains, et ensemble, ils font un tour à la FNAC.
4. Julien ne perd pas une minute. Il cherche, cherche …
5. Tout à coup, sur une table, il voit un livre noir: «Catacombes».
6. Julien prend vite le manga et lit les premières pages.
7. Quand il ouvre le livre à la page 42, il appelle les autres: «Alex, Marie, Léo! Regardez!»
8. D'abord, ses amis ne comprennent pas.
9. Mais quand Julien montre les dessins, ils répondent: «Génial, Julien! Vladimir n'a pas oublié cette histoire dans les catacombes. Et maintenant, tu es dans le livre!»

CATACOMBES

Les catacombes de Paris sont le décor de beaucoup de bandes dessinées.

Parler **8 Un coup de téléphone**

35

A *Ecoutez et lisez le dialogue à droite. Puis lisez les questions et notez les réponses dans votre cahier.*

Du rufst an.
- *Wie meldest du dich?*
- *Wie sagst du, wen du sprechen möchtest?*
- *Wie sagst du, dass du später noch einmal anrufst?*
- *Wie beendest du das Gespräch?*

Du wirst angerufen.
- *Wie meldest du dich?*
- *Wie sagst du, dass der gewünschte Gesprächspartner nicht da ist?*

ON DIT

– Allô? …
– Bonjour, madame. Je suis Julien, un ami de Vladimir. J'ai déjà appelé ce matin. Je voudrais parler à Vladimir, s'il vous plaît. Est-ce qu'il est là?
– Non, désolée, il n'est pas là. Tu rappelles dans une heure?
– Bon, alors je rappelle plus tard. Au revoir, madame et merci!
– Au revoir, Julien.

B *Une heure après, Julien rappelle pour dire merci à Vladimir. Sa femme répond. Maintenant le dessinateur est là. Travaillez à trois et jouez le dialogue.*

21, 10

C *Vous téléphonez à une copine pour discuter d'un problème. Son père répond. Jouez le dialogue.*

Regardez aussi l'exercice 8 «Savoir parler» à la page 15.

32 trente-deux

Préparation en 3 minutes

- **Mitnehmen!** SB, CD 1 (Tracks 32–35, 38–39; MP3 32–35, 38–39), CD-Player, *CdA*
- **Schülerbuch:** S. 31, Nr. 5–6; S. 32, Nr. 7–8
- ***Cahier d'activités:*** S. 20, Nr. 8–9; S. 21, Nr. 10; S. 26, Nr. 4
- **Schwerpunkte:** Aussprache der „stummen" Endsilben bei Verben in der 3. P. Pl., Aussprache *y* und *u*; Hörverstehen, Konventionen am Telefon
- **Sozialformen:** PA, GA
- **Hausaufgabe:** *CdA*, S. 20, Nr. 9

Neue Wörter

un téléphone, un coup de téléphone, rappeler (qn), plus tard

Schritte zur Erarbeitung

Hinführung (SB, *CdA*, CD 1, Tracks 32–33/38–39; MP3 32–33/38–39)
SB, S. 32, Nr. 7: Besprechung der Hausaufgabe.
SB, S. 32, Nr. 5: S hören einen kurzen Rap und sprechen ihn gruppenweise nach. Jede Gruppe übernimmt z. B. zwei Verse, dann wird gewechselt (⟶ Zur Methodik 1).
CdA, S. 20, Nr. 8: Training der Aussprache von *y* und *u*, die sich im Französischen kontrastiv zum Deutschen verhält (⟶ Doppelstunde).

Problematisierung (SB, CD 1, Track 34; MP3 34)
S. 31, Nr. 6: S hören den Hörtext, der inhaltlich direkt an den zweiten Lektionstext anschließt, und beantworten Fragen zu seinem Inhalt (⟶ Zur Methodik 2).

Erarbeitung (SB, CD 1, Track 35; MP3 35)
S. 32, Nr. 8: Die S erarbeiten Konventionen am Telefon und wenden diese in kleinen Rollenspielen an (eignet sich auch zur Vorbereitung von *DELF*). L verweist auf SB, S. 15, Nr. 8, wo S Wendungen für allgemeine Gespräche kennen gelernt haben, die auch bei Telefongesprächen eingesetzt werden können (Zeit gewinnen, nachfragen, Verstehen signalisieren) (⟶ Zur Methodik 3, Der besondere Tipp).

Sicherung/Festigung (*CdA*)
S. 21, Nr. 10: Die S kommen in PA im Telefongespräch zu einer Integration von Julien. Die vorgegebenen Redemittel sind als Hilfen gedacht. Sie müssen nicht jedes Mal alle verwendet werden (⟶ Differenzierung, Der besondere Tipp).
Hausaufgabe: S. 20, Nr. 9: Es handelt sich um eine anspruchsvolle Integrationsübung, die die beiden bekannte Verbgruppen auf *-er* und *-dre* sowie die unregelmäßigen Verben, regelmäßige und unregelmäßige *Participes passés* sowie verschiedene Tempora (Präsens, *Passé composé*) und den Imperativ einfordert.

Tipps und Tricks

Zur Methodik

1. SB, S. 31, Nr. 5: Diese Übung bildet den Ausgangspunkt für eine intensive Förderung von Aussprache und Hörverstehen, die im Mittelpunkt der Stunde stehen wird. Es sind auch andere „Inszenierungen" denkbar. Es kann z. B. auch ein „Flüster-Rap" einstudiert werden.
2. SB, S. 31, Nr. 6: Inhaltlich bietet die Aufgabe die Möglichkeit für ein weiterführendes Gespräch über den Umgang mit Mobbing. Hier sollte dann die Möglichkeit bestehen, ins Deutsche zu wechseln, um eine Überforderung der S zu vermeiden. In Anlehnung an die Absichten von M. Marignan kann über mögliche Vorgehensweisen nachgedacht werden: mit allen Beteiligten einzeln sprechen, in der Klasse über Verhaltensregeln sprechen, ohne Einzelne zu nennen und zu exponieren …

3. SB, S. 32, Nr. 8: Evtl. ist es bei Teil C hilfreich, ein fiktives „Problem" vorzugeben, wie z. B.: *Tu penses qu'une fille dans ta rue a qc contre toi. / Tu as donné un jeu vidéo à un garçon d'une autre classe et maintenant, il a perdu ce jeu. / Tu as peur d'une interrogation.* Das Thema „Telefonieren" wird im weiteren Verlauf des Buches in U5/P1 sowie in U7/A5 wieder aufgenommen werden.

Doppelstunde

Für den Fall, dass lediglich eine Einzelstunde zur Verfügung steht, können die Übungen *CdA*, S. 20, Nr. 8, und S. 21, Nr. 10, zu einem späteren Zeitpunkt bearbeitet werden.

Differenzierung

***CdA*, S. 21, Nr. 10:** Die Übung vereint die Verwendung der Konjunktion *que* bei der Meinungsäußerung, die Diskussion über einen S mit Problemen sowie das Telefonieren und wird aus diesem Grunde zum Ende des Atelier-Teils eingesetzt. Die Dialoge werden je nach Leistungsstärke der Paare sehr unterschiedlich ausfallen. Mit ***CdA*, S. 26, *En plus*, Nr. 4**, steht eine leichtere Übung zur Verfügung, die sich auf den Gebrauch der Konjunktion *que* beschränkt.

Der besondere Tipp

SB, S. 32, Nr. 8/*CdA*, S. 21, Nr. 10: Fiktive Telefongespräche im Klassenraum verlaufen realistischer und gewinnen vor allem an Qualität, wenn die S sich gegenseitig den Rücken zukehren und sich also nicht (an)sehen.

S. 33 Atelier B (4)

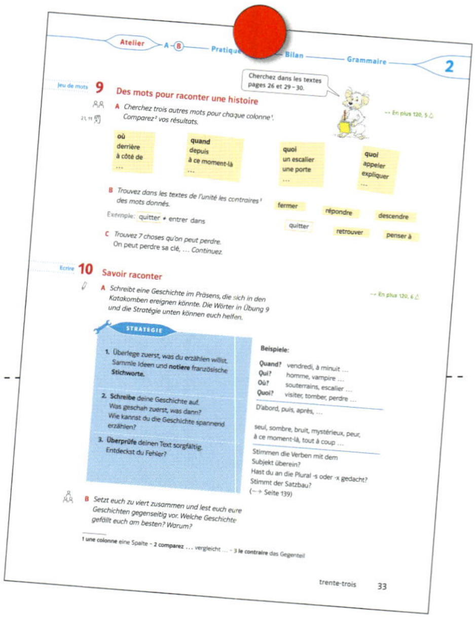

Atelier A B Pratique Bilan Grammaire 2

Jeu de mots **9** **Des mots pour raconter une histoire**

Cherchez dans les textes pages 26 et 29 – 30.

A *Cherchez trois autres mots pour chaque colonne[1]. Comparez[2] vos résultats.* → En plus 120, 5

où	**quand**	**quoi**	**quoi**
derrière	depuis	un escalier	appeler
à côté de	à ce moment-là	une porte	expliquer
…	…	…	…

B *Trouvez dans les textes de l'unité les contraires[3] des mots donnés.*

Exemple: quitter ≠ entrer dans

fermer – répondre – descendre – quitter – retrouver – penser à

C *Trouvez 7 choses qu'on peut perdre.*
On peut perdre sa clé, … *Continuez.*

Ecrire **10** **Savoir raconter**

A *Schreibt eine Geschichte im Präsens, die sich in den Katakomben ereignen könnte. Die Wörter in Übung 9 und die Stratégie unten können euch helfen.* → En plus 120, 6

STRATEGIE

1. Überlege zuerst, was du erzählen willst. Sammle Ideen und **notiere** französische **Stichworte.**
2. **Schreibe** deine Geschichte auf. Was geschah zuerst, was dann? Wie kannst du die Geschichte spannend erzählen?
3. **Überprüfe** deinen Text sorgfältig. Entdeckst du Fehler?

Beispiele:
Quand? vendredi, à minuit …
Qui? homme, vampire …
Où? souterrains, escalier …
Quoi? visiter, tomber, perdre …

D'abord, puis, après, …

seul, sombre, bruit, mystérieux, peur, à ce moment-là, tout à coup …

Stimmen die Verben mit dem Subjekt überein?
Hast du an die Plural -s oder -x gedacht?
Stimmt der Satzbau?
(→ Seite 139)

B *Setzt euch zu viert zusammen und lest euch eure Geschichten gegenseitig vor. Welche Geschichte gefällt euch am besten? Warum?*

1 une colonne eine Spalte – **2 comparez** … vergleicht … – **3 le contraire** das Gegenteil

trente-trois 33

Préparation en 3 minutes

- **Mitnehmen!** *CdA*, SB
- **Schülerbuch:** S. 33, Nr. 9–10; S. 120, Nr. 5 + 6; S. 139
- ***Cahier d'activités:*** S. 20, Nr. 9; S. 21, Nr. 11
- **Schwerpunkte:** Eine Geschichte erzählen (*Stratégie*); Wortschatz
- **Sozialformen:** PA, GA
- **Hausaufgabe:** *CdA*, S. 21, Nr. 11

Schritte zur Erarbeitung

Hinführung (*CdA*)
S. 20, Nr. 9: Besprechung der Hausaufgabe. S stellen ihre Ergebnisse im Plenum vor.

Problematisierung (SB)
S. 33, Nr. 9: S arbeiten in PA und stellen damit Sprachmaterial für die anschließende freie Erzählung zusammen (⟶ Zur Methodik 1, Differenzierung 1).

Erarbeitung (SB)
S. 33, Nr. 10 A: Im UG besprechen S und L zunächst die Strategie zum Verfassen einer Geschichte. S formulieren Auswahlkriterien für einen gelungenen Text. L kann diese stichpunktartig an der Tafel sammeln. S wählen dann ein Thema für eine eigene Geschichte in den *Catacombes* aus. Sie entwickeln ihre Ideen zunächst in Stichpunkten weiter und gliedern ihren Text vor, bevor sie ihn ausformulieren (⟶ Differenzierung 2).

Sicherung/Festigung (SB, *CdA*)
SB, S. 33, Nr. 10 B: S lesen sich in GA ihre Geschichten gegenseitig vor und wählen die beste aus. Dabei ist darauf zu achten, dass S ihre Wahl begründen (⟶ Zur Methodik 2).
Hausaufgabe: *CdA*, S. 21, Nr. 11: Wortschatzübung.

Tipps und Tricks

Zur Methodik

1. SB, S. 33, Nr. 9: In Teil A ist es weniger entscheidend „die" richtige Lösung zu finden, als vielmehr eine aktive Auseinandersetzung mit den Redemitteln der Texte zu erreichen. Im Rahmen der PA können S sich auf einfacher Ebene über Einordnungskriterien verständigen, die ihnen sinnvoll erscheinen.
2. SB, S. 33, Nr. 10 B: Die Geschichten können mithilfe der Hinweise und Korrekturvorschläge von Mitschülern und L weiter überarbeitet und ins Portfolio geheftet werden. L gibt Hinweis auf die ***Stratégie*, S. 139**: Was macht einen guten Text aus? Wie überprüfe ich meinen Text auf Fehler?

Differenzierung

1. SB, S. 33, Nr. 9: Leistungsschwächere S können alternativ die leichtere Übung **SB, S. 120, *En plus*, Nr. 5**, bearbeiten.
2. SB, S. 33, Nr. 10: Leistungsschwächere S können anstatt des in Teil A geforderten Schreibens einer eigenen Geschichte die leichtere Übung **SB, S. 120, *En plus*, Nr. 6**, durchführen, in der sie eine Geschichte mithilfe vorgegebener Redemittel erzählen sollen.

Hausaufgabe: Vor der Bearbeitung der Aufgaben zu *Pratique* Besprechung der Hausaufgabe *CdA*, S. 21, Nr. 11.

S. 34–35 Pratique

Hinweise zur Funktion des *Pratique*-Teils
⟶ *Unité* 1, S 43.
Alle Lösungen finden sich auf der CD-ROM.
Die Aufgaben sollten in der vorgeschlagenen Reihenfolge durchgenommen werden.

Lire/Ecouter/Parler

SB, S. 34, Nr. 1 (CD 1, Track 36; MP3 36, Folie U2/4).
Die Aufgabe zielt auf die Entwicklung und die Akzeptanz der individuellen Vielfalt von Mitgliedern einer Klasse. Sie soll dazu beitragen, Empathie und Verständnis für den anderen zu entwickeln.
A: S lesen die Porträts in EA. In PA oder im UG begründen sie, mit welchem der vier Jugendlichen sie gern einen Nachmittag verbringen möchten.
B: L spielt HV-Texte zweimal vor, die S ordnen sie den Porträts zu und begründen ihre Entscheidungen.
C: Kann sowohl in PA oder GA, aber auch im Plenum gespielt werden. Für den Einsatz in der Gesamtgruppe legt L Folie U2/4 auf.

Ecrire
DELF

SB, S. 35, Nr. 2
A: S verfassen zunächst einen Brief aus der Sicht der beschriebenen Außenseiterin. In dem Kasten stehen ihnen Formulierungshilfen zur Verfügung. L thematisiert die Form eines Briefes vorab mit S (Datum, Anrede, nach Anrede groß weiter, Grußformel am Ende, Absender), da die S bisher nur *courriels* kennen gelernt haben.
B: S wählen in GA einen ihrer Briefe aus, den sie gemeinsam beantworten. Idealerweise tauschen sie sich vorab darüber aus, nach welchen Kriterien sie ihre Auswahl treffen wollen (Leserlichkeit, Länge, Argumente usw.).

Portfolio **SB, S. 35, Nr. 3**
S schreiben eine Geschichte fort. S sollten dabei die *Stratégie* SB, S. 33, Nr. 10, berücksichtigen und können die Checkliste (S. 139) einsetzen. Zusätzlich wählen sie einen Ausdruck aus, der zu ihrer Geschichte passt: *J'ai piqué une crise!*, *J'ai eu chaud!*, *C'était génial!*, *Ça m'a fait un choc!*, *J'ai éclaté de rire.*
C'était génial! wird dabei als *chunk* eingeführt.

Lire/Médiation/ Ecrire/Ecouter ***CdA*, S. 22–23, Nr. 12 (CD 1, Tracks 40+42; MP3 40+42)**
Der *Pratique*-Teil des SB wird hier durch einen zusammenhängenden aufgabenorientierten Auftrag ergänzt. Dies geschieht hier nach *CdA* 1, U6, P12, zum zweiten Mal.
S bereiten in PA/GA den Besuch der *égouts de Paris* vor und bearbeiten die Teilaufgaben weitgehend selbstständig. Sie sammeln zunächst Informationen über die *égouts* aus einem Prospekt und sprachmitteln sie für ihre Mitschüler (**A**); sie recherchieren Öffnungszeiten und Zugänge zu den *égouts* im Internet (**B**) und notieren eine Wegbeschreibung vom Hotel zum Museum (**C**). Im abschließenden Teil **D** steht ein HV-Text im Mittelpunkt. Daher bietet sich dafür die Bearbeitung im Plenum an.
Alternativ können die S den Text individuell mithilfe von eigenen MP3-Playern bearbeiten (⟶ Interkulturelles).

Differenzierung Da die Aufgabe von den S-Gruppen weitgehend selbstständig bearbeitet wird, kann das unterschiedliche Lerntempo der Gruppen zu großen Unterschieden im Bearbeitungsfortschritt führen. Für leistungsstärkere Gruppen stehen daher noch zwei anspruchsvolle Differenzierungsübungen zur Verfügung:
***CdA*, S. 26, *En plus*, Nr. 5:** Ersatz für Teil D. Das Sprechtempo des HV-Textes (Track/MP3 42) ist höher. Zudem wird das Verfassen eines Briefes mit dem Erzählen eines Erlebnisses verlangt. Es soll den S überlassen bleiben, inwieweit sie das *Passé composé* verwenden. In leistungsstarken Gruppen und bei genügend Zeit kann die Geschichte ausgebaut werden. L: „Denke dir eine Geschichte aus, wie das Geld in den Abwasserkanal gelangt sein könnte. Folgende Ausdrücke können dir helfen: *faire un hold-up* – einen Überfall machen, *une banque* – eine Bank, *prendre la fuite* – die Flucht ergreifen, flüchten, *la police* – Polizei, *chasser* – jagen, verfolgen."
Besonders begabte und kreative S können diese Geschichte als BD oder Fotoroman gestalten und im Portfolio abheften.
***CdA*, S. 26, *En plus*, Nr. 6:** Hör-Seh-Verstehen.

Interkulturelles Der Ingenieur Eugène Belgrand erhielt 1854 vom Präfekten Georges-Eugène Haussmann den Auftrag, die ***égouts de Paris*** zu modernisieren, um damit die hygienischen Zustände in der Metropole zu verbessern. Belgrand kopierte dazu das Pariser Straßensystem unterirdisch. Die Gänge kennzeichnete er mit den Straßennamen und ordnete jedem einzelnen Haus seine Hausnummer zu. In den unterirdischen Straßen werden bis heute Regen und Abwasser in gemeinsamen Kanälen aus der Stadt geleitet. Viele der Kanäle funktionieren nicht mit einer Pumpe, sondern ausschließlich über das in der Konstruktion konzipierte Gefälle.
Der erste Pariser Abwasserkanal wurde von den Römern gebaut und verlief unter dem heutigen *Boulevard Saint-Michel*. Das heutige Kanalsystem ist 2400 km lang. Die Pariser *égouts* stehen bereits seit dem 19. Jh. Besuchern offen. Das angeschlossene *Musée des égouts de Paris* informiert über die Geschichte der Abwasserentsorgung und das heutige System. Auch in Literatur und Film sind die Pariser Abwasserkanäle ein immer wiederkehrender Schauplatz. Sie dienen z. B. als Unterschlupf für Jean Valjean in Victor Hugos *Les Misérables* oder spülen die kochbegeisterte Ratte Rémy in dem Film *Ratatouille* vom Land in die Hauptstadt.

S. 36–37 Bilan

Hinweise zur Funktion des *Bilan*-Teils und zur Selbsteinschätzung ⟶ *Unité* 1, S. 45.
Kopiervorlagen zur **Diagnose**, zum **Fördern** und zur **Differenzierung** befinden sich *en bloc* im hinteren Teil des Buches – im Anschluss an die *Unités*.
Die Lösungen der *Bilan*-Aufgaben befinden sich im SB auf S. 194, im *CdA* auf S. 95–96 und auf der CD-ROM. Lösungsbogen zu den Kopiervorlagen befinden sich auf der CD-ROM zum Ausdrucken und zur Weitergabe an die S.

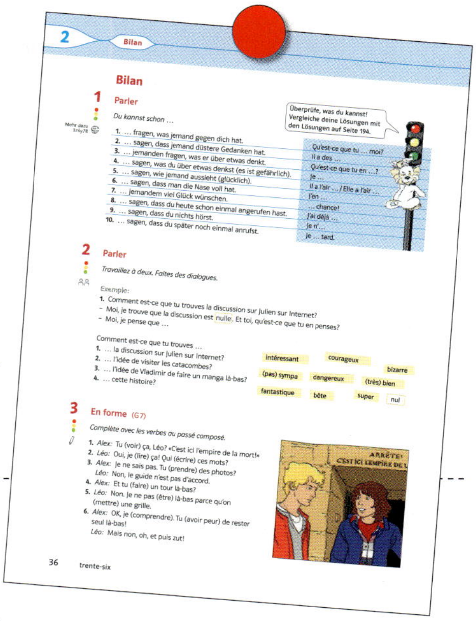
2 Bilan

Bilan

1 Parler

Du kannst schon …

Mehr dazu 3rily78

1. … fragen, was jemand gegen dich hat.
2. … sagen, dass jemand düstere Gedanken hat.
3. … jemanden fragen, was er über etwas denkt.
4. … sagen, was du über etwas denkst (es ist gefährlich).
5. … sagen, wie jemand aussieht (glücklich).
6. … sagen, dass man die Nase voll hat.
7. … jemandem viel Glück wünschen.
8. … sagen, dass du heute schon einmal angerufen hast.
9. … sagen, dass du nichts hörst.
10. … sagen, dass du später noch einmal anrufst.

Qu'est-ce que tu … moi?
Il a des …
Qu'est-ce que tu en …?
Je …
Il a l'air … / Elle a l'air …
J'en …
… chance!
J'ai déjà …
Je n'…
Je … tard.

Überprüfe, was du kannst! Vergleiche deine Lösungen mit den Lösungen auf Seite 194.

2 Parler

Travaillez à deux. Faites des dialogues.

Exemple:
1. Comment est-ce que tu trouves la discussion sur Julien sur Internet?
– Moi, je trouve que la discussion est nulle. Et toi, qu'est-ce que tu en penses?
– Moi, je pense que …

Comment est-ce que tu trouves …
1. … la discussion sur Julien sur Internet?
2. … l'idée de visiter les catacombes?
3. … l'idée de Vladimir de faire un manga là-bas?
4. … cette histoire?

intéressant, courageux, bizarre, (pas) sympa, dangereux, (très) bien, fantastique, bête, super, nul

3 En forme (G 7)

Complète avec les verbes au passé composé.

1. *Alex:* Tu (voir) ça, Léo? «C'est ici l'empire de la mort!»
2. *Léo:* Oui, je (lire) ça! Qui (écrire) ces mots?
3. *Alex:* Je ne sais pas. Tu (prendre) des photos?
Léo: Non, le guide n'est pas d'accord.
4. *Alex:* Et tu (faire) un tour là-bas?
5. *Léo:* Non. Je ne pas (être) là-bas parce qu'on (mettre) une grille.
6. *Alex:* OK, je (comprendre). Tu (avoir peur) de rester seul là-bas!
Léo: Mais non, oh, et puis zut!

36 trente-six

Parler **SB, S. 36, Nr. 1**
Aufgabe zur Selbstevaluation: Du kannst schon … . Neben der Selbstüberprüfung kann die Übung auch in PA durchgeführt werden, so dass S sich gegenseitig kontrollieren.

Ecouter ***CdA*, S. 24, Nr. 1 (CD 1, Track 41; MP3 41)**
S hören hier ein persönliches Erlebnis, das in der Vergangenheit erzählt wird. Hiermit wird der Portfolio-Auftrag der *Unité* auf der Seite der Rezeption bilanziert.

Differenzierung ***CdA*, S. 26, *En plus*, Nr. 5:** Schwierigere Hörverstehensübung, da die Sprechgeschwindigkeit des Hördokuments erhöht ist und das Verfassen eines Briefes, in dem ein Erlebnis erzählt wird, verlangt wird.
***CdA*, S. 26, *En plus*, Nr. 6:** Schwierigere Übung zum Hör-Seh-Verstehen.

Parler **SB, S. 36, Nr. 2**
Die Übung fördert neben dem Sprechen auch die Angleichung der Adjektive. S bilden in PA Dialoge nach vorgegebenem Beispiel.

En forme **SB, S. 36, Nr. 3**
Übung der Partizipien der unregelmäßigen Verben: S setzen im Dialog vorgegebene Infinitive ins *Passé composé*.
SB, S. 37, Nr. 4
Verben auf *-dre*: S setzen die Verben in einem vorgegebenen Dialog in die richtige Form.
***CdA*, S. 24, Nr. 2**
Wiederholung der Formen von *voir*: S setzen die richtigen Formen von *voir* in den Lückentext ein.

Differenzierung ***CdA*, S. 25, *En plus*, Nr. 1:** Leichtere Übung zum Verb *voir*.
***CdA*, S. 25, *En plus*, Nr. 3:** Leichtere Übung zu den Verben auf *-dre*.
***CdA*, S. 26, *En plus*, Nr. 4:** Schwierigere Übung zu *qui/que/qu'* als Frage- und Relativpronomen sowie als Konjunktion.

Parler **SB, S. 37, Nr. 5**
Wiederholung der sprachlichen Konventionen beim Telefonieren. S übertragen die Redebeiträge von Léo ins Französische. S bearbeiten die Übung zunächst in EA, können sie aber im Anschluss in PA überprüfen.

Lire et écrire **SB, S. 37, Nr. 6**
S bringen die vorgegebenen Sätze in eine inhaltlich sinnvolle Reihenfolge und schreiben sie auf.

Parler et écrire ***CdA*, S. 24, Nr. 3**
Erzählen in der Vergangenheit unter Verwendung von Zeitadverbien: S wählen für den Lückentext dazu das jeweils passende der angegebenen Zeitadverbien aus und setzen die vorgegebenen Infinitive ins *Passé composé*.

Differenzierung ***CdA*, S. 25, *En plus*, Nr. 2:** Leichtere Übung; Partnerdiktat.

Test, Klassenarbeit, Standardsicherung Vorschlag für die inhaltliche Ausrichtung eines Tests, einer Klassenarbeit bzw. der Standardsicherung.

Hören
- In einem Telefongespräch zu einem angenehmen / unangenehmen Erlebnis wesentliche Gesprächselemente verstehen, z. B. in einer halbgeschlossenen Übung mit *vrai/faux/pas dans le texte*-Schema und ergänzenden *mots clés*.
- Einer Anrufbeantworteransage zu einer Sehenswürdigkeit die wichtigsten Informationen entnehmen, z. B. in einer geschlossenen Aufgabe durch Ankreuzen von Öffnungszeiten und -tagen, Preisen und zu beachtenden Gegebenheiten.

Verfügung über die sprachlichen Mittel

Grammatik:
- Das *Passé composé* mit *avoir* und unregelmäßigen Verben korrekt anwenden, z. B. in einer geschlossenen Lückenübung.

Wortschatz: Gefühle, Angaben zu Freunden und Vorlieben situativ einsetzen: Die sprachlichen Mittel zu den Wortfeldern *mes sentiments; moi et mes amis* und *ce que j'aime/je déteste* im Zuge der beiden Lektionen nach und nach ergänzen, z. B. im Rahmen einer zu erweiternden Mindmap.

Interkulturelles Lernen
Französische Sehenswürdigkeiten in ihrer Besonderheit erkunden. Die Metro als typisches Pariser Verkehrsmittel kennen lernen, z. B. in Form einer kombinierten Übung (vgl. *CdA*: S. 22/23).

Vorschlag für modulares Arbeiten mit den *Unités* 1 und 2

Modul 1: Moi, mes amis, mes sentiments, ce que j'aime / je déteste

Sprechen / *production orale*

Kompetenzerwartungen	Kompetenztraining
– einfache Sachinformationen einholen und weitergeben; Gespräche beginnen, aufrechterhalten und beenden	SB: S. 12, S. 15 (8); S. 22 (1), S. 27 (3), S. 32 (8), S. 36 (1), S. 120 (6) CdA: S. 11 (13), S. 24 (3)
– Personen beschreiben, sich und andere Personen vorstellen (auch am Telefon)	SB: S. 12, S. 14 (6), S. 18 (6), S. 32 (8), S. 34 (1C), S. 138 (*Stratégie*) CdA: S. 10 (12)
– über Menschen, Gefühle, Vorlieben und Abneigungen sprechen / eine Meinung äußern	SB: S. 14 (7), S. 20 (2), S. 21 (4), S. 22 (1), S. 27 (3), S. 29 (1), S. 35 (3), / S. 117 (5), S. 138 (*Stratégie*) CdA: S. 21(10)

Hören / *compréhension orale*

Kompetenzerwartungen	Kompetenztraining
– das Thema von Gesprächen (auch Telefongesprächen) verstehen, die sich auf das persönliche Umfeld beziehen	SB: S. 10, S. 12 / S. 13 (2), S. 32 (8)
– einfachen didaktisierten Hörtexten nach bestimmten Vorgaben Informationen entnehmen, z. B. *grille d'écoute, vrai/faux/pas dans le texte, mots clés* etc.	SB: S. 17 (3B), S. 18 (7), S. 25 (B/C), S. 28 (6), S. 31 (6), S. 119 (2), S. 136 (*Stratégie*) CdA: S. 14 (5), S. 22 (12D), S. 24 (1), S. 26 (5)

Les catacombes de Paris

Regarde sur Internet (3nc8iq) la vidéo sur les catacombes et réponds aux questions suivantes.

1. Où est-ce qu'on trouve l'entrée des catacombes de Paris?

- ☐ a. à la Défense
- ☐ b. à l'Arc de Triomphe
- ☐ c. à Denfert-Rochereau

2. Combien de crânes est-ce qu'il y a dans les catacombes?

- ☐ a. 3 millions
- ☐ b. 6 millions
- ☐ c. 10 millions

3. Qui aime visiter les catacombes?

- ☐ a. les journalistes
- ☐ b. les archéologues
- ☐ c. les touristes

4. A combien de mètres sous terre est-ce qu'on peut suivre les rues de Paris?

- ☐ a. à 30 mètres
- ☐ b. à 40 mètres
- ☐ c. à 50 mètres

5. Quand est-ce qu'Héricart de Thury a organisé cet ossuaire municipal?

- ☐ a. au début du 18e siècle
- ☐ b. au début du 19e siècle
- ☐ c. à la fin du 19e siècle

6. Pourquoi est-ce que les gens visitent les catacombes?

____

suivre qc – etw. folgen, **un ossuaire municipal** – ein städtisches Beinhaus, **un siècle** – ein Jahrhundert

Solutions:
1c, 2b, 3c, 4a, 5b, 6. Ils veulent voir la mort à Paris.

Klettbuch 622024 Découvertes, Lehrerbuch. © Ernst Klett Verlag Stuttgart 2013
Von diesen Vorlagen ist die Vervielfältigung für den eigenen Unterrichtsgebrauch gestattet. Die Kopiergebühren sind abgegolten.

Des quiches dans les catacombes

Lis le texte et note les informations importantes des quatre paragraphes dans le tableau.

	Qui?	Où?	Quand?	Quoi?
1.				
2.				
3.				
4.				

Solutions:

1. Qui? Julien / Où? chez Julien / Quand? mercredi soir / Quoi? Julien est sur Internet. Mais Marie et Alex ne sont pas encore sur Internet.

2. Qui? Julien, trois élèves de la 5e B / Où? sur Internet / Quand? mercredi soir / Quoi? Julien lit une discussion entre trois élèves de la 5e B…; Les élèves parlent de la visite des catacombes. Ils disent que Julien est une quiche et ils font des blagues sur Julien.

3. Qui? les classes de 5e, M. Marignan, Julien, Alex et Léo / Où? devant l'entrée des catacombes / Quand? jeudi matin, 9 heures / Quoi? M. Marignan explique la visite à ses élèves. Julien veut parler à Léo et Alex mais Léo n'écoute pas et ensuite, la visite commence.

4. Qui? les classes de 5e, Julien / Où? dans les catacombes / Quand? jeudi matin / Quoi? Les élèves visitent les catacombes, mais Julien reste derrière le groupe. Il a des idées noires. Il cherche une sortie, mais tout à coup, une main prend le bras de Julien.

Klettbuch 622024 Découvertes, Lehrerbuch. © Ernst Klett Verlag Stuttgart 2013
Von diesen Vorlagen ist die Vervielfältigung für den eigenen Unterrichtsgebrauch gestattet. Die Kopiergebühren sind abgegolten.

On cherche des mots!

Lis les phrases et cherche les mots qui manquent. Note les mots dans les cases.

1. Il y a 6 millions de crânes dans les **?** de Paris.
2. Une **?** dans l'empire de la mort, c'est pour les courageux!
3. Sur Internet, Julien **?** souvent avec Alex et Marie.
4. Attention! Il fait **?** dans les couloirs.
5. Pour entrer dans l'empire de la mort, on prend l' **?**.
6. M. Marignan: «Vous restez avec le **?**.»
7. Julien pense à la discussion sur Internet. Il a des **?**.
8. Julien cherche la **?**.
9. Mais la **?** est fermée.
10. Une main prend le **?** de Julien.

1.												
2.												
3.												
4.												
5.												
6.												
7.												
8.												
9.												
10.												

Solutions:
1. catacombes, 2. visite, 3. chatte, 4. sombre, 5. escalier, 6. groupe, 7. idées noires, 8. sortie, 9. grille, 10. bras

Klettbuch 622024 Découvertes, Lehrerbuch. © Ernst Klett Verlag Stuttgart 2013
Von diesen Vorlagen ist die Vervielfältigung für den eigenen Unterrichtsgebrauch gestattet. Die Kopiergebühren sind abgegolten.

Les participes passés des verbes irréguliers

Découpez les cartes et jouez au mémory. (Schneidet die Kärtchen aus und spielt Memory.)

voir	vu	connaître
mettre	mis	connu
prendre	pris	pleuvoir
lire	lu	plu
avoir	eu	savoir
écrire	écrit	su
comprendre	compris	être
faire	fait	été

Klettbuch 622024 Découvertes, Lehrerbuch. © Ernst Klett Verlag Stuttgart 2013
Von diesen Vorlagen ist die Vervielfältigung für den eigenen Unterrichtsgebrauch gestattet. Die Kopiergebühren sind abgegolten.

Manga souterrain

1. *Ecoute le texte* Manga souterrain *et coche les bonnes réponses.*
2. *Ensuite, travaillez à deux. Lisez le texte et corrigez vos réponses si nécessaire.*

1. Qui a pris le bras de Julien?

- a. un homme aux cheveux longs
- b. une femme aux cheveux longs
- c. un homme aux cheveux courts

2. Quel est le travail de Vladimir?

- a. Il est inspecteur des catacombes.
- b. Il est dessinateur de BD.
- c. Il est journaliste.

3. Pourquoi est-ce que Vladimir est dans les catacombes?

- a. Il rencontre d'autres dessinateurs.
- b. Il fait des dessins pour son premier manga.
- c. Il fait des recherches pour un article de journal.

4. Que fait Julien?

- a. Il demande à Vladimir où il peut trouver la sortie.
- b. Il raconte tous ses problèmes au dessinateur.
- c. Il fait des dessins aussi.

5. Qu'est-ce que Vladimir répond à Julien?

- a. «Parle à tes parents.»
- b. «Je vais parler à tes profs.»
- c. «Parle à tes prof et à tes copains.»

6. Comment est-ce que Julien retrouve son groupe?

- a. M. Marignan rencontre Julien et Vladimir.
- b. Vladimir montre la sortie à Julien parce qu'il connaît bien les catacombes.
- c. Julien trouve la sortie tout seul.

7. Est-ce que les autres élèves cherchent Julien?

- a. oui
- b. non
- c. On ne sait pas.

8. Que va faire Julien à la fin de l'histoire?

- a. Il va raconter qu'il a rencontré Vladimir.
- b. Il va quitter les catacombes sans parler à ses profs et à ses copains.
- c. Il va tout expliquer aux professeurs et à ses copains.

Solutions:
1a, 2b, 3b, 4b, 5c, 6b, 7a, 8c

Klettbuch 622024 Découvertes, Lehrerbuch. © Ernst Klett Verlag Stuttgart 2013
Von diesen Vorlagen ist die Vervielfältigung für den eigenen Unterrichtsgebrauch gestattet. Die Kopiergebühren sind abgegolten.

On joue au mémory.

Découpez les cartes et jouez au mémory.

Atelier B:

un dessinateur		ouvrir
	une porte	
attendre qn		perdre qc
	appeler qn	
monter		heureux/heureuse
	malheureux/ malheureuse	
la chance		curieux/curieuse
	dangereux/dangereuse	

Klettbuch 622024 Découvertes, Lehrerbuch. © Ernst Klett Verlag Stuttgart 2013
Von diesen Vorlagen ist die Vervielfältigung für den eigenen Unterrichtsgebrauch gestattet. Die Kopiergebühren sind abgegolten.

On joue au mémory.

Découpez les cartes et jouez au mémory.

Atelier A:

une quiche

une visite

un escalier

une pierre

un égout

un voyage

avoir peur

une souris

un groupe

un crâne

sombre

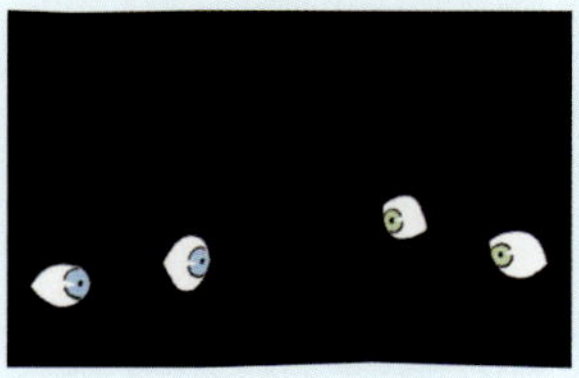

fermer

Klettbuch 622024 Découvertes, Lehrerbuch. © Ernst Klett Verlag Stuttgart 2013
Von diesen Vorlagen ist die Vervielfältigung für den eigenen Unterrichtsgebrauch gestattet. Die Kopiergebühren sind abgegolten.

S. 39–41 Plateau 1

Ziele

Vorbemerkungen zu den Plateaux

Die drei fakultativen *Plateaux* des SB sind alle nach dem gleichen Prinzip aufgebaut. Sie bestehen aus drei Seiten und drei verschiedenen Bereichen: *Plaisir d'écouter/de lire, Révisions, On prépare le DELF.*
Das *CdA* bietet darüber hinaus ebenfalls drei *Plateaux* an, bestehend aus einem Portfolio-Selbsteinschätzungsbogen, *Auto-contrôle*-Übungen, einer *DELF*-Prüfung (in *Plateau* 2) und weiteren Übungs- und Spielangeboten.
Alle unbekannten Wörter der *Plateaux* sind fakultativ und werden in den folgenden *Unités* nicht vorausgesetzt. Die vor allem auf den *Plaisir-d'écouter/de lire*-Seiten und in geringerem Maße auch auf den *DELF*-Seiten vorkommenden unbekannten Wörter müssen nicht im Unterricht komplett semantisiert werden, da es sich oft um Passivvokabular handelt, das für das Globalverständnis der Texte nicht relevant ist. Die Texte sind so angelegt, dass S und L aus dem Vokabelangebot zur Erweiterung des individuellen und/oder des Klassenwortschatzes nach eigenem Bedarf und *Plaisir* auswählen können.
Neue Strukturen kommen in den *Plateaux* nicht vor.
Die verschiedenen Teile der *Plateaux* können voneinander unabhängig behandelt werden. Die hier vorgeschlagene Reihenfolge ist ggf. auch veränderbar. Es scheint jedoch sinnvoll, die Auto-Evaluation mit der Behandlung der *Révisions/Auto-contrôle* zu verknüpfen.
Die *Plateaux* bieten die Chance, individuell zu arbeiten und zu fördern, z. B. im Rahmen von Freiarbeitsphasen oder -stunden (*Travail libre*), um das Lernbewusstsein und die Lernerautonomie so schrittweise auf- und auszubauen.
Alle Lösungen sind auf der CD-ROM zu finden.

Inhaltlicher Schwerpunkt

Das *Plateau 1* bezieht sich auf die in den *Unités 1–2* erworbenen Kompetenzen und Kenntnisse. *Plaisir d'écouter* schließt an die Thematik der *Unité 2* mit dem Chanson *Deux pieds* von Thomas Fersen an. In *Révisions* geht es um die Vorbereitung eines Dialogs (Aufgabe 1), die sprachliche Mittlung eines Zwischenfalls in der Schule (Aufgabe 2) und das Verfassen einer kurzen Geschichte mit vorgegebenen Begriffen (Aufgabe 3). Daran schließen die Aufgaben zur Vorbereitung der *DELF*-Prüfung an.

Kompetenzerwartung

Die S können ihren ersten Eindruck von einem Chanson äußern und auf der Basis des Liedtextes ein Porträt des Protagonisten verfassen und Stellung zu ihm nehmen. Die S können mithilfe strukturierender Vorgaben einen Dialog entwickeln. Sie können auf der Basis kleiner Hilfen einen schulischen Vorfall sprachmitteln. Die S können ausgehend von Wortvorgaben, *connecteurs* und einem Anfangssatz eine kleine Geschichte verfassen und sie selbstständig fortsetzen.
Die S schätzen ihre Lernfortschritte mithilfe der Lösungen selbst ein und suchen sich bei Problemen ggf. Hilfe.
Die S können sich auf die zentralen Aufgaben der *DELF*-Prüfung vorbereiten. Sie entnehmen einem Hördokument oder kleineren Lesetexten Informationen. Sie schreiben eine E-Mail und reden abschließend über einen Freund/eine Freundin.

S. 39 Plaisir d'écouter

Inhaltlicher Schwerpunkt

Das Chanson *Deux pieds* von Thomas Fersen beschreibt einen jungen Mann, der aufgrund seiner Faulheit, seines ungepflegten Äußeren und seiner mangelnden Hilfsbereitschaft von seiner Umgebung nicht geschätzt wird. Der Protagonist besteht jedoch auf seinen Eigenheiten. Das Chanson schließt inhaltlich an die *Unité* 2 an und thematisiert Einstellungen zu individuellen Unterschieden und den Umgang damit.

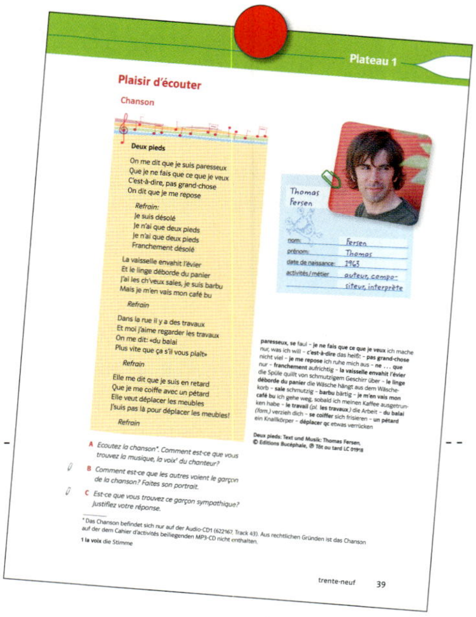
Plateau 1

Plaisir d'écouter

Chanson

Deux pieds

On me dit que je suis paresseux
Que je ne fais que ce que je veux
C'est-à-dire, pas grand-chose
On dit que je me repose

Refrain:
Je suis désolé
Je n'ai que deux pieds
Je n'ai que deux pieds
Franchement désolé

La vaisselle envahit l'évier
Et le linge déborde du panier
J'ai les ch'veux sales, je suis barbu
Mais je m'en vais mon café bu

Refrain

Dans la rue il y a des travaux
Et moi j'aime regarder les travaux
On me dit: «du balai
Plus vite que ça s'il vous plaît»

Refrain

Elle me dit que je suis en retard
Que je me coiffe avec un pétard
Elle veut déplacer les meubles
J'suis pas là pour déplacer les meubles!

Refrain

Thomas Fersen
nom: Fersen
prénom: Thomas
date de naissance: 1963
activités/métier: auteur, compositeur, interprète

paresseux, se faul – **je ne fais que ce que je veux** ich mache nur, was ich will – **c'est-à-dire** das heißt: – **pas grand-chose** nicht viel – **je me repose** ich ruhe mich aus – **ne … que** nur – **franchement** aufrichtig – **la vaisselle envahit l'évier** die Spüle quillt von schmutzigem Geschirr über – **le linge déborde du panier** die Wäsche hängt aus dem Wäschekorb – **sale** schmutzig – **barbu** bärtig – **je m'en vais mon café bu** ich gehe weg, sobald ich meinen Kaffee ausgetrunken habe – **le travail** (*pl.* **les travaux**) die Arbeit – **du balai** (*fam.*) verzieh dich – **se coiffer** sich frisieren – **un pétard** ein Knallkörper – **déplacer qc** etwas verrücken

Deux pieds: Text und Musik: Thomas Fersen, © Editions Bucéphale, ℗ Tôt ou tard LC 01918

A *Ecoutez la chanson*. Comment est-ce que vous trouvez la musique, la voix[1] du chanteur?*

B *Comment est-ce que les autres voient le garçon de la chanson? Faites son portrait.*

C *Est-ce que vous trouvez ce garçon sympathique? Justifiez votre réponse.*

* Das Chanson befindet sich nur auf der Audio-CD1 (622167, Track 43). Aus rechtlichen Gründen ist das Chanson auf der dem Cahier d'activités beiliegenden MP3-CD nicht enthalten.

1 **la voix** die Stimme

trente-neuf 39

Préparation en 3 minutes

- **Mitnehmen!** SB, CD-Player, CD 1 (Track 43), OHP, ggf. Folie von KV 1, KV 1+2
- **Schülerbuch:** S. 39
- **Schwerpunkte:** Auseinandersetzung mit dem „Anderssein als andere", Hörverstehen
- **Sozialform:** PA
- **Hausaufgabe:** KV 1: Porträt von Thomas Fersen verfassen

Neue Wörter/ Kein Lernwortschatz

paresseux/paresseuse, je ne fais que ce que je veux, c'est-à-dire, pas grand-chose, je me repose, ne … que, franchement, la vaisselle envahit l'évier, le linge déborde du panier, sale, barbu, je m'en vais mon café bu, le travail, du balai, se coiffer, un pétard, déplacer qc

---

Schritte zur Erarbeitung

Hinführung (KV 1, ggf. Folie)
L führt mit S ein Gespräch über *être paresseux* und führt dabei die Vokabel ein. Das Moustique-Bild von KV 1 kann dazu auf Folie kopiert werden. *Est-ce que vous êtes paresseux? Est-ce que vous aimez être paresseux? Quand est-ce que vous pouvez être paresseux?* etc.

Problematisierung (SB, CD 1, Track 43, KV 2/1+2/2)
S. 39 A: L spielt Lied einmal vor. S achten bei geschlossenem SB zunächst nur auf Musik und Stimme des Sängers und äußern im UG ihren ersten Eindruck.
An dieser Stelle können bereits erste Redemittel zum Umgang mit Chansons eingeführt werden (⟶ SB, *Unité* 6, S. 92/93). KV 2/1 bietet eine Mindmap mit Vokabeln und hilfreichen Redewendungen. Für leistungsschwächere S steht zudem KV 2/2 zur Verfügung, das ergänzend zur Mindmap einen Leitfaden bietet, mit dem die S über ihre ersten Höreindrücke sprechen können.
Hinweis: Aus rechtlichen Gründen steht das Chanson den S nicht individuell zur Verfügung.

Erarbeitung (SB, CD1, Track 43)
S hören Lied noch zweimal und verfolgen dabei den Liedtext. L gibt S Gelegenheit Liedtext auch still zu lesen, um unbekannten Wortschatz mithilfe der Vokabelangaben zu klären.
S. 39 B: S erarbeiten Charakteristika des Protagonisten. L sammelt Ergebnisse an Tafel (⟶ Tafelbild 1).

Sicherung (SB)
S formulieren Porträts aus. Sie können hier auf Redemittel aus *Unité* 1 zurückgreifen (⟶ SB, S. 18, Nr. 6 B). Einzelne S lesen ihre Texte laut vor.

Festigung (SB, KV 1)
S. 39 C: S nehmen Stellung zum Protagonisten und begründen ihre Meinung. S können sich zunächst in PA austauschen, bevor sie im Plenum Stellung nehmen (Mögliche

negative Lösung: *Est-ce que je trouve le garçon sympa? Je ne sais pas. Il n'est pas comme les autres, j'aime ça. Mais il n'aide pas son amie, ça, ce n'est pas sympa. Je pense aussi qu'il faut travailler. Il y a des choses qu'on n'aime pas, mais c'est la vie.*) (⟶ Differenzierung).
Hausaufgabe: KV 1: S schreiben Porträt von Thomas Fersen und lernen den Sänger so besser kennen.

Tafelbild 1

le garçon
- ne fait pas grand-chose
- ne travaille pas
- les cheveux sales
- barbu
- n'aide pas les autres
- les gens ne veulent pas le voir
- n'est pas beau
- ne range pas
- paresseux

Interkulturelles **Thomas Fersen** ist einer der erfolgreichsten französischen Musiker der *Nouvelle scène française* und gilt als einer ihrer Pioniere. Fersen (*1963 in Paris) hat schon als kleiner Junge seine Liebe zur Musik entdeckt. So entstanden bereits früh eigene Chansons. 1988 veröffentlichte er seine erste Single *Ton héros Jane*. Der Durchbruch kam allerdings erst fünf Jahre später mit dem Album *Le bal des oiseaux*. Mit seinen breit gefächerten Themen, seiner markanten Stimme und seinen wechselnden Musikstilen hat er den *Néochanson* in Frankreich geprägt, der in den 1990er Jahren entstand.

Tipps und Tricks

Differenzierung Starke S-Gruppen könnten zusätzlich ein weiteres Chanson wie z. B. *Soleil* von Grégoire bearbeiten (Lied und Text sind leicht im Internet zu finden). Es hebt die in der *Unité 2* und in *Deux pieds* thematisierten Unterschiede zwischen Menschen hervor und appelliert an ein tolerantes Miteinander. Möglich wäre ein S-Vortrag.

S. 40 Révisions

Die *Révisions*-Übungen des SB werden gemeinsam in der folgenden Reihenfolge bearbeitet.
Die zwei *Révisions*-Übungen des *CdA* (S. 28) können im Unterricht in EA in freieren Arbeitsphasen bearbeitet werden, so dass dem individuellen Lerntempo Rechnung getragen wird. L greift nur unterstützend ein oder steht für Fragen zur Verfügung. Die Aufgaben könnten aber auch als HA aufgegeben werden, da die S ihre Lösungen selbstständig überprüfen können (⟶ *CdA*, S. 96).
Bei lernstärkeren Gruppen erübrigt sich evtl. aufgrund der Selbstkontrolle die Ergebnissicherung in der Folgestunde. Es reicht ggf., gezielte Fragen der S zu beantworten.

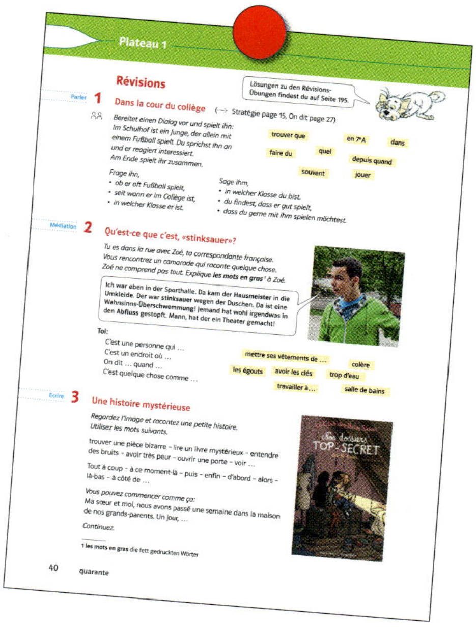
Plateau 1

Révisions

Lösungen zu den Révisions-Übungen findest du auf Seite 195.

Parler **1** Dans la cour du collège (⟶ Stratégie page 15, On dit page 27)

Bereitet einen Dialog vor und spielt ihn: Im Schulhof ist ein Junge, der allein mit einem Fußball spielt. Du sprichst ihn an und er reagiert interessiert. Am Ende spielt ihr zusammen.

Frage ihn,
- *ob er oft Fußball spielt,*
- *seit wann er im Collège ist,*
- *in welcher Klasse er ist.*

Sage ihm,
- *in welcher Klasse du bist.*
- *du findest, dass er gut spielt,*
- *dass du gerne mit ihm spielen möchtest.*

trouver que – en 7e A – dans – faire du – quel – depuis quand – souvent – jouer

Médiation **2** Qu'est-ce que c'est, «stinksauer»?

Tu es dans la rue avec Zoé, ta correspondante française. Vous rencontrez un camarade qui raconte quelque chose. Zoé ne comprend pas tout. Explique ***les mots en gras***[1] *à Zoé.*

Ich war eben in der Sporthalle. Da kam der **Hausmeister** in die **Umkleide**. Der war **stinksauer** wegen der Duschen. Da ist eine Wahnsinns-**Überschwemmung**! Jemand hat wohl irgendwas in den **Abfluss** gestopft. Mann, hat der ein Theater gemacht!

Toi:
C'est une personne qui …
C'est un endroit où …
On dit … quand …
C'est quelque chose comme …

mettre ses vêtements de … – colère – les égouts – avoir les clés – trop d'eau – travailler à … – salle de bains

Ecrire **3** Une histoire mystérieuse

Regardez l'image et racontez une petite histoire. Utilisez les mots suivants.

trouver une pièce bizarre – lire un livre mystérieux – entendre des bruits – avoir très peur – ouvrir une porte – voir …

Tout à coup – à ce moment-là – puis – enfin – d'abord – alors – là-bas – à côté de …

Vous pouvez commencer comme ça:
Ma sœur et moi, nous avons passé une semaine dans la maison de nos grands-parents. Un jour, …

Continuez.

1 **les mots en gras** die fett gedruckten Wörter

40 quarante

Die Lösungen zu den SB-Übungen finden sich im SB, S. 195, die der *CdA*-Übungen im *CdA* auf S. 96. Alle Lösungen finden sich außerdem auf der CD-ROM.

Portfolio **_CdA_, S. 27**

Die Bogen zur Selbstevaluation sind wie in Band 1 aufgebaut. Der Aufbau folgt der Kompetenzgliederung der Bildungsstandards: „Sich auf Französisch verständigen" entspricht den kommunikativen Fertigkeiten; „Hier und dort" entspricht den interkulturellen und „Gewusst, wie ..." den methodischen Kompetenzen. Die Selbsteinschätzung geschieht wie bei den *Bilan*-Teilen durch Ankreuzen der Ampelfarbe. Grundlage ist das Gefühl, das der S von seinen Fähigkeiten hat. Eine „objektivierende Kontrolle" kann durch das Bearbeiten der in der mittleren Spalte angegebenen Übungen erfolgen. Dies kann eventuell auch mit einem Partner durchgeführt werden, der als Korrektiv wirken kann, indem er seine Einschätzungen in der zweiten Ampelspalte einträgt. Auf der CD-ROM steht auch ein Blanko-Evaluationsbogen für erneute Selbsteinschätzungen zur Verfügung. Die Deskriptoren beschreiben den nach *Unité* 2 erreichten Stand nicht vollständig, sondern bilden nur die wichtigsten Fähigkeiten und Kenntnisse ab. Das Niveau der Deskriptoren entwickelt sich in Band 2 langsam von A1 zu A2. Dabei ist jedoch zu beachten, dass die Kompetenzstufen des GER nicht spezifisch auf schulisches Fremdsprachenlernen ausgerichtet sind. Für den schulischen Kontext wurden diese Stufen durch unterschiedliche länderspezifische Bildungspläne/Kerncurricula präzisiert. Das Lehrwerk folgt diesen Präzisierungen, setzt aber auch eigene Schwerpunkte, wenn dies sich durch die Inhalte anbietet. Das gilt z.B. für die persönliche Stellungnahme in Alltagskonflikten.

Parler **SB, S. 40, Nr. 1**

S bereiten in PA einen Dialog zu einer Schulhofsituation vor. Ein Junge spielt allein Fußball. Ein zweiter Jugendlicher kommt dazu. Die beiden kommen ins Gespräch und spielen zum Schluss gemeinsam. Vorgegebene Wörter und strukturierende Fragen stehen den S als Hilfen zur Verfügung. Einige S-Paare spielen ihre Ergebnisse im Anschluss vor der Klasse vor.

Médiation **SB, S. 40, Nr. 2**

S geben einen Zwischenfall in der Sporthalle, von dem ein Mitschüler erzählt hat, für eine französische Austauschschülerin wieder. Sie können auf Satzanfänge und einige vorgegebene Begriffe zurückgreifen. L sollte darauf verweisen, dass nur die wichtigsten Informationen wiedergegeben werden müssen. S können ihr Ergebnis eigenständig überprüfen.

Alternative Es besteht die Möglichkeit, die S die Szene zu dritt als Rollenspiel erarbeiten zu lassen. Einige S-Gruppen können ihre Ergebnisse im Anschluss vor der Klasse vorspielen. In leistungsstarken Gruppen besteht aber auch die Möglichkeit, die Gruppen vor der Präsentation neu zu mischen.

Ecrire **SB, S. 40, Nr. 3**

S schreiben aus vorgegebenen Begriffen und *connecteurs* eine *histoire mystérieuse*. Ein Anfangssatz erleichtert ihnen den Einstieg. L kann S empfehlen, zunächst weitere Stichpunkte zu notieren. Diese Aufgabe bietet sich auch als HA an.

Jeu de mots ***CdA*, S. 28, Nr. 1**

S bilden in PA assoziativ Wortketten und schreiben sie auf (⟶ *Qui dit anniversaire dit bougie. Qui dit bougie dit chanter.* Etc.). Es wird vermutet, dass auf diese Art entstehende Vernetzungen sich stabiler einprägen, als es beim gesteuerten Abfragen der Fall ist. Um einerseits einen Ansporn zu setzen, andererseits den Aufwand (und die Zeit) zu begrenzen, kann den S eine bestimmte Anzahl an Zeilen vorgegeben werden. Der Abschlusssatz sollte ein Verb aufgreifen, das in der vorletzten Zeile verwendet wird. Falls die Aufgabe vereinfacht werden soll, kann auf die Forderung nach dem Abschlusssatz verzichtet werden. Einzelne S-Paare stellen ihre Ergebnisse in der Klasse vor. Darüber hinaus kann L den S vorschlagen, ihre Wortketten zu illustrieren und im Portfolio abzuheften. Diese Erweiterung kann dazu genutzt werden, mit S noch einmal über Methoden des Vokabellernens zu reflektieren.

Jeu de mots ***CdA*, S. 28, Nr. 2**

Schwierigere Differenzierungsübung. S sollen in der Übersetzung von vier Sätzen ins Französische entscheiden, ob sie *voir* oder *regarder*, *écouter* oder *entendre* verwenden müssen. Es geht hier nicht um eine Aufgabe der Sprachmittlung, sondern um eine formale kontrastive Übersetzung, die der Bewusstmachung dient, hier im Bereich der Lexik. Der Bezug zu den „typischen" Bildern soll helfen, den Unterschied im Bewusstsein der S zu verankern.

S. 41 On prépare le DELF

Wie bereits *Découvertes Série jaune* Bd. 1 enthält auch der zweite Band *DELF*-Übungen und bereitet systematisch auf die *DELF*-Prüfung A1 *scolaire* vor. Die Übungen in den *Plateaux* orientieren sich an den offiziellen *DELF*-Formaten. Die Arbeitsanweisungen sind nach dem Standard des CIEP jetzt ausschließlich auf Französisch formuliert und es werden die offiziellen Begrifflichkeiten der Prüfungsformate verwendet.
Zur *Compréhension de l'oral*: Wie bei *DELF* üblich enthält die Tonaufnahme bereits die Pausen.
Plateau 2 enthält eine *DELF*-Probeprüfung (⟶ *CdA*, S. 53–58).
Alle Lösungen finden sich auf der CD-ROM.

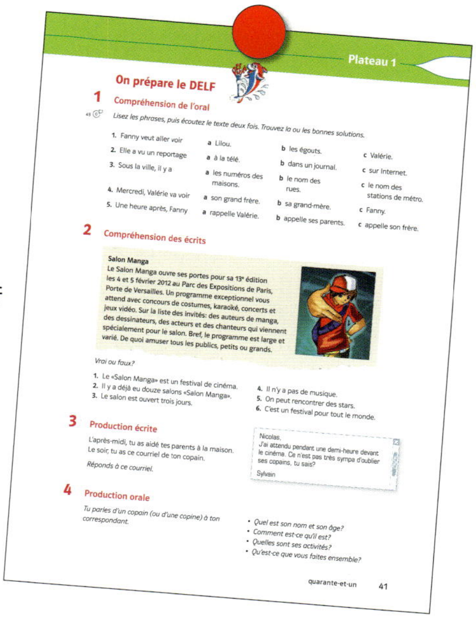
Plateau 1

On prépare le DELF

1 Compréhension de l'oral

Lisez les phrases, puis écoutez le texte deux fois. Trouvez la ou les bonnes solutions.

1. Fanny veut aller voir	a Lilou.	b les égouts.	c Valérie.
2. Elle a vu un reportage	a à la télé.	b dans un journal.	c sur Internet.
3. Sous la ville, il y a	a les numéros des maisons.	b le nom des rues.	c le nom des stations de métro.
4. Mercredi, Valérie va voir	a son grand frère.	b sa grand-mère.	c Fanny.
5. Une heure après, Fanny	a rappelle Valérie.	b appelle ses parents.	c appelle son frère.

2 Compréhension des écrits

Salon Manga
Le Salon Manga ouvre ses portes pour sa 13e édition les 4 et 5 février 2012 au Parc des Expositions de Paris, Porte de Versailles. Un programme exceptionnel vous attend avec concours de costumes, karaoké, concerts et jeux vidéo. Sur la liste des invités: des auteurs de manga, des dessinateurs, des acteurs et des chanteurs qui viennent spécialement pour le salon. Bref, le programme est large et varié. De quoi amuser tous les publics, petits ou grands.

Vrai ou faux?

1. Le «Salon Manga» est un festival de cinéma.
2. Il y a déjà eu douze salons «Salon Manga».
3. Le salon est ouvert trois jours.
4. Il n'y a pas de musique.
5. On peut rencontrer des stars.
6. C'est un festival pour tout le monde.

3 Production écrite

L'après-midi, tu as aidé tes parents à la maison. Le soir, tu as ce courriel de ton copain.

Réponds à ce courriel.

Nicolas,
J'ai attendu pendant une demi-heure devant le cinéma. Ce n'est pas très sympa d'oublier ses copains, tu sais?
Sylvain

4 Production orale

Tu parles d'un copain (ou d'une copine) à ton correspondant.

- *Quel est son nom et son âge?*
- *Comment est-ce qu'il est?*
- *Quelles sont ses activités?*
- *Qu'est-ce que vous faites ensemble?*

quarante-et-un 41

Zur Methodik Es ist sinnvoll, die mit Bd. 1 begonnene Ritualisierung der *DELF*-Übungen fortzusetzen, um die S weiter an das Format zu gewöhnen. Ggf. können in regelmäßigen Abständen besondere *DELF*-Stunden eingeplant werden.
Für den Fall, dass die S das Prüfungsformat aus dem ersten Lernjahr noch nicht kennen, müssen sie sich erst daran gewöhnen. Es sollte dann zu Beginn zuerst auf Deutsch erklärt werden, dann in einem ersten Durchgang mit den Übungen aus dem SB im Klassenverband gemeinsam erprobt werden und im Anschluss daran kann ein gemeinsamer Erfahrungsaustausch in einem auswertenden Gespräch stattfinden (Wie war das für euch? War es schwierig? Warum? Worauf musst du mehr achten?).
Die Bearbeitung erfolgt in EA in der vorgegebenen Reihenfolge. Die Ergebnissicherung erfolgt nach jeder Aufgabe.

Compréhension de l'oral

SB, S. 41, Nr. 1 (CD 1, Track 44; MP3 43)
Es geht um das Detailverstehen. L weist S vorab darauf hin, Heft und Stift bereit zu legen, und hebt ggf. hervor, dass es auch mehrere richtige Lösungen geben kann (⟶ *Trouvez la bonne réponse ou les bonnes réponses.*). S hören den Text zweimal und notieren die Buchstaben mit den richtigen Antworten. Ergebnissicherung im Plenum.

Compréhension des écrits

SB, S. 41, Nr. 2
S lesen den Text still in EA. Sie notieren die Nummern der Sätze und vermerken, ob die Sätze *vrai* oder *faux* sind. Im Anschluss vergleichen sie ihre Ergebnisse in PA. Anschließend Ergebnissicherung im Plenum. Ggf. kann hier ein Anschlussgespräch über Mangas stattfinden, die viele S lesen (⟶ Interkulturelles, S. 62/63). Es besteht auch die Möglichkeit, als HA eine Recherche über den *Salon Manga* durchzuführen. S können als Anschauungsmaterial eigene Mangas mitbringen.

Production écrite

SB, S. 41, Nr. 3
Den S ist die Textsorte *courriel* u.a. aus dem Portfolio-Auftrag von Bd. 1, *Unité* 6 (⟶ *CdA* 1, S. 81), bekannt. S bearbeiten die Aufgabe in EA schriftlich. Anschließend lesen sie sich ihre Texte in PA oder GA kurz vor. Evtl. kann ein Text pro Gruppe ausgewählt und im Plenum vorgestellt werden.

Production orale

SB, S. 41, Nr. 4
In einer Prüfungssituation hätte dies die Form eines *entretien dirigé*. Die S bearbeiten die Aufgabe zunächst in EA und bereiten mit einigen Notizen einen *monologue* vor. Präsentation in PA. Der Partner kann mithilfe der vorgegebenen Fragen um Präzisierungen bitten. L verfolgt die Gespräche, greift aber nicht korrigierend ein. Schwere Fehler werden im Anschluss gemeinsam besprochen.

Diplôme d'Etudes en langue française (DELF)

Das *Diplôme d'Etudes en langue française* (*DELF*) wird bei bestandener außerschulischer Prüfung seit 1998 von den *Instituts français* verliehen. Das Diplom wird in vier verschiedenen Stufen vergeben, die denen des Gemeinsamen Europäischen Referenzrahmens entsprechen (A1, A2, B1, B2). Die Niveaus C1 und C2 werden im *Diplôme Approfondi de langue française* (*DALF*) erfasst.
Die kostenpflichtige, standardisierte Prüfung hat einen schriftlichen und einen mündlichen Teil, die zu unterschiedlichen Zeitpunkten durchgeführt werden. Der mündliche Teil (*Production orale*) findet in der Regel an einem Tag statt und der schriftliche Teil (*Compréhension de l'oral, Compréhension des écrits, Production écrite*) an einem anderen. Der genaue Durchführungsmodus und die Kosten der Prüfung unterscheiden sich dabei von Bundesland zu Bundesland. Für S, die über ihre Schule zur Prüfung angemeldet werden (*DELF scolaire*) sind die Prüfungsgebühren in der Regel geringer als für individuelle Anmeldungen (*DELF tous publics*). Informationen zum jeweils aktuellen Stand und zu den Anmeldeformalitäten gibt die Webseite des jeweiligen regionalen Instituts.
Die Diplome sind weltweit anerkannt (auch wenn einige wenige Länder eigene Standards entwickelt haben, gibt es in der Regel Äquivalenzen zu *DELF*) und unterliegen in ihrer Gültigkeit keiner zeitlichen Beschränkung, müssen also nicht regelmäßig erneuert werden. Die Prüfungsinhalte sind ausgerichtet auf das Testen konkreter Fertigkeiten in Alltagssituationen. Die Prüfung gliedert sich im Einzelnen folgendermaßen:

DELF A2 scolaire

Art der Teilprüfung	Dauer	Punkte
***Compréhension de l'oral* / Hörverstehen** Schriftliche Beantwortung von Fragen über drei oder vier kurze Hörtexte nach zweimaligem Hören zu Alltagssituationen.	**ca. 20 Min.**	**25**
***Compréhension des écrits* / Textverständnis** Schriftliche Beantwortung von Fragen über drei oder vier Texte zu Alltagssituationen.	**30 Min.**	**25**
***Production écrite* / Schriftlicher Ausdruck** Verfassen zweier kurzer Texte: 1. Beschreibung eines Ereignisses oder eines persönlichen Erlebnisses 2. Ein zweckgebundener Text: sich bedanken, jdn. einladen, sich entschuldigen, nachfragen, informieren, jdn. beglückwünschen etc.	**45 Min.**	**25**
***Production orale* / Mündlicher Ausdruck** 1. gelenkte Unterhaltung 2. Austausch von Informationen 3. simulierter Dialog	**5–7 Min. Vorbereitung 10 Min.**	**25**

Zum Bestehen müssen pro Teilprüfung mindestens 5 Punkte, insgesamt mindestens 50 Punkte erreicht werden.

Deux pieds

Ecris un texte sur Thomas Fersen. Utilise les mots donnés.
(Schreibe einen Text über Thomas Fersen. Verwende die vorhandenen Stichwörter.)

Moustique est paresseux:
être paresseux/paresseuse

habite à Paris

anniversaire:
04/01/1963

2 sœurs

premier album en 1993 –
grand succès

une star en France

écrit premières chansons à
l'âge de 7 ans

une fille: Juliette

en 1988 une première
chanson à la radio

joue dans des
groupes de musique avec des
amis de l'école

première guitare
de sa mère

aime la musique
depuis toujours

Solution:
Son anniversaire, c'est le 04/01/1963. Il a deux sœurs. Il aime la musique depuis toujours. Sa première guitare est un cadeau de sa mère. Thomas Fersen écrit ses premières chansons à l'âge de 7 ans. A l'école, il joue dans des groupes de musique avec ses amis. En 1988, il a une première chanson à la radio et en 1993, son premier album est un grand succès. Aujourd'hui, il habite à Paris et il a une fille qui s'appelle Juliette. En France, il est une star.

Klettbuch 622024 Découvertes, Lehrerbuch. © Ernst Klett Verlag Stuttgart 2013
Von diesen Vorlagen ist die Vervielfältigung für den eigenen Unterrichtsgebrauch gestattet. Die Kopiergebühren sind abgegolten.

Parler d'une chanson

Voici un filet à mots qui peut t'aider à parler d'une chanson.

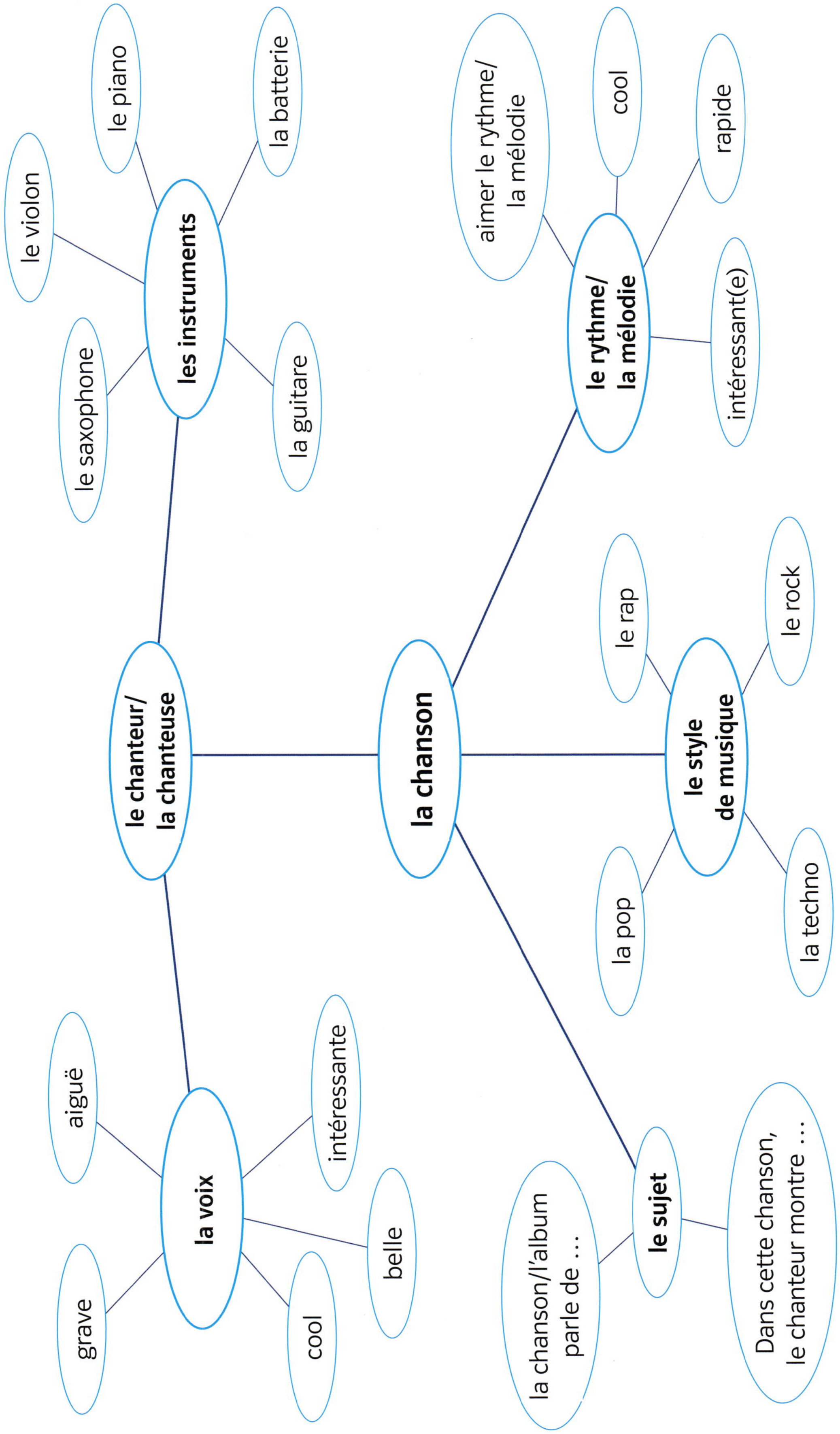

grave – tief; **aigu/aiguë** – hoch; **beau/belle** – schön; **un violon** – eine Geige; **la batterie** – das Schlagzeug; **rapide** – schnell

Klettbuch 622024 Découvertes, Lehrerbuch. © Ernst Klett Verlag Stuttgart 2013
Von diesen Vorlagen ist die Vervielfältigung für den eigenen Unterrichtsgebrauch gestattet. Die Kopiergebühren sind abgegolten.

Parler d'une chanson

Tu trouves ici des phrases pour parler de la chanson Deux pieds *de Thomas Fersen.*
Prends des notes.

J'aime la chanson / Je n'aime pas la chanson parce que …

____

____

____

J'aime le rythme. / Je n'aime pas le rythme parce que …

____

____

____

Le rythme / la mélodie est	intéressant(e)	☐
	rapide	☐
	facile à chanter	☐
	cool	☐
Sa voix est	belle	☐
	intéressante	☐
	cool	☐
	grave	☐
	aiguë	☐

La chanson parle de … / Dans cette chanson, le chanteur montre …

____

____

____

J'aime / Je n'aime pas l'idée de la chanson parce que …

____

____

facile – leicht, einfach; **rapide** – schnell; **beau/belle** – schön; **grave** – tief; **aigu/aiguë** – hoch

Klettbuch 622024 Découvertes, Lehrerbuch. © Ernst Klett Verlag Stuttgart 2013
Von diesen Vorlagen ist die Vervielfältigung für den eigenen Unterrichtsgebrauch gestattet. Die Kopiergebühren sind abgegolten.

Unité 3

S. 42–55 La vie au collège

Ziele

Inhaltlicher Schwerpunkt

In dieser *Unité* werden Informationen zum französischen Schulalltag vermittelt. Sacha erzählt Mehdi, dass er Probleme hat, da er nur schlechte Noten schreibt. Mehdi rät ihm, mehr zu lernen, doch Sacha interessiert sich vorwiegend für Sport. Da an der Schule ein Sponsorenlauf gegen den Hunger organisiert wird, erarbeiten Mehdi und Marie ein Referat zu einem Entwicklungsland. Das Referat interessiert Sacha nicht, aber er möchte am Lauf teilnehmen.
Sacha läuft am weitesten und sammelt somit das meiste Geld, was ihm wiederum Selbstbewusstsein und besondere Anerkennung bei seinen Mitschülern und Lehrern einbringt.

Kompetenzerwartung

Am Ende dieser *Unité* können S den französischen Schulalltag beschreiben und ihn mit ihrem eigenen Schulalltag vergleichen (⟶ Portfolio-Auftrag, SB, S. 42 ⟶ S. 52, Nr. 1). Sie können Informationen aus einer Broschüre, einem Zeugnis und einer Mitteilung entnehmen und erklären. Außerdem können sie selbst Vorschläge machen oder verstehen und vereinbaren.

Kompetenzen (Die Schüler können …)

Funktionale kommunikative Kompetenzen: Kommunikative Fertigkeiten

Hör-(Seh-)verstehen/Sprechen

Kompetenzerwartungen	Kompetenztraining
– über die Schule in Frankreich und in Deutschland sprechen	SB: S. 42–43, 45 (5), 52 (1), 121 (2)
– etwas vorschlagen und vereinbaren, zustimmen oder ablehnen	SB: S. 47 (8), 53 (1/3) CdA: S. 31 (4), 37 (1), 38 (1)
– jemanden zu etwas auffordern und sich verabreden	SB: S. 53 (1)
– Gespräche verstehen	SB: S. 45 (3B), 46 (7)
– gezielte Informationen aus einem Hör-(Seh-)text entnehmen (selektives HV)	SB: S. 44 (2), 45 (3B), 46 (7), 48 (1), 49 (4/6), 122 (3) CdA: 36 (13A), 38 (3)
– Fragen zu einem Text beantworten	SB: S. 49 (5)
– ein Lied auf Französisch singen	SB: S. 44 (1)
– Klassensprache anwenden	CdA: S. 29 (2)

Sprachmittlung

Kompetenzerwartungen	Kompetenztraining
– eine französische Informationsbroschüre auf Deutsch erklären	SB: S. 46 (6B)
– ein *bulletin* auf Deutsch erklären	SB: S. 50 (10)
– ins Deutsche paraphrasieren	CdA: S. 39 (5)
– ein Gespräch mitteln	CdA: S. 34 (10)

Leseverstehen/Schreiben

Kompetenzerwartungen	Kompetenztraining
– den Inhalt von Texten/kurzen Mitteilungen verstehen (auch anhand von Bildern)	SB: S. 43, 44 (2), 46 (6), 48 (1), 49 (4), 51 (11), 52 (1)
– Sätze und kurze Texte im *Passé composé* schreiben	SB: S. 45 (3), 48 (2), 49 (5) CdA: S. 35 (11), 39 (5) CdA: S. 33 (7), 35 (11)

- etwas vorschlagen und auf Vorschläge reagieren	SB: S. 50 (9), 122 (4) CdA: S. 33 (8B), 36 (13B), 37 (3)
- einem Text Kollokationen entnehmen und diese anwenden	SB: S. 47 (9) CdA: S. 37 (1), 38 (1)
- Klassensprache anwenden	CdA: S. 32 (6) CdA: S. 29 (2)

Funktionale kommunikative Kompetenzen: Verfügung über die sprachlichen Mittel

Wortschatz

Kompetenzerwartungen	Kompetenztraining
über Wortschatz zu diesen Themen verfügen und ihn anwenden:	
- Schule/Schulalltag	SB: S. 43, 44 (2), 45 (5), 52 (1) CdA: S. 30 (1), 36 (12)
- Vereinbarungen/Vorschläge	SB: S. 47 (8), 53 (1/3) CdA: S. 37 (1)
- Kollokationen/Wendungen	SB: S. 122 (5) CdA: S. 32 (6)

Grammatik

Kompetenzerwartungen	Kompetenztraining
grammatisches Grundinventar anwenden:	
- die Verben *vouloir*, *pouvoir*, *savoir* und *venir*	SB: S. 44 (1), 45 (4), 48 (3), 49 (7B), 53 (2), 121 (1) CdA: S. 30 (2), S. 31 (3), 33 (7), 37 (2)
- das *Passé composé* mit *être*/*Participe passé*	SB: S. 49 (7), 50 (8,9), 54 (4) CdA: S. 29 (1), 34 (9), 37 (3), 38 (2), 39 (4)

Aussprache und Intonation

Kompetenzerwartungen	Kompetenztraining
- Aussprache des *-oi-* [wa] bzw. des [a] erkennen und üben	SB: S. 47 (10) CdA: S. 32 (5)

Orthografie

Kompetenzerwartungen	Kompetenztraining
- den Laut [wa] orthographisch als *oi* bzw. als *a* darstellen	CdA: S. 32 (5)

Interkulturelle Kompetenzen

- **soziokulturelles Orientierungswissen**
- **praktische Bewältigung interkultureller Begegnungssituationen**
- **verständnisvoller Umgang mit kultureller Differenz**

Kompetenzerwartungen	Kompetenztraining
- Schule in Deutschland und Frankreich beschreiben und Unterschiede/Ähnlichkeiten zwischen den Schulsystemen benennen	SB: S. 42–43, 46 (7), 50 (10), 51 (11), 52 (1), 54 (5) CdA: S. 34 (10), 36 (12, 13A), 37 (3), 38 (3), 39 (5)
- Begegnungssituationen vorbereiten	SB: S. 47 (8), 50 (10), 51 (11/12), 52 (1), 53 (3)
- die eigene Realität durch die Auseinandersetzung mit der Fremdperspektive reflektieren	SB: S. 52 (1)

Methodische Kompetenzen

Textrezeption

Kompetenzerwartungen	Kompetenztraining
- beim Lesen Informationen global und detailliert aus dem Textzusammenhang erschließen	SB: S. 42–43, 44 (2), 46 (6), 48 (1), 49 (4), 50 (10), 51 (11), 52 (1) CdA: S. 35 (11)
- einen Text rekonstruieren	CdA: S. 39 (4)

Interaktion

Kompetenzerwartungen	Kompetenztraining
- Sprechfertigkeiten in kommunikativen Alltagssituationen üben	SB: S. 53 (3) CdA: S. 31 (4), 34 (10)
- einen Dialog ausgehend von Vorgaben erstellen	SB: S. 45 (5), 47 (8/9)

Textproduktion

Kompetenzerwartungen	Kompetenztraining
- über ihren Tagesablauf berichten	SB: S. 50 (9) CdA: S. 36 (13B)
- einen Liedtext variieren	SB: S. 44 (1)
- einen Dialog schreiben	SB: S. 47 (9)
- ein Quiz über das deutsche Schulsystem erstellen	SB: S. 52 (1)

Lernstrategien

Kompetenzerwartungen	Kompetenztraining
- Vokabeln in Sachfeldern lernen	SB: S. 45 (5)
- Wörter erschließen	SB: S. 46 (6)
- Informationen aus einem Hörtext herausfiltern (global und selektiv)	SB: S. 45 (3), 46 (7), 49 (6) CdA: S. 33 (8), 36 (13), 38 (3)
- zu einem Thema Stichwörter notieren	SB: S. 50 (9)
- einen Text schreiben und selbst auf Fehler überprüfen	SB: S. 50 (9)
- Wortschatz in Kollokationen und festen Wendungen erkennen und lernen	SB: S. 51 (12)
- das Dolmetschen vom Übersetzen abgrenzen	CdA: S. 34 (10)
- einen Text gliedern	CdA: S. 35 (11)

Präsentation

Kompetenzerwartungen	Kompetenztraining
- anhand von Notizen präsentieren	SB: S. 52 (1)
- ein Gruppenergebnis (eine selbst verfasste Geschichte) präsentieren	CdA: S. 32 (6C)

Lernbewusstheit und Lernorganisation

Kompetenzerwartungen	Kompetenztraining
- Strategien zur Selbstkontrolle und Bewusstheit des eigenen Lernstandes nutzen *(Bilan)*	SB: S. 53 (1–3), 54 (4–5) CdA: S. 37 (1–3)
- sich den eigenen Lern-und Arbeitsprozess bewusst machen und darüber mit der Klasse diskutieren	CdA: S. 39 (6)

S. 42–43 Découvertes: La vie au collège

Préparation en 3 minutes

- **Mitnehmen!** SB, *CdA*, OHP, Folie U3/1
- **Schülerbuch**: S. 42–43; S. 151–152
- ***Cahier d'activités***: S. 29
- **Schwerpunkt:** Kennenlernen des frz. Schulalltags im Gegensatz zu Deutschland
- **Methoden:** Echo-Lesen (⟶ *Boîte à outils 15*)
- **Hausaufgabe:** Vokabeln abschreiben und lernen (S. 151–152); *CdA*, S. 29, Nr. 1+2

Neue Wörter

la vie, un trimestre, un bulletin scolaire, la moyenne, chaque, changer de salle, une (salle de) permanence, une chaise, un tableau/des tableaux, un surveillant/une surveillante, apprendre qc, une leçon, noter qc, un cahier de textes, un carnet de correspondance, un message

Schritte zur Erarbeitung

Hinführung (Folie U3/1, SB)
Folie U3/1: S beschreiben Foto 1 auf der Folie so gut wie möglich auf Französisch. Anhand des Bildes führt L *chaque* und *changer de salle* ein, indem er S informiert, dass es in Frankreich keine Klassenräume wie in Deutschland gibt, sondern dass S und auch die meisten L nach jeder Stunde den Klassenraum wechseln: *En France, les élèves changent de salle après chaque cours parce qu'ils n'ont pas de salle. Souvent les profs n'ont pas de salle non plus. En Allemagne, les profs vont dans la salle des élèves*. Anschließend leitet L zum Thema der *Unité* über: Der französische Schulalltag wird vorgestellt.

Problematisierung (SB)
S. 42: L erklärt Schuljahreseinteilung und Notensystem in Frankreich im Gegensatz zu Deutschland (⟶ Interkulturelles).

Erarbeitung (SB)
S. 43: Anhand der Bilder werden die neuen Vokabeln erarbeitet, von denen einige durch das Unterrichtsvokabular schon bekannt sein könnten, z. B. *une chaise, un tableau/des tableaux, apprendre qc, une leçon, noter qc, un cahier de textes, un message*. L schreibt sie an die Tafel und spricht sie aus, S sprechen im Chor nach.
Anschließend werden die Texte 1–3 per Echo-Lesen erarbeitet (⟶ *Boîte à outils 15*) (⟶ Zur Methodik 1).

Sicherung (SB)
S. 43: Einzelne S lesen die Texte laut vor. S beantworten die Fragen des *Vis-à-vis*-Kastens, verwenden dabei das neue Vokabular und reaktivieren die Verneinung mit *ne … pas de*. S ziehen interkulturelle Vergleiche. S erläutern, was sie in ihrem eigenen Hausaufgabenheft notieren und ob es dort vielleicht auch Platz für Nachrichten an die Eltern gibt.

Festigung (SB, *CdA*)
SB, S. 43: Abschließende Erarbeitung von Tafelbild 1 im UG anhand der Fragen des *Vis-à-vis*-Kastens (⟶ Der besondere Tipp).
Hausaufgabe: SB, S. 151–152: Vokabeln bis *un message* abschreiben und lernen; *CdA*, S. 29, Nr. 1+2 (⟶ Zur Methodik 2).

Tafelbild 1

La vie au collège	
En France	**En Allemagne**
– Il y a 3 trimestres.	– Il y a 2 semestres.
– Il y a le bulletin par la poste.	– Il y a le bulletin à l'école.
– Il y a une permanence.	– Il n'y a pas de permanence. → les profs surveillent
– Il y a un carnet de correspondance.	– Il y a la correspondance par courriel.

Interkulturelles Die normalen Zeugnisse werden meist per Post verschickt. Ansonsten wird aber auch oft das Internet benutzt, um Dokumente zu verschicken, vor allem Abschluss- oder Abgangszeugnisse sowie Bewerbungsunterlagen (⟶ *Vis-à-vis*).

Tipps und Tricks

Zur Methodik **1. SB, S. 42–43:** Semantisierung von unbekanntem Vokabular: L sollte bei Vokabelerläuterungen S an verschiedene Erschließungsstrategien erinnern. Dazu gehören u. a.: Verstehen aufgrund des Kontextes, Verweis auf gleich oder ähnlich klingende Wörter im Deutschen oder in anderen Fremdsprachen, Arbeit mit bekannten Antonymen, Erläuterung aufgrund von vorhandenem Bildmaterial, Realien, Mimik usw.

2. *CdA*, S. 29: In Übung 1 müssen mithilfe von Bildimpulsen Formen von *être* und die Angleichung von *fatigué* gefunden werden. In Übung 2 werden Wendungen des UG gefordert.

Der besondere Tipp Bei der Erarbeitung des Tafelbilds gibt L folgende Hinweise:
En France, il y a trois trimestres. Après chaque trimestre, il y a un bulletin scolaire pour les élèves. L'école envoie le bulletin aux parents. En Allemagne par contre, il y a deux semestres. Après chaque semestre, il y a un bulletin scolaire pour les élèves. Le prof donne le bulletin aux élèves à l'école.
En France, il y a une salle de permanence. Les élèves vont en permanence quand ils n'ont pas cours. En Allemagne par contre, il n'y a pas de permanence. Si les élèves n'ont pas cours parce qu'un prof est malade, un autre prof va dans la classe et surveille la classe.
En France, il y a un cahier de textes pour les devoirs. En Allemagne, c'est pareil.
En France, les professeurs écrivent des messages pour les parents dans un carnet de correspondance. En Allemagne, il n'y a pas de carnet de correspondance, mais les professeurs écrivent des messages dans le cahier de textes ou ils envoient un courriel aux parents.

S. 44 Atelier A (1)

Préparation en 3 minutes

- **Mitnehmen!** SB, *CdA*, CD-Player, CD 2 (Tracks 1–2; MP3 44–45), farbige Kreide
- **Schülerbuch**: S. 44, Nr. 1
- ***Cahier d'activités***: S. 29; S. 30, Nr. 2
- **Schwerpunkt:** Die Verben *vouloir* und *pouvoir* (⟶ G9+10, GBH, S. 21)
- **Methoden/Sozialformen:** Verben schnipsen (⟶ *Boîte à outils 40*), Auswischtechnik (⟶ *Boîte à outils 4*); GA
- **Hausaufgabe:** *CdA*, S. 30, Nr. 2; Verbkarteikarten anlegen

3 Atelier A B

Atelier A

En forme **1 Chanson**

Quand on veut, on peut!
Je veux, tu veux, on veut
chanter et être heureux.
Nous voulons et vous voulez
passer une bonne journée.
Les copains veulent jouer,
super, c'est la récré!

Je peux, tu peux, on peut
chanter et être heureux.
Nous pouvons et vous pouvez
passer une bonne journée.
Les copains peuvent jouer,
super, c'est la récré!

A *Ecoutez, puis chantez cette chanson.*
B *Changez les mots en italique[1] et inventez une autre chanson.*

un peu | idée | année | à deux | activités | quand il pleut | jeu | curieux …

2 Une idée super

Dans la cour du collège.
Sacha: Eh, Mehdi, j'ai un problème: je n'ai pas eu la moyenne dans mon bulletin et maintenant, encore une mauvaise note: sept sur vingt à l'interro de géo!
Mehdi: Et c'est une surprise? Bon, qu'est-ce que tu vas faire, alors?
Sacha: Je ne sais pas. Tu as une idée? Mes parents ne vont pas être très contents! Mais tu sais, mon truc, c'est plutôt le sport, quoi!
Mehdi: Je sais! Mais tu peux aussi travailler un peu, non? Tiens, voilà Marie! Salut, Marie!
Marie: Eh, Mehdi, j'ai une idée pour l'exposé en géo. Les surveillants veulent organiser une course contre la faim, cette année. Alors, je propose de faire un exposé sur un pays pauvre!
Mehdi: Pourquoi pas? D'accord. On se retrouve au CDI après la récré! Tu travailles avec nous, Sacha?
Sacha: Je veux bien participer à la course, mais un exposé, ça ne me dit rien!
Marie: Comme tu veux. Alors salut, Sacha!
Mehdi: A plus, Sacha!
Sacha: Ben et moi, qu'est-ce que je vais faire, alors? Vous ne voulez plus parler avec moi, c'est ça? Bon, mais moi aussi j'ai une idée, et même une *très* bonne idée!

Le texte continue sur le CD.

1 **les mots en italique** die kursiv gedruckten Wörter

44 quarante-quatre

Neue Wörter vouloir, pouvoir

Schritte zur Erarbeitung

Hinführung (*CdA*, SB, CD 2, Track 1; MP3 44)
CdA, S. 29, Nr. 1+2: Besprechung der Hausaufgabe.
SB, S. 44, Nr. 1 A: S hören das Lied bei geöffneten Büchern und singen es beim zweiten Mal mit (⟶ Zur Methodik 1).

Problematisierung (SB, farbige Kreide)
S. 44, Nr. 1: S spekulieren über die Bedeutung der neuen Verben *vouloir* und *pouvoir*. L schreibt die Formen (inkl. *Participe passé*) an die Tafel, spricht sie vor und S sprechen im Chor nach.

Erarbeitung
Anschließend sprechen S die Verben rhythmisch, indem sie die Verben schnipsen (⟶ *Boîte à outils 40*). Nach und nach wischt L die Formen von der Tafel, bis S die Verben auswendig aufsagen können (⟶ *Boîte à outils 4*). Anschließend übertragen S die Paradigmen in ihr Heft.

Sicherung (SB)
S. 44, Nr. 1 B: S arbeiten in GA.

Festigung (SB, CD 2, Track 2; MP3 45, *CdA*)
S. 44, Nr. 1 B: Die neu erdichteten Varianten können nun gruppenweise mithilfe der Playback-Version vorgeführt werden.
Hausaufgabe: *CdA*, S. 30, Nr. 2, und Anlegen zweier Verbkarteikarten für die Verben *pouvoir* und *vouloir* (⟶ Zur Methodik 2).

Tipps und Tricks

Zur Methodik

1. SB, S. 44, Nr. 1: Bisher kamen nur einzelne Formen von *pouvoir* lexikalisch vor (*on peut, tu peux*). Beim Tafelanschrieb weist L darauf hin, dass jeweils die 1. und 2. Person Plural mit *-ou-* geschrieben wird, die anderen Formen mit *-eu-*.
2. *CdA*, S. 30, Nr. 2: Die Übung thematisiert explizit die beiden Stammvokale der Verben und verweist auch auf die formale Übung im SB, S. 44, Nr. 1.

Boîte à outils 40

Verben schnipsen

Um sich das Paradigma eines Verbs besser zu merken, können S die Verben rhythmisch schnipsen. Die Geschwindigkeit kann nach und nach gesteigert werden.

S. 44–45 Atelier A (2/Une idée super)

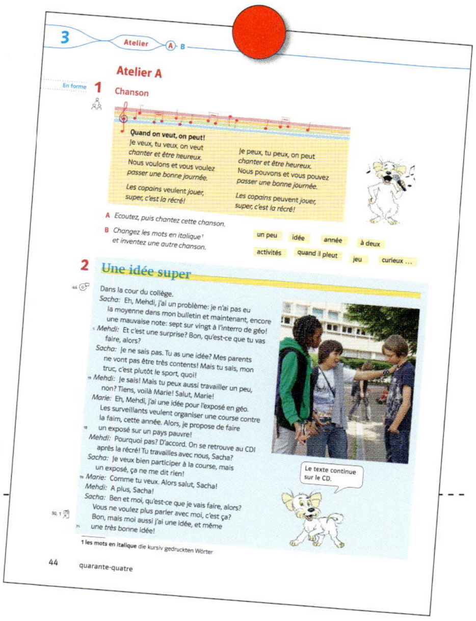

Préparation en 3 minutes

- **Mitnehmen!** SB, *CdA*, OHP, Folie U3/2, CD-Player, CD 2 (Tracks 3–4; MP3 46–47), KV 1
- **Schülerbuch**: S. 44–45, Nr. 2–4, S. 121, Nr. 1
- ***Cahier d'activités:*** S. 30
- **Schwerpunkte:** Noten, Fächer und Aktivitäten an der Schule; die Verben *vouloir* und *pouvoir* (⟶ G9+10, GBH, S. 21); Leseverstehen, Hörverstehen
- **Sozialformen:** PA, GA
- **Hausaufgabe:** SB, S. 45, Nr. 4; *CdA*, S. 30, Nr. 1

Neue Wörter

2. une note, sept sur vingt, la géographie, plutôt, un exposé, organiser qc, une course, proposer de faire qc, un pays, pauvre/pauvre, se retrouver, Je veux bien., participer à qc, Ça ne me dit rien!, ben; **3.** se passer

Schritte zur Erarbeitung

Hinführung (*CdA*)
S. 30, Nr. 2: Besprechung der Hausaufgabe.

Problematisierung (Folie U3/2)
Folie U3/2: L zeigt Folie und fragt: *Qui est-ce?* S: *Ce sont Mehdi et Marie et un autre garçon.* L: *C'est Sacha. Est-ce qu'il est content?* S: *Non, il est triste. Il a des problèmes.* L: *Qu'est-ce que Mehdi et Marie font?* S: *Ils aident Sacha.*

Erarbeitung (SB, KV 1, CD 2, Tracsk 3–4; MP3 46–47)
S. 44, Nr. 2/KV 1: Ziel der Erarbeitung ist das Lesetraining bekannter Strukturen und das Erschließen noch unbekannter Wörter aus dem Kontext.
Die Sätze der KV werden zunächst im Plenum laut gelesen. *Sept sur vingt, un exposé, une course, un pays, pauvre, participer à, Ça ne me dit rien!* werden semantisiert. Anschließend hören S ein- bis zweimal den Text und bringen die Sätze in PA in die korrekte Reihenfolge. Danach erfolgt der Abgleich mit dem Text im SB; Ergebnissicherung im Plenum (Lösung: 2, 9, 3, 5, 1, 7, 6, 4, 10, 8). Nun hören S den Text erneut abschnittsweise bei geöffnetem Buch. S erfragen beim L unbekanntes Vokabular (⟶ Zur Methodik 1).

Sicherung (SB)
S. 44, Nr. 2: S lesen den Text in Vierergruppen (Erzähler, Sacha, Mehdi, Marie).

Festigung (SB, CD 2, Track 4; MP3 47, *CdA*)
S. 45, Nr. 3 A: S lösen die Aufgabe schriftlich in EA; anschließende Kontrolle im Plenum.
S. 45, Nr. 3 B: Bevor S den Text hören, lesen sie die Tipps zum Hörverstehen (⟶ *Stratégie*). Dann lesen S die Fragen, hören die Fortsetzung des Textes und beantworten die Fragen mündlich.
Im Anschluss an das Hören kann folgende Erschließungsfrage gestellt werden:
L: *Expliquez: Qu'est-ce que ça veut dire ici: piquer qc? Pourquoi est-ce que vous avez compris ce mot?* (⟶ Zur Methodik 2).
Hausaufgabe: SB, S. 45, Nr. 4; *CdA*, S. 30, Nr. 1 (⟶ Zur Methodik 3, Differenzierung).

Tipps und Tricks

Zur Methodik

1. SB, S. 45, Nr. 3 B: Die HV-Fortsetzung des Textes kann auch unmittelbar angeschlossen werden. Vor dem Hörverstehen kann L auf Deutsch fragen: Wie lässt sich an Geräuschen erkennen, wo die Szene spielt? S: Hört man z. B. Schülerstimmen und ein Klingeln, spielt die Szene wahrscheinlich in der Schule.
2. SB, S. 45, Nr. 3 B: L ruft den S auch die Strategie ins Gedächtnis, unbekannte Wörter zu verstehen, indem man sie mit ähnlich klingenden Wörter im Deutschen oder in anderen Fremdsprachen vergleicht.
3. *CdA*, S. 30, Nr. 1: Der neue Wortschatz zum Sachfeld „Schule" wird hier umgewälzt. Das Finden der Unterschiede zwischen den beiden Bildern bereitet auf das Schreiben der entsprechenden Begriffe vor.
Hinweis für S: Das *cahier de textes individuel* wird von einem *cahier de textes numérique* ergänzt.

Differenzierung

SB, S. 121, Nr. 1 A: Leistungsstarke S können diese Aufgabe zusätzlich oder anstatt *CdA*, S. 30, Nr. 1, als Hausaufgabe machen. S, die diese Aufgabe bearbeitet haben, können in der Folgestunde den Mitschülern den Unterschied zwischen *savoir* und *pouvoir* erläutern.

S. 45 Atelier A (3)

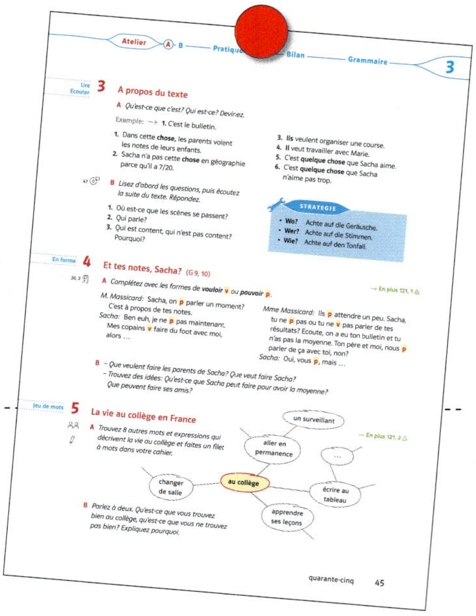
Atelier A B — Pratique — Bilan — Grammaire 3

Lire / Ecouter **3 A propos du texte**

A *Qu'est-ce que c'est? Qui est-ce? Devinez.*

Exemple: → 1. C'est le bulletin.

1. Dans cette **chose**, les parents voient les notes de leurs enfants.
2. Sacha n'a pas cette **chose** en géographie parce qu'il a 7/20.
3. **Ils** veulent organiser une course.
4. **Il** veut travailler avec Marie.
5. C'est **quelque chose** que Sacha aime.
6. C'est **quelque chose** que Sacha n'aime pas trop.

47 **B** *Lisez d'abord les questions, puis écoutez la suite du texte. Répondez.*

1. Où est-ce que les scènes se passent?
2. Qui parle?
3. Qui est content, qui n'est pas content? Pourquoi?

STRATEGIE
- **Wo?** Achte auf die Geräusche.
- **Wer?** Achte auf die Stimmen.
- **Wie?** Achte auf den Tonfall.

En forme **4 Et tes notes, Sacha?** (G 9, 10)

30, 2 **A** *Complétez avec les formes de **vouloir** v ou **pouvoir** p.* → En plus 121, 1

M. Massicard: Sacha, on p parler un moment? C'est à propos de tes notes.
Sacha: Ben euh, je ne p pas maintenant. Mes copains v faire du foot avec moi, alors …
Mme Massicard: Ils p attendre un peu. Sacha, tu ne p pas ou tu ne v pas parler de tes résultats? Ecoute, on a eu ton bulletin et tu n'as pas la moyenne. Ton père et moi, nous p parler de ça avec toi, non?
Sacha: Oui, vous p, mais …

B *– Que veulent faire les parents de Sacha? Que veut faire Sacha?*
– Trouvez des idées: Qu'est-ce que Sacha peut faire pour avoir la moyenne? Que peuvent faire ses amis?

Jeu de mots **5 La vie au collège en France**

A *Trouvez 8 autres mots et expressions qui décrivent la vie au collège et faites un filet à mots dans votre cahier.* → En plus 121, 2

B *Parlez à deux. Qu'est-ce que vous trouvez bien au collège, qu'est-ce que vous ne trouvez pas bien? Expliquez pourquoi.*

quarante-cinq 45

Préparation en 3 minutes

- **Mitnehmen!** SB, *CdA*
- **Schülerbuch**: S. 45, Nr. 4+5; S. 121, Nr. 1
- ***Cahier d'activités:*** S. 30, Nr. 1; S. 31, Nr. 3
- **Schwerpunkte:** Die Verben *savoir* und *pouvoir* (⟶ G10, GBH, S. 21); Wortschatz Schule
- **Methoden/Sozialformen:** Lernen durch Lehren (⟶ *Boîte à outils* 19); PA
- **Hausaufgabe:** SB, S. 45, Nr. 5 A; *CdA*, S. 31, Nr. 3

Schritte zur Erarbeitung

Hinführung (SB, *CdA*)
SB, S. 45, Nr. 4, und *CdA*, S. 30, Nr. 1: Besprechung der Hausaufgabe.

Problematisierung (SB)
SB, S. 121, Nr. 1 A: S, die die Übung als HA gemacht haben, erläutern ihren Mitschülern den Unterschied zwischen *savoir* und *pouvoir*. Eine Regel wird an der Tafel erarbeitet und ins Heft abgeschrieben (⟶ Tafelbild 2). S erläutern, dass *savoir* immer dann benutzt wird, wenn man ausdrücken möchte, dass man etwas kann, weil man es gelernt hat. Im Gegensatz dazu benutzt man *pouvoir*, um auszudrücken, dass man etwas kann, weil man beispielsweise körperlich dazu in der Lage ist (⟶ *Boîte à outils 19*).

Erarbeitung (SB)
SB, S. 121, Nr. 1 A: S, die diese Aufgabe noch nicht als HA gemacht haben, lösen sie nun. Die Mitschüler helfen bei Problemen. Die Lösungen werden im Plenum verglichen und an die Tafel geschrieben.

Sicherung/Festigung (SB, *CdA*)
SB, S. 121, Nr. 1 B: S arbeiten in PA, stellen Fragen mit *pouvoir* oder *savoir* und geben Antworten.
Hausaufgabe: SB, S. 45, Nr. 5 A; *CdA*, S. 31, Nr. 3 (⟶ Zur Methodik).

Tafelbild 2

Die unterschiedliche Anwendung von savoir und pouvoir (können)	
Le petit Sébastien a 8 ans.	Il sait écrire.
savoir → er hat es gelernt	
Sacha a mal au bras.	Il ne peut pas écrire.
pouvoir → gerade (nicht) können	

Tipps und Tricks

Zur Methodik

1. SB, S. 45, Nr. 5 A: S erstellen ein Vokabelnetz zum Thema *au collège*. Ziel der Aufgabe ist es, Vokabeln in Sachfeldern zu lernen. Die Gliederung kann vom Buch übernommen werden. S sollten das Vokabelnetz auf einem DIN-A4-Blatt im Querformat anlegen, sodass genügend Platz für Ergänzungen im Anschluss an *Atelier B*, S. 51, Nr. 12, bleibt. Dort folgt die *Stratégie* „Wörter in Verbindungen lernen" und es können einige der hier gefundenen Ausdrücke wiederholt und integriert werden. Das Blatt kann im Portfolio-Ordner abgeheftet werden.

2. *CdA*, S. 31, Nr. 3: Die Übung integriert die drei Modalverben und verlangt auch die Unterscheidung zwischen *pouvoir* und *savoir*. Dieser Aspekt wird im SB nur im *En-plus*-Teil thematisiert.

S. 46 Atelier A (4)

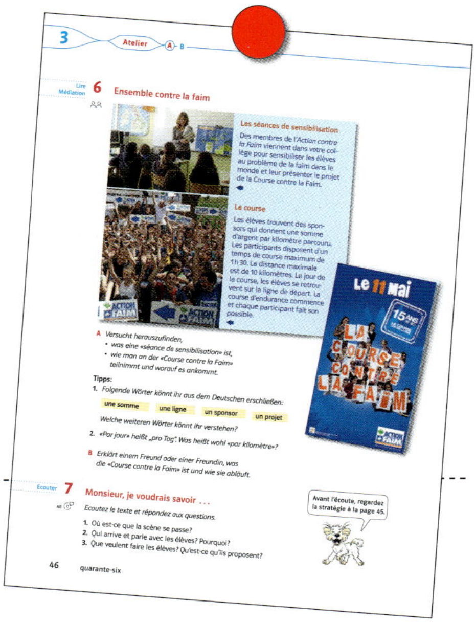
3 Atelier A B

Lire / Médiation **6 Ensemble contre la faim**

Les séances de sensibilisation
Des membres de l'*Action contre la Faim* viennent dans votre collège pour sensibiliser les élèves au problème de la faim dans le monde et leur présenter le projet de la Course contre la Faim.

La course
Les élèves trouvent des sponsors qui donnent une somme d'argent par kilomètre parcouru. Les participants disposent d'un temps de course maximum de 1 h 30. La distance maximale est de 10 kilomètres. Le jour de la course, les élèves se retrouvent sur la ligne de départ. La course d'endurance commence et chaque participant fait son possible.

A *Versucht herauszufinden,*
- *was eine «séance de sensibilisation» ist,*
- *wie man an der «Course contre la Faim» teilnimmt und worauf es ankommt.*

Tipps:
1. *Folgende Wörter könnt ihr aus dem Deutschen erschließen:* une somme – une ligne – un sponsor – un projet
   Welche weiteren Wörter könnt ihr verstehen?
2. *«Par jour» heißt „pro Tag". Was heißt wohl «par kilomètre»?*

B *Erklärt einem Freund oder einer Freundin, was die «Course contre la Faim» ist und wie sie abläuft.*

Ecouter **7 Monsieur, je voudrais savoir ...**
48 *Ecoutez le texte et répondez aux questions.*
1. Où est-ce que la scène se passe?
2. Qui arrive et parle avec les élèves? Pourquoi?
3. Que veulent faire les élèves? Qu'est-ce qu'ils proposent?

46 quarante-six

Préparation en 3 minutes

- **Mitnehmen!** SB, *CdA*, CD-Player, CD 2 (Tracks 5–6; MP3 48–49), OHP, Leerfolie
- **Schülerbuch**: S. 45–46, Nr. 5–7; S. 47, Nr. 10; S. 121, Nr. 2
- ***Cahier d'activités:*** S. 31, Nr. 3; S. 32, Nr. 5
- **Schwerpunkte:** Sport, Schule in Frankreich; Leseverstehen, Sprachmittlung, Hörverstehen
- **Methoden/Sozialformen:** *Au marché* (→ *Boîte à outils 36*); PA
- **Hausaufgabe:** *CdA*, S. 32, Nr. 5

Schritte zur Erarbeitung

Hinführung (SB, *CdA*, Leerfolie)
SB, S. 45, Nr. 5 A, und *CdA*, S. 31, Nr. 3: Besprechung der Hausaufgabe. Ergebnisse werden an der Tafel gesammelt bzw. L lässt S passende Vokabeln auf die Folie schreiben.

Problematisierung (SB)
S. 45, Nr. 5 B: Bearbeitung anhand der Marktplatzmethode (→ *Boîte à outils 36*) (→ Differenzierung).

Erarbeitung (SB)
S. 46, Nr. 6: L leitet über: *Qu'est-ce que tu aimes bien à l'école?* S antworten z. B.: *J'aime bien voir mes copains à l'école.* L ergänzt: *Les élèves peuvent aussi participer à des projets sociaux. J'aime bien ça. Un projet social, c'est quoi? Lisez le texte 'Ensemble contre la faim'.* S bearbeiten beide Aufgabenteile in PA mithilfe der Tipps. Das Ergebnis wird im Plenum gesichert.
Hinweis: Bei dem Spendenlauf geht es weder um Schnelligkeit noch überhaupt um das Gewinnen, sondern um Ausdauer: Der Läufer mit den meisten Kilometern erzielt die höchste Spende.

Sicherung (SB, CD 2, Track 5; MP3 48)
S. 46, Nr. 7: HV-Übung: S bedienen sich dazu erneut der Tipps auf S. 45 und nutzen die W-Fragen (⟶ *Stratégie*). Besprechung der Lösungen im Plenum.

Festigung (SB, CD 2, Tracks 6+11; MP3 49+54, *CdA*)
S. 47, Nr. 10: S hören Reime und wiederholen diese. L macht auf die Aussprache von *-oi-* aufmerksam. Zur Hilfestellung für Teil B können zunächst Wörter mit dem Laut [wa] im Plenum gesammelt werden.
Hausaufgabe: *CdA*, S. 32, Nr. 5: Hörverstehen.

Tipps und Tricks

Differenzierung

SB, S. 121, *En plus*, Nr. 2: Leistungsschwächere Schüler können statt SB, S. 45, Nr. 5 B, auch diese Aufgabe machen. Die Themenvorschläge helfen den S, schneller ins Gespräch zu kommen.

S. 47 Atelier A (5)

Préparation en 3 minutes

- **Mitnehmen!** SB, *CdA*, Leerfolie, OHP, CD 2 (Track 11; MP3 54)
- **Schülerbuch**: S. 47, Nr. 8+9
- ***Cahier d'activités***: S. 31–32, Nr. 4+5
- **Schwerpunkte:** einen Vorschlag machen, ihm zustimmen oder ihn ablehnen; dialogisches Sprechen
- **Sozialform:** GA
- **Hausaufgabe:** Wiederholung der neuen Redemittel

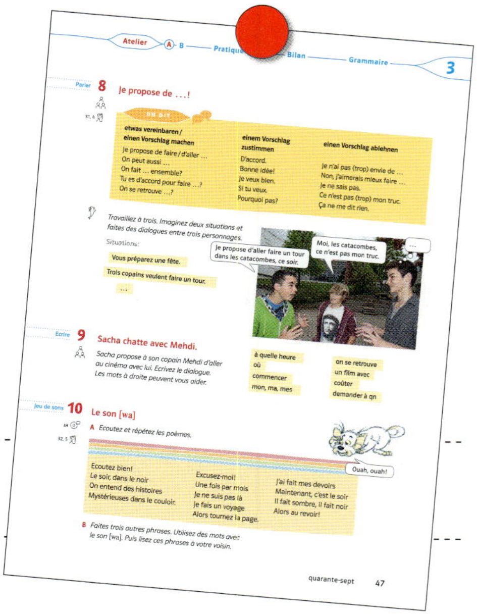
Atelier A B — Pratique — Bilan — Grammaire 3

Parler **8 Je propose de …!**

ON DIT

etwas vereinbaren / einen Vorschlag machen	einem Vorschlag zustimmen	einen Vorschlag ablehnen
Je propose de faire / d'aller …	D'accord.	Je n'ai pas (trop) envie de …
On peut aussi …	Bonne idée!	Non, j'aimerais mieux faire …
On fait … ensemble?	Je veux bien.	Je ne sais pas.
Tu es d'accord pour faire …?	Si tu veux.	Ce n'est pas (trop) mon truc.
On se retrouve …?	Pourquoi pas?	Ça ne me dit rien.

Travaillez à trois. Imaginez deux situations et faites des dialogues entre trois personnages.
Situations:
Vous préparez une fête.
Trois copains veulent faire un tour.
…

Ecrire **9 Sacha chatte avec Mehdi.**
Sacha propose à son copain Mehdi d'aller au cinéma avec lui. Ecrivez le dialogue. Les mots à droite peuvent vous aider.

à quelle heure, où, commencer, mon, ma, mes, on se retrouve, un film avec, coûter, demander à qn

Jeu de sons **10 Le son [wa]**
A *Ecoutez et répétez les poèmes.*

Ecoutez bien!
Le soir, dans le noir
On entend des histoires
Mystérieuses dans le couloir.

Excusez-moi!
Une fois par mois
Je ne suis pas là
Je fais un voyage
Alors tournez la page.

J'ai fait mes devoirs
Maintenant, c'est le soir
Il fait sombre, il fait noir
Alors au revoir!

B *Faites trois autres phrases. Utilisez des mots avec le son [wa]. Puis lisez ces phrases à votre voisin.*

quarante-sept 47

Neue Wörter

si, Si tu veux.; j'aimerais mieux …

Schritte zur Erarbeitung

Hinführung (*CdA*, CD 2, Track 11; MP3 54)
S. 32, Nr. 5: Besprechung der Hausaufgabe.

Problematisierung (SB)
S. 47, Nr. 8: S arbeiten in Dreiergruppen. Mithilfe des *On-dit*-Kastens lernen sie, selbst Vorschläge zu machen, Vorschlägen zuzustimmen oder diese abzulehnen. Die neuen Wörter werden vor Beginn der Übung vom L eingeführt. Einige Gruppen können ihre Dialoge der Klasse vortragen (⟶ Zur Methodik).

Erarbeitung (SB, Leerfolie)
S. 47, Nr. 9: S arbeiten in der Gruppe weiter. Sie wenden schriftlich die neuen Redemittel an. L gibt ein bis zwei Gruppen eine Leerfolie, auf der der Dialog notiert wird.

Sicherung (SB)
S. 47, Nr. 9: Einige Dialoge werden der Klasse vorgelesen bzw. auf Folie präsentiert und gemeinsam verbessert.

Festigung (*CdA*, SB)
CdA, S. 31, Nr. 4: Die Tandemübung knüpft an den Inhalt des Textes SB, S. 44, Nr. 2 (Fortsetzung als HV-Text), sowie an die Übung SB, S. 47, Nr. 8 (Vorschläge machen) an (⟶ Differenzierung).
Hausaufgabe: SB, S. 47, Nr. 8: Wiederholung der neuen Redemittel (*On-dit*-Kasten).

Tipps und Tricks

Zur Methodik

SB, S. 47, Nr. 8: L kann weitere mögliche Situationen der Begegnung vorschlagen: *faire un exposé ensemble, organiser un jeu en classe, visiter les égouts*. Es ist für S motivierend, Rollenspiele außerhalb des Klassenraums vorspielen zu lassen, z. B. auf der Bühne der Aula. Im Anschluss an die Präsentationen können die Mitschüler Feedback geben zu verschiedenen Punkten: Inhalt, Gestik/Mimik, Sprache (⟶ LB *Découvertes Série Jaune*, Band 1, *Unité* 2, KV 9: Evaluation für ein Rollenspiel).

Differenzierung

***CdA*, S. 31, Nr. 4:** Leichtere Differenzierungsübung zu „Vorschläge machen und darauf reagieren" in *En plus*, S. 38, Nr. 1.

S. 47–48 Atelier B (1/Bravo, Sacha!)

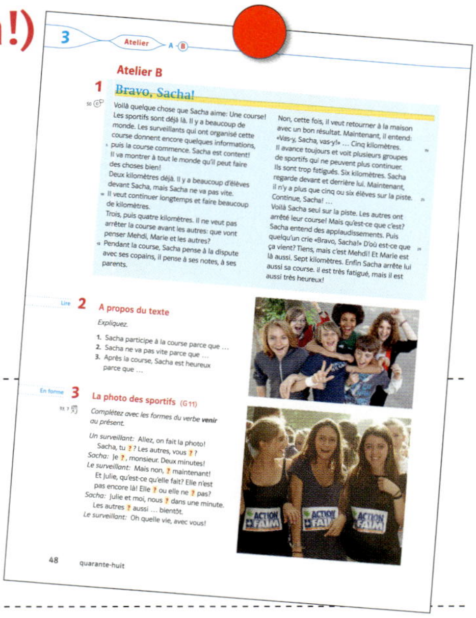
3 Atelier A B

Atelier B

1 Bravo, Sacha!

Voilà quelque chose que Sacha aime: Une course! Les sportifs sont déjà là. Il y a beaucoup de monde. Les surveillants qui ont organisé cette course donnent encore quelques informations, puis la course commence. Sacha est content! Il va montrer à tout le monde qu'il peut faire des choses bien!
Deux kilomètres déjà. Il y a beaucoup d'élèves devant Sacha, mais Sacha ne va pas vite. Il veut continuer longtemps et faire beaucoup de kilomètres.
Trois, puis quatre kilomètres. Il ne veut pas arrêter la course avant les autres: que vont penser Mehdi, Marie et les autres?
Pendant la course, Sacha pense à la dispute avec ses copains, il pense à ses notes, à ses parents.
Non, cette fois, il veut retourner à la maison avec un bon résultat. Maintenant, il entend: «Vas-y, Sacha, vas-y!» … Cinq kilomètres. Il avance toujours et voit plusieurs groupes de sportifs qui ne peuvent plus continuer. Ils sont trop fatigués. Six kilomètres. Sacha regarde devant et derrière lui. Maintenant, il n'y a plus que cinq ou six élèves sur la piste. Continue, Sacha! …
Voilà Sacha seul sur la piste. Les autres ont arrêté leur course! Mais qu'est-ce que c'est? Sacha entend des applaudissements. Puis quelqu'un crie «Bravo, Sacha!» D'où est-ce que ça vient? Tiens, mais c'est Mehdi! Et Marie est là aussi. Sept kilomètres. Enfin Sacha arrête lui aussi sa course. Il est très fatigué, mais il est aussi très heureux!

Lire 2 A propos du texte

Expliquez.

1. Sacha participe à la course parce que …
2. Sacha ne va pas vite parce que …
3. Après la course, Sacha est heureux parce que …

En forme 3 La photo des sportifs (G 11)

*Complétez avec les formes du verbe **venir** au présent.*

Un surveillant: Allez, on fait la photo! Sacha, tu ? ? Les autres, vous ? ?
Sacha: Je ?, monsieur. Deux minutes!
Le surveillant: Mais non, ? maintenant! Et Julie, qu'est-ce qu'elle fait? Elle n'est pas encore là! Elle ? ou elle ne ? pas?
Sacha: Julie et moi, nous ? dans une minute. Les autres ? aussi … bientôt.
Le surveillant: Oh quelle vie, avec vous!

48 quarante-huit

Préparation en 3 minutes

- **Mitnehmen!** SB, Folie U3/3, OHP, KV 2, CD-Player, CD 2 (Track 7; MP3 50)
- **Schülerbuch**: S. 47, Nr. 8+9; S. 48, Nr. 1+2
- **Schwerpunkte:** Bildbeschreibung, Leseverstehen; das Verb *venir* im Präsens (⟶ G11, GBH, S. 23) (nur lexikalisch)
- **Sozialformen:** PA, GA
- **Hausaufgabe:** SB, S. 48, Nr. 2

Neue Wörter

un sportif/une sportive, quelques, une information, longtemps, arrêter qc, pendant, une dispute, retourner, Vas-y!, avancer, plusieurs, ne … que, il n'y a plus que, une piste, l'applaudissement *(m.)*, crier, venir

Schritte zur Erarbeitung

Hinführung (SB)
S. 47, Nr. 8+9: S wiederholen die Redemittel, indem sie erneut in GA einen kleinen Dialog zwischen Sacha und Mehdi schreiben, die miteinander chatten. Einzelne Dialoge werden anschließend im Plenum vorgelesen.

Problematisierung (Folie U3/3)
Folie U3/3: L zeigt nur das obere Foto. S beschreiben es: *Sacha participe à une course. C'est la course contre la faim. Il a l'air content. Ses amis sont là aussi.* L semantisiert neue Vokabeln: *C'est exact. Le sportif, c'est Sacha. Les amis crient: Vas-y! Il est très rapide, donc il avance très vite. Est-ce qu'il y a encore d'autres sportifs sur la piste? – Non, Sacha est seul. – Tu as raison, il n'y a (plus) que lui et il entend les applaudissements de ses amis. Il ne veut pas arrêter, il veut avoir un bon résultat!*
L deckt 2. Foto auf: *Décrivez la photo.* S: *Ce sont Sacha et ses amis. Tout le monde est heureux. Sacha a fait beaucoup de kilomètres.*
L notiert neue Vokabeln an der Tafel, die S zunächst einzeln, dann im Chor nachsprechen: *un sportif/une sportive, arrêter, Vas-y!, avancer, il n'y a plus que, une piste, l'applaudissement, crier.*

Erarbeitung (SB, CD 2, Track 7; MP3 50)
S. 48, Nr. 1: Text bei geöffneten Büchern von CD vorspielen, anschließend lesen S den Text im Chor. Die restlichen unbekannten Wörter werden semantisiert, ebenfalls an der Tafel notiert und im Chor nachgesprochen. S vergleichen Textinhalt mit ihren Vermutungen.

Sicherung (KV 2, SB)
KV 2: Das Textverständnis wird mit Ankreuzaufgabe in EA gesichert. Das Buch soll geöffnet daneben liegen. Besprechung im Plenum.

Festigung
Hausaufgabe: SB, S. 48, Nr. 2.

S. 48 Atelier B (2)

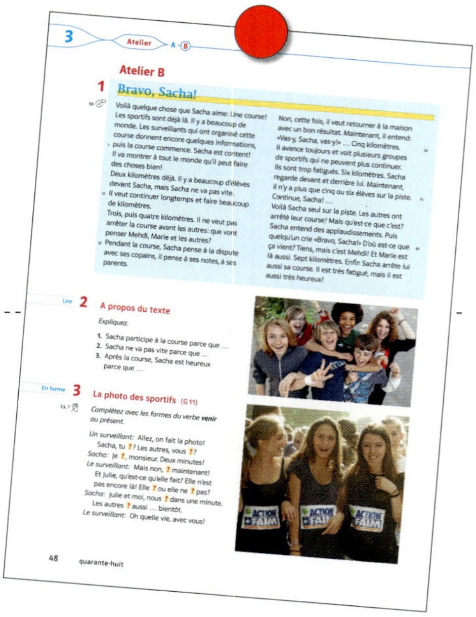

3 Atelier A B

Atelier B

1 **Bravo, Sacha!**

Voilà quelque chose que Sacha aime: Une course! Les sportifs sont déjà là. Il y a beaucoup de monde. Les surveillants qui ont organisé cette course donnent encore quelques informations, puis la course commence. Sacha est content! Il va montrer à tout le monde qu'il peut faire des choses bien!
Deux kilomètres déjà. Il y a beaucoup d'élèves devant Sacha, mais Sacha ne va pas vite. Il veut continuer longtemps et faire beaucoup de kilomètres.
Trois, puis quatre kilomètres. Il ne veut pas arrêter la course avant les autres: que vont penser Mehdi, Marie et les autres?
Pendant la course, Sacha pense à la dispute avec ses copains, il pense à ses notes, à ses parents.
Non, cette fois, il veut retourner à la maison avec un bon résultat. Maintenant, il entend: «Vas-y, Sacha, vas-y!» … Cinq kilomètres. Il avance toujours et voit plusieurs groupes de sportifs qui ne peuvent plus continuer. Ils sont trop fatigués. Six kilomètres. Sacha regarde devant et derrière lui. Maintenant, il n'y a plus que cinq ou six élèves sur la piste. Continue, Sacha! …
Voilà Sacha seul sur la piste. Les autres ont arrêté leur course! Mais qu'est-ce que c'est? Sacha entend des applaudissements. Puis quelqu'un crie «Bravo, Sacha!» D'où est-ce que ça vient? Tiens, mais c'est Mehdi! Et Marie est là aussi. Sept kilomètres. Enfin Sacha arrête lui aussi sa course. Il est très fatigué, mais il est aussi très heureux!

Lire 2 **A propos du texte**

Expliquez.

1. Sacha participe à la course parce que …
2. Sacha ne va pas vite parce que …
3. Après la course, Sacha est heureux parce que …

En forme 3 **La photo des sportifs** (G 11)

Complétez avec les formes du verbe ***venir*** *au présent.*

Un surveillant: Allez, on fait la photo! Sacha, tu ?? Les autres, vous ??
Sacha: Je ?, monsieur. Deux minutes!
Le surveillant: Mais non, ? maintenant! Et Julie, qu'est-ce qu'elle fait? Elle n'est pas encore là! Elle ? ou elle ne ? pas?
Sacha: Julie et moi, nous ? dans une minute. Les autres ? aussi … bientôt.
Le surveillant: Oh quelle vie, avec vous!

48 quarante-huit

Préparation en 3 minutes

- **Mitnehmen!** SB, *CdA*, KV 3
- **Schülerbuch**: S. 48, Nr. 2+3
- ***Cahier d'activités***: S. 33, Nr. 7
- **Schwerpunkte:** Das Verb *venir* im Präsens (⟶ G11, GBH, S. 23); Seh-/Leseverstehen
- **Hausaufgabe:** Anlegen einer Verbkartei

Schritte zur Erarbeitung

Hinführung (SB)
S. 48, Nr. 2: Besprechung der Hausaufgabe. Beispiellösungen werden an der Tafel notiert.

Problematisierung
L fordert S auf, sich folgende Situation vorzustellen: *Sacha, Mehdi et Marie sont dans le bus. Ils parlent avec des amis. Les amis demandent à Sacha, Mehdi et Marie: Vous venez d'où? – Ils répondent: Nous venons de la course contre la faim*. Der Minidialog kann zur Visualisierung auch in Form von zwei Sprechblasen an die Tafel gemalt werden (⟶ Tafelbild 3).
Überleitung zum Verb *venir*, dessen Konjugation im Präsens L an der Tafel notiert. S übertragen Tafelbild ins Heft. Anschließend kann das Verb rhythmisch geschnipst werden (⟶ *Boîte à outils 40*).

Erarbeitung (SB)
S. 48, Nr. 3: S schreiben den Dialog in ihr Heft und setzen die fehlenden Formen von *venir* ein. Anschließend kommen einige S an die Tafel und notieren die Verbformen (⟶ Differenzierung).

Sicherung (*CdA*)
S. 33, Nr. 7: S lösen die Aufgabe zum Seh- und Leseverstehen und tragen die fehlenden *venir*-Formen ein. Korrektur im Plenum.

Festigung (KV 3)
KV 3: S arbeiten in EA.
Hausaufgabe: Anlegen einer Verbkartei für das Verb *venir*.

Tafelbild 3

Sacha, Mehdi et Marie sont dans le bus. Ils parlent avec des amis.

Les amis demandent à Sacha, Mehdi et Marie: Vous venez d'où?

Ils répondent: Nous venons de la course contre la faim.

Tipps und Tricks

Differenzierung

SB, S. 48, Nr. 3: Mit schwächeren Lerngruppen kann die Aufgabe zunächst auch mündlich im Plenum gelöst werden, bevor sie schriftlich bearbeitet wird.

S. 49 Atelier B (3/Un article dans le journal du collège)

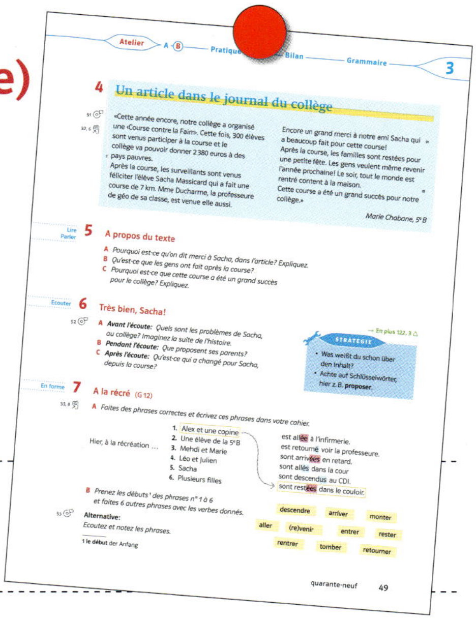
Atelier A B Pratique Bilan Grammaire 3

4 Un article dans le journal du collège

«Cette année encore, notre collège a organisé une ‹Course contre la Faim›. Cette fois, 300 élèves sont venus participer à la course et le collège va pouvoir donner 2 380 euros à des pays pauvres.
Après la course, les surveillants sont venus féliciter l'élève Sacha Massicard qui a fait une course de 7 km. Mme Ducharme, la professeure de géo de sa classe, est venue elle aussi.
Encore un grand merci à notre ami Sacha qui a beaucoup fait pour cette course!
Après la course, les familles sont restées pour une petite fête. Les gens veulent même revenir l'année prochaine! Le soir, tout le monde est rentré content à la maison.
Cette course a été un grand succès pour notre collège.»

Marie Chabane, 5e B

Lire / Parler 5 A propos du texte
A *Pourquoi est-ce qu'on dit merci à Sacha, dans l'article? Expliquez.*
B *Qu'est-ce que les gens ont fait après la course?*
C *Pourquoi est-ce que cette course a été un grand succès pour le collège? Expliquez.*

Ecouter 6 Très bien, Sacha!
A ***Avant l'écoute:*** *Quels sont les problèmes de Sacha, au collège? Imaginez la suite de l'histoire.*
B ***Pendant l'écoute:*** *Que proposent ses parents?*
C ***Après l'écoute:*** *Qu'est-ce qui a changé pour Sacha, depuis la course?*

→ En plus 122, 3
STRATEGIE
- Was weißt du schon über den Inhalt?
- Achte auf Schlüsselwörter, hier z. B. **proposer**.

En forme 7 A la récré (G 12)
A *Faites des phrases correctes et écrivez ces phrases dans votre cahier.*

Hier, à la récréation …
1. Alex et une copine
2. Une élève de la 5e B
3. Mehdi et Marie
4. Léo et Julien
5. Sacha
6. Plusieurs filles

est allée à l'infirmerie.
est retourné voir la professeure.
sont arrivées en retard.
sont allés dans la cour
sont descendus au CDI.
sont restées dans le couloir.

B *Prenez les débuts[1] des phrases n° 1 à 6 et faites 6 autres phrases avec les verbes donnés.*
descendre – arriver – monter – aller – (re)venir – entrer – rester – rentrer – tomber – retourner

Alternative:
Ecoutez et notez les phrases.

1 **le début** der Anfang

quarante-neuf 49

Préparation en 3 minutes

- **Mitnehmen!** SB, *CdA*, CD-Player, CD 2 (Track 8; MP3 51), OHP, Folie U3/3
- **Schülerbuch**: S. 49, Nr. 4+5
- ***Cahier d'activités:*** S. 32, Nr. 6
- **Schwerpunkte:** Leseverstehen; das *Passé composé* mit *être* (rezeptiv)
- **Methoden/Sozialformen:** Murmelphase (⟶ *Boîte à outils 24*); PA, GA
- **Hausaufgabe:** *CdA*, S. 32, Nr. 6 A

Neue Wörter

un article, féliciter qn, elle (aussi), revenir, prochain/prochaine, un succès

---

Schritte zur Erarbeitung

Hinführung (Folie U3/3)
Folie U3/3: L schreibt Überschrift des Textes an die Tafel und zeigt nochmals das zweite Foto auf der Folie, auf dem ein strahlender Sacha zu sehen ist.
L: *Il y a un article dans le journal du collège avec cette photo. Devinez: de quoi parle le texte?* S können auf Deutsch antworten. (Mögliche Antworten: Der Artikel handelt vom Lauf gegen den Hunger, bei dem Sacha die meisten Kilometer geschafft hat. Deshalb ist ein Bild von ihm abgedruckt. Vielleicht berichtet die Zeitung auch, wie viel Geld eingenommen wurde.)

Problematisierung
L bestätigt auf Französisch und semantisiert gleichzeitig die neuen Vokabeln (⟶ Tafelbild 4): *Dans l'article, on félicite Sacha pour son succès. Sa prof de géo, Mme Ducharme, est venue pour féliciter Sacha. Elle a dit: «Bravo, Sacha!» Les élèves, les parents, les professeurs, tout le monde veut revenir l'année prochaine.*
S sprechen die neuen Vokabeln im Chor nach.

Erarbeitung (SB, CD 2, Track 8; MP3 51)
S. 49, Nr. 4: S hören den Text bei geschlossenen Büchern.
Anschließend liest L abschnittsweise den Text vor, S lesen im Chor nach.

Sicherung (SB)
S. 49, Nr. 4: S setzen sich in Kleingruppen zusammen. Reihum liest jeder S einen Satz. S korrigieren sich gegenseitig.

Festigung (SB, *CdA*)
SB, S. 49, Nr. 5: S arbeiten in PA in einer kurzen Murmelphase (⟶ Boîte à *outils 24*). Anschließend gemeinsame Besprechung im Plenum (⟶ Zur Methodik 1).
Hausaufgabe: *CdA*, S. 32, Nr. 6 A (⟶ Zur Methodik 2, Doppelstunde).

Tafelbild 4

<u>Un article dans le journal du collège</u>

Bravo, Sacha! ⟶ On <u>félicite</u> Sacha pour son <u>succès</u>! ☺
2013 ⟶ Sacha gagne.
2014 ⟶ l'année <u>prochaine</u> ⟶ Qui va gagner?
Ils veulent <u>revenir</u>! Quel succès!

Tipps und Tricks

Zur Methodik

1. SB, S. 49, Nr. 5: Die Murmelphase ermöglicht auch schüchternen oder weniger leistungsstarken S Antworten zu formulieren, die vielleicht nicht ganz richtig sind. Gemeinsam mit dem Sitznachbarn können die Antworten zunächst optimiert werden. In einer anschließenden Plenumsrunde melden sich mehr S, da sie sich nun sicherer fühlen.
2. *CdA*, S. 32, Nr. 6 A: Das Suchen von Kollokationen soll den S verdeutlichen, dass Wörter in verschiedenen Kombinationen auftreten können und sich im Gehirn besser abspeichern lassen, wenn sie kontextuell eingebunden werden. Um die richtigen Verben zu finden, ist eine genaue Lektüre der SB-Texte notwendig.

Doppelstunde

***CdA*, S. 32, Nr. 6:** Steht genügend Zeit zur Verfügung, kann Aufgabe 6 statt als Hausaufgabe auch im Unterricht gelöst werden.
S wenden die kooperative Arbeitsform *Think – Pair – Share* (Frz.: *Réfléchir – Echanger – Présenter*) an, indem sie zunächst jeder für sich nachdenken (*think*) und Aufgabe A lösen, dann bei Aufgabe B gemeinsam mit zwei Mitschülern eine Geschichte zu den vorgegebenen Verben erfinden (*pair*) und anschließend bei Aufgabe C ihre Arbeitsergebnisse vor der Klasse präsentieren und diese somit mit allen teilen (*share*).

S. 49–51 Atelier B (4)

Préparation en 3 minutes

- **Mitnehmen!** SB, *CdA*, CD-Player, CD 2 (Track 9; MP3 52)
- **Schülerbuch**: S. 49, Nr. 6; S. 50, Nr. 10; S. 51, Nr. 11; S. 52, Nr. 1
- ***Cahier d'activités***: S. 32, Nr. 6; S. 34, Nr. 10
- **Schwerpunkte:** dt. und frz. Schulsystem; Hörverstehen, Sprachmitteln; verständnisvoller Umgang mit kultureller Differenz
- **Methoden/Sozialformen:** Murmelphase (⟶ *Boîte à outils 24*); PA, GA
- **Hausaufgabe:** SB, S. 51, Nr. 11; SB, S. 52, Nr. 1 D

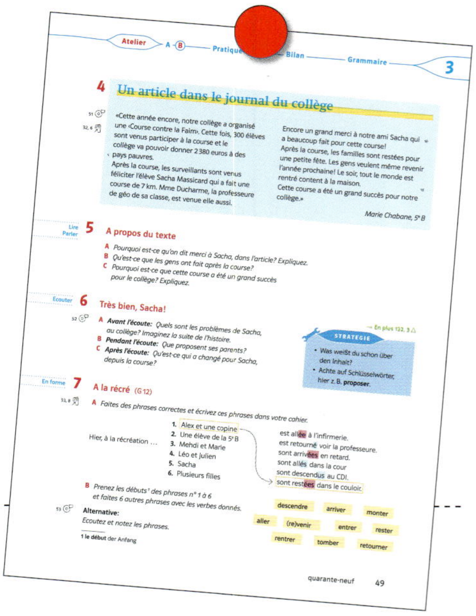
Atelier – A – B – Pratique – Bilan – Grammaire – 3

4 Un article dans le journal du collège

«Cette année encore, notre collège a organisé une ‹Course contre la Faim›. Cette fois, 300 élèves sont venus participer à la course et le collège va pouvoir donner 2 380 euros à des pays pauvres.
Après la course, les surveillants sont venus féliciter l'élève Sacha Massicard qui a fait une course de 7 km. Mme Ducharme, la professeure de géo de sa classe, est venue elle aussi.
Encore un grand merci à notre ami Sacha qui a beaucoup fait pour cette course!
Après la course, les familles sont restées pour une petite fête. Les gens veulent même revenir l'année prochaine! Le soir, tout le monde est rentré content à la maison.
Cette course a été un grand succès pour notre collège.»

Marie Chabane, 5e B

Lire / Parler **5 A propos du texte**

A *Pourquoi est-ce qu'on dit merci à Sacha, dans l'article? Expliquez.*
B *Qu'est-ce que les gens ont fait après la course?*
C *Pourquoi est-ce que cette course a été un grand succès pour le collège? Expliquez.*

Ecouter **6 Très bien, Sacha!**

A ***Avant l'écoute:*** *Quels sont les problèmes de Sacha, au collège? Imaginez la suite de l'histoire.*
B ***Pendant l'écoute:*** *Que proposent ses parents?*
C ***Après l'écoute:*** *Qu'est-ce qui a changé pour Sacha, depuis la course?*

→ En plus 122, 3
STRATEGIE
- Was weißt du schon über den Inhalt?
- Achte auf Schlüsselwörter, hier z. B. **proposer**.

En forme **7 A la récré** (G 12)

A *Faites des phrases correctes et écrivez ces phrases dans votre cahier.*

Hier, à la récréation …
1. Alex et une copine
2. Une élève de la 5e B
3. Mehdi et Marie
4. Léo et Julien
5. Sacha
6. Plusieurs filles

est allée à l'infirmerie.
est retourné voir la professeure.
sont arrivées en retard.
sont allés dans la cour
sont descendus au CDI.
sont restées dans le couloir.

B *Prenez les débuts[1] des phrases n° 1 à 6 et faites 6 autres phrases avec les verbes donnés.*

descendre – arriver – monter – aller – (re)venir – entrer – rester – rentrer – tomber – retourner

Alternative:
Ecoutez et notez les phrases.

1 **le début** der Anfang

quarante-neuf 49

Schritte zur Erarbeitung

Hinführung (*CdA*)
S. 32, Nr. 6 A: Besprechung der Hausaufgabe.

Problematisierung (SB, CD 2, Track 9; MP3 52)
S. 49, Nr. 6: S rekapitulieren, welche Probleme Sacha in der Schule hat, und überlegen sich eine mögliche Fortsetzung der Geschichte. Anschließend lesen S den *Stratégie*-Kasten. Während des Hörens machen sie sich ggf. Notizen. Bevor S Teil C beantworten, können sie sich in einer kurzen Murmelphase mit ihrem Nachbarn austauschen (⟶ *Boîte à outils 24*, Zur Methodik 1, Differenzierung).

Erarbeitung (SB)
S. 50, Nr. 10: S arbeiten in PA. S1 spielt den Verwandten, S2 erläutert auf Deutsch. Danach Wechsel der Rollen.

Sicherung/Festigung (*CdA*, SB)
CdA, S. 34, Nr. 10: S arbeiten in Dreiergruppen (⟶ Zur Methodik 2+3).
Hausaufgabe: SB, S. 51, Nr. 11, und S. 52, Nr. 1 D: Langzeitaufgabe für Portfolio-Ordner besprechen und terminieren: *Un quiz sur ton école.*

Interkulturelles

Seit 1897 werden im legendären ***Parc des princes*** Wettkämpfe der Stadt Paris ausgetragen. Das ursprüngliche Stadion wurde bis 1967 hauptsächlich als Radrennbahn genutzt. Auch die Olympischen Sommerspiele 1924 wurden hier ausgetragen. 1972 wurde das Stadion komplett umgebaut. Bis zur Weltmeisterschaft 1998 war es Frankreichs Nationalstadion. Seit dem Bau des *Stade de France* im selben Jahr wird es heute in erster Linie vom Fußballklub *Paris Saint-Germain* genutzt. Es ist sehr schwierig, kurzfristig Karten für Spiele zu bekommen.

Tipps und Tricks

Zur Methodik

1. SB, S. 49, Nr. 6: Die *Stratégie* bezieht sich auf die Phase *pendant l'écoute*. Da für diese Phase eine präzise Fragestellung vorliegt, geht es hier um das selektive Hörverstehen. Die Schlüsselwort-*Stratégie* wurde bereits in Band 1 erklärt (in HV und in LV). Bewusstmachen: Bei einer anderen Fragestellung würde man auf andere Schlüsselwörter achten, z. B. auf Zahlen, wenn es darum geht die Zeugnisnoten zu verstehen.
2. *CdA*, S. 34, Nr. 10: Der Aufgabentyp ist aus dem *CdA* 1 bekannt und wird hier im *CdA* 2 zum ersten Mal wieder aufgegriffen. Damit die S sehen, dass man bei diesem Übungstyp nicht immer wörtlich übersetzen kann (u. a. weil nicht alle sprachlichen Mittel vorhanden sind) und auch nicht soll/muss, ist die Besprechung einer Musterlösung empfehlenswert. Als *Stratégie* sollte den S die Abgrenzung des Dolmetschens vom Übersetzen bewusst gemacht werden.
3. SB, S. 50, Nr. 10, und *CdA*, S. 34, Nr. 10: Ggf. Hinweis auf *Vis-à-vis* (SB, S. 42) und erneutes Lesen der Information.

Differenzierung

SB, S. 49, Nr. 6 B: Leichtere Aufgabe in *En plus*, S. 122, Nr. 3. S suchen zu vorgegebenen Satzanfängen das richtige Ende. Die vorstrukturierten Sätze vereinfachen das Antworten auf die Fragen der Aufgabe 6 C.

S. 49/51 Atelier B (5)

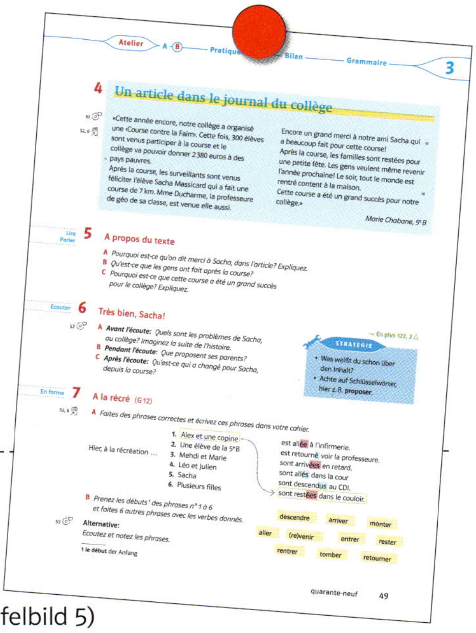

Atelier A B Pratique … Bilan Grammaire 3

4 Un article dans le journal du collège

«Cette année encore, notre collège a organisé une ‹Course contre la Faim›. Cette fois, 300 élèves sont venus participer à la course et le collège va pouvoir donner 2380 euros à des pays pauvres.
Après la course, les surveillants sont venus féliciter l'élève Sacha Massicard qui a fait une course de 7 km. Mme Ducharme, la professeure de géo de sa classe, est venue elle aussi.
Encore un grand merci à notre ami Sacha qui a beaucoup fait pour cette course!
Après la course, les familles sont restées pour une petite fête. Les gens veulent même revenir l'année prochaine! Le soir, tout le monde est rentré content à la maison.
Cette course a été un grand succès pour notre collège.»

Marie Chabane, 5e B

Lire / Parler 5 A propos du texte

A *Pourquoi est-ce qu'on dit merci à Sacha, dans l'article? Expliquez.*
B *Qu'est-ce que les gens ont fait après la course?*
C *Pourquoi est-ce que cette course a été un grand succès pour le collège? Expliquez.*

Ecouter 6 Très bien, Sacha!

A ***Avant l'écoute:*** *Quels sont les problèmes de Sacha, au collège? Imaginez la suite de l'histoire.*
B ***Pendant l'écoute:*** *Que proposent ses parents?*
C ***Après l'écoute:*** *Qu'est-ce qui a changé pour Sacha, depuis la course?*

→ En plus 122, 3
STRATEGIE
• Was weißt du schon über den Inhalt?
• Achte auf Schlüsselwörter, hier z. B. **proposer**.

En forme 7 A la récré (G 12)

A *Faites des phrases correctes et écrivez ces phrases dans votre cahier.*

Hier, à la récréation …
1. Alex et une copine
2. Une élève de la 5e B
3. Mehdi et Marie
4. Léo et Julien
5. Sacha
6. Plusieurs filles

est allée à l'infirmerie.
est retourné voir la professeure.
sont arrivées en retard.
sont allés dans la cour
sont descendus au CDI.
sont restées dans le couloir.

B *Prenez les débuts[1] des phrases n° 1 à 6 et faites 6 autres phrases avec les verbes donnés.*

descendre arriver monter aller (re)venir entrer rester rentrer tomber retourner

Alternative:
Ecoutez et notez les phrases.

1 **le début** der Anfang

quarante-neuf 49

Préparation en 3 minutes

- **Mitnehmen!** SB, *CdA*, Folie U3/4, OHP, GBH, KV 4+5, CD 2 (Tracks 10+12; MP3 53+55)
- **Schülerbuch**: S. 49, Nr. 4+7; S. 51, Nr. 11
- ***Cahier d'activités***: S. 33, Nr. 8
- **Schwerpunkte:** Das *Passé composé* mit *être* (⟶ G12, GBH, S. 23ff): Angleichung des *Participe passé*; selbst entdeckendes Lernen
- **Sozialform:** PA
- **Hausaufgabe:** SB, S. 49, Nr. 7 A+B; *CdA*, S. 33, Nr. 8 A+B.

Schritte zur Erarbeitung

Hinführung (SB)
S. 51, Nr. 11: Besprechung der Hausaufgabe.

Problematisierung (SB)
S. 49, Nr. 4: L zeichnet Tabelle an die Tafel (⟶ Tafelbild 5) und gibt S folgenden Arbeitsauftrag: *Cherchez dans le texte «Un article dans le journal du collège» toutes les formes du passé composé. Notez ces formes au tableau.*
L nimmt ersten S dran, dieser kann Kreide/Stift an den nächsten S weitergeben usw.

Erarbeitung (SB, GBH)
S lesen die Verbformen vor, übersetzen sie und beschreiben die Bildung des *Passé composé* mit *être*. Gemeinsam wird eine Regel formuliert und an der Tafel festgehalten. S leiten aus den Beispielen ab, dass das Partizip in Geschlecht und Zahl an das Subjekt angeglichen wird, wenn das *Passé composé* mit *être* gebildet wird. L gibt den Hinweis, dass eine ausführliche Regel auch im GBH, S. 24, nachzulesen ist. S übertragen das Tafelbild in ihr Grammatikheft (⟶ Differenzierung 1).

Sicherung (Folie U3/5 = KV 4)
Folie U3/5: Die Folie wird aufgelegt und als Kopiervorlage an S ausgeteilt. S arbeiten in PA. Gemeinsame Sicherung im Plenum durch die Folie. S ergänzen das Tafelbild um die Verben, die das *Passé composé* mit *être* bilden (⟶ Differenzierung 2).

Festigung (KV 5+6, SB, CD 2, Tracks 10+12; MP3 53+55, *CdA*)
KV 5: S festigen ihre neu erworbenen Kenntnisse schriftlich in EA.
Hausaufgabe: Hörverstehen: SB, S. 49, Nr. 7 A+B, und *CdA*, S. 33, Nr. 8 A+B (⟶ Alternative).

Tafelbild 5

Le passé composé

être	**avoir**
300 élèves sont venus les surveillants sont venus la professeure … est venue les familles sont restées tout le monde est rentré	notre collège a organisé Sacha … a fait Cette course a été …

p.c. mit **être**
→ Angleichung nach dem Subjekt: elles sont restées
→ Folgende Verben bilden das p.c. mit être (auswendig lernen!):
- aller, venir
- arriver, retourner
- entrer, rentrer
- monter, descendre
- tomber, rester

(ebenso: partir, sortir, mourir, naître)

Tipps und Tricks

Differenzierung

1. Erarbeitung des *Passé composé* mit *être*: Die Konjugation von *être* und *avoir* sollte ggf. wiederholt werden, bevor S die Regel zum *Passé composé* mit *être* erarbeiten.
2. Je nach Leistungsstärke der Klasse, kann L hier auch bereits die Verben *partir*, *sortir* (ab *Unité* 6), *mourir* und *naître* nennen und anschreiben.

Alternative

Steht genügend Zeit zur Verfügung, kann **SB, S. 49, Nr. 7,** statt als HA auch im Anschluss an KV 5 bearbeitet werden. Die Aufgabe dient der Festigung des neuen Grammatikthemas. Als Alternative zu Teilaufgabe B kann auch **KV 6** eingesetzt werden, um das *Passé composé* mit *être* plus Verneinung zu üben.
Wird auch ***CdA*, S. 33, Nr. 8 A+B,** im Unterricht bearbeitet, können S nach Beendigung von Teil B (EA) ihre Sätze in PA verbessern. Die Übung konzentriert sich ganz auf die Genus- und Numerusentsprechungen von Subjekt, Verb und *Participe passé*.

S. 50–51 Atelier B (6)

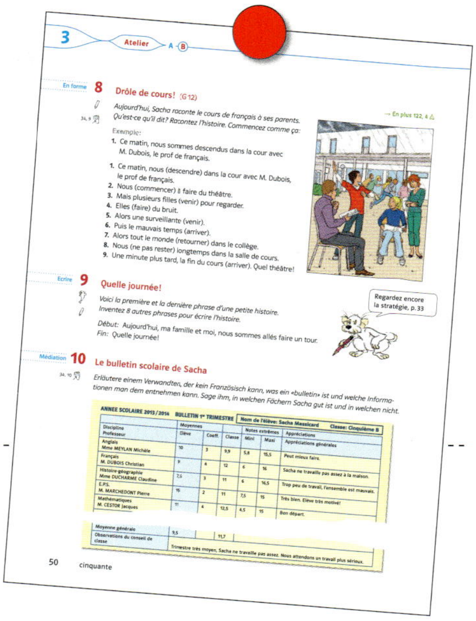

3 Atelier A B

En forme **8 Drôle de cours!** (G 12)

34, 9

Aujourd'hui, Sacha raconte le cours de français à ses parents. Qu'est-ce qu'il dit? Racontez l'histoire. Commencez comme ça:

→ En plus 122, 4

Exemple:

1. Ce matin, nous sommes descendus dans la cour avec M. Dubois, le prof de français.

1. Ce matin, nous (descendre) dans la cour avec M. Dubois, le prof de français.
2. Nous (commencer) à faire du théâtre.
3. Mais plusieurs filles (venir) pour regarder.
4. Elles (faire) du bruit.
5. Alors une surveillante (venir).
6. Puis le mauvais temps (arriver).
7. Alors tout le monde (retourner) dans le collège.
8. Nous (ne pas rester) longtemps dans la salle de cours.
9. Une minute plus tard, la fin du cours (arriver). Quel théâtre!

Ecrire **9 Quelle journée!**

Voici la première et la dernière phrase d'une petite histoire. Inventez 8 autres phrases pour écrire l'histoire.

Début: Aujourd'hui, ma famille et moi, nous sommes allés faire un tour.
Fin: Quelle journée!

Médiation **10 Le bulletin scolaire de Sacha**

34, 10

Erläutere einem Verwandten, der kein Französisch kann, was ein «bulletin» ist und welche Informationen man dem entnehmen kann. Sage ihm, in welchen Fächern Sacha gut ist und in welchen nicht.

ANNEE SCOLAIRE 2013/2014 BULLETIN 1er TRIMESTRE | Nom de l'élève: Sacha Massicard Classe: Cinquième B

Discipline Professeur	Moyennes Elève	Coeff.	Classe	Notes extrêmes Mini	Maxi	Appréciations
						Appréciations générales
Anglais Mme MEYLAN Michèle	10	3	9,9	5,8	15,5	Peut mieux faire.
Français M. DUBOIS Christian	9	4	12	6	16	Sacha ne travaille pas assez à la maison.
Histoire-géographie Mme DUCHARME Claudine	7,5	3	11	6	16,5	Trop peu de travail, l'ensemble est mauvais.
E.P.S. M. MARCHEDONT Pierre	15	2	11	7,5	15	Très bien. Elève très motivé!
Mathématiques M. CESTOR Jacques	11	4	12,5	4,5	15	Bon départ.
Moyenne générale	9,5		11,7			
Observations du conseil de classe	Trimestre très moyen. Sacha ne travaille pas assez. Nous attendons un travail plus sérieux.					

50 cinquante

Préparation en 3 minutes

- **Mitnehmen!** SB, *CdA*, CD 2 (Tracks 10+12; MP3 53+55), farbige Kreide, KV 6, Folie U3/5, OHP
- **Schülerbuch**: S. 49–50, Nr. 7–9; S. 51, Nr. 12
- ***Cahier d'activités***: S. 33–34, Nr. 8+9
- **Schwerpunkte:** Das *Passé composé* mit *être*, auch Verneinung, Angleichung des *Participe passé* (⟶ G12, GBH, S. 23ff); Schreiben
- **Sozialform:** PA
- **Hausaufgabe:** SB, S. 51, Nr. 12

Schritte zur Erarbeitung

Hinführung (SB, *CdA*)
SB, S. 49, Nr. 7, und *CdA*, S. 33, Nr. 8: Besprechung der Hausaufgabe. Die Sätze von Teilaufgabe B können S in PA verbessern.

Problematisierung (farbige Kreide, KV 6)
L lässt S die Regeln zur Verneinung des *Passé composé* mit *avoir* wiederholen und notiert Beispielsatz an der Tafel (⟶ Tafelbild 6). L erläutert, dass die Verneinung mit *être* ebenso gebildet wird und ergänzt das Tafelbild.
L nennt ein Verb im Infinitiv und fordert S1 auf, einen Beispielsatz im *Passé composé* zu bilden. S2 muss diesen Satz verneinen.
KV 6: S arbeiten mündlich in PA; Besprechung im Plenum.

Erarbeitung (*CdA*)
S. 34, Nr. 9: S arbeiten in EA oder PA (⟶ Zur Methodik 1, Differenzierung 1).

Sicherung (SB)
S. 50, Nr. 8: S arbeiten schriftlich in EA (Integration des *Passé composé* mit *avoir* und *être*). Anschließende Besprechung im Plenum (⟶ Differenzierung 2).

Festigung (SB, Folie U3/5)
S. 50, Nr. 9: S erstellen schriftlich in EA einen Tagesablauf im *Passé composé*. Die Texte können anschließend in der Kleingruppe vorgelesen oder reihum gegengelesen und korrigiert werden (⟶ Zur Methodik 2).
Hausaufgabe: SB, S. 51, Nr. 12 A+B (⟶ Zur Methodik 3, Differenzierung 3).

Tafelbild 6

Das Passé composé im verneinten Satz

Sacha **n'**a **pas** travaillé aujourd'hui.

Marie **n'**est **pas** allée à l'école aujourd'hui parce qu'elle est malade.

Regel: **ne ... pas** umschließen das konjugierte Hilfsverb avoir oder être (= Verneinungsklammer). Das participe passé steht hinter der Verneinungsklammer.

Tipps und Tricks

Zur Methodik

1. *CdA*, S. 34, Nr. 9: Moustique stellt die Zusatzfrage, um sicherzustellen, dass S die Lücken nicht nur formal ausfüllen, sondern sich auch um ein gewisses Verständnis bemühen. Die Übung beschränkt sich auf Verben, die das *Passé composé* mit *être* bilden. Sie eignet sich als Vorübung zu SB, S. 50, Nr. 8, da dort auch *avoir*-Verben vorkommen.
2. SB, S. 50, Nr. 9: L verweist auf die *Stratégie Savoir raconter*, S. 33 (Stichworte, *charnières*, auf Fehler durchsehen).
3. SB, S. 51, Nr. 12: Hier lernen S den Wortschatz in Kollokationen und festen Wendungen.

Differenzierung

1. *CdA*, S. 34, Nr. 9: Leistungsschwächere S können auch *En plus*, S. 38, Nr. 2, bearbeiten. Die Verneinung wird hier noch ausgeklammert. Als Hilfestellung sind männliche Namen blau markiert, weibliche Namen rot. Leistungsstärkere S hingegen können alternativ *En plus*, S. 39, Nr. 4, bearbeiten. Die Verben sind hier nicht vorgegeben und müssen von den S gefunden werden. Aufgrund des erhöhten Schwierigkeitsgrades kann diese Aufgabe in PA gelöst werden.
2. SB, S. 50, Nr. 8: Schwierigere Übung in *En plus*, S. 122, Nr. 4. Hier müssen nicht nur die richtigen Formen des *Passé composé* mit *être* und *avoir* gebildet werden, auch der Satz muss mit Hilfe von Stichwörtern eigenständig gebildet und mit Wörtern ergänzt werden, die die Reihenfolge verdeutlichen.
3. SB, S. 51, Nr. 12: Einfachere Übung in *En plus*, S. 122, Nr. 5. Hier müssen zunächst die deutschen Entsprechungen zu den französischen Ausdrücken gesucht werden. Anschließend müssen die französischen Ausdrücke gesucht werden, die zusammengehören.

Hausaufgabe: Vor der Bearbeitung der Aufgaben zu *Pratique* die Hausaufgaben SB, S. 51, Nr. 12 A+B, besprechen. Dafür kann **Folie U3/5** eingesetzt werden. S können die von ihnen ausgewählten Ausdrücke mit Folienstift notieren. Mitschüler können ihre Liste ergänzen.

S. 52 Pratique

Hinweise zu *Pratique* ⟶ *Unité* 1, S. 43.
Alle Lösungen finden sich auf der CD-ROM.

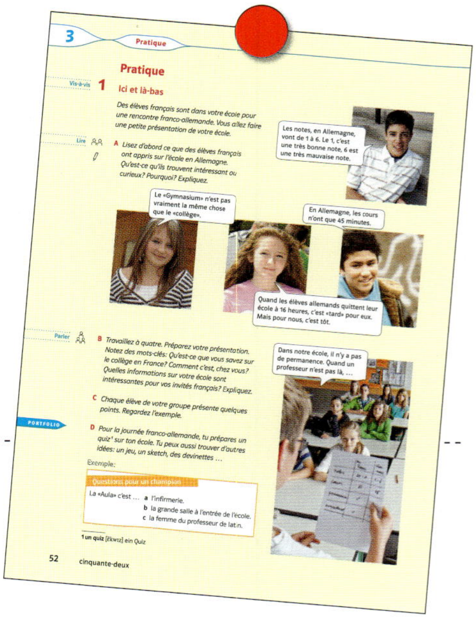
3 Pratique

Pratique

Vis-à-vis **1** Ici et là-bas

Des élèves français sont dans votre école pour une rencontre franco-allemande. Vous allez faire une petite présentation de votre école.

Lire **A** *Lisez d'abord ce que des élèves français ont appris sur l'école en Allemagne. Qu'est-ce qu'ils trouvent intéressant ou curieux? Pourquoi? Expliquez.*

Parler **B** *Travaillez à quatre. Préparez votre présentation. Notez des mots-clés: Qu'est-ce que vous savez sur le collège en France? Comment c'est, chez vous? Quelles informations sur votre école sont intéressantes pour vos invités français? Expliquez.*

C *Chaque élève de votre groupe présente quelques points. Regardez l'exemple.*

PORTFOLIO **D** *Pour la journée franco-allemande, tu prépares un quiz[1] sur ton école. Tu peux aussi trouver d'autres idées: un jeu, un sketch, des devinettes …*

Exemple:

Questions pour un champion

La «Aula» c'est … a l'infirmerie.
b la grande salle à l'entrée de l'école.
c la femme du professeur de latin.

1 un quiz [ɛkwɪz] ein Quiz

52 cinquante-deux

Vis-à-vis / Lire

SB, S. 52, Nr. 1, Teil A
Leseverstehensaufgabe in PA. Hier wird die interkulturelle Kompetenz der S gefördert. S werden dazu angeleitet, einen veränderten Blick auf die eigene Realität zu werfen, indem sie sich mit der Fremdperspektive auseinandersetzen.

Lire

***CdA*, S. 35, Nr. 11**
Der von durchschnittlichen S nicht erschließbare Wortschatz in dem authentischen Text (⟶ Interkulturelles) ist annotiert. Als aus dem Kontext oder aufgrund der Abbildungen erschließbar werden folgende unbekannte Wörter eingeschätzt: *en avoir assez; impossible, se mettre à faire qc; privé de télévision, partir, être obligé, remonter, s'en aller, Mars, durer, Jupiter, mousse au chocolat.*
Avant la lecture: L bereitet die S auf die Thematik des Textes vor:
1. Notez trois choses que vous n'aimez pas faire à la maison ou à l'école. (Mögliche Antworten: *ranger ma chambre, faire mes devoirs, manger des légumes, me lever tôt le matin [pour aller à l'école], …*)

2. Est-ce qu'il y a des choses que vos parents vous interdisent de faire quand vous avez fait des bêtises? Notez aussi deux ou trois choses. (Mögliche Antworten: *regarder la télé, jouer sur l'ordinateur, aller voir des amis, …*)

Interkulturelles

Bernard Friot (*1951) ist ein französischer Autor und Übersetzer von Kinder- und Jugendbüchern. Er arbeitete zunächst als Lehrer, ging dann aber nach Deutschland, um das *Bureau du Livre de Jeunesse* in Frankfurt/Main zu leiten. Heute lebt er wieder in Frankreich und schreibt einfühlsame Geschichten, Erzählungen, Romane und Gedichte für Kinder und Jugendliche. Bekannt wurde er v. a. durch seine *Histoires pressées* und die *Histoires minute*. Außerdem übersetzt er deutsche Kinder- und Jugendliteratur ins Französische.

Vis-à-vis Parler

SB, S. 52, Nr. 1 B–D
B und C = GA.
S üben das Präsentieren anhand von Notizen. Das monologische Sprechen wird hier trainiert.
D: Sozialform frei wählbar.
Über das Quiz in Teil D reflektieren S ihre eigene Realität durch die Auseinandersetzung mit der Fremdperspektive. Die jedoch interessantere, französische Wirklichkeit kommt durch den verlangten Adressatenbezug ins Spiel. Um das Quiz zu gestalten, müssen S sich überlegen, welche Dinge Franzosen als interessant oder anders an deutschen Schulen empfinden (könnten).

Ecrire

***CdA*, S. 36, Nr. 12**
Diese Aufgabe dient dem inhaltsbezogenen Schreiben, verbunden mit interkultureller Kompetenz sowie soziokulturellem Orientierungswissen. S wiederholen zunächst die französischen Schulfächer und vergleichen diese dann mit ihren eigenen Fächern. Außerdem können die unterschiedlichen Tagesabläufe nochmals thematisiert werden.
Als Beispiel wurde in Anlehnung an den Stundenplan im SB 1, *Unité* 4, ein Beginn des Unterrichts um acht Uhr gewählt. L sollte erläutern, dass der Beginn in den Schulen unterschiedlich sein kann. Evtl. muss L weitere Erläuterungen zum Stundenplan in einer *5e* sowie Hilfen für die Übersetzung der deutschen Schulfächer geben.

Ecouter et écrire

***CdA*, S. 36, Nr. 13 (CD 2, Track 13; MP3 56)**
Hörverstehen. Die interkulturelle Kompetenz wird hier wie auch schon in Aufgabe 12 gefördert, indem sich S erneut mit dem französischen Stundenplan, den Schulfächern und dem Tagesablauf im Vergleich zu Deutschland auseinandersetzen. S erhalten außerdem Informationen zum freien Mittwochnachmittag in Frankreich. Aufgabe A3 wird in Form eines *rébus* gestellt. Damit wird nach der Charade in *Unité* 2 eine weitere beliebte Rätselform vorgestellt. Im B-Teil trainieren S das inhaltsbezogene Schreiben, indem sie in einer E-Mail ihren Tagesablauf in der Vergangenheit nacherzählen.

Differenzierung

***CdA*, S. 38, *En plus*, Nr. 3:** Leichtere Übung zum Hör-/Sehverstehen (CD 2, Track 14; MP3 57). Auf der Video-DVD kann die Szene auch angeschaut werden.

S. 53–54 Bilan

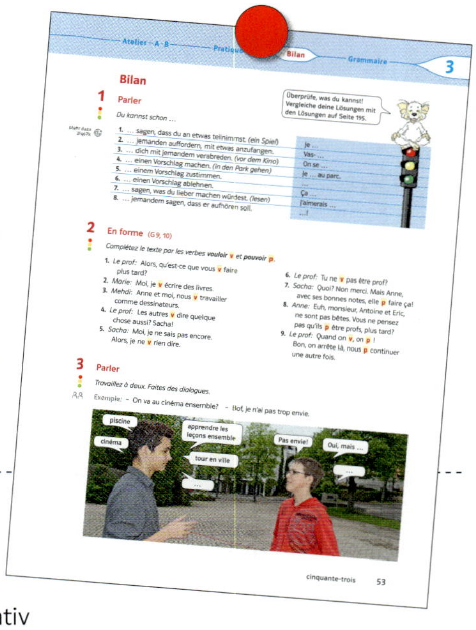
Atelier – A – B – Pratique – Bilan – Grammaire – 3

Bilan

1 Parler

Du kannst schon …

Mehr dazu 2fq67k

1. … sagen, dass du an etwas teilnimmst. *(ein Spiel)*
2. … jemanden auffordern, mit etwas anzufangen.
3. … dich mit jemandem verabreden. *(vor dem Kino)*
4. … einen Vorschlag machen. *(in den Park gehen)*
5. … einem Vorschlag zustimmen.
6. … einen Vorschlag ablehnen.
7. … sagen, was du lieber machen würdest. *(lesen)*
8. … jemandem sagen, dass er aufhören soll.

Je …
Vas- …
On se …
Je … au parc.
…
Ça …
J'aimerais …
…!

Überprüfe, was du kannst! Vergleiche deine Lösungen mit den Lösungen auf Seite 195.

2 En forme (G 9, 10)

Complétez le texte par les verbes ***vouloir*** v *et* ***pouvoir*** p.

1. *Le prof:* Alors, qu'est-ce que vous v faire plus tard?
2. *Marie:* Moi, je v écrire des livres.
3. *Mehdi:* Anne et moi, nous v travailler comme dessinateurs.
4. *Le prof:* Les autres v dire quelque chose aussi? Sacha!
5. *Sacha:* Moi, je ne sais pas encore. Alors, je ne v rien dire.
6. *Le prof:* Tu ne v pas être prof?
7. *Sacha:* Quoi? Non merci. Mais Anne, avec ses bonnes notes, elle p faire ça!
8. *Anne:* Euh, monsieur, Antoine et Eric, ne sont pas bêtes. Vous ne pensez pas qu'ils p être profs, plus tard?
9. *Le prof:* Quand on v, on p ! Bon, on arrête là, nous p continuer une autre fois.

3 Parler

Travaillez à deux. Faites des dialogues.

Exemple: – On va au cinéma ensemble? – Bof, je n'ai pas trop envie.

cinquante-trois 53

Zur Funktion des *Bilan*-Teils und zur Selbsteinschätzung → S. 45.
Kopiervorlagen zur **Diagnose**, zum **Fördern** und zur **Differenzierung** befinden sich *en bloc* im hinteren Teil des Buches – im Anschluss an die *Unités*.
Die **Lösungen** der *Bilan*-Aufgaben befinden sich im SB auf S. 195, im *CdA* auf S. 96 und auf der CD-ROM. Lösungsbogen zu den Kopiervorlagen befinden sich auf der CD-ROM zum Ausdrucken und zur Weitergabe an die S.

Parler — **SB, S. 53, Nr. 1**
Aufgabe zur Selbstevaluation: Du kannst schon …
Die Selbsteinschätzung kann auch kommunikativ erfolgen, indem S sich im Omniumkontakt (→ *Boîte à outils 3*) u. a. miteinander verabreden, Vorschläge machen, was sie unternehmen könnten, und diesen zustimmen oder sie ablehnen bzw. Gegenvorschläge machen.

Parler et écrire — ***CdA*, S. 37, Nr. 1**
Die S üben, Vorschläge zu machen und darauf zu reagieren. Es werden Wendungen verlangt, die im SB, S. 47, Nr. 8, vorkommen.

Differenzierung — ***CdA*, S. 38, *En plus*, Nr. 1:** Leichtere Übung, in der deutsche und französische Wendungen einander zugeordnet werden müssen.

En forme — **SB, S. 53, Nr. 2**
Einsetzübung zu *vouloir* und *pouvoir*. S üben die Konjugation der Verben.
***CdA*, S. 37, Nr. 2**
Einsetzübung zu *pouvoir*, *vouloir* und *venir*.

Parler — **SB, S. 53, Nr. 3**
Dialogisches Sprechen in PA zum Thema: etwas vorschlagen, zustimmen, ablehnen. Freiwillige dürfen ihren Dialog präsentieren. Fehler werden gemeinsam korrigiert.
Hinweis: Normalerweise sind die *Bilan*-Übungen geschlossen, so dass S sich anhand der Lösungen selbst kontrollieren können. In einigen wenigen Fällen weicht das SB – so wie hier – bewusst von diesem Prinzip ab.

En forme — **SB, S. 54, Nr. 4**
Bei dieser Übung erzählen S eine Geschichte von Alex im *Passé composé* (mit *avoir* und *être*) nach. Es müssen regelmäßige und unregelmäßige Partizipien gebildet werden.

Parler et écrire — ***CdA*, S. 37, Nr. 3**
S erzählen einen Tagesablauf in der Vergangenheit nach, indem sie vorgegebene Verben ins *Passé composé* setzen. Außerdem sollen sie passende Zeitadverbien einsetzen.

Differenzierung ***CdA*, S. 38, *En plus*, Nr. 2:** Leichtere Übung zum *Passé composé* mit *être* mit vorgegebenen Verben. Die blaue und rote Farbe hilft bei der Genusbestimmung.
***CdA*, S. 38, *En plus*,Nr. 4:** Schwierigere Übung zum *Passé composé*. Um den Text sinnvoll zu rekonstruieren, müssen die Verben selbst gefunden werden. Außerdem müssen die formalen Besonderheiten bei der Verwendung des *Passé composé* beachtet werden. Die Übung sollte in PA durchgeführt werden, damit die S sich gegenseitig helfen können.

Vis-à-vis **SB, S. 54, Nr. 5**
S überprüfen ihr interkulturelles Wissen zum Thema Schule in Frankreich, indem sie Satzteile so miteinander verknüpfen, dass sie inhaltlich zusammenpassen.

Differenzierung ***CdA*, S. 39, *En plus*, Nr. 5:** Schwierigere Übung zum Leseverstehen und zur Sprachmittlung.
L unterstützt, indem er Fragen zur Auswertung des Schildes stellt:
1. Devinez: Qu'est-ce que c'est, un gymnase?
2. A 16 ans, les élèves français vont au lycée. Mais où est-ce qu'ils vont avant?
3. Est-ce que vous avez aussi un restaurant scolaire dans votre école?
4. Devinez: Qu'est-ce que c'est, le service scolaire? (⟶ Interkulturelles, Tipps)

Interkulturelles Vorab erläutert L die Begriffe *école maternelle* und *école primaire:*
***L'école maternelle** est pour les enfants entre trois (parfois aussi deux) et six ans. Là, les enfants apprennent déjà un peu à écrire, à lire et à compter.*
*Les enfants entre six et onze ans vont à **l'école primaire**. Là, il y a cinq classes (en Allemagne, il y a seulement quatre classes).*

Tipps – *Faux-amis:* In einigen frankophonen Kantonen der Schweiz wird *gymnase* für *lycée* verwendet.
– Auf der Internetseite des *Institut français* findet sich eine gute, zweisprachige Beschreibung des französischen Schulsystems.

Differenzierung ***CdA*, S. 39, *En plus*, Nr. 6:** S formulieren in EA oder GA ihre Bewertung in Form eines kausalen Satzgefüges nach folgendem Muster: Ich vergebe die Goldmedaille an die Übung Nr. xy, weil … .
L kann auch nach der individuellen Bewertung (GA) eine Klassenmedaillenvergabe durchführen lassen: TOP 3 unserer Klasse … (⟶ Zur Methodik).

Zur Methodik Diese Aufgabe dient der Schulung der methodischen Kompetenz: S reflektieren hier ihre Lernbewusstheit und ihre Lernorganisation, indem sie sich Notizen zum eigenen Lern- und Arbeitsprozess machen. S entwickeln also ein Gefühl dafür, auf welche Weise sie gern und erfolgreich lernen (z. B. wie sie sich am besten auf Klassenarbeiten vorbereiten können). Die Reflexion gibt dem L einen Ansatzpunkt für individuelle Förderungsmöglichkeiten.

Test, Klassenarbeit, Standardsicherung

Vorschlag für die inhaltliche Ausrichtung eines Tests, einer Klassenarbeit bzw. der Standardsicherung.

Lesen
Informationsbroschüren und kurze Mitteilungen global und im Detail verstehen. Themenbeispiele: einem Flyer oder einer Homepage über eine französische Schule oder einem französischen Stundenplan Angaben zu Namen, Orten oder Zeiten entnehmen, z. B. im Rahmen einer Aufgabe mit *vrai/faux/pas dans le texte*-Schema.

Verfügung über die sprachlichen Mittel

Grammatik:
- Die Verben *vouloir, pouvoir* und *venir* anwenden, z. B. im Rahmen einer geschlossenen Lückenübung mit einem zusammenhängenden Lesetext.
- Das *Passé composé* mit *être* anwenden, z. B. durch lautes, geübtes Vorlesen einer kurzen Geschichte mit möglichst vielen *Passé-composé*-Formen.

Wortschatz: Informationen mit den Wortfeldern „Schulgebäude" und „Schulalltag" (Stundenplan, Fächer, Notengebung, Tagesablauf) innerhalb von Texten verstehen, z. B. durch Finden einzelner Räume auf einem Gebäudeplan oder durch Erstellen eines Stundenplans auf der Basis eines Textes.

Interkulturelles Lernen
Den deutschen und den französischen Schulalltag miteinander vergleichen (Schuljahresaufteilung, *carnet de correspondance*, *salle de permanence*, *bulletin*, *moyenne*, *cantine scolaire* etc.), z. B. durch Korrektur eines Fehlertextes zum frz. Schulsystem.

Une idée super

Découpe les cartes et lis les phrases. Puis écoute le texte et mets les phrases dans le bon ordre. (Schneide die Kärtchen auseinander und lies die Sätze. Höre dann den Text an und bringe die Sätze mit deinem Parter/deiner Partnerin in die richtige Reihenfolge.)

1. *Marie:* Eh, Mehdi, j'ai une idée pour l'exposé en géo.

2. *Sacha:* Eh, Mehdi, j'ai un problème: je n'ai pas eu la moyenne dans mon bulletin et maintenant, encore une mauvaise note: sept sur vingt à l'interro de géo!

3. *Sacha:* Tu as une idée? Mes parents ne vont pas être très contents! Mais tu sais, mon truc, c'est plutôt le sport, quoi!

4. *Marie:* Comme tu veux.

5. *Mehdi:* Je sais! Mais tu peux aussi travailler un peu, non? Tiens, voilà Marie!

6. *Sacha:* Je veux bien participer à la course, mais un exposé, ça ne me dit rien!

7. *Mehdi:* D'accord. On se retrouve au CDI après la récré! Tu travailles avec nous, Sacha?

8. *Sacha:* Ben et moi, qu'est-ce que je vais faire, alors?

9. *Mehdi:* Bon, qu'est-ce que tu vas faire, alors?

10. *Mehdi:* A plus, Sacha!

Solutions: 2, 9, 3, 5, 1, 7, 6, 4, 10, 8

© Ernst Klett Verlag Stuttgart 2013
Von diesen Vorlagen ist die Vervielfältigung für den eigenen Unterrichtsgebrauch gestattet. Die Kopiergebühren sind abgegolten.

Bravo, Sacha!

Coche la bonne réponse. (Kreuze die richtigen Sätze an.)

1	**a.** La course commence et il y a peu de gens.	☐
	b. La course commence et il y a beaucoup de gens.	☐
	c. La course commence et il y a quelques élèves.	☐
2	**a.** Les professeurs donnent encore quelques informations.	☐
	b. Les sportifs donnent encore quelques informations.	☐
	c. Les surveillants donnent encore quelques informations.	☐
3	**a.** Après deux kilomètres, Sacha va très vite.	☐
	b. Après deux kilomètres, Sacha ne va pas très vite.	☐
	c. Après deux kilomètres, Sacha arrête la course.	☐
4	**a.** Pendant la course, Sacha pense à l'école, à ses amis et à ses parents.	☐
	b. Pendant la course, Sacha pense seulement à Marie.	☐
	c. Pendant la course, Sacha pense à l'exposé.	☐
5	**a.** Après la course, Sacha ne veut pas retourner à la maison.	☐
	b. Après la course, Sacha ne veut pas retourner à la maison avec un mauvais résultat.	☐
	c. Après la course, Sacha veut vite retourner à la maison pour manger.	☐
6	**a.** A la fin, il y a encore 5 élèves sur la piste avec Sacha.	☐
	b. A la fin, il y a encore 6 élèves sur la piste avec Sacha.	☐
	c. A la fin, Sacha est seul sur la piste.	☐
7	**a.** Sacha a fait six kilomètres.	☐
	b. Sacha a fait sept kilomètres.	☐
	c. Sacha a fait cinq kilomètres.	☐

Solutions: 1b, 2c, 3b, 4a, 5b, 6c, 7b

Klettbuch 622024 Découvertes, Lehrerbuch. © Ernst Klett Verlag Stuttgart 2013
Von diesen Vorlagen ist die Vervielfältigung für den eigenen Unterrichtsgebrauch gestattet. Die Kopiergebühren sind abgegolten.

Vouloir, pouvoir, savoir, venir

1. *Mets les verbes dans la bonne case du tableau. (Ordne die Verbformen richtig zu.)*

1 venons **3** veulent **2** sait **4** pouvez

2. *Complète par les formes qui manquent. (Vervollständige die Tabelle.)*

	je/tu	il/elle/on	nous	vous	ils/elles
1					
2					
3					
4					

3. *In dem Buchstabengitter sind zehn Verbformen versteckt. Kannst du sie finden? Schreibe sie anschließend auf die Linien neben dem Gitter. Ergänze die dazu gehörenden Personalpronomen (je, tu, …).*

B	S	A	V	E	Z	V	D	P
V	I	E	N	S	H	I	F	O
O	C	S	A	I	T	E	G	U
U	P	E	U	V	E	N	T	V
L	E	J	K	E	M	N	Q	O
O	U	Y	Z	U	W	E	R	N
N	X	C	B	T	D	N	F	S
S	S	A	V	E	N	T	G	K

Solutions:

	je/tu	il/elle/on	nous	vous	ils/elles
1	viens	vient	*venons*	venez	viennent
2	sais	*sait*	savons	savez	savent
3	veux	veut	voulons	voulez	*veulent*
4	peux	peut	pouvons	*pouvez*	peuvent

© Ernst Klett Verlag Stuttgart 2013
Von diesen Vorlagen ist die Vervielfältigung für den eigenen Unterrichtsgebrauch gestattet. Die Kopiergebühren sind abgegolten.

Le passé composé avec être

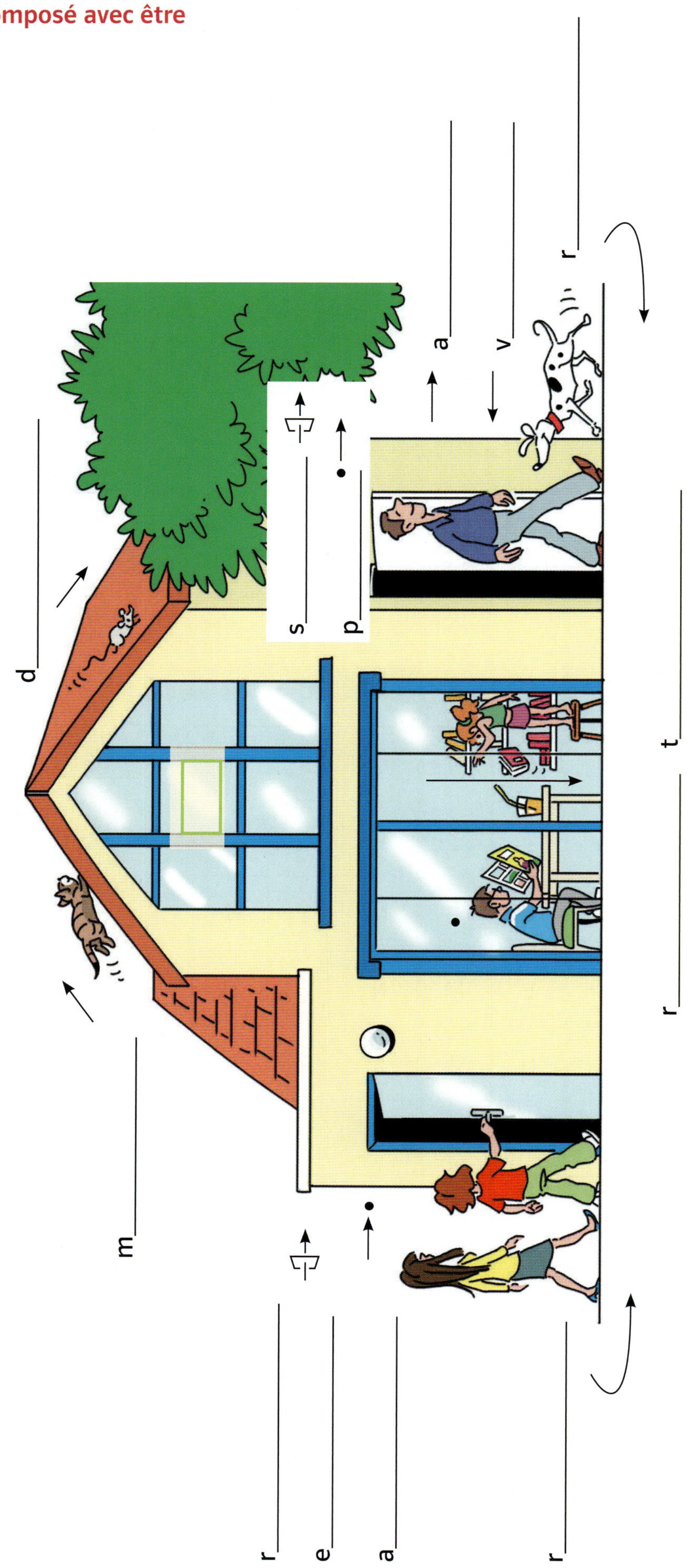

Klettbuch 622024 Découvertes, Lehrerbuch. © Ernst Klett Verlag Stuttgart 2013
Von diesen Vorlagen ist die Vervielfältigung für den eigenen Unterrichtsgebrauch gestattet. Die Kopiergebühren sind abgegolten.

Les verbes au passé composé

Complète les phrases.
Utilise les verbes suivants au passé composé.

❶ entrer | ❷ arriver | ❸ monter | ❹ tomber | ❺ descendre | ❻ venir | ❼ rester | ❽ aller | ❾ retourner | ❿ rentrer

Sacha et Medhi (1) ______________________ dans la cour du collège.

Marie (2 + ne pas encore) ______________________

Mehdi: Ah, la voilà!

Marie: Zut! Je suis en retard! Ma corres et moi, nous (3) ______________________ dans un bus qui (4) ______________________ en panne[1]. Moi, je (5) ______________________ et je (6) ______________________ à pied, mais ma corres (7) ______________________ dans le bus avec les autres élèves français et leur prof! Bon, je suis là maintenant, voilà la prof!

La prof: Bonjour vous trois! Vos corres ne viennent pas au collège aujourd'hui! Hier, vous (8) ______________________ visiter la ville avec eux. Aujourd'hui, ils (9) ______________________ en ville pour faire des courses. Au fait, vous (10) ______________________ à la maison à quelle heure?

Mehdi: Après le cinéma, madame, et c'est pourquoi nous n'avons pas fait nos devoirs!

[1] **tomber en panne** – eine Panne haben

Solutions:
1. sont entrés; 2. n'est pas encore arrivée; 3. sommes montées; 4. est tombé; 5. suis descendue; 6. suis venue; 7. est restée; 8. êtes allés; 9. sont retournés; 10. êtes rentrés

Klettbuch 622024 Découvertes, Lehrerbuch. © Ernst Klett Verlag Stuttgart 2013
Von diesen Vorlagen ist die Vervielfältigung für den eigenen Unterrichtsgebrauch gestattet. Die Kopiergebühren sind abgegolten.

Tandembogen: Mehdi et Marie

Travaillez à deux.

1. *Entscheidet zunächst, wer mit der A-Seite und wer mit der B-Seite übt.*
2. *Faltet den Bogen entlang der senkrechten Mittellinie.*
3. *Partner A sagt den ersten Satz. Partner B setzt denselben Satz ins Passé composé und sagt ihn einmal bejaht und einmal verneint. Dann sagt Partner B den zweiten Satz, den jetzt Partner A ins Passé composé setzt und auch verneint. Usw.*
4. *Kontrolliert euch gegenseitig mit den Lösungen in Klammern.*
5. *Wechselt die Seiten nach einem Durchgang.*

A	B
1. Mehdi et Marie **vont** à l'école à 7h30. [Mehdi et Marie **sont allés** à l'école à 7h30.] [Mehdi et Marie **ne sont pas allés** à l'école à 7h30.] 	**2.** Ils **viennent** en bus. [Ils **sont venus** en bus.] [Ils **ne sont pas venus** en bus.]
3. A 7h50, ils **entrent** dans le collège. [A 7h50, ils **sont entrés** dans le collège.] [A 7h50, ils **ne sont pas entrés** dans le collège.] 	**4.** A midi, ils **arrivent** à la cantine. [A midi, ils **sont arrivés** à la cantine.] [A midi, ils **ne sont pas arrivés** à la cantine.] 
5. Ils **restent** une heure à la cantine. [Ils **sont restés** une heure à la cantine.] [Ils **ne sont pas restés** une heure à la cantine.]	**6.** Dans la cantine, la chaise de Mehdi **tombe**. [Dans la cantine, la chaise de Mehdi **est tombée**.] [Dans la cantine, la chaise de Mehdi **n'est pas tombée**.]
7. Ils **retournent** à l'école à 13h00. [Ils **sont retournés** à l'école à 13h00.] [Ils **ne sont pas retournés** à l'école à 13h00.] 	**8.** Après l'école, ils **rentrent** à la maison. [Après l'école, ils **sont rentrés** à la maison.] [Après l'école, ils **ne sont pas rentrés** à la maison.]

Klettbuch 622024 Découvertes, Lehrerbuch. © Ernst Klett Verlag Stuttgart 2013
Von diesen Vorlagen ist die Vervielfältigung für den eigenen Unterrichtsgebrauch gestattet. Die Kopiergebühren sind abgegolten.

Unité 4

S. 56–70 Fou de cuisine!

Ziele

Inhaltlicher Schwerpunkt

Diese *Unité* widmet sich dem Thema Essen und Einkaufen.
Léo und seine Eltern laden Lars und Lena (einen deutschen Kollegen von Herrn Pirou mit seiner Tochter) zum Essen ein. Da Mme Pirou nur wenig Zeit hat, übernehmen Léo und sein Vater die Vorbereitungen. Für ein typisch französisches Essen mit Tomatensalat, *moules-frites* und *gâteau* erledigen sie ihre Einkäufe auf dem Markt, im Supermarkt und in der *boulangerie*.
Die Stimmung beim Abendessen ist gut – und wird immer besser, als erst ein Teller Muscheln auf dem T-Shirt von M. Pirou landet und Lars dann noch fast das Wasser aus der Fingerschale trinkt.

Kompetenzerwartung

Am Ende dieser Lektion können sich die S über Essen und Essgewohnheiten austauschen, Einkaufsgespräche führen und ihre Einkäufe bezahlen (⟶ Portfolio-Auftrag, SB, S. 56 ⟶ S. 67, Nr. 2).

Kompetenzen (Die Schüler können …)

Funktionale kommunikative Kompetenzen: Kommunikative Fertigkeiten

Hör-(Seh-)verstehen/Sprechen

Kompetenzerwartungen	Kompetenztraining
– Situationen zum Thema Essen, Kochen und Einkaufen (Einkaufsdialoge) verstehen	SB: S. 57 (B), 58 (1), 59 (2), 61 (6), 62 (2), 124 (3) CdA: S. 43 (5), 50 (4)
– einen Einkauf vorbereiten und durchführen (Einkaufsdialog)	SB: S. 60 (4/5), 64 (5), 66 (1B), 68 (1/3), 124 (2)
– über Essen zu Hause und in Frankreich sprechen	SB: S. 125 (6) SB: S. 56, 63 (4), 66 (1), 68 (2)
– Gespräche bei Tisch führen	SB: S. 64 (6), 68 (1), 124 (5), 125 (6) CdA: S. 44 (7), 49 (2)
– Wörter umschreiben	SB: S. 65 (8/9) CdA: S. 45 (9), 50 (5)
– Laute diskriminieren	SB: S. 65 (10)

Sprachmittlung

Kompetenzerwartungen	Kompetenztraining
– ein deutsches Getränk auf Französisch beschreiben	SB: S. 65 (9)
– eine französische Speisekarte auf Deutsch wiedergeben	SB: S. 125 (7)
– frz. Begriffe umschreiben/erklären	CdA: S. 45 (9)
– deutsche Begriffe auf Französisch erklären	CdA: S. 50 (5)
– ein Gespräch bei Tisch mitteln	CdA: S. 44 (7)

Leseverstehen/Schreiben

Kompetenzerwartungen	Kompetenztraining
– den Inhalt von Texten verstehen (auch in Form/mithilfe von Bildern)	SB: S. 56, 57 (A), 58 (1), 59 (2), 61 (7), 62 (2), 67 (2) SB: S. 58 (1), 60 (3), 63 (3) CdA: S. 42 (3), 43 (5C)

– ihr Lieblingsessen und (Tisch-) Situationen beschreiben	SB: S. 67 (2), 124 (4) CdA: S. 40 (2B), 47 (12), 49 (2)
– Notizen zu einem (Hör-)Text machen	SB: S. 57 (B), 61 (7B), 124 (3)
– einen Einkauf beschreiben	SB: S. 124 (2)
– eine Geschichte schreiben	CdA: S. 50 (3)

Funktionale kommunikative Kompetenzen: Verfügung über die sprachlichen Mittel

Wortschatz

Kompetenzerwartungen	Kompetenztraining
über Wortschatz zu diesen Themen verfügen und ihn anwenden:	
– Essen und Getränke	SB: S. 56–57, 58 (1), 59 (2), 60 (4/5), 61 (7), 62 (2), 63 (4), 64 (5–7), 66–67, 68 (1), 125 (7) CdA: S. 40 (1), 41 (1), 43 (5), 47 (12)
– den Tisch decken, ein Gedeck beschreiben	SB: S. 62 (1), 68 (2) CdA: S. 44 (6)
– Zahlen über 100	SB: S. 60 (5), 61 (7), 68 (3), 124 (3)

Grammatik

Kompetenzerwartungen	Kompetenztraining
grammatisches Grundinventar anwenden:	
– Mengenangaben mit *du*, *de la*, *de l'*, *des* (Teilungsartikel)	SB: S. 58 (1), 60 (4), 66 (1), 68 (1/3), 124 (2/3/5) CdA: S. 41 (1), 42 (4), 43 (5B), 48 (2), 49 (1)
– Verben *acheter*, *boire*, *payer*, *espérer*, *préférer qc*	SB: S. 64 (7), 68 (1), 69 (4), 123 (1), 125 (6) CdA: S. 45 (8)
– das Pronomen *en*	SB: S. 60 (5), 61 (6), 64 (5), 68 (3), 124 (3) CdA: S. 42 (3/4), 43 (5B)
– das Verb *falloir*	SB: S. 60 (4), 66 (1B), 68 (1–3), 124 (3) CdA: S. 41 (2), 43 (5B), 48 (2)
– bestimmter und unbestimmter Artikel	CdA: S. 40 (2), 49 (1)

Aussprache und Intonation

Kompetenzerwartungen	Kompetenztraining
– den Laut [ɥi] erkennen und üben	SB: S. 65 (10) CdA: S. 45 (10)

Orthografie

Kompetenzerwartungen	Kompetenztraining
– zwischen [i] und [ɥi] unterscheiden	SB: S. 65 (10) CdA: S. 45 (10)

Interkulturelle Kompetenzen

- **soziokulturelles Orientierungswissen**
- **praktische Bewältigung interkultureller Begegnungssituationen**
- **verständnisvoller Umgang mit kultureller Differenz**

Kompetenzerwartungen	Kompetenztraining
– über ein grundlegendes Orientierungswissen zu Lebensmitteln, Kochen, Speisen, Essgewohnheiten und Einkaufen in Frankreich verfügen	SB: S. 56–57, 59 (2), 60 (5), 61 (7), 62 (1/2), 63 (4), 64 (6), 66 (1), 67 (2), 125 (7) CdA: S. 47 (12), 48 (1), 50 (4/5)

Methodische Kompetenzen

Textrezeption

Kompetenzerwartungen	Kompetenztraining
– mithilfe der Strategien zur Erschließung unbekannter Wörter (Tisch-)Situationen übertragen	CdA: S. 45 (9), 50 (4)

Interaktion

Kompetenzerwartungen	Kompetenztraining
– Sprechfertigkeiten in kommunikativen Alltagssituationen üben	SB: S. 60 (4B/5), 64 (5/6), 66 (1), 68 (1/3), 124 (5), 125 (6/7) CdA: S. 44 (7), 46 (11), 48 (1), 49 (2)
– Wörter umschreiben	SB: S. 65 (8/9) CdA: S. 45 (9), 50 (5)

Textproduktion

Kompetenzerwartungen	Kompetenztraining
– sein Lieblingsessen beschreiben (Portfolio)	SB: S. 67 (2)
– das Ende einer Geschichte erfinden	SB: S. 63 (2)
– eine Geschichte mithilfe von zehn Wörtern schreiben (Portfolio)	CdA: S. 50 (3)
– deutsche Essgewohnheiten auf Französisch beschreiben (Portfolio)	CdA: S. 47 (12)

Lernstrategien

Kompetenzerwartungen	Kompetenztraining
– Informationen zu einem Hörtext durch *avant*, *pendant* und *après l'écoute* erschließen	SB: S. 61 (6)
– fehlende oder unbekannte Wörter umschreiben	SB: S. 65 (8), 66 (1) CdA: S. 45 (9)
– Gruppenarbeit organisieren und durchführen	CdA: S. 46 (11)

Präsentation

Kompetenzerwartungen	Kompetenztraining
– ihr Lieblingsessen präsentieren	SB: S. 67 (2) CdA: S. 46 (11)
– einen Dialog vorspielen	SB: S. 60 (4B) CdA: S. 44 (7)

Lernbewusstheit und Lernorganisation

Kompetenzerwartungen	Kompetenztraining
– grammatische Regeln erkennen	SB: S. 58 (1)
– Strategien zur Selbstkontrolle und Bewusstheit des eigenen Lernstandes nutzen (*Bilan*)	SB: S. 68–69 (1–4) CdA: S. 48 (1–2)

S. 56–57 Découvertes: Fou de cuisine!

4 Découvertes

Unité 4

Fou de cuisine!

Léo aime les bons repas. Et il aime regarder «Tfou de cuisine»[1] à la télé.

A la télé, Carla et Grégoire vont au marché pour faire les courses. Ils achètent des fruits et des légumes.

A la maison, ils font la cuisine. Ce n'est pas difficile!

1 **Tfou de cuisine** [tefudkɥizin] Name einer Kochsendung für Kinder. (Diffusée en France sur la chaîne de télévision TF1)

56 cinquante-six

PORTFOLIO

Am Ende dieser Unité kannst du Einkaufsgespräche führen und dein Lieblingsessen beschreiben.

Préparation en 3 minutes

- **Mitnehmen!** SB, *CdA*, Folien U4/1+U4/2, OHP, CD 2 (Track 15; MP3 58), CD-Player, Maskottchen, KV 1
- **Schülerbuch:** S. 56–57
- ***Cahier d'activités*:** S. 40
- **Schwerpunkte:** Interkulturelles Lernen, typische französische Gerichte und typische Essgewohnheiten, Wortschatzarbeit zu Küche, Kochen und Einkaufen
- **Methode:** Kettenspiel
- **Hausaufgabe:** Vokabeln lernen, SB, S. 155

Neue Wörter

fou/fol/folle, faire les courses *(f.) (pl.)*, acheter qc, un fruit, des légumes *(m.)*, faire la cuisine, difficile/difficile, une tomate, une pomme de terre, un citron, une salade, le lait, la viande, un œuf/des œufs, le yaourt, le sucre, la farine, un supermarché, un plat

---

Schritte zur Erarbeitung

Hinführung (Folie U4/1, SB)
Folie U4/1: Die S betrachten und beschreiben die Bilder (z. B. Alter und Geschlecht der Personen). Im UG nennt L die Namen der Kinder.
S. 56: Aufschlagen des Buches. S betrachten die Bilder und den Text kurz still in EA.
L spricht die neuen Wörter (*fou/fol/folle, faire les courses, acheter qc, un fruit, des légumes, faire la cuisine, difficile*) vor und erläutert sie. Anschließend gemeinsames Lesen (⟶ Alternative).
Erläuterung der Portfolio-Aufgabe: Die S sollen am Ende der *Unité* in unterschiedlicher Form (z. B. mittels eines Plakats) ihr Lieblingsessen vorstellen. In diesem Zusammenhang kann auch noch einmal auf S. 134 verwiesen werden (*Stratégie*: Mit dem Portfolio arbeiten).

Problematisierung (Maskottchen *Moustique*, SB)
L fragt auf Deutsch: Welche typisch französischen Speisen kennt ihr? *Moustique* fragt auf Französisch: *Quels repas typiquement français est-ce que vous connaissez?* Die Ergebnisse (z. B. *crêpes, baguettes, croissants* etc.) werden an der Tafel gesammelt.
Mit Bezug auf die Portfolio-Aufgabe werden die S gefragt, was sie brauchen, um sich einerseits mit Franzosen über das Essen zu unterhalten und um andererseits ihr Lieblingsessen darstellen zu können. Ergebnisse werden vom L auf Französisch an der Tafel notiert und danach in einem *mind map* gruppiert.

Erarbeitung (Maskottchen *Moustique*, SB, *CdA*)
S. 57 A: *Moustique* liest die Produkte laut vor, die S lesen im Chor nach.
Kettenspiel: Ein S nennt ein Produkt, ruft einen weiteren S auf, der dann die dazugehörige Nummer nennt. Usw.
L fragt S nach den Produkten und dem Geschäft: *Qu'est-ce que c'est?* S wiederholen (Chor- und Einzelsprechen). Achtung: Bei den Begriffen *un œuf/des œufs* nochmals auf die besondere Aussprache hinweisen.
Die nicht nummerierten Produkte werden im UG von L erfragt. Dabei werden *des pommes, des oranges, de l'eau* und *du jus d'orange* reaktiviert.

Sicherung (SB, CD 2, Track 15; MP3 58)
S. 57 B: L spielt das Audio ab und stellt erst Fragen zum Globalverständnis: *Qui?, Quoi?, Où?* Beim 2. Hören machen sich die S Notizen zu den gekauften Produkten.

Festigung (Folie U4/2, KV 1, SB)
Folie U4/2: Wortschatzspiel: Zwei Gruppen, aus denen sich jeweils ein S vor der Klasse befindet: Sie zeigen auf der Folie auf ein Produkt und nehmen einen S ihrer Gruppe dran. Kann dieser das Produkt richtig benennen, bekommt die Gruppe einen Punkt. Ansonsten erhält die andere Gruppe einen Punkt. Es wird abwechselnd gefragt.
KV 1: Zur Vertiefung ordnen die S bekannte französische Nahrungsmittel/Produkte Fotos zu.
Hausaufgabe: SB, S. 155: Vokabeln lernen; L weist S auch auf den Video-Code (S. 57) hin (freiwillige HA).

Tipps und Tricks

Alternative L kann zu Beginn der Stunde auch ein Mini-Video zur Sendung *Tfou de cuisine* aus dem Internet vorspielen.

S. 58 Atelier A (1/Samedi, après le petit-déjeuner)

Préparation en 3 minutes

- **Mitnehmen!** SB, *CdA*, CD 2 (Track 16; MP3 59), CD-Player, Folie U4/3, OHP, farbige Kreide
- **Schülerbuch:** S. 58
- ***Cahier d'activités*:** S. 40–41, Nr. 1
- **Schwerpunkte:** Personeninformationen; Mengenangaben mit *Il faut* … (⟶ G 14, GBH, S. 29), Einkaufszettel, bestimmter und unbestimmter Artikel Singular und Plural, *de* bei Mengenangaben (⟶ G 15, GBH, S. 30)
- **Sozialformen:** GA, PA
- **Hausaufgabe:** Vokabeln lernen (SB, S. 156), *CdA*, S. 41, Nr. 1

4 Atelier A B
Atelier A
Approche 1 Samedi, après le petit-déjeuner
M. Pirou: Tiens, j'ai un courriel de mon collègue allemand Lars. Vendredi prochain, il va venir à Paris avec sa fille. On invite Lars et sa fille à manger? Qu'est-ce que vous en pensez?
Mme Pirou: Je veux bien, mais tu sais que je travaille, vendredi. Qui va faire la cuisine?
Léo: Ben …, papa et moi, on peut faire des steaks-frites et de la salade. Et comme entrée, des tomates avec de l'huile d'olive et du saucisson!
M. Pirou: D'accord pour les tomates, mais tu sais, Lars ne mange pas de viande.
Léo: Ah bon? Alors, on fait des moules-frites!
Mme Pirou: C'est une bonne idée!
Léo: Il faut aussi un dessert! Je propose du chocolat … ou on fait un gâteau?
Mme Pirou: Oh, on va plutôt acheter un gâteau à la boulangerie.
M. Pirou: Bon, je vais déjà répondre à Lars. Vous allez voir, il est un peu dans la lune, mais il est vraiment sympa!
A Qu'est-ce qu'on apprend sur Lars, sur Léo, sur sa mère?
B Qu'est-ce qu'il faut pour faire un gâteau au citron?
Il faut **du** sucre.
Il faut **de la** farine.
Il faut **un** citron.
Il faut **des** œufs.
Oh, il n'y a plus que deux œufs!
Traduisez et comparez. (Übersetzt und vergleicht.)
C Regardez la liste des courses.
Qu'est-ce que les Pirou achètent aujourd'hui?
Utilisez l'article partitif **du**, **de l'**, **de la**.
Exemple:
Ils achètent **du** lait.
lait, sucre, salade, farine, jus d'orange, huile, eau, chocolat
58 cinquante-huit

Neue Wörter le petit-déjeuner, un collègue/une collègue, Qu'est-ce que vous en pensez?, un steak-frites, une entrée, l'huile *(f.)*, une olive, un saucisson, une moule, il faut qc, un dessert, le chocolat, la lune

Schritte zur Erarbeitung

Hinführung/Problematisierung (Folie U4/3, CD 2, Track 16; MP3 59, SB)
L erzählt, woraus sein heutiges Frühstück bestand und was er gern am Abend essen möchte. Dabei werden die Begriffe *un steak-frites, un saucisson* eingeführt.
Folie U4/3: L zeigt Bild 1 und erklärt die Situation.
S. 58, Nr. 1: S hören den Text bei geschlossenen Büchern. Die S berichten, was sie verstanden haben. Anschließend bilden die S 3er-Gruppen, in denen die Rollen verteilt werden. Dann wird der Text bei geöffneten Büchern nochmals vorgespielt, restliche Verständnisfragen werden beantwortet (⟶ Zur Methodik 1). Im Anschluss lesen die S den Text in den 3er-Gruppen.

Erarbeitung 1 (SB)
S. 58, Nr. 1 A: Die Informationen zu den einzelnen Personen werden von den S erfragt, indem ein S beginnt und einen anderen auffordert, die Lösung zu nennen.

Sicherung/Wiederholung (*CdA*)
S. 40, Nr. 1: Zum Einstieg in die Grammatik der *Unité* wird bekannter Wortschatz zum Thema Essen reaktiviert. Die Kreuzworträtselübung kann auch in PA erfolgen. Die Kontrolle erfolgt im Plenum (⟶ Alternative).

S. 40, Nr. 2: Teil A: S arbeiten in EA; Besprechung im Plenum.
Übungsteil B bietet sich nur an, wenn die S in einer Schulkantine essen.

Erarbeitung 2 (SB, farbige Kreide)
S. 58, Nr. 1 B: Die S lesen zunächst still die vier Sätze; dann äußern sie ihre Vermutungen zur Übersetzung. Es fällt auf, dass sowohl *du*, *de la* als auch *des* im Deutschen keine Entsprechung haben. Hier kann L auch noch darauf hinweisen, dass es im Englischen ebenfalls keine Entsprechung gibt.
Erstellung des Tafelbildes durch Fragen nach Form und Funktion des Teilungsartikels (⟶ Tafelbild 1).
Im Anschluss werden einige Fragen nach dem Schema: *Qu'est-ce qu'il faut pour faire une crêpe / des frites / un gratin / une mousse au chocolat / …?* gestellt (⟶ Zur Methodik 2).

Festigung (SB, *CdA*)
SB, S. 58, Nr. 1 C: S arbeiten in Einzelarbeit, indem sie Lösungssätze in ihr Heft schreiben und dabei die Teilungsartikel farbig kennzeichnen (⟶ Der besondere Tipp).
Hausaufgabe: Vokabeln lernen (SB, S. 156 bis *chocolat*); *CdA*, S. 41, Nr. 1 (⟶ Differenzierung).

Tafelbild 1

Der Teilungsartikel: du, de la, de l'

Pour faire un gâteau, tu achètes	du lait?	Non, je n'achète	pas **de** lait.
	de la farine?		pas **de** farine.
	de l'eau?		pas **d'**eau.

Der Teilungsartikel drückt eine unbestimmte Mengenangabe aus.
Die Form richtet sich nach dem Geschlecht des Bezugswortes.
Beginnt das Nomen mit einem Vokal, verwendet man de l'.
Bei der Verneinung steht nur de/d'.

Tipps und Tricks

Zur Methodik

1. *Lars ne mange pas de …* ist bekannt. *Qu'est-ce que vous en pensez?* wird hier nur lexikalisch eingeführt.
2. Besondere Lernschwierigkeiten: Bei der Einführung von *il faut* sollte deutlich und wiederholt darauf hingewiesen werden, dass es für das Verb *falloir* in allen Zeiten nur die Konjugation für die 3. Person Singular gibt (⟶ man braucht). Für den Fall, dass man den Ausdruck *il faut* mit einer Person (z. B. ich brauche) verbinden möchte, muss ein indirektes Objektpronomen benutzt werden.

Alternative

Die S bringen je ein Bild eines Einkaufs mit (am besten auf USB-Stick), wovon einige in der Klasse projiziert werden. Die S beschreiben, was sie (mit oder ohne Eltern) eingekauft haben. Sollten Vokabeln fehlen, helfen Mitschüler oder L aus. Deutsche Produkte können dabei betont mit französischem Akzent ausgesprochen werden, z. B. Nütella.

Der besondere Tipp

Falls S daran gewöhnt sind und die räumlichen Gegebenheiten es hergeben, können wichtige Regeln im Bereich der Grammatik auch als Klassenraumposter gestaltet werden. Das erspart den S ein umständliches Blättern im Buch bzw. im GBH.

Differenzierung

***CdA*, S. 49, *En plus*, Nr. 1 A+B:** Leichtere Übung zu Artikeln und Teilungsartikeln.

S. 59–60 Atelier A (2/Tu penses à tout, Léo!)

Atelier A B Pratique Bilan Grammaire 4

2 Tu penses à tout, Léo!

60–62

1. Vendredi. Lars et sa fille Lena arrivent cet après-midi. Il faut tout préparer. Léo et son père font les courses. Ils vont d'abord au marché.

Vendeuse: C'est à qui?
Léo: C'est à nous! Un kilo de tomates, s'il vous plaît. Et puis deux kilos de pommes de terre et des olives.
M. Pirou: Les olives ne sont pas sur la liste, Léo.
Léo: Papa, il faut mettre des olives dans la salade de tomates! C'est super bon … Ah oui, il faut aussi un citron, s'il vous plaît.
M. Pirou: Pour la salade?
Léo: Mais non, pour le rince-doigts. Il ne faut pas oublier le rince-doigts quand on mange des moules. Comme au restaurant!

41, 2

Vendeuse: Il pense à tout, ce petit!

2. *Vendeur:* Bonjour! Vous désirez?
M. Pirou: Je voudrais des moules, s'il vous plaît. Pour cinq personnes.
Vendeur: Alors, 5 litres, ça va?
M. Pirou: Oui. Et, pour préparer les moules, vous faites comment, vous?
Vendeur: Les moules, c'est très facile …

3. Enfin, les Pirou achètent des boissons au supermarché.

M. Pirou: Tiens, tu entends, Léo? On achète deux bouteilles de jus d'orange et on a une bouteille gratuite. Qu'est-ce que tu en penses?
Léo: Pourquoi pas? Tiens papa, c'est vrai que les Allemands boivent du jus de fruit pendant les repas?
M. Pirou: C'est vrai, mais pas tout le monde.
Léo: Ils ont de la chance. Alors moi, ce soir, j'en bois aussi. Tu achètes aussi du chocolat, papa?
M. Pirou: D'accord, tu penses vraiment à tout.
Léo: Et puis il faut aller chercher le gâteau.
M. Pirou: Tu as raison. Bon, je vais payer et je rentre avec les courses. Toi, tu vas chercher le gâteau à la boulangerie, s'il te plaît.

cinquante-neuf 59

Préparation en 3 minutes

- **Mitnehmen!** SB, *CdA*, CD-Player, CD 2 (Tracks 17–19; MP3 60–62), OHP, Folie U4/3, KV 2, kleine Wasserschale
- **Schülerbuch:** S. 58–60, Nr. 2+3; S. 156
- ***Cahier d'activités*:** S. 41; S. 49, Nr. 1
- **Schwerpunkte:** Erarbeiten des Textes, Leseverstehen, Mengenangaben mit *Il faut*, (⟶ G 14, GBH, S. 29), bestimmter und unbestimmter Artikel Singular und Plural (⟶ G 13, GBH, S. 27), *de* bei Mengenangaben (⟶ G 15, GBH, S. 30)
- **Sozialform:** PA
- **Hausaufgabe:** Vokabeln lernen (SB, S. 156/157), Einkaufszettel schreiben

---

Neue Wörter

il faut faire qc, C'est à qui?, un kilo, un doigt, un rince-doigts, un litre, facile/facile, une boisson, une bouteille, gratuit/gratuite, boire qc, un jus de fruit, aller chercher qc, payer qc

---

Schritte zur Erarbeitung

Hinführung (*CdA*, SB, Folie U4/3, Wasserschale)
CdA, S. 41, Nr. 1: Besprechung der Hausaufgabe (⟶ Differenzierung).
SB, S. 58, Nr. 1: Reaktivierung des Handlungsstranges der Ausgangssituation und des Wortschatzes, indem L Fragen zum Text stellt.
SB, S. 59, Nr. 2/Folie U4/3: Anschließend werden die einzelnen Bilder zum Text im UG foliengesteuert beschrieben, wobei der neue Wortschatz eingeführt wird.
Für die Erklärung des Begriffs *un rince-doigts* bietet es sich an, eine Wasserschale mitzubringen, da sie auch im Text in *Atelier B* als Fingerschale eine zentrale Rolle spielt.

Problematisierung (SB, CD 2, Track 17; MP3 60, *CdA*)
SB, S. 59, Nr. 2: Vorspielen von Abschnitt 1, Rollenlesen; Rückgriff auf TB 1 und Erweiterung (⟶ Tafelbild 2).
CdA, S. 41, Nr. 2: Die S bearbeiten die Übung in EA (⟶ Alternative).

Erarbeitung (SB, CD 2, Tracks 18+19; MP3 61+62)
S. 59, Nr. 2: Vorspielen der Abschnitte 2+3. S lesen leise bei geöffneten Büchern mit (⟶ Zur Methodik 1+2, Interkulturelles).

Sicherung (SB, KV 2)
S. 59, Nr. 2: Die S hören einmal den ganzen Text und füllen zur Sicherung des Textverständnisses nach einem 2. Hördurchgang die KV aus.
L liest danach bei geschlossenen Büchern einige Sätze vor und die S erraten, wer diese Sätze gesagt hat.

Festigung (SB)
S. 60, Nr. 3: S arbeiten in PA, Kontrolle im Plenum.
Hausaufgabe: Lernen der neuen Vokabeln, SB, S. 156/157 (bis *un gramme*); S erstellen einen Einkaufszettel für ihr Lieblingsgericht.

Tafelbild 2

Il faut préparer la quiche. Man muss die Quiche vorbereiten. Il faut + Infinitiv /Il ne faut pas + Infinitiv

---

Interkulturelles ***Moules-frites*** (auf Deutsch: Miesmuscheln mit Pommes) ist ein vor allem in Nordfrankreich (z. B. *Nord-Pas de Calais*) und Belgien beliebtes Gericht. Die Miesmuscheln werden vor Frankreichs Küsten aus dem Atlantik gefischt. Früher konnte man sie nur in den R-Monaten von September-April verzehren (wegen der Konservierung), wohingegen sie inzwischen dank der modernen Konservierungsmöglichkeiten nahezu ganzjährig erhältlich sind. Für zwei Personen benötigt man in der Regel 1,5 kg frische Muscheln, die man in einem Weißweinsud gart. Die Miesmuscheln, deren Schalen sich nach dem Kochen nicht geöffnet haben, sollten nicht gegessen werden (⟶ S. 156 *Vis-à-vis*).

Tipps und Tricks

Differenzierung ***CdA*, S. 41, Nr. 1:** Möglichkeit zur Kognitivierung: Die S finden anhand der Beispiele heraus, dass der unbestimmte Artikel Plural vor Nomen im Plural und der Teilungsartikel vor Nomen im Singular steht. Beide Artikelformen kennzeichnen eine unbestimmte Menge.
***CdA*, S. 49, *En plus*, Nr. 1 A+B:** Leichtere Übung zu Artikeln und Teilungsartikeln.

Alternative ***CdA*, S. 41, Nr. 2:** Anstelle der Unterbrechung in der Texterschließung nach Abschnitt 1 kann die Übung auch im Anschluss (nach SB, S. 60, Nr. 3) erfolgen.

Zur Methodik **1.** Nach dem ersten Satz von Abschnitt 3, den Text kurz stoppen und die S evtl. auf die Durchsage und das Sonderangebot hinweisen: *Dans votre supermarché aujourd'hui, en promo à ne pas manquer: un pack de deux bouteilles de jus d'orange achetées, la troisième bouteille gratuite*.
2. Bei der Erklärung der neuen Vokabeln und Klärung des Textverständnisses soll auf die Bedeutung des Pronomens *en* (Zeilen 29 und 35) nur kurz bzw. *en passant* eingegangen werden, indem es mit „davon" übersetzt wird.

S. 60–61 Atelier A (3)

Préparation en 3 minutes

- **Mitnehmen!** SB, *CdA*, GBH, OHP, Folie U4/3, TB 1 als Folie, CD-Player, CD 2 (Tracks 20, 27–29; MP3 63, 70–72), farbige Kreide, KV 3
- **Schülerbuch:** S. 60–61, Nr. 4–7; S. 123, Nr. 1; S. 156
- ***Cahier d'activités:*** S. 42–43; S. 49, Nr. 1
- **Schwerpunkte:** Einkäufe erledigen, ein Kochrezept verstehen, Mengenangaben anwenden, das Pronomen *en* (⟶ G 16, GBH, S. 70)
- **Sozialform:** PA
- **Hausaufgabe:** Einkaufsvokabular lernen (S. 157, Auf einen Blick, oder KV 3), *CdA*, S. 42–43, Nr. 4+5, Plakat zu den Lieblingsnahrungsmitteln erstellen

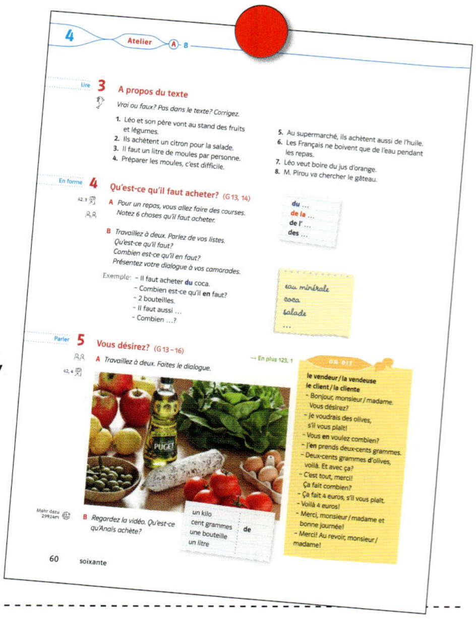
4 Atelier A B

Lire 3 A propos du texte
Vrai ou faux? Pas dans le texte? Corrigez.
1. Léo et son père vont au stand des fruits et légumes.
2. Ils achètent un citron pour la salade.
3. Il faut un litre de moules par personne.
4. Préparer les moules, c'est difficile.
5. Au supermarché, ils achètent aussi de l'huile.
6. Les Français ne boivent que de l'eau pendant les repas.
7. Léo veut boire du jus d'orange.
8. M. Pirou va chercher le gâteau.

En forme 4 Qu'est-ce qu'il faut acheter? (G 13, 14)
A Pour un repas, vous allez faire des courses. Notez 6 choses qu'il faut acheter.
B Travaillez à deux. Parlez de vos listes. Qu'est-ce qu'il faut? Combien est-ce qu'il en faut? Présentez votre dialogue à vos camarades.
Exemple: – Il faut acheter **du** coca.
– Combien est-ce qu'il **en** faut?
– 2 bouteilles.
– Il faut aussi …
– Combien …?

du …
de la …
de l' …
des …

eau minérale
coca
salade
…

Parler 5 Vous désirez? (G 13–16)
A Travaillez à deux. Faites le dialogue.
→ En plus 123, 1

le vendeur / la vendeuse
le client / la cliente
– Bonjour, monsieur / madame. Vous désirez?
– Je voudrais des olives, s'il vous plaît!
– Vous **en** voulez combien?
– J'**en** prends deux-cents grammes.
– Deux-cents grammes **d'**olives, voilà. Et avec ça?
– C'est tout, merci! Ça fait combien?
– Ça fait 4 euros, s'il vous plaît.
– Voilà 4 euros!
– Merci, monsieur / madame et bonne journée!
– Merci! Au revoir, monsieur / madame!

B Regardez la vidéo. Qu'est-ce qu'Anaïs achète?
un kilo / cent grammes / une bouteille / un litre — de

60 soixante

Neue Wörter un gramme

Schritte zur Erarbeitung **Hinführung** (SB)
SB, S. 156: Besprechung der Hausaufgabe, z. B. in Form eines mündlichen Vokabeltests: L bereitet Kärtchen vor, auf denen die gelernten Vokabeln abgebildet sind. Er hält diese

hoch und die S sagen die entsprechende Vokabel. Sind genügend Kärtchen vorhanden, kann der Test auch dezentralisiert werden.

Problematisierung (SB, Folie von TB 1, GBH, Folie U4/3, *CdA*)
SB, S. 60, Nr. 4 A: UG über den letzten Einkauf im Supermarkt. S nennen (bekannte!) Produkte, die sie eingekauft haben. Dann notieren die S sechs Produkte für ein Gericht in ihr Heft. L legt das TB 1 als Folie auf. Ein S erläutert das TB auf Deutsch.
SB, S. 60, Nr. 4 B: Ein S liest zunächst die Beispiele vor. L fragt, was neu ist (*en*). Zusätzlicher Verweis auf den Text (SB, S. 59) und die Zeilen 29 und 35.
GBH, G 16, S. 31 ff.: Wiederholung zur Klärung der Wortart und Übersetzung von *en*, wobei auf bekanntes Wissen zu der Anwendung der Pronomen (Stellung im Satz) verwiesen wird.
SB, S. 60, Nr. 4 B: S arbeiten in PA (⟶ Alternativen 1+2).
CdA, S. 42, Nr. 3: S bearbeiten Teil A in EA und Teil B in PA mit dem Partner von SB, Nr. 4 B (⟶ Differenzierung 1).

Erarbeitung (farbige Kreide, KV 3)
L: Wie läuft ein typisches Einkaufsgespräch ab? S nennen Phasen: Begrüßung / Eingangsfrage / Einkaufswünsche / Rückfragen / Bezahlen / Verabschiedung. L erstellt ein Strukturbild an der Tafel (vgl. KV 3).

Sicherung (SB, KV 3, CD 2, Track 20; MP3 63)
S. 60, Nr. 5: S lesen den *On-dit*-Kasten und ordnen den Phasen einzelne Aussagen/Fragen zu; danach die Aufgabe in PA durchspielen. L verweist nochmals auf das Pronomen *en* und seine Anwendung. 2–3 S-Paare stellen ihre Ergebnisse vor (⟶ Differenzierung 2+3, Zur Methodik 1).
S. 61, Nr. 6: Bearbeitung der Aufgabe in drei Etappen (A⟶B⟶C) (⟶ Zur Methodik 2).

Festigung (SB, *CdA*, CD 2, Tracks 27–29; MP3 70–72)
SB, S. 61, Nr. 7: S arbeiten in PA (⟶ Zur Methodik 3).
Hausaufgabe: Das Vokabular zur Vorbereitung eines Essens lernen (S. 157, Auf einen Blick, oder KV 3), *CdA*, S. 42–43, Nr. 4+5; ein Plakat zu den Lieblingsnahrungsmitteln erstellen (⟶ SB, S. 159).

Tipps und Tricks

Alternativen

1. Die Erarbeitung des Pronomens *en* kann auch mithilfe der Folie U4/3 erfolgen. Der L legt die Folie auf und die S lesen dialogisch die dargestellte Szene (2–3x). Dann wird der Fokus auf das Pronomen *en* gelenkt, indem der L zunächst fragt, was in den Bildern 1–3 fett gedruckt ist (Mengenangaben). Danach erschließen die S durch eine Transferfrage, warum in Bild 4 *en* auch fett gedruckt ist und was es ersetzen könnte. (Wichtig: Bild 5 kann nur verwendet werden, wenn das Verb *boire* bereits eingeführt wurde!)
Ergebnissicherung durch weitere Fragen:
L: *Il prend combien de bouteilles de limonade?* S: *Il en prend trois.*
L: *En Allemagne, on boit aussi du diabolo menthe?* S: *Non, on n'en boit pas.*
2. **SB, S. 60, Nr. 4:** Mögliche Aufteilung: A = Einzelarbeit: jeder macht seine eigene Liste, B = Partnerarbeit: Listen zusammenführen, Gespräch.

Differenzierung

1. ***CdA*, S. 49, *En plus*, Nr. 1 C:** Leichtere Übung zum Pronomen *en*.
2. Zur Abwechslung und Differenzierung können die S auch mit der **KV 3** arbeiten und verschiedene Einkaufssituationen durchspielen.
3. **SB, S. 123, *En plus*, Nr. 1:** Weitere Differenzierungsübung zu *boire, acheter, payer*.

Zur Methodik

1. **SB, S. 60, Nr. 5:** Hier bietet sich auch die Gelegenheit zur Wiederholung von Zahlen und Preisen, ggf. Reaktivierung von Floskeln aus Bd. 1, *Unité* 7. Die L, die die Einbeziehung und Variation der Preise hier für unverzichtbar halten oder die differenzieren möchten, können problemlos selbst Zahlen (+ evtl. Mengen) vorgeben.
Für einen zweiten (oder auch dritten) Einkaufsdurchgang sollen S ihre eigenen Einkaufszettel verwenden.

2. SB, S. 61, Nr. 6: Das unbekannte Wort *saucisson* muss hier nicht erklärt werden. Die S müssen nicht jedes Wort sofort verstehen, zumal in der nächsten Übung klar wird, was es bedeutet.
3. SB, S. 61, Nr. 7: Erschließungsmethoden aus Band 1 erneut bewusst machen.
Die Bearbeitung der Aufgabe ist auch im Sinne einer Festigung von unbestimmten Mengenangaben im Rahmen der Anwendung von Rezepten und Kochen möglich.

S. 62–64 Atelier B (1/Un repas … et des surprises)

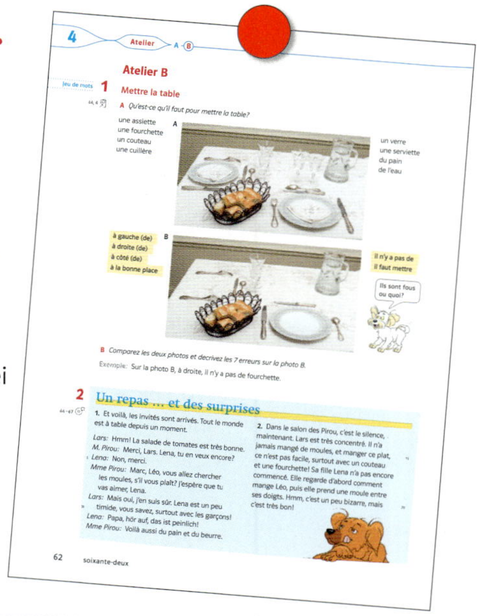

Préparation en 3 minutes

- **Mitnehmen!** SB, *CdA*, CD-Player, CD 2 (Tracks 21–24; MP3 64–67), OHP, Folie U4/5, Realia fürs Tischdecken
- **Schülerbuch:** S. 62–63, Nr. 1–3; S. 64, Nr. 6+7; S. 124, Nr. 4+5; S. 157–158
- ***Cahier d'activités:*** S. 42–43, Nr. 4–5; S. 45, Nr. 8
- **Schwerpunkte:** Verhalten und Gespräche bei Tisch; Leseverstehen
- **Methoden/Sozialformen:** Echo-Lesen (⟶ *Boîte à outils 15*), Stopp-Lesen (⟶ *Boîte à outils 37*), *Lire – Regarder – Parler* (⟶ *Boîte à outils 7*); PA, GA
- **Hausaufgabe:** SB, S. 64, Nr. 7

Neue Wörter

1. mettre la table, une assiette, une fourchette, un couteau, une cuillère, un verre, une serviette, le pain; **2.** un invité/une invitée, espérer, sûr/sûre, le beurre, le silence, concentré/concentrée, ne … jamais, ne … pas encore, préférer qc, avoir le temps de faire qc, grave/grave, goûter qc, rigoler

---

Schritte zur Erarbeitung

Hinführung/Problematisierung (*CdA*, Realia, SB)
CdA, S. 42–43, Nr. 4+5: Besprechung der Hausaufgabe.
Realia: L packt die mitgebrachten Gegenstände aus, indem er sie einzeln aus der Tasche holt, hochhält und laut benennt (*une assiette, une fourchette, un couteau, une cuillère, un verre, une serviette, le pain*). Zwei S werden nach vorn gebeten.
SB, S. 62, Nr. 1 A: Zunächst lesen S aus der Klasse die Ausdrücke rechts und links neben den Bildern vor. Dabei halten die zwei S abwechselnd nach jedem Ausdruck die entsprechende Realie hoch.
SB, S. 62, Nr. 1 B: Die S nennen abwechselnd (PA) einen Fehler.

Erarbeitung (Folie U4/5, SB, CD 2, Tracks 21–24; MP3 64–67)
Folie U4/5: Mithilfe des unteren Bildes werden die neuen Wörter im UG vorgestellt. Alternativ kann L die neuen Wörter auch im Anschluss an Übung Nr. 1 einführen. Wichtig ist, dass die Wörter so präsentiert werden, dass sie den Textabschnitten zuzuordnen sind.
SB, S. 62–63, Nr. 2: Vorspielen des Textes, Klärung inhaltlicher Fragen und im Anschluss variierendes Lesetraining: Abschnitt 1 ⟶ das Gespräch dialogisch (4er-Gruppen) lesen lassen. Abschnitt 2 ⟶ Echo-Lesen (⟶ *Boîte à outils 15*) im Plenum. Abschnitt 3 ⟶ Stopp-Lesen (⟶ *Boîte à outils 37*). Abschnitt 4 ⟶ *Lire – Regarder – Parler* (⟶ *Boîte à outils 7*) in 3er-Gruppen.

Sicherung (SB)
S klappen das Buch zu und L liest einzelne Aussagen des Textes vor, woraufhin die S den Aussagen die entsprechende Person zuordnen.
SB, S. 63, Nr. 3: Überprüfung des Textverständnisses in EA (auch in PA möglich).

Festigung (SB, *CdA*)
S bilden Gruppen (am besten je fünf S) und finden ein Textende (wenig kreative S können sich Ideen durch SB, *En plus*, S. 124, Nr. 4, holen) (⟶ Zur Methodik). Dann wird der vollständige Dialog mit neuem Textende in der Gruppe gelesen (⟶ Alternative).
SB, S. 157–158: Überleitung zur HA: L verweist auf die gelb unterlegten Verbkonjugationen von *boire*, *payer*, *espérer*, *préférer*. Im kurzen UG sollen die S den Fettdruck erklären.
CdA, S. 45, Nr. 8: Die Übung wird in EA durchgeführt.
Hausaufgabe: SB, S. 64, Nr. 7, und (Auswendig-) Lernen der eigenen Rolle aus der Festigungsphase.

Tipps und Tricks

Zur Methodik

Après la lecture: Die Auflösung der Überraschung (*le saucisson au chocolat*) kann hier von den S bereits auf Französisch geäußert werden: *Léo a fait un saucisson au chocolat pour le dessert parce que le gâteau aux pommes de la boulangerie est tombé*.
Anmerkung zur Charakterisierung von Lars: Er ist etwas ungeschickt. Bereits aus *Approche* bekannt: *Il est dans la lune*.

Alternative

Wenn genügend Zeit zur Verfügung steht, kann ein **Rollenspiel** in GA durchgeführt werden. Die S werden in Gruppen zu 5–6 S eingeteilt. Aufgaben:
1. SB, S. 64, Nr. 6: Vorübung, reihum: Ein S nennt einen deutschen Ausdruck, der Nachbar nennt den passenden französischen Ausdruck aus dem *On-dit*-Kasten. (Die neuen Wörter *passer qc*, *reprendre qc*, *le plat préféré*, *une tasse*, *le café* werden dabei induktiv angewendet).
2. Gemeinsam ein Ende zum Text finden (⟶ SB, *En plus*, S. 124, Nr. 4).
3. Text in Rollen aufteilen.
4. Jeder liest mehrfach leise seine Rolle.
5. Jede Gruppe liest ihren Text laut. Sollten S früher fertig werden, kann in dieser Gruppe die *En-plus*-Übung auf S. 124, Nr. 5, gemacht werden.
6. Zwei bis drei Gruppen präsentieren ihr Ergebnis.

S. 62–64 Atelier B (2)

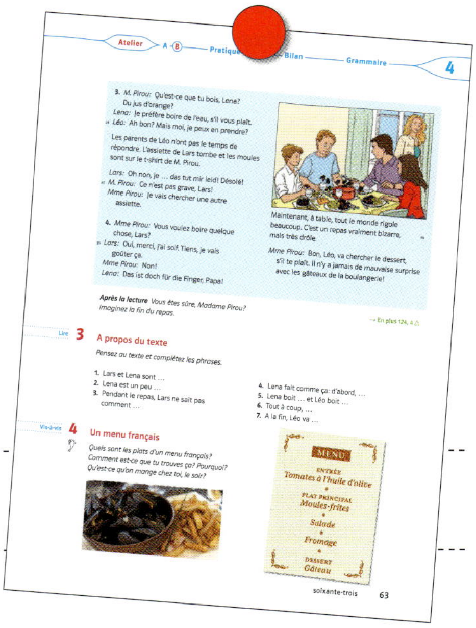
Atelier A B Pratique Bilan Grammaire 4

3. *M. Pirou:* Qu'est-ce que tu bois, Lena? Du jus d'orange?
Lena: Je préfère boire de l'eau, s'il vous plaît.
Léo: Ah bon? Mais moi, je peux en prendre?

Les parents de Léo n'ont pas le temps de répondre. L'assiette de Lars tombe et les moules sont sur le t-shirt de M. Pirou.

Lars: Oh non, je … das tut mir leid! Désolé!
M. Pirou: Ce n'est pas grave, Lars!
Mme Pirou: Je vais chercher une autre assiette.

4. *Mme Pirou:* Vous voulez boire quelque chose, Lars?
Lars: Oui, merci, j'ai soif. Tiens, je vais goûter ça.
Mme Pirou: Non!
Lena: Das ist doch für die Finger, Papa!

Maintenant, à table, tout le monde rigole beaucoup. C'est un repas vraiment bizarre, mais très drôle.

Mme Pirou: Bon, Léo, va chercher le dessert, s'il te plaît. Il n'y a jamais de mauvaise surprise avec les gâteaux de la boulangerie!

Après la lecture *Vous êtes sûre, Madame Pirou? Imaginez la fin du repas.*

→ En plus 124, 4

Lire **3 A propos du texte**
Pensez au texte et complétez les phrases.
1. Lars et Lena sont …
2. Lena est un peu …
3. Pendant le repas, Lars ne sait pas comment …
4. Lena fait comme ça: d'abord, …
5. Lena boit … et Léo boit …
6. Tout à coup, …
7. A la fin, Léo va …

Vis-à-vis **4 Un menu français**
Quels sont les plats d'un menu français? Comment est-ce que tu trouves ça? Pourquoi? Qu'est-ce qu'on mange chez toi, le soir?

MENU
ENTRÉE
Tomates à l'huile d'olive
PLAT PRINCIPAL
Moules-frites
Salade
Fromage
DESSERT
Gâteau

soixante-trois 63

Préparation en 3 minutes

- **Mitnehmen!** SB, *CdA*, CD-Player, CD 2 (Tracks 21–24; MP3 64–67)
- **Schülerbuch:** S. 62, Nr. 2; S. 63, Nr. 4; S. 64, Nr. 7
- ***Cahier d'activités***: S. 44, Nr. 6
- **Schwerpunkte:** Textverständnis, Wortschatz
- **Methoden:** Einminutenrede (⟶ *Boîte à outils 38*), Vokabelmemory (⟶ *Boîte à outils 23*)
- **Hausaufgabe:** *CdA*, S. 44, Nr. 6

Neue Wörter

le plat principal, le fromage

Schritte zur Erarbeitung

Hinführung (SB, CD 2, Tracks 21–24; MP3 64–67)
S. 64, Nr. 7: Besprechung der Hausaufgabe.
S. 62–63, Nr. 2: L spielt den Text vollständig vor.

Erarbeitung
Die S begeben sich in ihre Gruppen und üben ihre Rolle (⟶ Zur Methodik 1).

Sicherung
Die einzelnen Gruppen spielen vor. Die anderen Gruppen bekommen Beobachtungsaufträge, deren Ergebnisse jeweils im Anschluss an jedes Vorspiel genannt werden. Kriterien zu den Beobachtungsaufträgen: 1. Aussprache, 2. sprachliche Fehler, 3. Textende, 4. Zusammenspiel (⟶ Zur Methodik 2).

Festigung (SB, *CdA*)
SB, S. 63, Nr. 4: Bearbeitung in PA, Sicherung im Plenum.
SB, S. 63, Nr. 1–4: Wortschatzspiel: Vokabelmemory (⟶ *Boîte à outils 23*) mit den Vokabeln der Doppelseite. Das Spiel kann erweitert werden, indem nach dem zweiten S-Paar das Vokabular sukzessive auf den *Atelier-A*-Teil ausgedehnt wird.
Hausaufgabe: *CdA*, S. 44, Nr. 6: Wortschatzübung (⟶ Zur Methodik 3).

Tipps und Tricks

Zur Methodik

1. Drei Phasen:
1. Zunächst suchen S sich einen Partner, der als Souffleur/Souffleuse dient, d.h., jeder spricht seine Rolle und der Souffleur/die Souffleuse hilft an den Stellen, wo es stockt (⟶ Hinweis auf Einminutenrede, *Boîte à outils 38*).
2. Die S üben in Kleingruppen abschnittweise ihre Rollen (Abschnitte 1+2 gehören zusammen, wobei das neue Textende einen eigenen Abschnitt darstellt); ⟶ vier Abschnitte: 1+2, 3, 4, Textende.
3. Der gesamte Text wird geübt.

2. Siehe auch LB, *Découvertes Série Jaune* 1, *Unité* 2, KV 9: Evaluationsbogen.
3. Zur Charade, siehe Hinweise in *Unité* 2, S. 59.

S. 64–65 Atelier B (3)

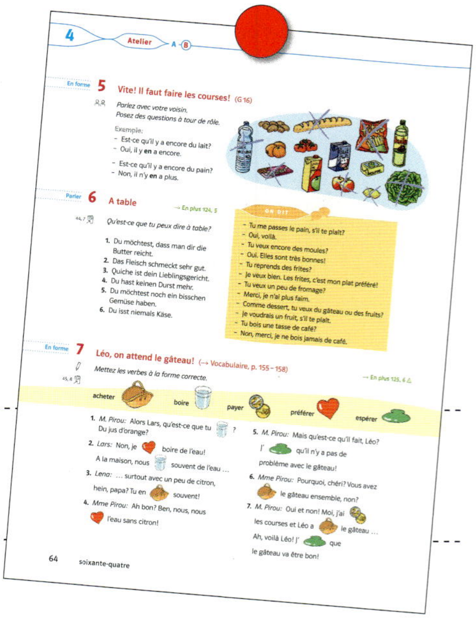
4 Atelier A B

En forme **5** **Vite! Il faut faire les courses!** (G 16)
Parlez avec votre voisin. Posez des questions à tour de rôle.
Exemple:
- Est-ce qu'il y a encore du lait?
- Oui, il y **en** a encore.
- Est-ce qu'il y a encore du pain?
- Non, il n'y **en** a plus.

Parler **6** **A table** → En plus 124, 5
44, 7 *Qu'est-ce que tu peux dire à table?*
1. Du möchtest, dass man dir die Butter reicht.
2. Das Fleisch schmeckt sehr gut.
3. Quiche ist dein Lieblingsgericht.
4. Du hast keinen Durst mehr.
5. Du möchtest noch ein bisschen Gemüse haben.
6. Du isst niemals Käse.

ON DIT
- Tu me passes le pain, s'il te plaît?
- Oui, voilà.
- Tu veux encore des moules?
- Oui. Elles sont très bonnes!
- Tu reprends des frites?
- Je veux bien. Les frites, c'est mon plat préféré!
- Tu veux un peu de fromage?
- Merci, je n'ai plus faim.
- Comme dessert, tu veux du gâteau ou des fruits?
- Je voudrais un fruit, s'il te plaît.
- Tu bois une tasse de café?
- Non, merci, je ne bois jamais de café.

En forme **7** **Léo, on attend le gâteau!** (→ Vocabulaire, p. 155–158) → En plus 125, 6
45, 8 *Mettez les verbes à la forme correcte.*
acheter boire payer préférer espérer
1. *M. Pirou:* Alors Lars, qu'est-ce que tu ? Du jus d'orange?
2. *Lars:* Non, je boire de l'eau! A la maison, nous souvent de l'eau …
3. *Lena:* … surtout avec un peu de citron, hein, papa? Tu en souvent!
4. *Mme Pirou:* Ah bon? Ben, nous, nous l'eau sans citron!
5. *M. Pirou:* Mais qu'est-ce qu'il fait, Léo? J' qu'il n'y a pas de problème avec le gâteau!
6. *Mme Pirou:* Pourquoi, chéri? Vous avez le gâteau ensemble, non?
7. *M. Pirou:* Oui et non! Moi, j'ai les courses et Léo a le gâteau … Ah, voilà Léo! J' que le gâteau va être bon!

64 soixante-quatre

Préparation en 3 minutes

- **Mitnehmen!** SB, *CdA*, KV 3+4
- **Schülerbuch:** S. 64, Nr. 5+6; S. 65, Nr. 8
- ***Cahier d'activités*:** S. 44; S. 49, Nr. 2
- **Schwerpunkte:** Einkaufsgespräche führen, Tischgespräche
- **Methoden/Sozialformen:** Kettenübung, Omniumkontakt (⟶ *Boîte à outils 3*), Bienenkorb (⟶ *Boîte à outils 26*); PA, GA
- **Hausaufgabe:** Ein Elfchen schreiben

Neue Wörter

passer qc, reprendre qc, le plat préféré, une tasse, le café

Schritte zur Erarbeitung

Hinführung (*CdA*)
S. 44, Nr. 6: Besprechung der Hausaufgabe.
S. 44, Nr. 7: S arbeiten in PA (⟶ Differenzierung).

Problematisierung/Erarbeitung (SB, KV 3+4)
S. 64, Nr. 5: Die Übung wird in PA durchgeführt, kann aber alternativ auch als Kettenübung angeboten werden (in der Gruppe oder im Plenum).
S. 64, Nr. 6: Sofern diese Übung noch nicht im Vorfeld einsetzt worden ist (⟶ B1, Alternative, S. 127), wird sie hier bearbeitet. Reihum: Ein S nennt einen deutschen Ausdruck, der

Nachbar nennt den passenden französischen Ausdruck aus dem *On-dit*-Kasten. Beide S unterstützen dabei ihren Beitrag durch Gestik und Mimik.
S. 65, Nr. 8: Ein S liest die Strategie laut vor. L gibt den Hinweis, dass sich die Kategorien Oberbegriff, Erklärung und Vergleich nicht immer eindeutig voneinander abgrenzen lassen. Dann wird die Übung in EA bearbeitet.
KV 4: Rollenspiel Einkaufen: S üben nochmals (auch unter Verwendung der KV 3) Einkaufsdialoge. Durchführung im Omniumkontakt (oder auch Bienenkorb ⟶ *Boîte à outils 3/26*) möglich. Nach einer gewissen Zeit werden die S aufgefordert, ihre Hilfsmittel (Karten) wegzulassen und freie Dialoge zu führen.

Sicherung/Festigung
Wiederholung Rollenspiel/Lesespiel (s. oben): Was sagt man in bestimmten Situationen bei Tisch (⟶ Zur Methodik 1)?
Hausaufgabe: *Ecrire un* ‚Elfchen' (⟶ Zur Methodik 2).

Tipps und Tricks

Differenzierung

***CdA*, S. 49, *En plus*, Nr. 2:** Leichtere Übung zu Tischgesprächen.

Zur Methodik

1. Minitest:
1. Quand on boit avec quelqu'un, on dit … :
a A vos souhaits! b Bienvenue! c A votre santé!
2. Quand on mange avec quelqu'un, on dit … :
a Bonne chance! b Bon appétit! c Bon anniversaire.
3. Pendant le repas, on boit souvent … :
a du thé et du café. b du vin et de l'eau. c de l'orangina et du coca.
4. Pendant le repas, on mange … :
a du pain. b du gâteau. c des assiettes.

2. Als Hilfestellung kann L folgende Kriterien vorgeben:

Zeile	Wörter	Inhalt
1	1	Etwas, was man essen kann.
2	2	Nähere Beschreibung (des Essensgegenstands)
3	3	Eine Mengenangabe mit dem Essen
4	4	Wie, wann oder wo man es isst
5	1	Ausdruck wie es schmeckt

Beispiel:
Pizza
Toujours pizza
Une grande pizza
Les pizzas chez Toni
Délicieux!

S. 65 Atelier B (4)

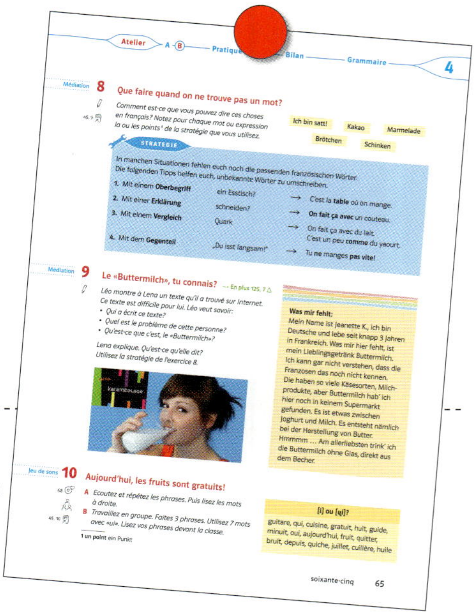
Atelier A B Pratique Bilan Grammaire 4

Médiation **8** **Que faire quand on ne trouve pas un mot?**

Comment est-ce que vous pouvez dire ces choses en français? Notez pour chaque mot ou expression la ou les points[1] de la stratégie que vous utilisez.

Ich bin satt! Kakao Marmelade Brötchen Schinken

STRATEGIE

In manchen Situationen fehlen euch noch die passenden französischen Wörter. Die folgenden Tipps helfen euch, unbekannte Wörter zu umschreiben.

1. Mit einem **Oberbegriff** — ein Esstisch? → C'est la **table** où on mange.
2. Mit einer **Erklärung** — schneiden? → **On fait ça avec** un couteau.
3. Mit einem **Vergleich** — Quark → On fait ça avec du lait. C'est un peu **comme** du yaourt.
4. Mit dem **Gegenteil** — „Du isst langsam!" → Tu **ne** manges **pas vite**!

Médiation **9** **Le «Buttermilch», tu connais?** → En plus 125, 7

Léo montre à Lena un texte qu'il a trouvé sur Internet. Ce texte est difficile pour lui. Léo veut savoir:
- *Qui a écrit ce texte?*
- *Quel est le problème de cette personne?*
- *Qu'est-ce que c'est, le «Buttermilch»?*

Lena explique. Qu'est-ce qu'elle dit? Utilisez la stratégie de l'exercice 8.

Was mir fehlt:
Mein Name ist Jeanette K., ich bin Deutsche und lebe seit knapp 3 Jahren in Frankreich. Was mir hier fehlt, ist mein Lieblingsgetränk Buttermilch. Ich kann gar nicht verstehen, dass die Franzosen das noch nicht kennen. Die haben so viele Käsesorten, Milchprodukte, aber Buttermilch hab' ich hier noch in keinem Supermarkt gefunden. Es ist etwas zwischen Joghurt und Milch. Es entsteht nämlich bei der Herstellung von Butter. Hmmmm ... Am allerliebsten trink' ich die Buttermilch ohne Glas, direkt aus dem Becher.

Jeu de sons **10** **Aujourd'hui, les fruits sont gratuits!**

A *Ecoutez et répétez les phrases. Puis lisez les mots à droite.*
B *Travaillez en groupe. Faites 3 phrases. Utilisez 7 mots avec «ui». Lisez vos phrases devant la classe.*

[i] ou [ɥi]?
guitare, qui, cuisine, gratuit, huit, guide, minuit, oui, aujourd'hui, fruit, quitter, bruit, depuis, quiche, juillet, cuillère, huile

1 un point ein Punkt

soixante-cinq 65

Préparation en 3 minutes

- **Mitnehmen!** SB, *CdA*, CD-Player, CD 2 (Track 25; MP3 68)
- **Schülerbuch:** S. 65; S. 125, Nr. 7
- ***Cahier d'activités*:** S. 45, Nr. 9+10; S. 50, Nr. 5
- **Schwerpunkt:** Sprachmittlung
- **Methoden/Sozialformen:** Museumsgang (⟶ *Boîte à outils 12*); PA
- **Hausaufgabe:** *CdA*, S. 45, Nr. 10; Sprachmittlungsaufgabe (*Ecrire un courriel*)

Schritte zur Erarbeitung

Hinführung
Besprechung der Hausaufgabe: S präsentieren ihre Elfchen in Form eines Museumsgangs (⟶ *Boîte à outils 12*).

Problematisierung (SB)
SB, S. 65, Nr. 8: Wiederholung: S lesen nochmals die Strategie. L nennt einige typische Begriffe aus dem Bereich Essen (z. B. von der KV 3) und lässt sie mithilfe der Strategie erläutern.

Erarbeitung (*CdA*, SB)
CdA, S. 45, Nr. 9: S arbeiten in EA. Besprechung im Plenum
SB, S. 65, Nr. 9: Für die Übung wird zusätzlich die Strategie aus Band 1, S. 87, ins Gedächtnis gerufen (⟶ Differenzierung). Die Strategie zur Sprachmittlung wird methodisch nochmals verfeinert, indem sie S in PA auf folgende Schritte anwenden:
1. Schritt (EA, Lesen): *Vous lisez et analysez le texte allemand. Quel sont les mots-clés? Soulignez les mots-clés.*
2. Schritt (PA, Sprechen): *Vous transmettez le texte allemand en français à votre partenaire. Ne traduisez pas, il faut transmettre le contenu. Ecrivez le texte avec vos propres mots.*
3. Schritt (EA oder PA, Schreiben): *Formulez le texte (ici: pour Léo).*

Sicherung/Festigung (SB, *CdA*, CD 2, Tracks 25+30; MP3 68+73)
SB, S. 65, Nr. 10: Hörverständnisübung.
Hausaufgabe: *CdA*, S. 45, Nr. 10 + *Tu aimes la Currywurst et tu as trouvé le site www.currywurstmuseum.de. Regarde ce site sur Internet. Tu aimerais donner cette information à ton corres dans un courriel. Tu expliques aussi à ton corres ce que c'est une Currywurst.* (⟶ Alternative)

Tipps und Tricks

Differenzierung — **SB, 125, *En plus*, S. Nr. 7:** Einfachere Sprachmittlungsübung. Die S mitteln in PA den Kantinenplan eines französischen *collège*.

Alternative — Es kann auch die Aufgabe im ***CdA*, S. 50, *En plus*, Nr. 5**, gemacht werden.

Hausaufgabe: Vor der Bearbeitung der Aufgaben zu *Pratique* die Hausaufgaben *CdA*, S. 45, Nr. 10 (CD 2, Track 30; MP3 73), und E-Mails besprechen.

S. 66–67 Pratique

4 Pratique

Pratique

Tu es en France, dans la famille de ton correspondant / ta correspondante[1]. Vous parlez des repas en France et en Allemagne. Tu veux montrer à cette famille ce que tu aimes manger chez toi.

Vous ne trouvez pas le mot qu'il faut? Utilisez la stratégie de la page 65.

Parler **1 Le matin, on ne mange pas beaucoup!**

A *Regardez la photo et décrivez le petit-déjeuner français. Qu'est-ce qu'il y a? Qu'est-ce qu'il n'y a pas? Comment est-ce que vous trouvez ça?*

Le petit-déjeuner chez ton correspondant

B *Tu veux faire un bon petit-déjeuner allemand pour la famille de ton correspondant. Fais d'abord une liste en français des choses qu'il faut pour ce petit-déjeuner. Puis parle avec ton correspondant: Qu'est-ce qu'il faut acheter?*

Des idées pour un petit-déjeuner allemand

1 un correspondant / une correspondante ein Austauschpartner / eine Austauschpartnerin

66 soixante-six

Hinweise zu *Pratique* ⟶ *Unité* 1, S. 43.
Alle Lösungen finden sich auf der CD-ROM.

Empfohlene Reihenfolge für die Durchnahme der Aufgaben:

Hinführung

Spiel in Gruppen oder individuell: Die S notieren nach einem Startzeichen eine Minute lang zu verschiedenen Lebensmittelrubriken möglichst viele Gerichte/Produkte. Rubriken können sein: *les entrées, les plats principaux, les desserts, les fromages, les fruits, les légumes, les boissons*. Die Gruppe/der S hat gewonnen, die/der die meisten Produkte innerhalb der Zeit notiert hat. Zusatzpunkte gibt es für korrekte Rechtschreibung.

Parler

SB, S. 66, Nr. 1 (Folie U4/6, KV 5)
Zur Wortschatzsicherung beschreiben die S zuvor kurz im Plenum die Bilder anhand der Folie. Die wesentlichen Unterschiede können – müssen aber nicht – bereits an dieser Stelle festgehalten werden.
A: Der L verteilt dann die KV (je 1x pro Paar), die direkt im Anschluss bearbeitet werden kann oder alternativ nach Teil B.
B: Die S nennen zunächst abwechselnd ein Lebensmittel, das von allen notiert wird. Falls sie das Wort nicht kennen, sollen sie den Begriff umschreiben (⟶ Strategie S. 65). Das Produkt wird auf Deutsch zur Einkaufsliste hinzugefügt. Dann beginnt das Gespräch als Vorbereitung auf einen Einkauf: *Qu'est-ce qu'il faut acheter?*

Portfolio Stratégie

SB, S. 67, Nr. 2 / *CdA*, S. 46, Nr. 11
A: Die S können alternierend arbeiten. Diejenigen, die bereits ihr Lieblingsmenü kennen und beschreiben können, stellen dieses direkt gestaltend auf einem Plakat dar. Fertige Plakate werden in Zweiergruppen gegenseitig präsentiert.
B: Die anderen S stellen auf einem Plakat ein Menü zusammen, das von allen Mitschülern gemocht werden könnte. Als Unterstützung verwenden sie dabei die Methode *set de table* (*placemate*), aus dem *CdA*, S. 46. Nachdem sich die S diese Methodenschritte genau durchgelesen haben, rückversichert sich L in den einzelnen Gruppen, ob alle das Verfahren richtig verstanden haben. Dann bekommen die Gruppen ihre Plakate und sie legen gemäß der Arbeitsanweisung und der Methodenschritte los.
Präsentation der Plakate am Ende der Unterrichtseinheit (mind. 10 Minuten) zunächst im Museumsgang (⟶ *Boîte à outils 12*) (⟶ Der besondere Tipp).

Ecrire Portfolio

***CdA*, S. 47, Nr. 12**
Die S schreiben einen Text zu ihren Essgewohnheiten. Hierfür können zunächst die Vokabeln der *Unité* für eine Wortschatzüberprüfung gelernt werden. Angebot an die S: Jeder S nennt eine Vokabel, die dann Bestandteil der Wortschatzüberprüfung sein könnte (⟶ Zur Methodik/Alternative).

Differenzierung

***CdA*, S. 49, *En plus*, Nr. 2:** Leichtere Wortschatzübung zu Tischgesprächen.
***CdA*, S. 50, *En plus*, Nr. 3:** Schwierigere Schreibübung: Die S schreiben eine Geschichte mit zehn vorgegebenen Wörtern.

Zur Methodik/ Alternative

Wortschatzüberprüfung schülerorientiert gestalten! In *Unités* mit vielen neuen Vokabeln, in denen auch ein breites persönliches Vokabular hinzukommt, bietet sich zur besseren Schülermotivation folgendes Verfahren an: Die S schauen sich die Wörter und Begriffe der *Unité* an. Jeder nennt einen Begriff (bei Doppelung muss er einen neuen Begriff nennen). Nur aus den genannten Begriffen (bitte mit Bleistift im *Vocabulaire* markieren!) erstellt der L die Wortschatzüberprüfung (Vokabeltest), fragt z. B. zehn von genannten 26 Wörtern ab. Vorteil: Bereits durch die Beschäftigung des Auswählens von Vokabeln steigert sich die Motivation und der Behaltenseffekt für das neue Vokabular.

Der besondere Tipp

In der Zeit in der die S selbstständig die Übungen zum *Bilan* bearbeiten, präsentieren die S einzeln dem L ihr Plakat mit dem Lieblingsmenü. Er kann zur Bewertung folgendes Kriterienraster anwenden.

Kompetenzen	0	1	2	3	4	5	6	Bemerkungen
Inhaltliche Leistung								
Inhalt / Aufgabenerfüllung: Du kannst unterschiedliche Speisen für dein Lieblingsmenü überzeugend darstellen.								
Sprachliche Leistung / Darstellungsleistung								
Kommunikative Strategie: Deine Darstellung ist logisch angelegt, du sprichst zügig und du setzt geschickt Gestik/Mimik ein.								
Ausdrucksvermögen: Du verwendest einen korrekten Wortschatz zu den Themen Essen und Trinken und zur Bildbeschreibung.								
Sprachliche Korrektheit: Deine Aussagen sind klar verständlich.								
Aussprache und Intonation: Deine Aussprache und die Betonung des Gesagten sind korrekt.								
Gesamtpunktzahl:								**/ 21**

Alternative

Der L kann sich die Plakate aus *Pratique* auch allein anschauen und nur die Darstellung bewerten. Dann kann er sich während der Bearbeitung der *Bilan*-Übungen die Zeit nehmen, individuelle Hilfestellung zu leisten und bei den Dialogübungen (S. 68, Nr. 3, und S. 125, Nr. 6) einzelne S-Paare genauer zu beobachten und ggf. zu beurteilen.

S. 68–69 **Bilan**

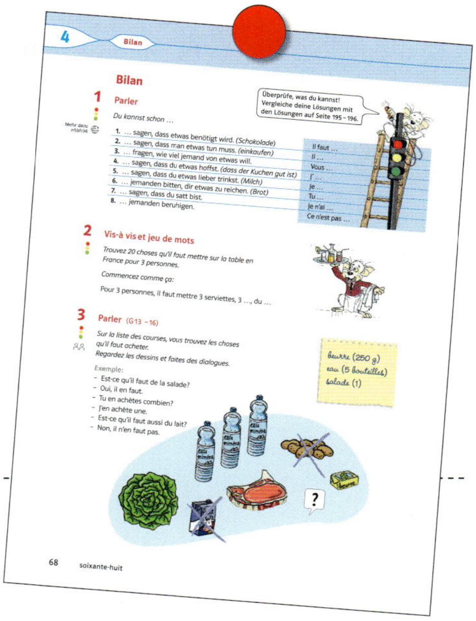

4 Bilan

Bilan

1 Parler

Du kannst schon …

Mehr dazu n5bh96

1. … sagen, dass etwas benötigt wird. *(Schokolade)* — Il faut …
2. … sagen, dass man etwas tun muss. *(einkaufen)* — Il …
3. … fragen, wie viel jemand von etwas will. — Vous …
4. … sagen, dass du etwas hoffst. *(dass der Kuchen gut ist)* — J' …
5. … sagen, dass du etwas lieber trinkst. *(Milch)* — Je …
6. … jemanden bitten, dir etwas zu reichen. *(Brot)* — Tu …
7. … sagen, dass du satt bist. — Je n'ai …
8. … jemanden beruhigen. — Ce n'est pas …

2 Vis-à vis et jeu de mots

Trouvez 20 choses qu'il faut mettre sur la table en France pour 3 personnes.

Commencez comme ça:

Pour 3 personnes, il faut mettre 3 serviettes, 3 …, du …

3 Parler (G13 –16)

Sur la liste des courses, vous trouvez les choses qu'il faut acheter.
Regardez les dessins et faites des dialogues.

Exemple:
- Est-ce qu'il faut de la salade?
- Oui, il en faut.
- Tu en achètes combien?
- J'en achète une.
- Est-ce qu'il faut aussi du lait?
- Non, il n'en faut pas.

68 soixante-huit

Zur Funktion des *Bilan*-Teils und zur Selbsteinschätzung ⟶ S. 45.
Kopiervorlagen zur **Diagnose**, zum **Fördern** und zur **Differenzierung** befinden sich *en bloc* im hinteren Teil des Buches – im Anschluss an die *Unités*.
Die Lösungen der *Bilan*-Aufgaben befinden sich im SB auf S. 195/196, im *CdA* auf S. 97–98 und auf der CD-ROM. Lösungsbogen zu den Kopiervorlagen befinden sich auf der CD-ROM zum Ausdrucken und zur Weitergabe an die S.

Parler

SB, S. 68, Nr. 1
Aufgabe zur Evaluation: Du kannst jetzt schon …

Vis-à-vis et jeu de mots

SB, S. 68, Nr. 2
Die S überprüfen ihren Wortschatz zum Thema „Tisch decken", um in entsprechenden kommunikativen Situationen in Frankreich adäquat sprachlich reagieren zu können.

Vis-à-vis

***CdA*, S. 48, Nr. 1**
Übung zu Äußerungen über Einkauf und Essen.

Differenzierung

***CdA*, S. 49, *En plus*, Nr. 2:** Leichtere Übung zu Tischgesprächen.
***CdA*, S. 50, *En plus*, Nr. 5:** Schwierigere Sprachmittlungsübung zu *baiser*.

Parler

SB, S. 68, Nr. 3
Gespräch über einen geplanten Einkauf, Anwendung des thematischen Wortschatzes sowie Verwendung von Mengenangaben und des Pronomens *en*.

En forme

SB, S. 69, Nr. 4 (Folie U4/7)
Wiederholung *boire*, *acheter*, *payer*, *préférer* und *espérer* als Einsetzübung. Anschließend Wortschatzübung mithilfe der Folie.
Die S sitzen sich paarweise gegenüber: SA schaut zur Projektionswand, SB sitzt mit dem Rücken zur Projektionswand.
Die Folie wird aufgelegt; eine Spalte wird zugedeckt.
Alle SA erklären ihren Partnern (B) mit Worten (Sätzen, Gegensätzen, Wortfamilien, …) und Gesten die entsprechenden Begriffe. Die Reihenfolge der Wörter muss nicht eingehalten werden.
Für jedes richtig erratende Wort erhält die Gruppe einen Punkt. Gruppenzusammensetzung beachten: gute und schwache S kombinieren.
Auf Signal des Lehrers findet ein Rollentausch statt (nach ca. 3–4 Min.).
Nun wird die 2. Spalte aufgedeckt; SB erklären nun.

En forme *CdA*, **S. 48, Nr. 2**
Übung zum Teilungsartikel und zu Mengenangaben.

Differenzierung ***CdA*, S. 49, *En plus*, Nr. 1:** Leichtere Übung zum bestimmten Artikel und zum Teilungsartikel.
***CdA*, S. 50, *En plus*, Nr. 4 (CD 2, Track 31; MP3 74):** Schwierigere Hörverständnisübung zu einem Crêperezept.

Der besondere Tipp Für viele Übungen ist eine sichere Beherrschung der Zahlen bis 100 notwendig. Diese können mit Hilfe eines **Bingospiels** eingeübt und wiederholt werden. Ablauf: Mit dem **Online-Link gt967u** kann L eine Zahlen-KV (1–100) herunterladen und an S verteilen. Jeder S kreuzt auf seiner KV sechs beliebige Zahlen an. Dann nennen die S reihum eine Zahl. Falls eine Zahl identisch ist mit einer angekreuzten Zahl, darf der S diese umkringeln. L markiert jede genannte Zahl ebenfalls auf einer OHP-Folie. Wer zuerst alle sechs Zahlen umkringelt hat, ist Sieger.

Test, Klassenarbeit, Standardsicherung Vorschlag für die inhaltliche Ausrichtung eines Tests, einer Klassenarbeit bzw. der Standardsicherung.

Sprachmittlung
- Informationen in die jeweils andere Sprache übertragen, z. B. im Rahmen einer offenen Aufgabe einer deutschen Freundin per Mail ein französisches Rezept erklären (oder umgekehrt).
- Einfache Fragestellungen und Informationen in einer Begegnungssituation in die jeweils andere Sprache übertragen, z. B. in einer halboffenen, simulierten und verschriftlichten Sprachmittlung zwischen einem Austauschschüler und einem deutschen Schüler zum Thema Mittagessen / Schulkantine.

Verfügung über die sprachlichen Mittel

Grammatik:
- Den Teilungsartikel und Mengenangaben mit *de* verwenden, z. B. im Rahmen einer halboffenen „Kofferpackkette" (*Je fais des courses et j'achète …)* durch Merken und Hinzufügen möglichst vieler neuer Waren.
- Die Redewendung *il faut* anwenden, z. B. im Rahmen einer geschlossenen Übung durch Versprachlichung eines Kochrezeptes.

Wortschatz: Die Wortfelder „einkaufen", „kochen", „essen" anwenden, z. B als Gruppenaufgabe mit simulierten Dialogszenen auf dem Markt, im Supermarkt, in der Küche, bei Tisch.

Interkulturelles Lernen
Französische und deutsche Ess- und Einkaufsgewohnheiten miteinander vergleichen (Mahlzeiten, Gerichte, Tischsitten), z. B. im Rahmen eines simulierten Sprachmittlungsdialogs mit französischen Gästen bei Tisch.

Vorschlag für modulares Arbeiten mit den *Unités* 3 und 4

Modul 2: Au collège et à la maison

Lesen / *compréhension écrite*

Kompetenzerwartungen	Kompetenztraining
– einfache, didaktisierte Texte und literarische Kurztexte global verstehen	SB: S. 44 (2), S. 45 (3), S. 46 (6), S. 48 (1)/(2), S. 49 (4)/(5), S. 58 (1A), S. 59 (2)/S. 60 (3), S. 67 (2, Poster), ⟨S. 71 (*Plaisir de lire*)⟩, S. 136 (*Stratégie*) CdA: S. 35 (11), S. 42 (3), ⟨S. 54 (2, Ex.1, 4)⟩
– Einzelinformationen in einfachen Alltagstexten, z. B. Informationsbroschüren/Rezepten, finden und verstehen	SB: S. 51 (11), S. 51 (1A), S. 54 (5), S. 61 (7), S. 63 (4), ⟨S. 73 (2)⟩, S. 137 (*Stratégie*) CdA: ⟨S. 54 (2, Ex.3)⟩
– Mitteilungen und kurze einfache, persönliche Korrespondenz verstehen	CdA: ⟨S. 54 (2, Ex. 2)⟩

Sprachmittlung / *compréhension orale*

Kompetenzerwartungen	Kompetenztraining
– Kernaussagen aus kurzen, einfach strukturierten Alltagstexten auf Deutsch sinngemäß wiedergeben	SB: S. 46 (6) CdA: S. 45 (9)
– einzelne einfache Informationen aus kurzen, nicht nur linearen Texten in die jeweils andere Sprache übertragen	SB: S. 50 (10), S. 65 (8–9), S. 125 (7), S. 140 (*Stratégie*) CdA: S. 39 (5), S. 50 (5)
– einfache Fragestellungen und Informationen in simulierten und realen geübten Begegnungssituationen in die jeweils andere Sprache übertragen	CdA: S. 34 (10)

Fou de cuisine!

Note les noms des choses à manger sous chaque photo. (Schreibe die Namen der Sachen unter die Fotos.)

1. ______________________ 2. ______________________ 3. ______________________

4. ______________________ 5. ______________________ 6. ______________________

7. ______________________ 8. ______________________ 9. ______________________

10. ______________________ 11. ______________________ 12. ______________________

une baguette | une crêpe | un croissant | un yaourt

un gratin | des moules | de la mousse au chocolat | une omelette

un pain au chocolat | des frites | une quiche | une salade

Solution: 1. un croissant 2. un pain au chocolat 3. une baguette 4. un yaourt 5. un gratin 6. une quiche 7. une crêpe 8. de la mousse au chocolat 9. des frites 10. des moules 11. une salade 12. une omelette

Klettbuch 622024 Découvertes, Lehrerbuch. © Ernst Klett Verlag Stuttgart 2013
Von diesen Vorlagen ist die Vervielfältigung für den eigenen Unterrichtsgebrauch gestattet. Die Kopiergebühren sind abgegolten.

Tu penses à tout, Léo!

A *Ecoute encore une fois le texte et complète les colonnes 'Quantité' (p. ex. un litre) et 'Qui?' (Qui parle de cet aliment?) avec le nom (Léo, Papa, les deux) qui convient.*

aliments	quantité	Qui?
des boissons		
du chocolat		
un citron		
un gâteau		
du jus d'orange		
des moules		
des olives		
des pommes de terre		
des tomates		

B *Résume le texte en deux ou trois phrases.*

____

____

____

____

Solutions:

A

aliments	quantité	Qui?
des boissons	On ne sait pas.	les deux
du chocolat	On ne sait pas.	Papa
un citron	un	Léo
un gâteau	un	Papa
du jus d'orange	deux bouteilles	les deux
des moules	cinq litres	Papa
des olives	On ne sait pas.	Léo
des pommes de terre	deux kilos	Léo
des tomates	un kilo	Léo

B Pour l'invitation de Lena et Lars, Léo et son père font les courses au marché et au supermarché. Ils achètent tout pour l'entrée, le plat principal et le dessert et ils achètent aussi les boissons.

 © Ernst Klett Verlag Stuttgart 2013
Von diesen Vorlagen ist die Vervielfältigung für den eigenen Unterrichtsgebrauch gestattet. Die Kopiergebühren sind abgegolten.

Au magasin

Acheter quelque chose – qu'est-ce qu'on dit?

le vendeur/la vendeuse	le client/la cliente
Bonjour, madame/monsieur/mademoiselle.	*Bonjour, madame/monsieur/mademoiselle.*
C'est à qui maintenant?	*C'est à moi.*
Vous désirez, madame/mademoiselle/monsieur? Qu'est-ce que je peux faire pour vous/toi?	*Je voudrais (de l'eau minérale), s'il vous plaît.*
D'accord. Combien? Oui, les croissants sont ici. Ils coûtent 90 centimes.	*(Trois) bouteilles.* *Vous avez aussi (des croissants)?* *Ils coûtent combien, les croissants?* *Ah, d'accord. Je prends (deux) croissants, s'il vous plaît.*
Voilà. Et avec ça? Oui, voilà. C'est tout? Désolé(e), nous n'avons plus de pains au chocolat. Mais nous avons des pains aux raisins, si vous voulez/si tu veux.	*(Oui,) c'est tout.* *(Non,) je voudrais encore (deux bananes).* *Je prends aussi (un pain au chocolat).* *Non, merci, ça va./Ah, oui, c'est bien.* *Et je cherche encore (un livre/un CD).*
D'accord. Vous cherchez/Tu cherches un livre sur quoi/un CD de qui?	*Un livre sur le football et sur la Ligue de foot. C'est pour mon frère.* *Et je cherche encore un CD de ZAZ pour ma sœur.*
Oui, voilà, nous avons (trois) livres sur le foot. Et voilà le nouveau CD de ZAZ.	*Ah, merci beaucoup. Je prends le (deuxième) livre.* *Super! Je prends le CD aussi.*
D'accord. C'est tout maintenant?	*Non, je cherche encore un t-shirt.*
Vous avez/Tu as quelle taille *(Größe)*? Vous voulez/Tu veux quelle couleur?	*Ma taille est (5).* *J'aime beaucoup le t-shirt rouge.*
Ça fait (35 euros 20).	*Maintenant, c'est tout – ça fait combien?* *Voilà (50) euros.*
Merci beaucoup. Et voilà (14 euros 80). Au revoir, madame/monsieur/mademoiselle. Merci beaucoup. Bonne journée.	*Merci. Au revoir, madame/monsieur/mademoiselle.* *Merci, à vous aussi.*

Klettbuch 622024 Découvertes, Lehrerbuch. © Ernst Klett Verlag Stuttgart 2013
Von diesen Vorlagen ist die Vervielfältigung für den eigenen Unterrichtsgebrauch gestattet. Die Kopiergebühren sind abgegolten.

A la boulangerie

vendeur/vendeuse

Tu es le vendeur/la vendeuse dans une boulangerie. Un/e client/e entre pour acheter quelque chose.
Jouez le dialogue à deux. Ton partenaire est le/la client/e.

 0,85 €	 0,90 €
 1,00 €	 2,50 €
  1 paquet = 0,60 €	 12,00 €
 1,20 €	 0,50 € 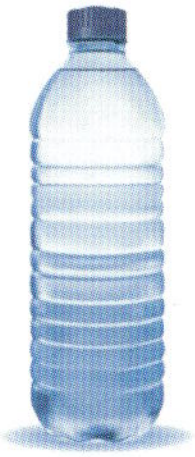 1,20 €

client/e

Tu es en ville et tu entres dans une boulangerie. Tu parles au vendeur/ à la vendeuse pour acheter quelque chose.
Jouez le dialogue à deux. Ton partenaire est le vendeur/la vendeuse.

 0,85 €	 ??? €
 ??? €	 2,50 €
 ??? €	 ??? €
 ??? €	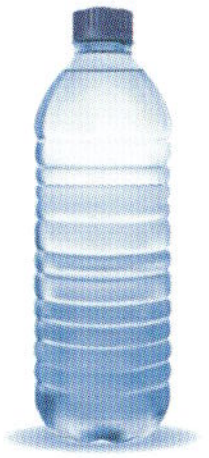 ??? €

Klettbuch 622024 Découvertes, Lehrerbuch. © Ernst Klett Verlag Stuttgart 2013
Von diesen Vorlagen ist die Vervielfältigung für den eigenen Unterrichtsgebrauch gestattet. Die Kopiergebühren sind abgegolten.

Le petit-déjeuner français

A *Complète le texte.*

Le matin, les Français prennent le petit-déjeuner. Souvent, ils boivent
________________ , ________________ , ________________
ou ________________ . Normalement, ils boivent le café dans
________________ . Parfois, ils boivent aussi ________________ .

Le dimanche, les Français aiment les ________________ ou les ________________ au petit-déjeuner. Pendant la semaine, ils mangent souvent ________________ avec …

________________ ________________ ________________ ________________

Mais au petit-déjeuner, les Français ne mangent pas …

________________ ________________ ________________

+

Les enfants aiment bien ________________ /________________ avec ________________ .

B *Et en Allemagne? Décris un petit-déjeuner allemand.*

Solutions:
A du café, du café au lait, du thé, du chocolat chaud, un bol, du jus d'orange; croissants, pains au chocolat, de la baguette; du beurre, de la confiture, du miel, du nutella; d'œuf, de fromage, de charcuterie; les céréales/le muesli, du lait

Klettbuch 622024 Découvertes, Lehrerbuch. © Ernst Klett Verlag Stuttgart 2013
Von diesen Vorlagen ist die Vervielfältigung für den eigenen Unterrichtsgebrauch gestattet. Die Kopiergebühren sind abgegolten.

S. 71–73 Plateau 2

Ziele

Allgemeine Hinweise zu den *Plateau*-Einheiten ⟶ *Plateau 1*, S. 79.

Inhaltlicher Schwerpunkt

Das *Plateau* 2 bezieht sich auf die in den *Unités* 3+4 erworbenen Kompetenzen und Kenntnisse.
Die Rubrik *Plaisir de lire* thematisiert das Thema: „Comic: Freundschaft, Liebe".
Im *Révisions*-Teil üben die S den Umgang mit Wortpaaren, die das Gegenteil ausdrücken, sie wiederholen das *Passé composé* mit *être* und *avoir* und den Teilungsartikel *de*.
Daran schließen sich die Aufgaben zur Vorbereitung der *DELF*-Prüfung an.

Kompetenzerwartung

Die S erkennen die Kernaussage eines unbekannten Lesetextes mit Wortspielereien und beantworten Fragen zum Text in der Fremdsprache, obwohl möglicherweise nicht jedes Wort des Textes exakt verstanden wird. Unbekannte Wörter können aus dem Kontext, hier mithilfe von Abbildungen, aufgrund verwandter deutscher Wörter oder aus anderen Sprachen erschlossen werden. Darüber hinaus können die S auf Französisch ein *billet doux* schreiben.
Die S schätzen ihre Lernfortschritte mithilfe der Lösungen selbst ein und suchen sich bei Problemen ggf. Hilfe.
Die S können sich auf die zentralen Aufgaben der *DELF*-Prüfung vorbereiten. Sie entnehmen einem Hördokument oder kleineren Lesetexten Informationen. Sie äußern ihre Meinung zu einem Film und begründen diese. Abschließend können die S über ihre Schule (*Mon collège)* oder ein Essen (*Le repas-surprise*) reden.

S. 71 Plaisir de lire

Inhaltlicher Schwerpunkt

Cédrics Freund soll Chen eine Liebesbotschaft von Cédric überbringen, doch er verwechselt zwei Zettel und bringt ihr stattdessen eine Einkaufsliste.

Plateau 2

Plaisir de lire

Cédric: Billets aller-retour

***Avant la lecture:** Qui sont Cédric et Chen? Relisez le texte 9 à la page 19.*

A *Qu'est-ce qui s'est passé? Racontez l'histoire.*

B *Regardez encore la dernière image.* ***«J'ai confondu»*** *qu'est-ce que ça veut dire? Essayez de comprendre d'après le contexte. (Versucht aus dem Zusammenhang heraus zu verstehen.)*

C *Ecrivez le billet doux de Cédric.*

De la part de von, im Namen von – **un billet doux** ein Liebesbrief – **Je l'aurais parié!** Darauf hätte ich gewettet!

soixante-et-onze 71

Préparation en 3 minutes

- **Mitnehmen!** SB, OHP, Folien P2/1+P2/2, KV 1
- **Schülerbuch:** S. 71
- **Schwerpunkt:** Leseverstehen
- **Sozialformen:** PA, GA
- **Hausaufgabe:** Kleiner Text über den Fortgang der Geschichte

Neue Wörter/ Kein Lernwortschatz

de la part de, j'ai confondu, un billet doux, je l'aurais parié

Schritte zur Erarbeitung

Hinführung (Folien P2/1+P2/2, KV 1)
Folie P2/1: *Avant la lecture:* L deckt nur das erste Bild der Folie auf: *Qu'est-ce que vous voyez?* Erwartete Antworten: *une rue, un garçon, une fille, des maisons, un hôtel, un arbre, des voitures …*
Ebenso können die Namen Cédric, Christian und Chen erwartet werden, da die Figuren schon aus *Unité* 1, S. 19, Nr. 9, bekannt sind. Falls nicht, Hinweis von L und kurzes UG.

KV 1/Folie P2/2: Bearbeitung der Kopiervorlage als Vorentlastung für den Comic. Ergebnissicherung per Folie im Plenum.

Problematisierung (Folie P2/1)
Folie P2/1: L deckt gesamte Folie auf und lässt die einzelnen Bilder im UG kurz beschreiben, so dass S auf den Zusammenhang der Geschichte kommen.
L hält S-Aussagen stichpunktartig an der Tafel fest. Bei besonders leistungsstarken S kann L weitere Fragen stellen (⟶ Der besondere Tipp). Die auf Deutsch formulierten Überlegungen können ggf. bei leistungsstarken S auf Französisch versprachlicht werden, ansonsten dienen sie als Impulse bei der Beschreibung des Comics.
L lässt S in GA sich Inhalte für die Sprechblasen überlegen. S stellen ihre Ergebnisse im Plenum vor.

Erarbeitung/Sicherung (SB, KV 1)
S. 71, A/KV 1: Nach der Präsentationsphase der eigenen Ideen lesen die S in EA oder PA den Comic. Nach der Klärung des Wortschatzes erzählen S die Geschichte mündlich nach. Anschließend ergänzen sie weitere Informationen zu Chen und Christian auf der Kopiervorlage.
S. 71, B: Bearbeitung im Plenum, Ergebnisse werden an der Tafel festgehalten.
S. 71, C: Bearbeitung in GA im Unterricht oder ggf. einzeln als HA.
Die Ergebniskontrolle kann durch Einsammeln durch L oder in Gruppen- und Einzelpräsentationen in der nächsten Stunde erfolgen.
Hausaufgabe: Die S schreiben einen kleinen Text über den Fortgang der Geschichte: *Ecris un petit texte dans ton cahier sur la suite de l'histoire (30–50 mots).* (individuelle S-Texte)

Interkulturelles

Raoul Cauvin (*1938 in Antoing/Belgien) ist Comicautor, arbeitete in Animationsstudios und war einer der Macher der Schlümpfe-Filme.
Er schrieb zahlreiche Comics, u. a. die Serien *Spirou et Fantasio* (zusammen mit Nicolas Broca) und *Cédric*. Zeichner von *Cédric* ist der aus Italien stammende, in Belgien lebende Laudec.
Cauvin erhielt zahlreiche Auszeichnungen, u. a. 1976: Bester ausländischer Autor beim *Festival International de la Bande Dessinée d'Angoulême*, Frankreich.
Cédric Dupont (⟶ siehe Interkulturelles, *Unité* 1, S. 43).

Tipps und Tricks

Der besondere Tipp

Zusätzliche Fragen zu den Besonderheiten eines Comics:
- Was fällt dir bei den Bildrahmen und den Bildgrößen auf? (Sind die Bilder alle gleich groß und gleichmäßig verteilt?) (*Comment est-ce que tu trouves les images?*)
- Was fällt dir bei den Farben auf? (*Les images ont quelles couleurs?*)
- Wie findest du die Zeichnungen? (*Comment est-ce que tu trouves les dessins?*)
- Was fällt dir bei den Sprechblasen bzw. der Sprache auf? (*Comment est-ce que tu trouves le langage?*)
- Für wen ist der Comic geschrieben? (*Pour qui est-ce que l'auteur a fait la BD?*)

Zusätzlicher Wortschatz für das UG:
- *la planche*: die Comicseite
- *la bande*: die Bildreihe
- *la vignette*: das Einzelbild
- *la bulle*: Sprech-/Denkblase

S. 72 Révisions

Informationen zu den *Révisions*- sowie *Autocontrôle*-Übungen ⟶ S. 81.
Die **Lösungen** zu den SB-Übungen finden sich im SB, S. 196, die der *CdA*-Übungen im *CdA* auf S. 98. Alle Lösungen finden sich außerdem auf der CD-ROM.

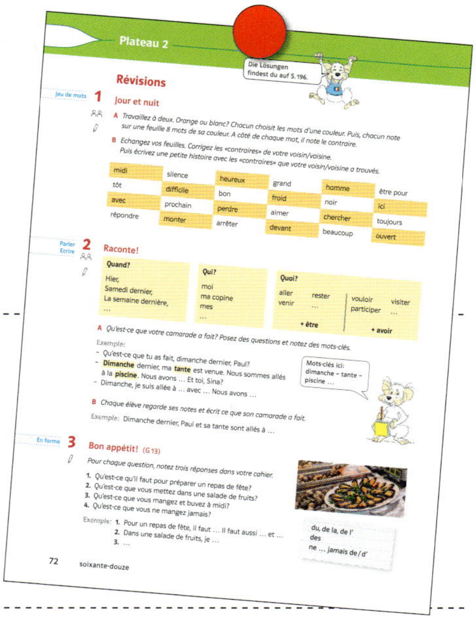
Plateau 2

Révisions

Die Lösungen findest du auf S. 196.

Jeu de mots **1** Jour et nuit

A *Travaillez à deux. Orange ou blanc? Chacun choisit les mots d'une couleur. Puis, chacun note sur une feuille 8 mots de sa couleur. A côté de chaque mot, il note le contraire.*

B *Echangez vos feuilles. Corrigez les «contraires» de votre voisin/voisine. Puis écrivez une petite histoire avec les «contraires» que votre voisin/voisine a trouvés.*

midi	silence	heureux	grand	homme	être pour
tôt	difficile	bon	froid	noir	ici
avec	prochain	perdre	aimer	chercher	toujours
répondre	monter	arrêter	devant	beaucoup	ouvert

Parler Ecrire **2** Raconte!

Quand?	Qui?	Quoi?	
Hier, Samedi dernier, La semaine dernière, …	moi ma copine mes …	aller venir rester … + être	vouloir participer visiter … + avoir

A *Qu'est-ce que votre camarade a fait? Posez des questions et notez des mots-clés.*

Exemple:
- Qu'est-ce que tu as fait, dimanche dernier, Paul?
- **Dimanche** dernier, ma **tante** est venue. Nous sommes allés à la **piscine**. Nous avons … Et toi, Sina?
- Dimanche, je suis allée à … avec … Nous avons …

Mots-clés ici: dimanche – tante – piscine …

B *Chaque élève regarde ses notes et écrit ce que son camarade a fait.*

Exemple: Dimanche dernier, Paul et sa tante sont allés à …

En forme **3** Bon appétit! (G 13)

Pour chaque question, notez trois réponses dans votre cahier.

1. Qu'est-ce qu'il faut pour préparer un repas de fête?
2. Qu'est-ce que vous mettez dans une salade de fruits?
3. Qu'est-ce que vous mangez et buvez à midi?
4. Qu'est-ce que vous ne mangez jamais?

Exemple: 1. Pour un repas de fête, il faut … Il faut aussi … et …
2. Dans une salade de fruits, je …
3. …

du, de la, de l'
des
ne … jamais de / d'

72 soixante-douze

Portfolio ***CdA*, S. 51**

Hinweise zum Selbstevaluationsbogen ⟶ S. 82.
Das Lehrwerk setzt eigene Schwerpunkte, wenn dies sich durch die Inhalte anbietet. Das gilt z. B. für die persönlichen Gespräche rund um das Thema „Essen".

Jeu de mots **SB, S. 72, Nr. 1**

A: S arbeiten in PA. L hilft bei eventuellen Vokabelfragen.
B: S tauschen ihre Ergebnisse aus, vergleichen diese und verbessern sich gegenseitig, ggf. mithilfe von L.
Bei der darauffolgenden Aufgabe, eine kreative Geschichte mit den Gegenteilen des Partners zu schreiben, steht L als Berater zur Seite. Die Ergebnisse können eingesammelt und von L korrigiert werden, die S können ihre Geschichte aber auch im Plenum vorlesen oder vorspielen.

Parler
Ecrire **SB, S. 72, Nr. 2 (KV 2)**

A: S stellen sich in PA Fragen mithilfe der vorgegebenen Beispiele und notieren die Antworten in Stichworten (⟶ Differenzierung 1).
KV 2: L kann zunächst die wichtigsten Regeln und Formen des *Passé composé* wiederholen (⟶ Tafelbild 1). Das Tafelbild dient als Orientierungshilfe während der Übung (⟶ Differenzierung 2).
B: Hier erfolgt die Transferleistung, bei welcher die S die Handlungen und Aktivitäten der Partnerin/des Partners wiedergeben und somit die Formen der 3. P. Sg. verwenden.

Differenzierung **1. SB, S. 72, Nr. 2 A:** Bei ausreichender Zeit können die Partner in einem 2. Durchgang gewechselt und die Übung kann nochmals durchgeführt werden. Diese Festigung bietet sich v. a. dann an, wenn wegen Nachmittagsunterricht oft keine HA aufgegeben werden können.
2. KV 2: Leistungsschwächere S können die Kopiervorlage als Vorentlastung bearbeiten (*Participe-passé*-Formen) (⟶ Der besondere Tipp).

Tafelbild 1

Wiederholung passé composé

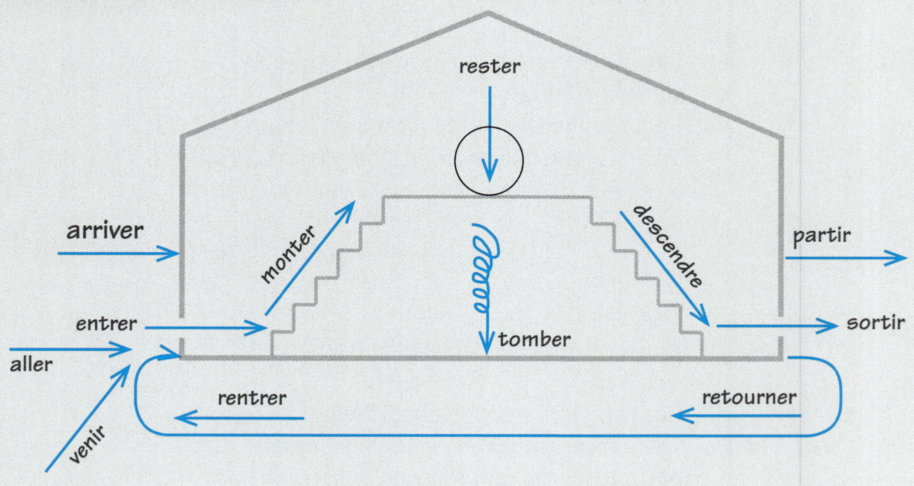

avoir	**être**
j'ai parlé	je suis allé(e)
tu as parlé	tu es allé(e)
il / elle / on a parlé	il est allé / elle est allée / on est allé
nous avons parlé	nous sommes allé(e)s
vous avez parlé	vous êtes allé(e)s
ils / elles ont parlé	ils / elles sont allé(e)s

Signalwörter: hier, samedi dernier, la semaine dernière, …

Beachte die Veränderlichkeit bei den Verben, die mit **être** konjugiert werden.

arrivé.	–	
arrivée.	-e	
arrivés.	-s	
arrivés.	-s	
arrivées.	-es	

Der besondere Tipp **KV 2** kann auf Folie gezogen werden und beliebig oft zum Unterrichtsbeginn herangezogen werden. Jedes Mal können andere Personalpronomen vorgegeben werden (pro Verb oder pro Durchgang). Durch das permanente Wiederholen zu Beginn der Unterrichtsstunde festigen sich die Formen und die Übungen im Buch erscheinen den S leichter.

En forme **SB, S. 72, Nr. 3**

L wiederholt die Regeln zu den Mengenartikeln (⟶ Tafelbild 2).
Dann beantworten die S in EA oder PA die Fragen. L steht als Berater zur Verfügung. Die Ergebnissicherung erfolgt im Plenum oder in GA (⟶ Der besondere Tipp).

Tafelbild 2

Wiederholung Mengenartikel	
J'achète …	Je n'achète pas / jamais …
de la salade	de salade
du lait	de lait
de l'huile	d'huile
des tomates	de tomates

Der besondere Tipp

1. Die Beantwortung der Aufgaben kann bildgestützt erfolgen und die S können sie als Wandplakate gestalten oder ggf. als Einträge für den Portfolio-Ordner.
2. L kann das Tafelbild mit *cartes pédagogiques*, eigenen Bildern oder Zeichnungen gestalten.

Les mots et les lettres

***CdA*, S. 52, Nr. 1**
Die S finden die Fehler im Text.

Jeu de mots

***CdA*, S. 52, Nr. 2**
Die S übersetzen deutsche Sätze und beachten den Gebrauch des Artikels im Französischen.

S. 73 On prépare le DELF

Allgemeine Hinweise zu *DELF* ⟶ S. 83.
Alle Lösungen finden sich auf der CD-ROM.

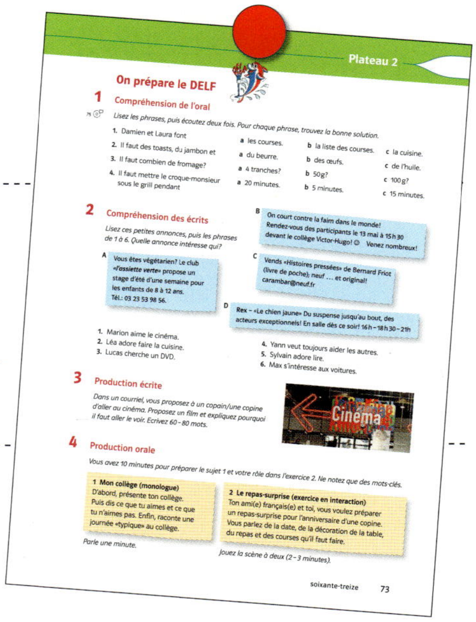
Plateau 2

On prépare le DELF

1 Compréhension de l'oral

75 *Lisez les phrases, puis écoutez deux fois. Pour chaque phrase, trouvez la bonne solution.*

1. Damien et Laura font	a les courses.	b la liste des courses.	c la cuisine.
2. Il faut des toasts, du jambon et	a du beurre.	b des œufs.	c de l'huile.
3. Il faut combien de fromage?	a 4 tranches?	b 50g?	c 100g?
4. Il faut mettre le croque-monsieur sous le grill pendant	a 20 minutes.	b 5 minutes.	c 15 minutes.

2 Compréhension des écrits

Lisez ces petites annonces, puis les phrases de 1 à 6. Quelle annonce intéresse qui?

A Vous êtes végétarien? Le club *«l'assiette verte»* propose un stage d'été d'une semaine pour les enfants de 8 à 12 ans. Tél.: 03 23 53 98 56.

B On court contre la faim dans le monde! Rendez-vous des participants le 13 mai à 15h30 devant le collège Victor-Hugo! ☺ Venez nombreux!

C Vends «Histoires pressées» de Bernard Friot (livre de poche); neuf … et original! carambar@neuf.fr

D Rex – «Le chien jaune» Du suspense jusqu'au bout, des acteurs exceptionnels! En salle dès ce soir! 16h – 18h30 – 21h

1. Marion aime le cinéma.
2. Léa adore faire la cuisine.
3. Lucas cherche un DVD.
4. Yann veut toujours aider les autres.
5. Sylvain adore lire.
6. Max s'intéresse aux voitures.

3 Production écrite

Dans un courriel, vous proposez à un copain/une copine d'aller au cinéma. Proposez un film et expliquez pourquoi il faut aller le voir. Ecrivez 60 – 80 mots.

Cinéma

4 Production orale

Vous avez 10 minutes pour préparer le sujet 1 et votre rôle dans l'exercice 2. Ne notez que des mots-clés.

1 Mon collège (monologue)
D'abord, présente ton collège. Puis dis ce que tu aimes et ce que tu n'aimes pas. Enfin, raconte une journée «typique» au collège.
Parle une minute.

2 Le repas-surprise (exercice en interaction)
Ton ami(e) français(e) et toi, vous voulez préparer un repas-surprise pour l'anniversaire d'une copine. Vous parlez de la date, de la décoration de la table, du repas et des courses qu'il faut faire.
Jouez la scène à deux (2 – 3 minutes).

soixante-treize 73

Zur Methodik

Vor der Bearbeitung der einzelnen Aufgaben erklärt L noch einmal, was von den S erwartet wird.
Die Bearbeitung erfolgt in Einzelarbeit in der vorgegebenen Reihenfolge. Die Ergebnissicherung erfolgt nach jeder Aufgabe.

Compréhension de l'oral

SB, S. 73, Nr. 1 (CD 2, Track 32; MP3 75)
L kann vor der Bearbeitung die HV-Strategien, SB, S. 136, reaktivieren.
L weist S darauf hin, dass unbekannte Vokabeln im Hörtext vorkommen können.
S lesen zunächst die Fragen durch, hören den HV-Text zweimal an und notieren die Lösungen. Die Kontrolle erfolgt im Plenum. Die Lösung wird auf Folie oder an der Tafel festgehalten.

Compréhension des écrits

SB, S. 73, Nr. 2
S lesen sich erst die kleinen Annoncen, dann die Sätze 1–6 durch. Anschließend ordnen S die Namen und Interessen den jeweiligen Annoncen zu.
Bei lernschwächeren Gruppen kann L auf die Leseverstehensstrategien im SB, S. 136–137, verweisen.
Die Lösungen werden im Plenum besprochen. L hält sie an der Tafel oder auf Folie fest.

Production écrite

SB, S. 73, Nr. 3 (KV 3)
Lernschwächere S wiederholen zunächst die Schreibstrategien im SB, S. 139–140.
L kann auf die zugedeckte Tafelseite (oder auf drei umgedrehte Zettel) Wortschatzhilfen für die weniger geübten oder weniger kreativen S schreiben.
KV 3: Bevor S den Text schreiben, kann eine Vorentlastung und Ideensammlung per Kopiervorlage im Plenum stattfinden, indem die S über ihnen bekannte Filme sprechen. Dabei befragen sich S im Klassenzimmer und sammeln zusätzliche Tipps und Ideen. Die S verbessern sich gegenseitig. Die Ergebnissicherung kann im Plenum erfolgen, indem die S ihre Ergebnisse laut vorlesen. L kann Ergebnisse auch einsammeln und korrigieren.

Production orale

SB, S. 73, Nr. 4 (KV 4)
Für die Aufgaben 1 und 2 erhalten die S jeweils Zeit zur Vorbereitung.
Aufgabe 1 (*Mon collège, monologue*), kann dann einzeln vor L oder vor der Klasse präsentiert werden (*Monologue minute ⟶ Boîte à outils* 38).
Als Vorentlastung für **Aufgabe 2** (*Le repas-surprise, exercice en interaction*) verweist L zunächst auf das französische Menü im SB, S. 63, Nr. 4. Hilfreich sind auch SB, S. 67; Redemittel/Grammatik SB, S. 69–70; sowie SB, S. 157: Auf einen Blick.
KV 4: Für leistungsschwächere S kann L die Kopiervorlage als Vorentlastung austeilen, damit sie sich an der vorgegebenen Struktur orientieren können (⟶ Der besondere Tipp). In einem A-Teil sprechen die S über *faire les courses*. Mithilfe von Bildimpulsen stellen sich Partner A und B jeweils ein *repas-surprise* zusammen und kaufen dafür ein. Sie bilden Sätze mit: *On achète …* In einem B-Teil decken Partner A und B den Tisch und benennen die dafür notwendigen Gegenstände. Der C-Teil gibt ein mögliches *repas de fête* vor, über das die S reden können, das sie aber auch abwandeln können.

Der besondere Tipp

Statt der KV 4 können auch die *cartes pédagogiques* in einem Tafelbild angeheftet werden, um Sätze mit *On achète …* zu bilden.

Prüfungssimulation

Nach der Lösung der *DELF*-Aufgaben im SB wird der bepunktete Minitest im *CdA* in Form einer Prüfungssimulation durchgeführt. S überprüfen ihre Ergebnisse zu den Aufgaben 1+2 selbstständig. Sie können eine eigene *DELF*-Seite in ihrem Portfolio-Ordner anlegen und dort ihre Punkte des zweiten Tests notieren.
Zur Auswertung des „echten" *DELF* ⟶ S. 85.

Compréhension de l'oral

***CdA*, S. 53, *Exercice* 1** (CD 2, Track 33; MP3 76)
Die S hören den Text zweimal an und ordnen den Satzanfängen die richtige Satzergänzung durch Ankreuzen zu.
***CdA*, S. 53, *Exercice* 2** (CD 2, Track 34; MP3 77)
Die S hören den Text zweimal an und ergänzen in den Sätzen 1–3 fehlende Wörter. In Satz 4 kreuzen sie die richtige Satzergänzung an.
***CdA*, S. 54, *Exercice* 3** (CD 2, Track 35; MP3 78)
Die S hören den Text zweimal an und bearbeiten die Übung. Satz 1 verlangt das Ankreuzen der richtigen Antwort, die Sätze 2 und 3 verlangen Ergänzungen mit Wörtern und Zahlen.
***CdA*, S. 54, *Exercice* 4** (CD 2, Track 36; MP3 79)
Die S hören den Text zweimal an und ordnen die gehörten Dialoge Bildern/Situationen zu. Zu beachten ist, dass es sich um fünf Dialoge, aber sechs Situationen handelt.

Compréhension des écrits

***CdA*, S. 54–55, *Exercice* 1**
Die S beantworten Fragen zum Text (Annoncen), indem sie Satzergänzungen schreiben oder ankreuzen.

***CdA*, S. 55, *Exercice* 2**
Die S beantworten Inhaltsfragen (Mail) in Form von Satzergänzungen, die selbst formuliert werden müssen, und Ankreuzaufgaben.
***CdA*, S. 55–56, *Exercice* 3**
Die S ordnen den Texten (Annoncen) die Zusammenfassungen 1–3 zu.
***CdA*, S. 56, *Exercice* 4**
Die S beantworten Fragen (Plakat) und ergänzen fehlende Wörter und Angaben in Zahlen in den Sätzen. Sie schreiben außerdem eine Satzergänzung.

Production écrite

***CdA*, S. 57, *Exercice* 1**
Die S füllen das Formular aus.
***CdA*, S. 57, *Exercice* 2**
Die S schreiben eine Mail.

Production orale

***CdA*, S. 58**
A: In dem *entretien dirigé* präsentieren sich die S und beantworten ggf. Fragen innerhalb von einer Minute.
B: Die S stellen innerhalb von zwei Minuten Fragen zu den Bildimpulsen (*échange d'informations*).
C: Die S sprechen dialogisch (*dialogue simulé*) oder in einer Art Rollenspiel (*jeu de rôle*). L übernimmt die Rolle des Verkäufers. In leistungsstarken Gruppen kann auch ein zweiter S diese Rolle übernehmen.

Cédric et ses copains

Relis le texte à la page 19 dans ton livre et trouve les informations sur Cédric et ses copains.

 Cédric	
 Chen	
 Christian	

Solutions:

Cédric:
C'est un personnage de BD.
Il est né en 1986, mais il a toujours 8 ans.
Il habite chez ses parents et avec son grand-père qu'il aime beaucoup.
Il a beaucoup de copains: Christian, Nicolas et Manu.
Il a une prof super sympa: Mademoiselle Nelly.
Sa prof n'est pas toujours contente de lui parce qu'il ne travaille vraiment pas bien.
Il n'aime pas travailler pour l'école.
Il est vite en colère.
Il n'aime pas être triste.
Il a une spécialité: il a toujours beaucoup d'idées.

Chen:
Cédric ne connaît pas très bien Chen.
Elle est super jolie.
Cédric a toujours envie d'être avec elle.
Elle est dans la classe de Cédric.
(Nach dem Lesen:) Elle est chinoise.
Elle a un accent: elle prononce les 'r' comme des 'l'.

Christian:
C'est le grand copain de Cédric.
(Nach dem Lesen:) Il aide Cédric.
Il a des lunettes.

Klettbuch 622024 Découvertes, Lehrerbuch. © Ernst Klett Verlag Stuttgart 2013
Von diesen Vorlagen ist die Vervielfältigung für den eigenen Unterrichtsgebrauch gestattet. Die Kopiergebühren sind abgegolten.

Le passé composé

Ecris le participe sous l'infinitif.

avoir

<u>**être**</u>	<u>**avoir**</u>	<u>**voir**</u>	<u>**pouvoir**</u>	<u>**lire**</u>
<u>**connaître**</u>	<u>**écrire**</u>	<u>**faire**</u>	<u>**mettre**</u>	<u>**prendre**</u>
<u>**comprendre**</u>	<u>**ouvrir**</u>	<u>**attendre**</u>	<u>**appeler**</u>	<u>**répondre**</u>
<u>**expliquer**</u>	<u>**respecter**</u>	<u>**aimer**</u>	<u>**savoir**</u>	<u>**pleuvoir**</u>

être

<u>**aller**</u>	<u>**arriver**</u>	<u>**descendre**</u>	<u>**entrer**</u>	<u>**monter**</u>
<u>**rentrer**</u>	<u>**rester**</u>	<u>**retourner**</u>	<u>**venir**</u>	<u>**tomber**</u>

Solutions:
avoir: a été, a eu, a vu, a pu, a lu, a connu, a écrit, a fait, a mis, a pris, a compris, a ouvert, a attendu, a appelé, a répondu, a expliqué, a respecté, a aimé, a su, a plu
être: est allé, est arrivé, est descendu, est entré, est monté, est rentré, est resté, est retourné, est venu, est tombé

Klettbuch 622024 Découvertes, Lehrerbuch. © Ernst Klett Verlag Stuttgart 2013
Von diesen Vorlagen ist die Vervielfältigung für den eigenen Unterrichtsgebrauch gestattet. Die Kopiergebühren sind abgegolten.

Production écrite: Propose un film.

Dans un courriel, tu proposes à un copain/une copine d'aller au cinéma. Propose un film et explique pourquoi il faut aller le voir. Ecris 60–80 mots. (Du schlägst einem Freund/einer Freundin in einer E-Mail vor, ins Kino zu gehen. Schreibe 60–80 Wörter über den Film, den du sehen möchtest.)

Prends des notes.

	1.	**2.**	**3.**
l'histoire			
les acteurs			
les images			
les émotions			
les critiques			

Klettbuch 622024 Découvertes, Lehrerbuch. © Ernst Klett Verlag Stuttgart 2013
Von diesen Vorlagen ist die Vervielfältigung für den eigenen Unterrichtsgebrauch gestattet. Die Kopiergebühren sind abgegolten.

Les ingrédients pour le repas-surprise …

A

Faire les courses: *On achète de la / du / de l' / des / un / une …*

gâteau fruits légumes tomates pommes de terre citron
salade lait viande œufs yaourt sucre
steaks-frites farine huile olives saucisson moules
dessert chocolat jus de fruits pain beurre
fromage café … boissons

B

Décoration/mettre la table

Pour mettre la table, il faut …

serviettes couteaux cuillères verres fourchettes assiettes … tasses

C

Un repas de fête

Entrée	Plat principal	Dessert
☐ salade de tomates	☐ poulet au citron	☐ salade de fruits
☐ crudités	☐ steak-frites	☐ mousse au chocolat
☐ …	☐ poisson avec du riz et des légumes	☐ …
	☐ …	

un ingrédient – eine Zutat, **des crudités** – Rohkost

Von diesen Vorlagen ist die Vervielfältigung für den eigenen Unterrichtsgebrauch gestattet. Die Kopiergebühren sind abgegolten.

5

Unité 5

S. 74–87 Une semaine à Arcachon

Ziele

Inhaltlicher Schwerpunkt

In dieser *Unité* geht es um die Vorbereitung einer Reise nach Arcachon an der Atlantikküste. Die S lernen die Besonderheiten der Stadt wie auch der Region Aquitaine kennen. Die Guiberts – Alex, Jérôme und ihre Eltern – fahren für eine Woche nach Arcachon in den Urlaub. Sie wohnen in einem Ferienhaus. Alex möchte ihr Skimboard ausprobieren und lernt dabei Marc kennen.

Kompetenzerwartung

Am Ende dieser *Unité* können die S über Interessen sprechen, an einem Gespräch teilnehmen, auf Fragen antworten, eine Region beschreiben. Sie können einfache Diskussionen verstehen und eine Klassenfahrt vorbereiten. Sie bauen ihre Grammatikkenntnisse hinsichtlich des Gebrauchs der Objektpronomen *me, te, nous, vous* aus, lernen die indirekte Rede und Frage und erweitern ihren Wortschatz zum Thema Jahreszeiten und Wetter. Sie sind in der Lage einen eigenständigen Text über eine Region zu verfassen (⟶ Portfolio-Auftrag, SB, S. 74 ⟶ S. 84, Nr. 1 C–E).

Kompetenzen (Die Schüler können …)

Funktionale kommunikative Kompetenzen: Kommunikative Fertigkeiten

Hör-(Seh-)verstehen/Sprechen

Kompetenzerwartungen	Kompetenztraining
– eine Diskussion in der Familie verstehen	SB: S. 74 (B)
– einen Text hören und verstehen	SB: S. 76 (4), 77 (6/7), 79 (1), 82 (6) CdA: S. 59 (1A), 65 (12), 67 (1A), 68 (3)
– über Interessen sprechen	SB: S. 75 (1), 78 (9), 85 (1)
– an einem Gespräch teilnehmen, auf Fragen antworten	SB: S. 82 (6), 85 (1), 127 (7) CdA: S. 65 (11)
– eine Klassenfahrt vorbereiten	SB: S. 83 (1)
– über Jahreszeiten und das Wetter sprechen	SB: S. 85 (1)
– eine E-Mail mündlich wiedergeben	SB: S. 86 (5)
– über die eigenen Lernvorlieben sprechen	CdA: S. 69 (6)

Sprachmittlung

Kompetenzerwartungen	Kompetenztraining
– deutsche Verkehrsschilder auf Frz. beschreiben	CdA: S. 69 (5)
– im Fremdenverkehrsamt dolmetschen	CdA: S. 65 (11)

Leseverstehen/Schreiben

Kompetenzerwartungen	Kompetenztraining
– einen Text lesen und (global) erschließen und verstehen	SB: S. 76 (4), 77 (7), 79 (1), 86 (5) CdA: S. 66 (13)
– Fragen zu einem Text beantworten	SB: S. 76 (5), 77 (8), 80 (2) CdA: S. 63 (7)
– einen Reiseprospekt über Bordeaux verstehen	SB: S. 78 (9), 83 (1B)
– einen Text über Ferien schreiben	SB: S. 82 (5) CdA: S. 64 (10), 69 (4)
– eine Region beschreiben	CdA: S. 67 (1B)
– eine Klassenfahrt vorbereiten	SB: S. 84 (1)
– kurze Texte, auch mit Bild- und Wortvorgaben, verfassen (Perspektivenwechsel, Porträt, Fortsetzung)	SB: S. 76 (5B), 80 (2B) CdA: S. 63 (7C), 66 (13)

Funktionale kommunikative Kompetenzen: Verfügung über die sprachlichen Mittel

Wortschatz

Kompetenzerwartungen	Kompetenztraining
ihren Wortschatz erweitern und situationsgemäß anwenden:	
– Wetter und Jahreszeiten	SB: S. 79 (1), 81 (4), 82 (5/6), 85 (1) CdA: S. 59 (1)
– Ferien und Ferienvorbereitungen	SB: S. 75 (1), 76 (6), 77 (7), 78 (9), 79 (1), 80 (3), 82 (5/7), 83–84 CdA: S. 60 (2), 64 (10), 65 (11/12), 68 (1)
– Themenfeld *la maison*	CdA: S. 61 (4)

Grammatik

Kompetenzerwartungen	Kompetenztraining
grammatisches Grundinventar anwenden:	
– Objektpronomen *me, te, nous, vous*	SB: S. 75 (1–3), 76 (4), 85 (2), 126 (1), 127 (6) CdA: S. 60 (1), 61 (3)
– direkte Objektpronomen *le, la, les*	SB: S. 79 (1), 80 (2/3), 85 (3), 126 (4), 127 (5/6) CdA: S. 63 (8)
– indirekte Rede und Frage	SB: S. 77 (7/8), 78 (10), 82 (6), 86 (5) CdA: S. 62 (6), 67 (2), 68 (2)
– Verb *dire*	SB: S. 78 (19), 126 (2) CdA: S. 62 (5)
– Verben *essayer*, *envoyer*, *payer*	SB: S. 126 (3)
– Veränderlichkeit des *Passé composé* mit direktem Objektpronomen	SB: S. 127 (5/6) CdA: S. 64 (9), 69 (4)
– direkte und indirekte Objekte	CdA: S. 59 (2)

Orthografie

Kompetenzerwartungen	Kompetenztraining
– die Formen der Verben auf *-yer*	SB: S. 126 (3)

Interkulturelle Kompetenzen

- **soziokulturelles Orientierungswissen**
- **praktische Bewältigung interkultureller Begegnungssituationen**
- **verständnisvoller Umgang mit kultureller Differenz**

Kompetenzerwartungen	Kompetenztraining
- Arcachon, Bordeaux und die Region *Aquitaine* kennen lernen	SB: S. 74, 78 (9), 80 (3), 82 (6), 83 (1)
- Baderegeln am Atlantik kennen lernen	SB: S. 79 (1)
- Ferien, Feiertage und Zeitangaben in Frankreich und Deutschland vergleichen	CdA: S. 64 (10)

Methodische Kompetenzen

Textrezeption

Kompetenzerwartungen	Kompetenztraining
- beim Lesen und Hören Informationen global und detailliert aus dem Textzusammenhang erschließen	SB: S. 74, 78 (9), 83 (1)

Textproduktion

Kompetenzerwartungen	Kompetenztraining
- über die Ferien schreiben	SB: S. 82 (5) CdA: S. 64 (10)
- eine Region beschreiben (auch auf Deutsch)	SB: S. 82 (7) CdA: S. 67 (1B)
- eine Stadt und ihre Freizeitmöglichkeiten beschreiben (Portfolio)	SB: S. 84 (1E)
- kurze Texte auch mithilfe von Bildern verfassen (Perspektivenwechsel, Rätsel, Porträt, Fortsetzung einer Geschichte)	SB: S. 76 (5B), 80 (2B), 81 (4) CdA: S. 63 (7C), 66 (13)

Lernstrategien

Kompetenzerwartungen	Kompetenztraining
- einen Sachtext vorbereiten, schreiben und überprüfen	SB: S. 82 (7)
- ein Wörternetz erstellen	CdA: S. 61 (4)
- dolmetschen	CdA: S. 65 (11)

Präsentation

Kompetenzerwartungen	Kompetenztraining
- Vorschläge für eine Reise nach Bordeaux vorstellen	SB: S. 83 (1B)
- eine Stadt vorstellen	SB: S. 84 (1E)

Lernbewusstheit und Lernorganisation

Kompetenzerwartungen	Kompetenztraining
- grammatische Regeln erkennen	SB: S. 75 (2)
- Strategien zur Selbstkontrolle und Bewusstheit des eigenen Lernstandes nutzen (*Bilan*)	SB: S. 85–86 (1–5) CdA: S. 67 (1–2)
- sich ihre Lernvorlieben bewusst machen	CdA: S. 69 (6)

S. 74 Découvertes: Une semaine à Arcachon

Préparation en 3 minutes

- **Mitnehmen!** SB, *CdA*, OHP, Folie U5/1, Leerfolie, CD-Player, CD 3 (Tracks 1+14; MP3 80+93), KV 1
- **Schülerbuch:** S. 74
- ***Cahier d'activités*:** S. 59, Nr. 1
- **Schwerpunkte:** Die Region Aquitaine und die Stadt Arcachon; Bildbeschreibung
- **Sozialform:** PA
- **Hausaufgabe:** Text über Arcachon schreiben

Neue Wörter

Arcachon, le printemps, au bord de qc, la mer, le sud-ouest, une plage, une dune, la dune du Pilat, la Normandie, un hôtel, un gîte

Schritte zur Erarbeitung

Hinführung (SB, Folie U5/1, Leerfolie)
L lässt S zunächst von eigenen Urlaubserfahrungen in Frankreich, besonders an den Küsten, auf Deutsch erzählen.
S. 74/Leerfolie: Anschließend führt L mit den S ein Gespräch auf Französisch über das Bild: *Qu'est-ce que vous voyez*? L hält die Ergebnisse an der Tafel per Mindmap fest (⟶ Tafelbild 1).
Folie U5/1: Mithilfe der Folie können weitere Wörter und Informationen zur *dune du Pilat* ergänzend in der Mindmap mit einer anderen Farbe als neue Information festgehalten werden (⟶ Alternative/Tipp).

Problematisierung (SB)
S. 74/A: Vor Bearbeitung der Aufgabe suchen S mit L Arcachon auf der Karte im SB (1. Doppelseite). L fragt im UG ab, wer die Ferienregion und die Besonderheiten bzw. einige davon aufgrund des Bildes/der Bilder benennen kann.

Erarbeitung/Sicherung (*CdA*, SB, CD 3, Tracks 1+14; MP3 80+93, Leerfolie, KV 1)
CdA, S. 59, Nr. 1: Hörverstehensübung zu den Themenfeldern Wetter und Regionen. S arbeiten in EA. Ergebnissicherung im Plenum.
SB, S. 74/B: Gemeinsames Lesen der Aufgaben und Fragen im Plenum. L klärt ggf. Probleme beim Wortschatz. L spielt Text von CD ab. Ergebnissicherung im Plenum an der Tafel oder auf Folie bzw. auch in PA mündlich (⟶ Der besondere Tipp 1+2, Differenzierung).

Festigung
Hausaufgabe: S schreiben einen kleinen Text zu Arcachon: *Ecris 8–10 phrases sur Arcachon.*

Tafelbild 1

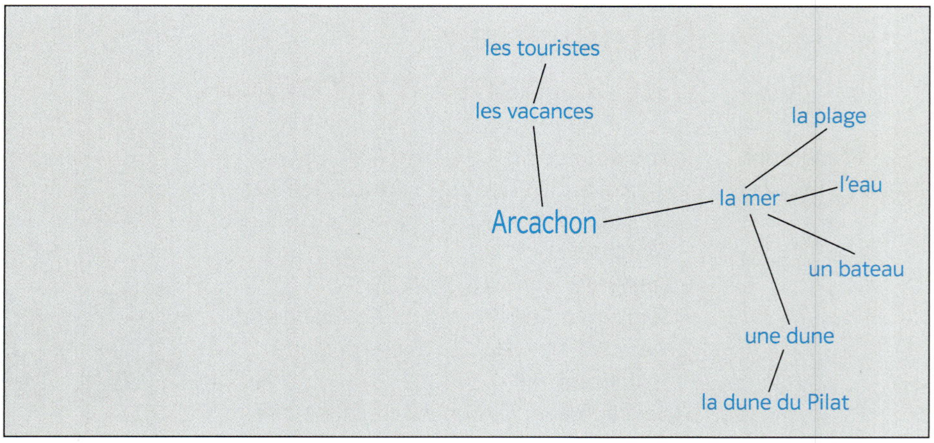

Interkulturelles

Arcachon liegt an der Atlantikküste im Département Gironde in der Region Aquitaine.
Lage: etwa 70 km südwestlich von Bordeaux.
Geschichte: Arcachon war zunächst nur ein Fischerdorf, bevor sich der Ort ab dem 19. Jahrhundert zu einem bekannten Badeort entwickelte.
Wirtschaft: Arcachon und seine Umgebung sind für die Austernzucht bekannt. Sowohl Austern als auch andere Meeresfrüchte stehen auf vielen Speisekarten der Restaurants und Bars.
Deutsche Partnerstadt: Goslar (Niedersachsen)
Sehenswürdigkeiten in der Umgebung: Bassin d'Arcachon, Dune du Pilat, Île aux oiseaux, vogelkundlicher Park in Le Teich (gesprochen: Täsch).
Die **Dune du Pilat** (auch *Grande Dune du Pyla*) ist die größte Wanderdüne Europas und liegt gegenüber von Cap Ferret südlich von Arcachon.
Die Düne ist über 100 Meter hoch (die Höhe variiert), ca. 500 Meter breit und 2,7 Kilometer lang. Zum Meer hin ist sie nicht ganz so steil (zwischen 5° und 20° Steigung), die Ostseite hat jedoch ein Gefälle von 30° bis 40°. Die Sandfläche der Düne beträgt rund 87 Hektar. Sie wandert pro Jahr 1–5 Meter nach Osten und wurde 1978 zum Naturschutzgebiet erklärt.
Tourismus: Mit mehr als einer Million Touristen jährlich ist die Düne nach dem Mont Saint-Michel in der Normandie das zweitbeliebteste Naturdenkmal Frankreichs. Auf der Ostseite kann man die Düne durch den tiefen Sand erklettern, an der nordöstlichen Ecke über eine Treppe.

Tipps und Tricks

Alternative/ Tipp

Die Hinführung kann auch im Dialog in PA erfolgen. Diese Form der Wiederholung bietet sich im Hinblick auf die neue Kommunikationsprüfung an.

Der besondere Tipp

1. Ggf. können im SB, S. 136, nochmals die *Stratégies* zum HV wiederholt werden.
2. Steht genügend Zeit zur Verfügung, kann der **Online-Link r2gj44** zusätzlich als einführende Aufgabe eingesetzt werden. Die S bearbeiten ein Arbeitsblatt zu Sportarten am Strand. Ggf. kann eine der beiden Aufgaben auch in die HA verlagert werden oder als Kurzreferat von einem S übernommen werden.

Differenzierung

Bei einem mittleren Leistungsniveau empfiehlt es sich, in zwei Hördurchgängen verschiedene Fragestellungen zum HV-Text bearbeiten zu lassen → **KV 1**.
Auch hier erfolgt die Ergebnissicherung im Plenum auf Folie.

S. 75 Atelier A (1)

Préparation en 3 minutes

- **Mitnehmen!** SB, *CdA*
- **Schülerbuch:** S. 75; S. 126, Nr. 1
- ***Cahier d'activités*:** S. 59, Nr. 2; S. 60, Nr. 1; S. 61, Nr. 3
- **Schwerpunkt:** Die Objektpronomen *me, te, nous, vous* (⟶ G 18, GBH, S. 35)
- **Sozialformen:** PA, GA
- **Hausaufgabe:** *CdA*, S. 60, Nr. 1, und S. 61, Nr. 3.

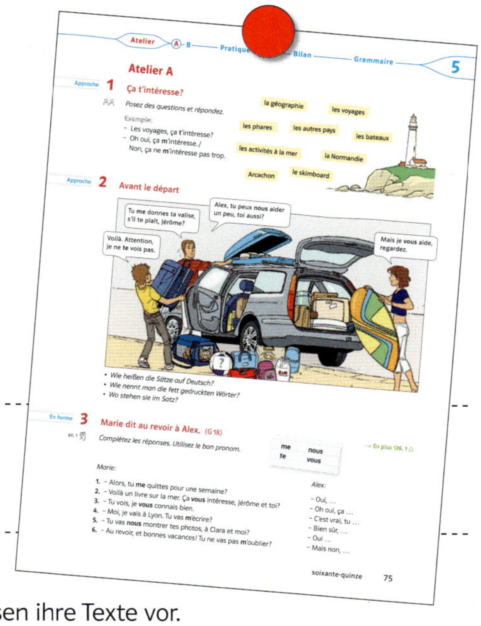
Atelier A B Pratique Bilan Grammaire 5

Atelier A

Approche 1 Ça t'intéresse?

Posez des questions et répondez.

Exemple:
- Les voyages, ça **t'**intéresse?
- Oh oui, ça **m'**intéresse. / Non, ça ne **m'**intéresse pas trop.

la géographie | les voyages | les phares | les autres pays | les bateaux | les activités à la mer | la Normandie | Arcachon | le skimboard

Approche 2 Avant le départ

- Wie heißen die Sätze auf Deutsch?
- Wie nennt man die fett gedruckten Wörter?
- Wo stehen sie im Satz?

En forme 3 Marie dit au revoir à Alex. (G 18)

60, 1 Complétez les réponses. Utilisez le bon pronom. → En plus 126, 1

me nous te vous

Marie:
1. – Alors, tu **me** quittes pour une semaine?
2. – Voilà un livre sur la mer. Ça **vous** intéresse, Jérôme et toi?
3. – Tu vois, je **vous** connais bien.
4. – Moi, je vais à Lyon. Tu vas **m'**écrire?
5. – Tu vas **nous** montrer tes photos, à Clara et moi?
6. – Au revoir, et bonnes vacances! Tu ne vas pas **m'**oublier?

Alex:
– Oui, …
– Oh oui, ça …
– C'est vrai, tu …
– Bien sûr, …
– Oui …
– Mais non, …

soixante-quinze 75

Neue Wörter

intéresser qn, un bateau/des bateaux, un phare, un skimboard, le départ, une valise

---

Schritte zur Erarbeitung

Hinführung (SB, *CdA*)
Besprechung der Hausaufgabe. Einzelne S lesen ihre Texte vor.
L kann im Anschluss alle Texte einsammeln und korrigieren. (Lösungsmöglichkeit: *Arcachon se trouve dans la région Aquitaine. La ville est dans le sud-ouest de la France. Il y a beaucoup de touristes et il y a la mer avec des jolies plages. Il y a aussi la dune du Pilat. On peut faire beaucoup d'activités: faire de la natation, faire du skimboard. Sur la plage et au bord de la mer, on peut passer des vacances super. Pendant les vacances de printemps, c'est super, Arcachon.*)
SB, S. 74/75: Anschließend sammelt L mithilfe des SB mündlich Begriffe an der Tafel zum Themenfeld *vacances / Arcachon* und erweitert so das TB 1 (⟶ Tafelbild 2). Als Vorentlastung ergänzt L die neuen Wörter aus dem SB. Möglicher zusätzlicher Wortschatz auf Wunsch: *le kite-surfing, la planche à voile, la plongée sous-marine, …*
CdA, S. 59, Nr. 2: Wiederholung der Verwendung direkter und indirekter Objekte. S ordnen mit farblicher Hilfestellung direkte und indirekte Objekte als Satzergänzungen zu.

Problematisierung
L führt Objektpronomen ein (⟶ Tafelbild 3/1): Dabei verweist L auf das bekannte *je m'appelle, tu t'appelles*. S können „mich/dich" erschließen. Dann lässt L alle in TB 2 gesammelten Begriffe mit der vorgegebenen Sprechstruktur in PA oder GA versprachlichen. Als Vorentlastung für SB, S. 76, Nr. 4: *En voiture!*, kann L hier bereits nach Stellung und Funktion des Pronomens fragen.
Dann wird TB 3 mit den Pluralformen der Objektpronomen ergänzt (⟶ Tafelbild 3/2).

Erarbeitung (SB)
S. 75, Nr. 2: Übung zur Verwendung der Objektpronomen. Die Lösung wird im Plenum erarbeitet, das TB wird durch die Regel ergänzt (⟶ Tafelbild 3/3).

Sicherung/Festigung (SB, *CdA*)
SB, S. 75, Nr. 3: S arbeiten in EA. Als Erweiterung des Dialogs kann L vorgeben: *montrer tes photos, écrire une carte postale, inviter, répondre* (⟶ Differenzierung).
Hausaufgabe: *CdA*, S. 60, Nr. 1, und S. 61, Nr. 3.

Tafelbild 2

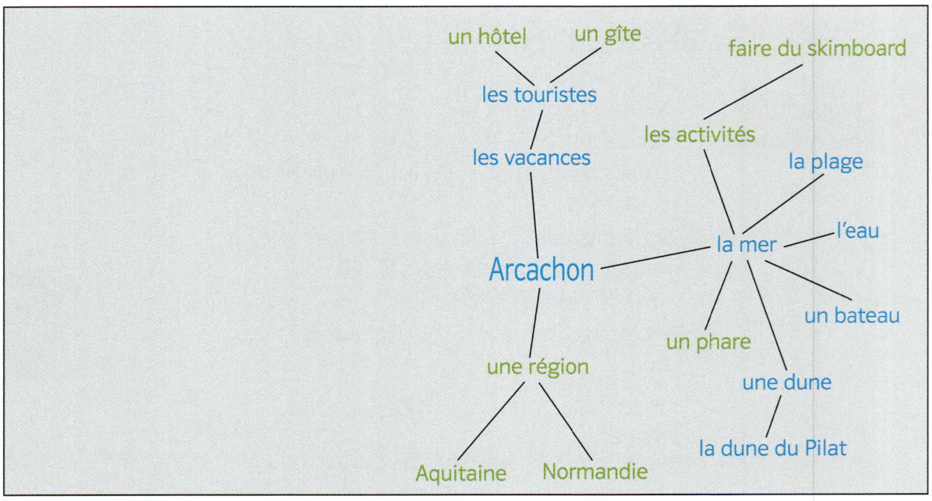

Tafelbild 3

Die Objektpronomen

1. Les voyages, ça **t'**intéresse?
   Oui, ça **m'**intéresse./Non, ça ne **m'**intéresse pas.
2. Les voyages, ça **vous** intéresse?
   Oui, ça **nous** intéresse.
3. Besonderheiten + Regeln zum Objektpronomen:
   Singular: me/m', te/t'
   Plural: nous, vous

   Alle Objektpronomen stehen vor dem konjugierten Verb. Die Singularformen werden vor Vokal apostrophiert ⟶ G18.

Tipps und Tricks

Differenzierung

SB, S. 126, *En plus*, Nr. 1: Die leichtere Aufgabe zu den direkten Objektpronomen kann von leistungsstarken S noch im Unterricht oder von leistungsschwächeren als Zusatztraining zu Hause bearbeitet werden.

S. 76–77 Atelier A (2/En voiture!)

Préparation en 3 minutes

- **Mitnehmen!** SB, *CdA*, OHP, Folien U5/1+U5/2, Kopie von Folie U5/2, CD-Player, CD 3 (Tracks 2–5; MP3 81–84), KV 2/A + 3
- **Schülerbuch:** S. 76–77, Nr. 4–6
- ***Cahier d'activités*:** S. 60–61, Nr. 1–3
- **Schwerpunkte:** Beschreibung einer Ferienreise in Frankreich auf der Autobahn, Handynachrichten
- **Methoden/Sozialformen:** Echo-Lesen (⟶ *Boîte à outils 14*) oder Fehlerlesen (⟶ *Boîte à outils 17*); PA, GA
- **Hausaufgabe:** *CdA*, S. 60, Nr. 2 + schriftliche Textzusammenfassung

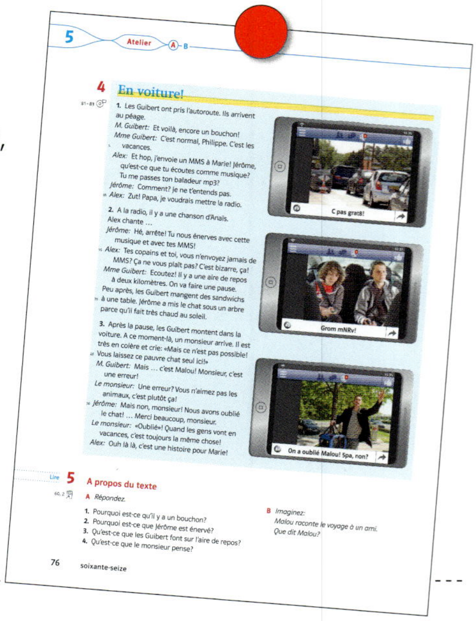
5 Atelier A B

4 En voiture!

81–83

1. Les Guibert ont pris l'autoroute. Ils arrivent au péage.
M. Guibert: Et voilà, encore un bouchon!
Mme Guibert: C'est normal, Philippe. C'est les vacances.
Alex: Et hop, j'envoie un MMS à Marie! Jérôme, qu'est-ce que tu écoutes comme musique? Tu me passes ton baladeur mp3?
Jérôme: Comment? Je ne t'entends pas.
Alex: Zut! Papa, je voudrais mettre la radio.

2. A la radio, il y a une chanson d'Anaïs. Alex chante …
Jérôme: Hé, arrête! Tu nous énerves avec cette musique et avec tes MMS!
Alex: Tes copains et toi, vous n'envoyez jamais de MMS? Ça ne vous plaît pas? C'est bizarre, ça!
Mme Guibert: Ecoutez! Il y a une aire de repos à deux kilomètres. On va faire une pause.
Peu après, les Guibert mangent des sandwichs à une table. Jérôme a mis le chat sous un arbre parce qu'il fait très chaud au soleil.

3. Après la pause, les Guibert montent dans la voiture. A ce moment-là, un monsieur arrive. Il est très en colère et crie: «Mais ce n'est pas possible! Vous laissez ce pauvre chat seul ici!»
M. Guibert: Mais … c'est Malou! Monsieur, c'est une erreur!
Le monsieur: Une erreur? Vous n'aimez pas les animaux, c'est plutôt ça!
Jérôme: Mais non, monsieur! Nous avons oublié le chat! … Merci beaucoup, monsieur.
Le monsieur: «Oublié»! Quand les gens vont en vacances, c'est toujours la même chose!
Alex: Ouh là là, c'est une histoire pour Marie!

C pas grat8!
Grom mNRv!
On a oublié Malou! 5pa, non?

Lire 5 A propos du texte

60, 2

A *Répondez.*
1. Pourquoi est-ce qu'il y a un bouchon?
2. Pourquoi est-ce que Jérôme est énervé?
3. Qu'est-ce que les Guibert font sur l'aire de repos?
4. Qu'est-ce que le monsieur pense?

B *Imaginez:*
Malou raconte le voyage à un ami. Que dit Malou?

76 soixante-seize

Neue Wörter

En voiture!, une autoroute, le péage, un bouchon, normal/normale, envoyer qc à qn, un MMS, un baladeur mp3, la radio, plaire à qn, une aire de repos, une pause, un sandwich, un arbre, le soleil, laisser qc, une erreur, un animal/des animaux

Schritte zur Erarbeitung

Hinführung (*CdA*, Folie U5/1)
S. 60, Nr. 1; S. 61, Nr. 3: Besprechung der Hausaufgabe.
Folie U5/1: L zeigt auf das untere Bild: *Qui est-ce? Qu'est-ce qu'on met dans la voiture pour les vacances?* … L thematisiert neue Wörter und ergänzt TB 1 (⟶ Tafelbild 4). L kann neue Wörter mit einer *carte pédagogique*, einem Bild oder gar einer Zeichnung verzieren. Das Bild ggf. als KV an die S verteilen; diese schreiben die genannten Gegenstände um das Bild herum (⟶ Alternative 1).

Problematisierung (Folie U5/2 + Kopie)
Folie U5/2: L schneidet die drei linken Bilder auf der Folienkopie aus und legt sie durcheinander auf den OHP. Die S beschreiben zunächst in einfachen Sätzen, was sie darauf erkennen können: *Je vois* … (Transkription der MMS-Nachrichten: *C'est pas gratuit! Jérôme m'énerve. On a oublié Malou! Sympa, non?*).

Erarbeitung (Folie U5/2, CD 3, Tracks 2–5; MP3 81–84, KV 2/A, SB)
Folie U5/2: S hören den Text einmal und bringen die Bilder in die richtige Reihenfolge. Mit weiteren Fragen wie: *Qui est-ce?, Ils sont où?, Qu'est-ce qu'on peut voir sur les photos?* … werden die S im UG an den Text herangeführt.
KV 2/A: Vor dem 2. Hören verteilt L die Kopiervorlage und spielt den Text abschnittsweise vor. Nach jedem Abschnitt werden die Lösungen im Plenum besprochen. L ergänzt TB 1 (⟶ Tafelbild 5, Interkulturelles).
S. 76, Nr. 4: L spielt den Text bei geöffneten Büchern nochmals vor. S lesen mit der Methode des Echo-Lesens oder führen das Fehlerlesen durch (⟶ *Boîte à outils 14/17)*.

Sicherung (SB)
S. 76, Nr. 5 A: S beantworten die Fragen im Plenum; Ergebnissicherung an der Tafel. Bei Zeitmangel kann diese Aufgabe auch als HA aufgegeben werden (⟶ Alternative 2).

Festigung (SB, Folie U5/2, CD 3, Track 5; MP3 84, KV 3, *CdA*)
SB, S. 76, Nr. 5 B: S arbeiten mündlich im Plenum oder schriftlich in EA oder PA (⟶ Alternative 3).
SB, S. 77, Nr. 6/Folie U5/2: Die Aufgabe kann auch mithilfe der Folie im Plenum durchgeführt werden. Das Hören unterstützt das Entschlüsseln der Nachricht (⟶ Doppelstunde).
Hausaufgabe: *CdA*, S. 60, Nr. 2; *Résumé* des Textes. Für leistungsschwächere S: *Ecris 3–4 phrases pour chaque photo.*

Tafelbild 4

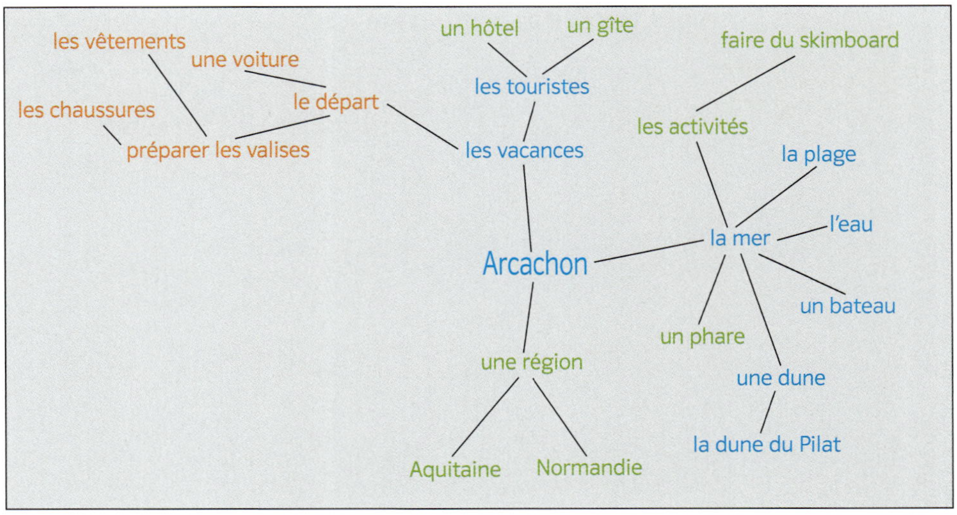

Tafelbild 5

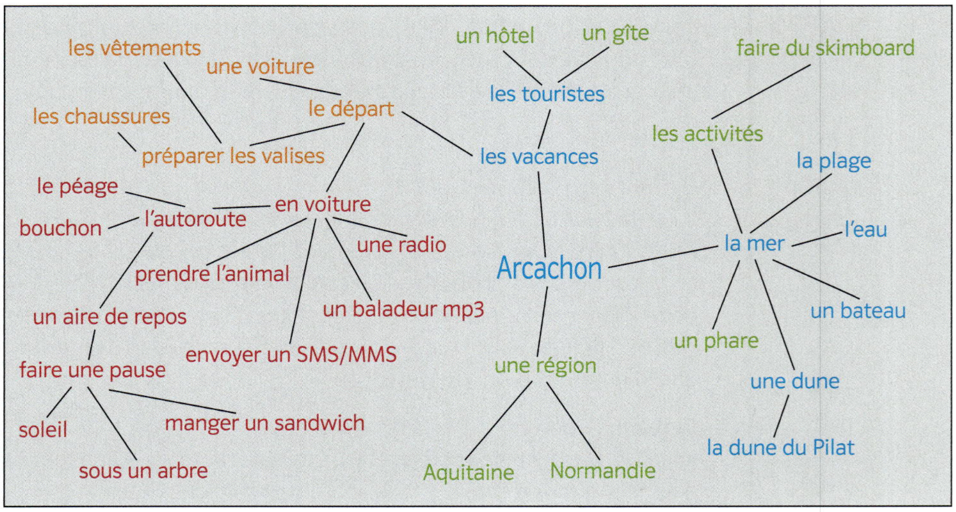

Interkulturelles In Frankreich muss man auf fast allen Autobahnen eine Gebühr bezahlen. Dafür gibt es spezielle Mautstellen (⟶ SB, S. 161), an denen man allerdings nur noch selten einer Person das Geld gibt; meist bezahlt man mit Geld oder Karte an einem Automaten.

Tipps und Tricks

Alternativen **1.** Bei leistungsstarken Lerngruppen kann das Spiel: „Ich packe meinen Koffer" in GA gespielt werden. Dabei fängt ein S einen Satz mit: *Je fais mes bagages et je prends …* und ergänzt einen an der Tafel stehenden Gegenstand. Der Partner rechts von diesem S wiederholt den genannten Satz und fügt noch einen Gegenstand hinzu: … *et* … usw. Die S sind so gezwungen, sich gegenseitig zuzuhören, sich die genannten Gegenstände zu merken und in ganzen Sätzen zu sprechen.

2. SB, S. 76, Nr. 4: Der Text bietet sich als Rollenspiel an. Die S präsentieren die Szenen vor der Klasse und dürfen auch ihre eigenen Handys benutzen.

3. SB, S. 76, Nr. 5 B: Weitere Ideen zur Bearbeitung:

– *Imaginez: Les Guibert ont vraiment oublié Malou sur l'aire de repos. Après 20 kilomètres, Jérôme crie …*

– *Le départ en vacances, c'est comment chez vous? Qui fait quoi? C'est comment pendant le voyage?*

Doppelstunde An dieser Stelle kann ggf. **KV 3** bearbeitet werden. Dies bietet sich v. a. auch im Nachmittagsunterricht an.

S. 77 Atelier A (3/Pile ou face?)

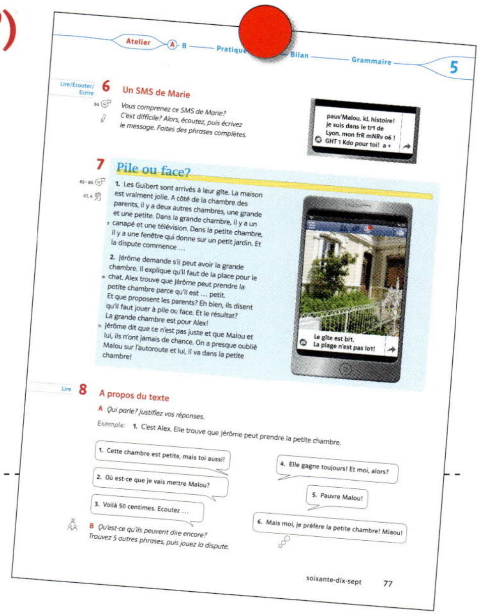

Atelier A B — Pratique — Bilan — Grammaire 5

Lire/Ecouter/Ecrire **6** Un SMS de Marie

84 *Vous comprenez ce SMS de Marie? C'est difficile? Alors, écoutez, puis écrivez le message. Faites des phrases complètes.*

pauv'Malou. kL histoire! je suis dans le tr1 de Lyon. mon frR mNRv o6 ! GHT 1 Kdo pour toi! a +

7 Pile ou face?

85–86 61, 4

1. Les Guibert sont arrivés à leur gîte. La maison est vraiment jolie. A côté de la chambre des parents, il y a deux autres chambres, une grande et une petite. Dans la grande chambre, il y a un canapé et une télévision. Dans la petite chambre, il y a une fenêtre qui donne sur un petit jardin. Et la dispute commence …

2. Jérôme demande s'il peut avoir la grande chambre. Il explique qu'il faut de la place pour le chat. Alex trouve que Jérôme peut prendre la petite chambre parce qu'il est … petit. Et que proposent les parents? Eh bien, ils disent qu'il faut jouer à pile ou face. Et le résultat? La grande chambre est pour Alex! Jérôme dit que ce n'est pas juste et que Malou et lui, ils n'ont jamais de chance. On a presque oublié Malou sur l'autoroute et lui, il va dans la petite chambre!

Le gîte est bi1. La plage n'est pas lo1!

Lire **8** A propos du texte

A *Qui parle? Justifiez vos réponses.*

Exemple: **1.** C'est Alex. Elle trouve que Jérôme peut prendre la petite chambre.

1. Cette chambre est petite, mais toi aussi!
2. Où est-ce que je vais mettre Malou?
3. Voilà 50 centimes. Ecoutez …
4. Elle gagne toujours! Et moi, alors?
5. Pauvre Malou!
6. Mais moi, je préfère la petite chambre! Miaou!

B *Qu'est-ce qu'ils peuvent dire encore? Trouvez 5 autres phrases, puis jouez la dispute.*

soixante-dix-sept 77

Préparation en 3 minutes

- **Mitnehmen!** SB, *CdA*, Leerfolie, OHP, Folie U5/2, CD-Player, CD 3 (Tracks 6–7; MP3 85–86), KV 2/B, Münze
- **Schülerbuch:** S. 77
- ***Cahier d'activités*:** S. 60, Nr. 2; S. 61, Nr. 4; S. 68, Nr. 1
- **Schwerpunkte:** Textarbeit und Handybotschaften; Bildbeschreibung
- **Methoden/Sozialformen:** Stopp-Lesen (⟶ *Boîte à outils 36*); PA, GA
- **Hausaufgabe:** Textproduktion

Neue Wörter

Pile ou face?, un canapé, une fenêtre, donner sur qc, un jardin, si, dire qc à qn, jouer à qc, juste/juste

Schritte zur Erarbeitung

Hinführung (*CdA*, SB, Folie U5/2)
CdA, S. 60, Nr. 2: Besprechung der Hausaufgabe und der Textzusammenfassung (Lösungsmöglichkeit: *Photo 1: La famille Guibert est sur l'autoroute et arrive au péage. Il y a un bouchon parce que c'est les vacances. Dans la voiture, Alex écoute de la musique avec son baladeur mp3. Photo 2: Alex écoute de la musique et écrit des MMS. La famille veut faire une pause sur une aire de repos. Là, ils mangent des sandwichs sous un arbre parce qu'il fait très chaud au soleil. Photo 3: Un monsieur arrive parce que la famille Guibert a oublié Malou. Le monsieur est en colère. Quand les gens vont en vacances, c'est toujours la même chose.*).
Folie U5/2: L lässt das Bild des *gîte* beschreiben und die Handybotschaft entschlüsseln. L verweist auf die neuen Wörter *une fenêtre, un jardin*.

Problematisierung (Münze)
L schreibt Überschrift *Pile ou face?* an die Tafel und zeigt anhand der Münze, was es bedeutet. Dann lässt L S mutmaßen, weshalb der Text diese Überschrift haben könnte.

Erarbeitung (*CdA*, Folie U5/2, SB, CD3, Tracks 6–7; MP3 85–86, KV 2/B, Leerfolie)
CdA, S. 61, Nr. 4: Wiederholung des Wortschatzes zu *la maison* (⟶ Der besondere Tipp, Differenzierung).
Folie U5/2: L lässt S die Erzählung bis dahin rekapitulieren. L führt neues Vokabular ein: *dire qc à qn* und *jouer à qc* (Gestik).
SB, S. 77, Nr. 7: Die S hören den Text einmal und bearbeiten KV 2/B. Die Besprechung erfolgt im Plenum. Die Textabschnitte werden z. B. mit der Methode des Stopp-Lesens (⟶ *Boîte à outils 36*) oder in PA gelesen (Transkription der MMS-Nachricht: *Le gîte est bien. La plage n'est pas loin.*). L fragt anschließend ab, ob Mutmaßungen zum Titel mit der wahren SB-Geschichte übereinstimmen. Die Aufgabe kann im Sinne der Sprachmittlung auch auf Deutsch besprochen werden.
Die Ergebnissicherung erfolgt im Plenum per Folie oder an der Tafel.
S versprachlichen im Anschluss das Gelernte, indem sie sich gegenseitig in PA ihr Haus/ihre Wohnung vorstellen.

Sicherung/Festigung (SB)
S. 77, Nr. 8: Die S arbeiten mündlich (Plenum oder GA) (⟶ Alternative). Zur Übung und Festigung ggf. nochmals schriftlich bearbeiten lassen. Teil B kann bei Zeitmangel und bei leistungsschwächeren S entfallen (⟶ Zur Methodik).
Hausaufgabe: Die S beschreiben ein Zimmer ihrer Wohnung/ihres Hauses nach Wahl: *Décris une pièce dans ta maison/dans ton appartement* (*50–60 mots*).

Tipps und Tricks

Der besondere Tipp ***CdA*, S. 61, Nr. 4:** L sollte hier auch nochmals auf die *stratégie* der Wortnetze zur Gruppierung von Wortschatz zu einem Themenfeld verweisen (⟶ SB, S. 135).

Differenzierung ***CdA*, S. 68, *En plus*, Nr. 1:** Leichtere Wortschatz- und Schreibübung. L kann die Lösungen zur Selbstkontrolle oder Partnerkorrektur als KV anbieten.

Alternative Die S bilden 4er-Gruppen. Jede Gruppe verfasst zwei Fragen und zwei Antworten zu den beiden SB-Texten. Alle werden in der Klasse vorgelesen und beantwortet.

Zur Methodik **SB, S. 77, Nr. 8:** Im A-Teil werden durch die Begründung die indirekten Sätze im Text wiederholt. Für den B-Teil wären auch SMS-Texte denkbar.

S. 77–78 Atelier A (4)

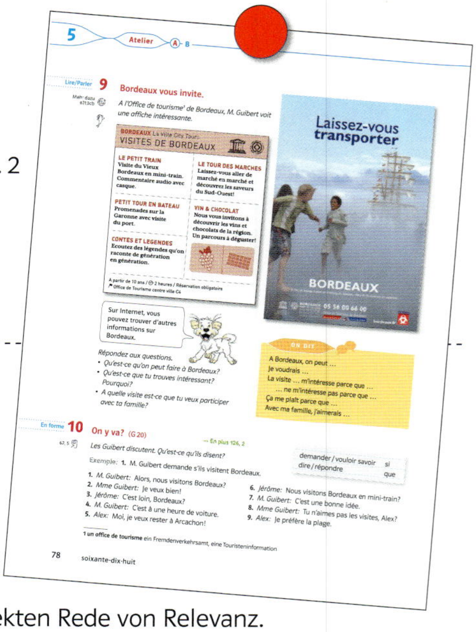

Préparation en 3 minutes

- **Mitnehmen!** SB, *CdA*, ggf. Leerfolie
- **Schülerbuch:** S. 77, Nr. 7; S. 78, Nr. 10; S. 126, Nr. 2
- ***Cahier d'activités*:** S. 62; S. 68, Nr. 2
- **Schwerpunkt:** Indirekte Rede (⟶ G 20, GBH, S. 38)
- **Hausaufgabe:** *CdA*, S. 62, Nr. 5

Schritte zur Erarbeitung

Hinführung (ggf. Leerfolie)
Besprechung der Hausaufgabe (individuelle S-Lösungen).
L lässt S die Verben *demander*, *dire* (⟶ G 19), *répondre*, *expliquer*, *trouver*, *vouloir*, *savoir* konjugieren. Dies kann an der Tafel oder per Folie erfolgen. Ergebnissicherung ggf. über OHP.
Diese Verben sind für die Einführung der indirekten Rede von Relevanz.

Problematisierung (SB)
S. 77, Nr. 7: Dann führt L mithilfe des Textes die indirekte Rede mit induktivem Vorgehen ein. L lässt alle Sätze mit diesen Verben im UG sammeln und schreibt diese an die Tafel (⟶ Tafelbild 6).

Erarbeitung/Sicherung (SB, *CdA*)
SB, S. 78, Nr. 10, und *CdA*, S. 62, Nr. 6: S bearbeiten Aufgaben in EA (⟶ Differenzierung).

Festigung (*CdA*)
Hausaufgabe: S. 62, Nr. 5.

Tafelbild 6

Jérôme <u>demande s</u>'il peut avoir la grande chambre.
Il <u>explique qu</u>'il faut de la place pour le chat.
Alex <u>trouve que</u> Jérôme peut prendre la petite chambre parce qu'il est … petit.
Ils <u>disent qu</u>'il faut jouer à pile ou face.
Jérôme <u>dit que</u> ce n'est pas juste et que Malou et lui, ils n'ont jamais de chance.

Il dit/trouve/explique/répond <u>que/qu'</u> …
Il demande/veut savoir <u>si</u> … ⟶ G 20

Tipps und Tricks

Differenzierung **SB, S. 126, *En plus*, Nr. 2**, und ***CdA*, S. 68, *En plus*, Nr. 2:** Die leichteren Übungen zur Konjugation des Verbs *dire* und zur indirekten Rede können von leistungsstarken S noch im Unterricht bearbeitet werden oder für leistungsschwächere S als Zusatztraining zu Hause oder in der Lernwerkstatt als Zusatzübung herangezogen werden.

S. 78 Atelier A (5)

Préparation en 3 minutes

- **Mitnehmen!** SB, *CdA*
- **Schülerbuch:** S. 78, Nr. 9
- ***Cahier d'activités*:** S. 62, Nr. 5
- **Schwerpunkt:** Bordeaux kennen lernen
- **Methoden/Sozialformen:** Museumsgang (⟶ *Boîte à outils 12*), ggf. Internetrecherche; PA, GA
- **Hausaufgabe:** Online-Link e2t3cb

Neue Wörter Bordeaux

Schritte zur Erarbeitung

Hinführung (*CdA*, SB)
CdA, S. 62, Nr. 5: Besprechung der Hausaufgabe.
SB, S. 78, Nr. 9: L lässt S das Plakat zu Bordeaux beschreiben und hält die Ergebnisse an der Tafel fest (⟶ Interkulturelles).

Problematisierung (SB)
S. 78, Nr. 9: L und S lesen gemeinsam den Text und klären ggf. Vokabeln.

Erarbeitung/Sicherung (SB)
S. 78, Nr. 9: S bearbeiten Aufgaben in PA oder GA und präsentieren ihre Ergebnisse mithilfe des *On-dit*-Kastens im Plenum. Ziel ist hier das zusammenhängende monologische Sprechen. Die Klasse kann als Schiedsrichter entscheiden, ob Redewendungen umgesetzt worden sind oder nicht (⟶ Der besondere Tipp 1).

Festigung (SB)
Hausaufgabe: S. 78, Nr. 9: Online-Link e2t3cb (⟶ Der besondere Tipp 2).

Interkulturelles

Bordeaux liegt im Südwesten Frankreichs an der Garonne, etwa 45 km vom Atlantik entfernt. Mit rund 240 000 Einwohnern (Stand: Jan. 2010) gilt die Universitätsstadt als Zentrum für Politik, Wirtschaft und Wissenschaft in der Region.
Deutsche Partnerstadt: München (seit 1964)
Die Stadt und die Region sind vor allem für ihre Weine bekannt. Bordeaux ist Sitz der Präfektur des Départements Gironde und Hauptstadt der Region Aquitanien.
Sehenswürdigkeiten:
Altstadt: *Le Vieux Bordeaux* beinhaltet rund 5000 Gebäude aus dem 18. Jh. Teile davon gehören seit 2007 zum UNESCO Weltkulturerbe.
***Musée d'Aquitaine*:** Umfangreiche Sammlung zur regionalen Geschichte.
***Cathédrale Saint-André*:** Weltkulturerbe der UNESCO; wurde im Mittelalter erbaut und zwischen dem 13. und 15. Jh. erweitert. Sie ist eine der größten Kathedralen Frankreichs.
***Esplanade (ou Place) des Quinconces*:** Mit 126.000 m^2 ist er der größte Platz in Europa. Er wurde von 1818 bis 1828 erbaut und dient mit dem *Monument aux Girondins*, einer 43 Meter hohen Freiheitsstatue, und den Standbildern von Montesquieu und Montaigne als Ort der Erinnerung, aber auch als Fest- und Marktplatz.

***Grand Théâtre*:** Es zählt zu den schönsten Opernhäusern der Welt und gilt als Meisterwerk des Pariser Architekten Victor Louis.
Kulinarisches: Bordeaux ist bekannt für seine Küche. Die Meeresnähe und die umgebenden Weinberge haben eine Vielzahl unterschiedlicher lokaler Spezialitäten hervorgebracht, wie z. B. Gerichte *à la Bordelaise*, die in der Regel mit rotem Bordeauxwein serviert werden. Viele Fischspezialitäten kommen aus der Garonne oder dem Bassin d'Arcachon.
Typisch für Bordeaux sind etwa die ***Cannelés***. Es handelt sich um kleine Kuchen, die in einer gugelhupfartigen Form gebacken werden und ca. 10 cm hoch sind.

Tipps und Tricks

Der besondere Tipp

1. SB, S. 78, Nr. 9: Die Übung eignet sich hervorragend als Projekt oder GA.
Als GFS-Thema oder Präsentationsthema bietet sich der Arbeitsauftrag *Trouvez d'autres informations sur Bordeaux* an. S können Material mitbringen und daraus Klassenposter gestalten. Im Museumsgang (⟶ *Boîte à outils 12*) können alle S die Ergebnisse anschauen und würdigen.
2. Online-Link e2t3cb: Enthält Zusatzmaterial. *Bordeaux en tram* ist motivierend für die S aufbereitet.

S. 79–80 Atelier B (1/Pas facile, le skimboard!)

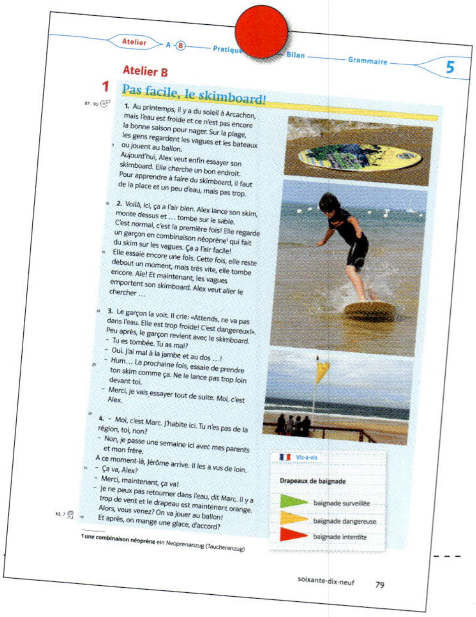
Atelier A B Pratique Bilan Grammaire 5

Atelier B

1 Pas facile, le skimboard!

87-90

1. Au printemps, il y a du soleil à Arcachon, mais l'eau est froide et ce n'est pas encore la bonne saison pour nager. Sur la plage, les gens regardent les vagues et les bateaux ou jouent au ballon.
Aujourd'hui, Alex veut enfin essayer son skimboard. Elle cherche un bon endroit. Pour apprendre à faire du skimboard, il faut de la place et un peu d'eau, mais pas trop.

2. Voilà, ici, ça a l'air bien. Alex lance son skim, monte dessus et … tombe sur le sable. C'est normal, c'est la première fois! Elle regarde un garçon en combinaison néoprène[1] qui fait du skim sur les vagues. Ça a l'air facile!
Elle essaie encore une fois. Cette fois, elle reste debout un moment, mais très vite, elle tombe encore. Aïe! Et maintenant, les vagues emportent son skimboard. Alex veut aller le chercher …

3. Le garçon la voit. Il crie: «Attends, ne va pas dans l'eau. Elle est trop froide! C'est dangereux!». Peu après, le garçon revient avec le skimboard.
- Tu es tombée. Tu as mal?
- Oui. J'ai mal à la jambe et au dos …!
- Hum… La prochaine fois, essaie de prendre ton skim comme ça. Ne le lance pas trop loin devant toi.
- Merci, je vais essayer tout de suite. Moi, c'est Alex.

4. - Moi, c'est Marc. J'habite ici. Tu n'es pas de la région, toi, non?
- Non, je passe une semaine ici avec mes parents et mon frère.
A ce moment-là, Jérôme arrive. Il les a vus de loin.
- Ça va, Alex?
- Merci, maintenant, ça va!
- Je ne peux pas retourner dans l'eau, dit Marc. Il y a trop de vent et le drapeau est maintenant orange. Alors, vous venez? On va jouer au ballon! Et après, on mange une glace, d'accord?

63, 7

1 une combinaison néoprène ein Neoprenanzug (Taucheranzug)

Vis-à-vis
Drapeaux de baignade
baignade surveillée
baignade dangereuse
baignade interdite

soixante-dix-neuf 79

Préparation en 3 minutes

- **Mitnehmen!** SB, *CdA*, OHP, Folie U5/3, ggf. Leerfolie, CD-Player, CD 3 (Tracks 8–11; MP3 87–90), KV 4
- **Schülerbuch:** S. 79–80, Nr. 1–2; S. 126, Nr. 3
- ***Cahier d'activités*:** S. 63, Nr. 7
- **Schwerpunkte:** Kennenlernen einer typischen Sportart an der Atlantikküste: das Skimboarden, Hörverstehen
- **Methoden/Sozialformen:** Echo-Lesen (⟶ *Boîte à outils 15*), ggf. Rollenspiel; PA, GA
- **Hausaufgabe:** Textproduktion

Neue Wörter

une saison, nager, une vague, un ballon, essayer qc, lancer qc, dessus, le sable, debout, emporter qc, la jambe, le dos, tout de suite, une région, un drapeau, une glace

Schritte zur Erarbeitung

Hinführung (Folie U5/3, SB)
Online-Link e2t3cb: Besprechung der Hausausgabe (Lösung: 2. *les Bordelais*; 1.+3. individuelle S-Lösungen).
Folie U5/3: L zeigt nur das unterste Foto der Folie und führt mit den S ein Gespräch auf Französisch über die Atlantikküste und Freizeitmöglichkeiten (⟶ Tafelbild 7, das L mit eigenen Bildern oder *cartes pédagogiques* erweitern und verschönern kann) zur Reaktivierung des bereits gelernten Vokabulars (⟶ Interkulturelles).
S. 79, *Vis-à-vis:* S erschließen, was die Zeichen bedeuten. Durch die „Ampelfarben" der Flaggen dürfte das rasch klar sein. Auf *surveillé/e* kommen die S durch das bekannte *surveillant*.

Problematisierung (Folie U5/3)
Folie U5/3: L deckt die Folie ganz auf und führt *le skimboard* und *faire du skimboard* ein. L befragt S, ob sie die Sportart kennen oder gern lernen möchten.

Erarbeitung (SB, KV 4, CD 3, Tracks 8–11; MP3 87–90)
S. 79, Nr. 1/KV 4: Mithilfe der Kopiervorlage werden die S zunächst durch ein Hörverstehen an den Text herangeführt. Besprechung der Lösungen im Plenum. Danach hören die S den Text bei geöffneten Büchern an und lesen ihn einmal laut im Plenum (⟶ Zur Methodik).

Sicherung/Festigung (SB, ggf. Leerfolie, *CdA*)
S. 80, Nr. 2 A: Bearbeitung im Plenum. Die Antworten zu den Sätzen werden schriftlich an der Tafel oder auf einer OHP-Folie festgehalten.
S. 80, Nr. 2 B: S arbeiten in PA oder GA (⟶ Der besondere Tipp). Die Ergebnisse werden im Plenum präsentiert oder von L eingesammelt und korrigiert (⟶ Alternative/Differenzierung).
Hausaufgabe: Textproduktion: *Ecris un petit texte sur les activités à la plage (50–60 mots).*

Tafelbild 7

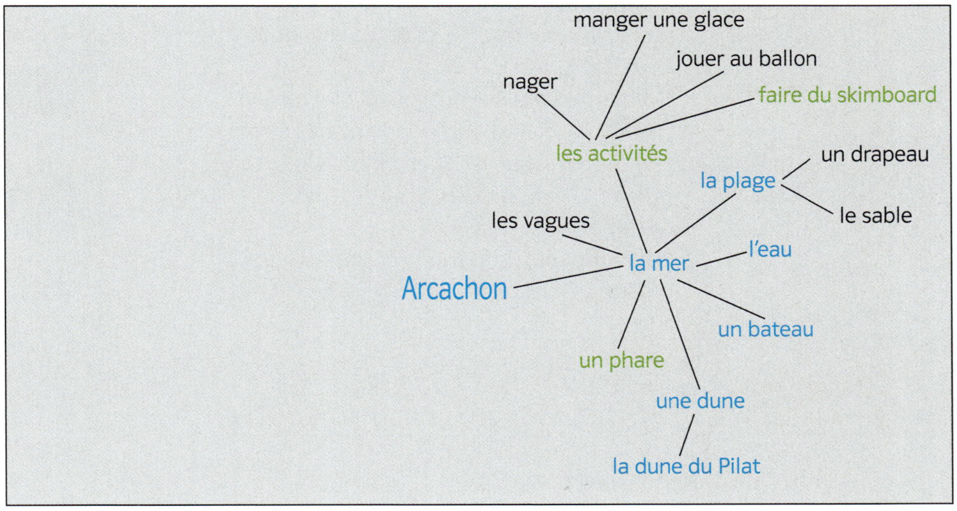

Interkulturelles

Im Frühling, d.h. während der *vacances de printemps* ist der Atlantik noch zu kalt zum Baden. Das ganze Jahr über wird aber mit entsprechender Ausrüstung gesurft und „geskimmt".
Skimboarden ist eine auf dem Aquaplaning basierende Wassersportart. Als Sportgerät – *Skimboard* genannt – dient eine flache und ovale Scheibe (meist aus Holz). Auf dem Board stehend versucht der Sportler auf flachem Wasser im Auslaufbereich der Meeresbrandung zu gleiten.
Skimboard-Arten:
Waveskimming: Man fährt vom Strand aus auf eine Welle zu und versucht, auf ihr verschiedene Kunststücke auszuführen.
Jumpskimming: Man fährt vom Strand aus auf eine Welle zu, springt dann aber vom Board, um z. B. einen Salto zu schlagen.
Flatlandskimming: Man fährt in möglichst flachem Wasser auf Rampen.

Tipps und Tricks

Zur Methodik

SB, S. 79, Nr. 1: Wenn genügend Zeit vorhanden ist, bereiten S den Text als Rollenspiel vor und präsentieren vor der Klasse. Bei Zeitmangel wird der Text mit verteilten Rollen gelesen oder per Echo-Lesen (⟶ *Boîte à outils 15*) wiederholt.

Der besondere Tipp Bei leistungsschwächeren S können die angegebenen Verben vorab jeweils in der 3. P. Sg. und Pl. an der Tafel konjugiert werden.

Alternative/ Differenzierung
1. *CdA*, S. 63, Nr. 7: Bei dieser Übung stehen die Kompetenzen *lire et écrire* im Vordergrund.
2. SB, S. 126, *En plus*, Nr. 3: Wortschatz- und Grammatikwiederholung zur *Unité*: Abfrage des neu gelernten Vokabulars in ganzen Sätzen.
3. SB, S. 80, Nr. 2: Im Anschluss an Teil B können S die Informationen zu Marc sammeln.
L: *Qu'est-ce que vous savez sur Marc? Faites une liste avec toutes les informations et écrivez un petit texte.* (Lösungsmöglichkeit: *Il porte une combinaison néoprène. Il sait bien faire du skimboard. Il est d'Arcachon. Il connaît bien la mer et la région. Il est sympa, il aide Alex.*)

S. 80–81 Atelier B (2)

5 Atelier A B
Lire 2 A propos du texte
A *Qu'est-ce que c'est? Qui est-ce?* → En plus 126, 3
Exemple: 1. *Ce sont les vagues et les bateaux.*
1. Sur la plage, les gens **les** regardent.
2. Il faut l'attendre pour nager dans la mer.
3. Alex **le** lance devant elle.
4. Alex **le** voit faire du skim sur les vagues.
5. Les vagues l'emportent.
6. Marc **la** trouve trop froide pour Alex.
7. Jérôme **les** voit de loin.
8. Marc **les** invite à jouer au ballon.

B *Mettez les images dans l'ordre correct et racontez l'histoire au présent.*
expliquer – comment
essayer – tomber
aller chercher – dans l'eau
faire du skim – vagues
chercher – endroit
drapeau – jouer

En forme 3 Vous connaissez la région? (G 21) → En plus 126, 4
*Marc pose des questions à Alex et Jérôme. Donnez les réponses. Utilisez les pronoms objets **le, la, les.***
A Exemple:
1. – Vous connaissez la région?
– Non. Nous **la** visitons pour la première fois.

Marc:
1. – Vous connaissez la région?
2. – Vous êtes dans un gîte? Il est bien?
3. – Vous avez goûté les fruits de mer d'ici?
4. – Jérôme, tu aimes les moules?
5. – Vous connaissez la dune du Pilat?

Les huîtres du bassin d'Arcachon

Alex et Jérôme:
– Non. / visiter pour la première fois
– Oui / trouver bien
– Oui, et / aimer beaucoup
– Oui / aimer bien
– Non / ne / connaître / pas encore

80 quatre-vingts

Préparation en 3 minutes
- **Mitnehmen!** SB, *CdA*, OHP, KV 5, Folie U5/3
- **Schülerbuch:** S. 80/81, Nr. 2–3; S. 127, Nr. 5–6
- ***Cahier d'activités*:** S. 63, Nr. 8; S. 64, Nr. 9; S. 69, Nr. 4
- **Schwerpunkte:** Die direkten Objektpronomen *le, la, les*; die Veränderlichkeit des *passé composé* mit *avoir* und direktem Objektpronomen (⟶ G 21, GBH, S. 40)
- **Sozialformen:** PA, GA
- **Hausaufgabe:** Aufgaben zur Stellung der direkten Objektpronomen *le, la, les*

Neue Wörter une huître

Schritte zur Erarbeitung

Hinführung (Folie U5/3)
Besprechung der Hausaufgabe. (Lösungsmöglichkeit: *A la plage, on peut nager ou faire du skimboard. Il faut de la place, un peu d'eau et des vagues. Quand on fait du skimboard, on doit porter un neoprène. Quand il y a les drapeaux de baignade, on doit faire attention. On peut jouer au ballon à la plage.)*
Folie U5/3: Anschließend reaktiviert L mithilfe der Folie mit den S im UG zunächst die Geschichte. L: *Qu'est-ce que vous voyez? Qui est-ce? Où est-ce qu'ils se trouvent?* Etc.

Problematisierung/Erarbeitung (SB)
S. 80, Nr. 2: L lässt Sätze und Lösungen vorlesen. L hält drei Beispiele an der Tafel fest und erklärt das Grammatikphänomen (direkte Objektpronomen) (⟶ Tafelbild 8).

Sicherung/Festigung (SB, KV 5)
S. 80, Nr. 3 A: S arbeiten in PA: Einüben der direkten Objektpronomen im Dialog. Nach einem Durchgang Rollenwechsel.
S. 80, Nr. 3 B: Anwendung der direkten Objektpronomen mit dem *futur composé*. Das TB 7 wird ergänzt, so dass die S sowohl bei einer mündlichen als auch schriftlichen Durchführung der Aufgabe die Regeln vor Augen haben. Ggf. auf den Hinweis von *Moustique* eingehen (⟶ Differenzierung).
KV 5: Bearbeitung der Kopiervorlage in PA. Kontrolle der Lösung zunächst in GA (zwei Paare), anschließend im Plenum.
Hausaufgabe: L gibt den S drei Sätze vor, die die S in die verschiedenen Zeiten *présent* und *futur composé* unter Verwendung der Objektpronomen bringen (⟶ Zur Methodik): *Utilise les pronoms objets le, la, les. Mets les pronoms à la bonne place (selon l'exemple)* (⟶ Tafelbild 9).

Tafelbild 8

<u>Die direkten Objektpronomen le, la, les</u> (G21)

<u>Le présent:</u>
Les gens <u>les</u> regardent: <u>les vagues</u>
Alex <u>le</u> lance devant elle: <u>le skimboard</u>
Marc <u>la</u> trouve trop froide pour Alex: <u>la mer</u>

Regel:
Die direkten Objektpronomen stehen vor dem konjugierten Verb.
Achtung: le/la wird vor Vokal zu l'; les wird nicht apostrophiert.

<u>Le futur composé:</u>
Vous avez déjà visité <u>la Ville d'hiver</u>?
Non, mais nous allons <u>la</u> visiter demain.

Regel:
Die direkten Objektpronomen stehen beim futur composé vor dem Infinitiv und nicht vor dem konjugierten Verb.

Tafelbild 9

Exemple:
Alex cherche <u>un bon endroit</u> pour apprendre à faire du skimboard.

<u>présent</u>
Alex <u>le cherche</u> pour apprendre à faire du skimboard.

<u>futur composé</u>
Alex <u>va le chercher</u> pour apprendre à faire du skimboard.

<u>(ggf.) passé composé</u>
Alex <u>l'a cherché</u> pour apprendre à faire du skimboard.

HA:
1. Alex cherche <u>les vagues</u> pour apprendre à faire du skimboard.
2. Alex visite <u>la région d'Arcachon</u>.
3. Alex lance <u>le skimboard</u> dans la mer.

Tipps und Tricks

Differenzierung

1. SB, S. 127, *En plus*, Nr. 6: Hier wenden die S alle Objektpronomen in einer anspruchsvolleren Übung zusammen an. S korrigieren die Lösungen selbstständig.
2. *CdA*, S. 63, Nr. 8: Wiederholungsaufgabe zu den direkten Objektpronomen *le, la, l', les.*
3. Bei lernstarken Gruppen kann nach dem Lesen des Hinweises von Moustique die **KV 5** mit L im Plenum bearbeitet werden.
4. *CdA*, S. 64, Nr. 9: Diese Aufgabe bietet sich bei leistungsstärkeren S an. Der *accord* beim Voranstellen der direkten Objektpronomen ist v. a. in der schriftlichen Textproduktion von Bedeutung. L kann auch leistungsschwächere S darüber informieren, ohne dass die Aufgabe gelöst werden muss.
5. SB, S. 127, *En plus*, Nr. 5: In einer Frage-Antwort-Übung werden die direkten Objektpronomen in der Zeit des *Passé composé* eingeübt. Die Übung eignet sich auch hervorragend für den mündlichen Sprachgebrauch.
6. *CdA*, S. 69, *En plus*, Nr. 4: Die anspruchsvolle Übung zu o. g. Grammatikphänomen kann von besonders leistungsstarken S bearbeitet werden.

Zur Methodik

Falls der *accord* beim *Passe composé* angesprochen wurde, können leistungsstarke S die Sätze auch in diese Zeit setzen.

S. 81 Atelier B (3)

Atelier A B Pratique Bilan Grammaire 5

«La Ville d'hiver» à Arcachon

Le phare du Cap Ferret

Le marché

B Exemple: 1. – Vous avez déjà visité la «Ville d'hiver»?
– Non, mais nous allons **la** visiter demain.

Marc:
1. – Vous avez déjà visité la «Ville d'hiver»?
2. – Vous avez vu les autres quartiers?
3. – Vous allez voir le marché?
4. – Il faut aussi visiter le phare!
5. – Vous venez à la fête du printemps, ce soir?

Alex et Jérôme:
– Non, mais / aller / visiter / demain.
– Non, mais / aller / peut-être / visiter.
– Oh oui, / avoir envie de / voir.
– Oh, / pouvoir / voir / tout de suite?
– Aller / proposer / à nos parents.

Wenn ihr die Objektpronomen mit dem Passé composé verwendet, müsst ihr auf eine Besonderheit achten! → Seite 87 und 127.

Jeu de mots **4 Devinettes**

64, 10

A *Apprenez le texte par cœur.*

Qu'est-ce que c'est?
En hiver, j'attends le printemps.
Au printemps, je suis tout blanc.
En été, je suis content.
En automne, j'ai des enfants.

B *Voici d'autres devinettes. Qu'est-ce que c'est?*

1. Je suis bleue quand il fait beau. Je suis grise quand il fait mauvais. Je suis de l'eau, mais on ne peut pas me boire!
2. Je suis très longue, noire ou grise. Sur mon dos, les gens vont en voiture où ils veulent.
3. Je suis sur la plage et sur les dunes. Les enfants jouent avec moi. Quand les gens rentrent, je reste dans leurs vêtements.
4. Quand j'arrive, le matin, il ne fait plus nuit. Quand je suis là, il peut faire chaud, surtout en été.

C *Inventez des devinettes.*

quatre-vingt-un 81

Préparation en 3 minutes

- **Mitnehmen!** SB, *CdA*, Bilder zu Jahreszeiten, ggf. OHP, KV 6
- **Schülerbuch:** S. 81–82, Nr. 4–7; S. 127, Nr. 7; S. 139/140
- ***Cahier d'activités*:** S. 64, Nr. 10
- **Schwerpunkte:** Monate, Jahreszeiten und Wetter
- **Sozialformen:** PA, GA
- **Hausaufgabe:** KV 6

Neue Wörter

l'hiver *(m.)*, l'été *(m.)*, l'automne *(m.)*

Schritte zur Erarbeitung

Hinführung (Bilder zu Jahreszeiten)
Besprechung der Hausaufgabe. (*Solutions: 1. Alex les cherche pour …/Alex va les chercher pour …/Alex les a cherchées pour … 2. Alex la visite./Alex va la visiter./ Alex l'a visitée. 3. Alex le lance dans la mer./Alex va le lancer dans la mer./Alex l'a lancé dans la mer.)*

Problematisierung
UG mithilfe von Bildern/Zeichnungen oder *cartes pédagogiques* zu den Jahreszeiten, Monaten und Wetterangaben zur Vokabelvorentlastung.

Erarbeitung (SB)
S. 81, Nr. 4: S beschreiben im Plenum die vorliegenden Bilder in einfachen Sätzen: *C'est … Il fait …* Anschließend Bearbeitung der Teile A+B. Teil C kann in PA oder GA erarbeitet werden. Die Rätsel werden anschließend im Plenum vorgestellt und präsentiert. Ggf. können sie mit Bildern gestaltet und im Klassenzimmer aufgehängt bzw. im Portfolio-Ordner abgeheftet werden.

Sicherung (*CdA*, SB, CD3, Track 12; MP3 91)
CdA, S. 64, Nr. 10: Diese Übung bietet sich an, wenn weiter über *vacances, mois* und Feiertage gesprochen werden soll (⟶ Interkulturelles).
SB, S. 82, Nr. 5: Wiederholung des Wortschatzes zum Thema Wetter und Aktivitäten in der Freizeit.
SB, S. 82, Nr. 6: L spielt den Text ab; die S arbeiten im Plenum (⟶ Zur Methodik 1, Differenzierung).

Festigung (SB, KV 6)
S. 82, Nr. 7: S verfassen einen zusammenhängenden Text z. B. mit Bildern ergänzt für ihren Portfolio-Ordner (⟶ *Stratégies*, SB, S. 139–140) (⟶ Zur Methodik 2).
Hausaufgabe: KV 6: Spielerisches und motivierendes Wiederholen des Vokabulars der *Unité* (⟶ Der besondere Tipp).

Interkulturelles

In Frankreich beginnen und enden die Herbstferien, die Weihnachtsferien und die Sommerferien überall gleich. Für die Winter- und Frühlingsferien gibt es drei unterschiedliche Ferienzeiträume, die sich zum Teil überschneiden. Dennoch entzerrt das den Verkehr und die Auslastung der Ferienorte etwas.
Die Frühlingsferien in Frankreich entsprechen in etwa den Osterferien in Deutschland und dauern zwei Wochen.
Die Herbstferienwoche schließt immer den 1. November mit ein.

Tipps und Tricks

Zur Methodik

1. SB, S. 82, Nr. 6: Hier wird der Schritt vom Hören zum Sprechen vollzogen, auch im Hinblick auf *Pratique*. Dieses Prinzip gab es auch immer wieder in Band 1 (*U1/Pratique 1, Plateau 1/Révision 1, U3/A6, U5/B2, …*). Das Gespräch kann eingeübt und vorgespielt werden.

2. SB, S. 139–140: Die Vorgehensweise zur Erstellung eines Textes wird in einzelnen Schritten erläutert. Mithilfe einer Checkliste lernen die S, ihre eigenen Texte auf Fehler zu überprüfen.

Differenzierung

SB, S. 127, *En plus*, Nr. 7: Leichtere Hörverstehensaufgabe.

Der besondere Tipp

KV 6: Je nach Leistungsstand der Klasse können die Sätze auch spaltenweise gelernt werden.

Hausaufgabe: Vor der Bearbeitung der Aufgaben zu *Pratique* Besprechung der HA. Die S fragen sich gegenseitig in PA mithilfe der **KV 6** ab.

S. 83–84 Pratique

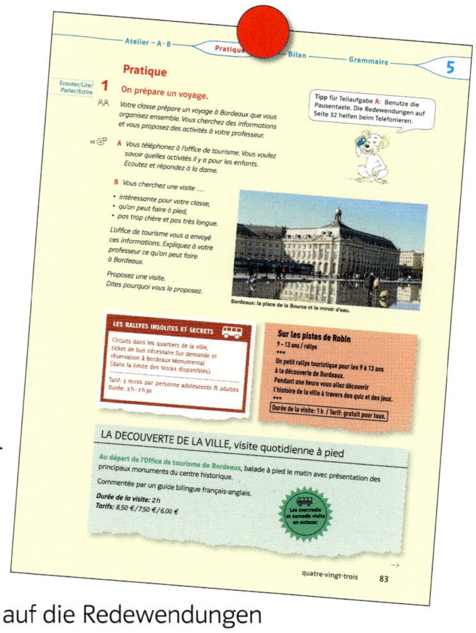

Atelier – A - B — Pratique — Bilan — Grammaire — 5

Pratique

Ecouter/Lire/Parler/Ecrire

1 On prépare un voyage.

Votre classe prépare un voyage à Bordeaux que vous organisez ensemble. Vous cherchez des informations et vous proposez des activités à votre professeur.

92 A *Vous téléphonez à l'office de tourisme. Vous voulez savoir quelles activités il y a pour les enfants. Ecoutez et répondez à la dame.*

B *Vous cherchez une visite …*
- *intéressante pour votre classe,*
- *qu'on peut faire à pied,*
- *pas trop chère et pas très longue.*

L'office de tourisme vous a envoyé ces informations. Expliquez à votre professeur ce qu'on peut faire à Bordeaux.

Proposez une visite. Dites pourquoi vous la proposez.

Tipp für Teilaufgabe A: Benutze die Pausentaste. Die Redewendungen auf Seite 32 helfen beim Telefonieren.

Bordeaux: la place de la Bourse et le miroir d'eau.

LES RALLYES INSOLITES ET SECRETS

Circuits dans les quartiers de la ville, ticket de bus nécessaire. Sur demande et réservation à Bordeaux Monumental (dans la limite des stocks disponibles).

Tarif: 5 euros par personne adolescents & adultes
Durée: 2h–2h30

Sur les pistes de Robin
9–13 ans / rallye
Un petit rallye touristique pour les 9 à 13 ans à la découverte de Bordeaux.
Pendant une heure vous allez découvrir l'histoire de la ville à travers des quiz et des jeux.
Durée de la visite: 1 h / Tarif: gratuit pour tous.

LA DECOUVERTE DE LA VILLE, visite quotidienne à pied

Au départ de l'Office de tourisme de Bordeaux, balade à pied le matin avec présentation des principaux monuments du centre historique.

Commentée par un guide bilingue français-anglais.

Durée de la visite: 2h
Tarifs: 8.50 €/7.50 €/6.00 €

Les mercredis et samedis visite en autocar.

quatre-vingt-trois 83

Hinweise zu Pratique → *Unité* 1, S. 43.
Alle Lösungen finden sich auf der CD-ROM.

Empfohlene Reihenfolge für die Durchnahme der Übungen:

Ecouter/Lire/Parler/Ecrire

SB, S. 83, Nr. 1 (CD 3, Track 13; MP3 92)
In dieser Aufgabe geht es um ein Klassenprojekt. Die S lernen, eine Klassenfahrt zu organisieren. Dabei üben sie in PA verschiedene Kompetenzen. Grundsätzliche Zielsetzung ist einerseits das monologische Sprechen vor der Klasse, andererseits das dialogische Sprechen in Verbindung mit HV.
A: Hörverstehen: L spielt das Telefongespräch ggf. mehrmals vor.
Die S antworten darauf. L kann hier nochmals auf die Redewendungen zu einem Telefongespräch im SB, S. 32, *On-dit*-Kasten, verweisen. Ausgewählte S können das Telefonat mithilfe der CD spielen. Eine Vorbereitung zu Hause ist möglich (CD liegt dem *CdA* bei).

Médiation

***CdA*, S. 65, Nr. 11**
S übernehmen eine Dolmetscherrolle in einem Fremdenverkehrsamt.

Differenzierung

***CdA*, S. 69, *En plus*, Nr. 5:** Bei leistungsstarken Lerngruppen kann diese Sprachmittlungsaufgabe zusätzlich oder ersatzweise durchgeführt werden.

Ecouter/Lire/Parler/Ecrire

SB, S. 83, Nr. 1 (Folie U5/4)
B: Leseverstehen: Anhand von Anzeigen zu Veranstaltungen in Bordeaux sagen S, was sich für einen Besuch während der Klassenfahrt eignet.
C: Internetrecherche: S suchen deutsche und französische Partnerstädte.

D: Internetrecherche zur Partnerstadt. Diese Aufgabe kann in die HA verlagert werden, eignet sich aber auch als Projekt im PC-Raum, sofern vorhanden.
E: Bildgestütztes kreatives Schreiben für das Portfolio: Die Bildimpulse können mit Folie U5/4 vorab versprachlicht werden. L kann die Folienbilder auch als KV an leistungsschwächere S verteilen mit dem Auftrag, 2–3 Sätze pro Bild zu schreiben. L verweist auf die *Stratégie* im SB, S. 82, ebenso auf die Redewendungen „Auf einen Blick: *Bonnes vacances!*" und *Des sports nautiques* im SB, S. 163.
Diese Aufgabe eignet sich gut zur Einführung von Präsentationstechniken bzw. auch als GFS-Thema.
Zusätzlich kann der **Online-Link 3eg83p** bearbeitet werden. Die S lesen in PA oder GA einen Text zum Thema *jumelage* und beantworten Fragen dazu. Der Austausch kann im Plenum erfolgen bzw. das UG kann auch vor Erledigung der Aufgabe E durchgeführt werden. Hier bietet sich auch ein Lesen im Plenum an und ggf. eine deutsche Zusammenfassung des Textes (*médiation*).

Ecouter ***CdA*, S. 65, Nr. 12 (CD 3, Track 15; MP3 94)**
Hörverständnis zu einem komplexeren Text. Als Vorentlastung beschreiben S das Bild. Die Aufgabe kann schriftlich oder bei leistungsstärkeren S mündlich durchgeführt werden. Anschließend äußern S Mutmaßungen zum Titel. Ein kleiner Textauszug führt den darauf folgenden HV-Text ein. Vorab können noch die fakultativen Wortschatzangaben im Plenum thematisiert werden, bevor dann der HV-Text im Plenum angehört und besprochen wird.

Lire ***CdA*, S. 66, Nr. 13**
Fortsetzung des HV-Textes aus *CdA*, S. 65, Nr. 12. In PA im Unterricht oder als HA wird das Ende oder der Fortgang der Geschichte verfasst. Ggf. Präsentation in der Folgestunde. Das abschließende Rollenspiel rundet die Aufgabe zur Lektüre ab.

Differenzierung ***CdA*, S. 69, *En plus*, Nr. 6:** Zum Abschluss der *Unité* kann die anspruchsvolle Aufgabe zum Sprechtraining in GA durchgeführt werden. Da es sich um eine Diskussionsaufgabe handelt, sollten die Lerngruppen ggf. von L unterstützt werden.

S. 85–86 Bilan

Zur Funktion des *Bilan*-Teils und zur Selbsteinschätzung ⟶ S. 45.
Kopiervorlagen zur **Diagnose**, zum **Fördern** und zur **Differenzierung** befinden sich *en bloc* im hinteren Teil des Buches – im Anschluss an die *Unités*.
Die **Lösungen** der *Bilan*-Aufgaben befinden sich im SB auf S. 196, im *CdA* auf S. 100 und auf der CD-ROM.
Lösungsbogen zu den Kopiervorlagen befinden sich auf der CD-ROM zum Ausdrucken und zur Weitergabe an die S.

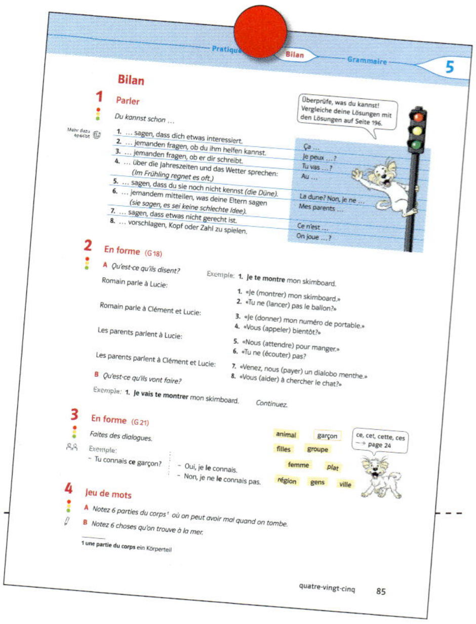
Pratique – Bilan – Grammaire 5

Bilan

1 Parler

Du kannst schon …

1. … sagen, dass dich etwas interessiert. — Ça …
2. … jemanden fragen, ob du ihm helfen kannst. — Je peux … ?
3. … jemanden fragen, ob er dir schreibt. — Tu vas … ?
4. … über die Jahreszeiten und das Wetter sprechen: *(Im Frühling regnet es oft.)* — Au …
5. … sagen, dass du sie noch nicht kennst *(die Düne)*. — La dune? Non, je ne …
6. … jemandem mitteilen, was deine Eltern sagen *(sie sagen, es sei keine schlechte Idee)*. — Mes parents …
7. … sagen, dass etwas nicht gerecht ist. — Ce n'est …
8. … vorschlagen, Kopf oder Zahl zu spielen. — On joue … ?

2 En forme (G 18)

A *Qu'est-ce qu'ils disent?* Exemple: 1. **Je te montre** mon skimboard.

Romain parle à Lucie:
1. «Je (montrer) mon skimboard.»
2. «Tu ne (lancer) pas le ballon?»

Romain parle à Clément et Lucie:
3. «Je (donner) mon numéro de portable.»
4. «Vous (appeler) bientôt?»

Les parents parlent à Lucie:
5. «Nous (attendre) pour manger.»
6. «Tu ne (écouter) pas?

Les parents parlent à Clément et Lucie:
7. «Venez, nous (payer) un dialobo menthe.»
8. «Vous (aider) à chercher le chat?»

B *Qu'est-ce qu'ils vont faire?*
Exemple: 1. **Je vais te montrer** mon skimboard. *Continuez.*

3 En forme (G 21)

Faites des dialogues.
Exemple:
– Tu connais **ce** garçon?
– Oui, je **le** connais.
– Non, je ne **le** connais pas.

animal, garçon, filles, groupe, femme, plat, région, gens, ville

4 Jeu de mots

A *Notez 6 parties du corps[1] où on peut avoir mal quand on tombe.*
B *Notez 6 choses qu'on trouve à la mer.*

1 **une partie du corps** ein Körperteil

quatre-vingt-cinq 85

Hinführung Es bietet sich an, mit der **Folie U5/5** einen kurzen Überblick über die behandelten Grammatikphänomene zu geben. Die S lesen die Sätze laut im Plenum vor und äußern auf Deutsch, worum es sich handelt und was für Besonderheiten es zu berücksichtigen gilt.

Parler **SB, S. 85, Nr. 1**
Aufgabe zur Evaluation: *Du kannst schon …*

Ecouter/ Médiation ***CdA*, S. 67, Nr. 1 (CD 3, Track 16; MP3 95)**
In einer Radiosendung wird die französische Ferienregion Languedoc-Roussillon vorgestellt. Wetter und Aktivitäten stehen im Vordergrund. Die S beantworten in einem ersten Hördurchgang Fragen zum Text in Form einer Ankreuzübung und durch Vervollständigen eines Satzes. Nach dem zweiten Hördurchgang schreiben die S eine Mail auf Deutsch an einen Freund, in der sie die Besonderheiten dieser Region beschreiben.

Differenzierung ***CdA*, S. 68, *En plus*, Nr. 3:** Video-Wiederholungsübung zu Hör-Seh-Verstehen und Wortschatz.

En forme **SB, S. 85, Nr. 2**
Wiederholungsübung zu den Objektpronomen *me, te, nous, vous* in *présent* und *futur composé* (⟶ G 18).
SB, S. 85, Nr. 3
Wiederholungsübung zu den Objektpronomen *le, la, les* (⟶ G 21) und zum Demonstrativbegleiter *ce, cette, cet, ces* (⟶ G 5).

Jeu de mots **SB, S. 85, Nr. 4**
Wortschatzwiederholung zum Themenbereich *parties du corps, où on peut avoir mal quand on tombe* (Teil A) und *des choses qu'on trouve à la mer* (Teil B).

Lire et parler **SB, S. 86, Nr. 5**
Wiederholungsübung zur Festigung des Leseverstehens und zur Wiederholung der indirekten Rede (⟶ G 20, ggf. Wiederholung G 19 *dire*).

En forme ***CdA*, S. 67, Nr. 2**
Wiederholungsübung zur indirekten Rede.

Differenzierung ***CdA*, S. 68, *En plus*, Nr. 2:** Leichtere Übung zur indirekten Rede.
***CdA*, S. 68, *En plus*, Nr. 1:** Leichtere Übung zum „Reise"-Wortschatz.
***CdA*, S. 69, *En plus*, Nr. 4:** Schwierigere Übung zu Pronomen und dem *accord* des *Participe passé*.

Test, Klassenarbeit, Standardsicherung

Vorschlag für die inhaltliche Ausrichtung eines Tests, einer Klassenarbeit bzw. der Standardsicherung.

Sprechen

- Ferienziele vorstellen und dazu sagen, welche Aktivitäten / Sehenswürdigkeiten man mag / nicht mag, z. B. im Rahmen einer mündlichen Kurzpräsentation auf der Grundlage verschiedener Fotos von Urlaubsorten.
- Verabredungen für eine gemeinsame Aktivität an einem Ferienort treffen, z. B. im Rahmen einer halbgeschlossenen Übung zwischen zwei Dialogpartnern nach konkreten Vorgaben.

Verfügung über die sprachlichen Mittel

Grammatik:

- Die Objektpronomen *me*, *te*, *nous*, *vous*, *le*, *la*, *les* anwenden, z. B. in einer geschlossenen Übung, in der Personen und Aktivitäten einander mithilfe von Objektpronomen zugeordnet werden (vgl. SB, S. 85, Nr. 2).
- Die indirekte Rede / Frage anwenden, z. B. in einer halboffenen Übung, in der drei S abwechselnd Fragen / Aussagen zu einem vorgegebenen Thema formulieren bzw. diese in indirekte Fragen / Aussagen umwandeln.

Wortschatz: Das Wortfeld „Urlaub / Reise" mündlich anwenden, z. B. in einem simulierten Telefongespräch mit dem Fremdenverkehrsamt eines Reiseziels.

Interkulturelles Lernen

Die Besonderheiten französischer Ferienregionen und dort mögliche Aktivitäten / Spezialitäten / Sehenswürdigkeiten erkunden und mündlich präsentieren, z. B. mithilfe des Internets oder mit französischen Reiseprospekten.

Une semaine à Arcachon

Première écoute: (1. Hören)
Vrai ou faux? (Sind die Sätze richtig oder falsch?)

	vrai	faux
1. Alex aime la mer.	☐	☐
2. Mme Guibert veut aller dans le sud.	☐	☐
3. Alex veut prendre son ballon de foot.	☐	☐

Deuxième écoute: (2. Hören)
Coche la bonne réponse. (Kreuze die richtige Antwort an.)

1. Alex veut aller …
- ☐ à a mer en Provence.
- ☐ à a mer en Bretagne.
- ☐ à a mer en Normandie.

2. Sa mère dit qu' …
- ☐ il y a beaucoup de touristes en Normandie.
- ☐ il y a beaucoup de vent.
- ☐ il pleut souvent en Normandie.

3. Alex aime l'idée d'aller à Arcachon parce qu'elle …
- ☐ peut prendre son vélo.
- ☐ peut prendre son skimboard.
- ☐ peut prendre son chien.

4. Jérôme et Mme Guibert cherchent sur Internet …
- ☐ un petit gîte de vacances.
- ☐ un petit hôtel de vacances.
- ☐ une grande maison de vacances.

Solutions:
1. 1. vrai; 2. vrai; 3. faux: Elle veut prendre son skimboard.
2. 1. à la mer en Normandie; 2. il pleut souvent en Normandie; 3. peut prendre son skimboard; 4. un petit gîte de vacances

© Ernst Klett Verlag Stuttgart 2013
Von diesen Vorlagen ist die Vervielfältigung für den eigenen Unterrichtsgebrauch gestattet. Die Kopiergebühren sind abgegolten.

En voiture!

A *Vrai ou faux? (Sind die Sätze richtig oder falsch?)*

	vrai	faux		vrai	faux
1. Les Guibert ont pris l'autoroute.	☐	☐	**3.** Jérôme a un baladeur mp3.	☐	☐
2. Ils arrivent à un supermarché.	☐	☐	**4.** Alex envoie un SMS à Marie.	☐	☐

B *Coche la bonne réponse. (Kreuze die richtige Antwort an.)*

1. Il y a une aire de repos pour …

- ☐ aller aux toilettes.
- ☐ faire une pause.
- ☐ acheter quelque chose à boire.

2. Jérôme a mis le chat sous un arbre parce qu'il …

- ☐ fait très chaud au soleil.
- ☐ a faim.
- ☐ fait très chaud dans la voiture.

C *Complète les phrases. (Beende die Sätze.)*

1. Après la pause, les Guibert montent ______________________.

2. Un monsieur arrive et il est en colère parce que ______________________.

Pile ou face?

A *Coche la bonne réponse. (Kreuze die richtige Antwort an.)*

1. Le gîte des Guibert est …

- ☐ vraiment grand.
- ☐ vraiment petit.
- ☐ vraiment joli.

2. On se dispute parce qu'il y a …

- ☐ seulement des petites chambres.
- ☐ des grandes et des petites chambres.
- ☐ des chambres bizarres.

3. Pour avoir un résultat …

- ☐ on joue au foot.
- ☐ on joue au tennis.
- ☐ on joue à pile ou face.

B *Complète les phrases. (Beende die Sätze.)*

1. Dans la grande chambre, il y a ______________________.

2. Dans la petite chambre, il y a une fenêtre qui donne sur ______________________.

3. Le résultat du jeu «pile ou face» est que ______________________.

solutions

En voiture!
A 1. vrai; 2. faux: au péage; 3. vrai; 4. faux: un MMS
B 1. faire une pause; 2. fait très chaud au soleil
C 1. dans la voiture. 2. la famille a/ils ont oublié Malou.

Pile ou face?
A 1. vraiment joli. 2. des grandes et des petites chambres. 3. on joue à pile ou face.
B 1. un canapé et une télévision. 2. un petit jardin. 3. la grande chambre est pour Alex.

Klettbuch 622024 Découvertes, Lehrerbuch. © Ernst Klett Verlag Stuttgart 2013
Von diesen Vorlagen ist die Vervielfältigung für den eigenen Unterrichtsgebrauch gestattet. Die Kopiergebühren sind abgegolten.

Les SMS

A *Essaie de déchiffrer les SMS. (Schreibe die Nachrichten aus.)*

1. BJR	
2. keskonfé2main?	
3. A2M1	
4. Biz	
5. Jt'M	

Attention: Pour mieux comprendre, lis les messages à haute voix.

B *Transforme ces phrases en langue SMS. (Schreibe die Sätze in SMS-Sprache auf.)*

	1. Jérôme m'énerve.
	2. Ce n'est pas gratuit.
	3. loin

C *Travaillez à deux. Composez des SMS. (Partnerarbeit: Schreibe französische SMS.)*

D *Trouve les mots et phrases. (Finde die französischen Ausdrücke.)*

1. pqe	
2. nrv	
3. pkoi	
4. kdo	
5. c	
6. slt	
7. @+	
8. ☹	
9. ☺	
10. :-x	
11. :-D	
12. Té ou?	

solutions:
A Bonjour! / Qu'est-ce qu'on fait demain? / A demain! / une bise / Je t'aime!
B Grom mNRv! / C pas grat8 / lo1
C individuelle Schülerleistungen
D parce que / énervé(e) / pourquoi / un cadeau / c'est / salut / à plus, à plus tard / je suis triste :-(/ je suis content :-) / je te fais la bise / je rigole / Tu es où?

© Ernst Klett Verlag Stuttgart 2013
Von diesen Vorlagen ist die Vervielfältigung für den eigenen Unterrichtsgebrauch gestattet. Die Kopiergebühren sind abgegolten.

Pas facile, le skimboard!

A *Vrai ou faux? (Sind die Sätze richtig oder falsch?)*

	vrai	faux
1. Au printemps il fait déjà très chaud à Arcachon.	☐	☐
2. Alex tombe deux fois quand elle prend son skimboard.	☐	☐
3. Les vagues emportent le skimboard d'Alex.	☐	☐
4. Marc revient avec son skimboard.	☐	☐

B *Coche la bonne réponse. (Kreuze die richtige Antwort an.)*

1. Sur la plage, les gens …

- ☐ regardent les touristes et la mer.
- ☐ regardent les vagues et la dune du Pilat.
- ☐ regardent les vagues et les bateaux.

2. Sur la plage, il y a des gens qui jouent …

- ☐ au tennis.
- ☐ au ballon.
- ☐ au rugby.

C *Complète les phrases. (Vervollständige die Sätze.)*

Pour faire du skimboard, il faut de la ____________ et un peu d'____________.

Alex est tombée avec son skimboard et a mal _________________________.

Marc dit qu'Alex ne peut pas retourner dans l'eau parce qu'il y a trop de ___________ et que le drapeau

est maintenant ___________.

Alors, Marc, Alex et Jérôme vont jouer ____________ et manger ____________.

solutions:

A

1. faux: il y du soleil, mais l'eau est froide et ce n'est pas la bonne saison pour nager;
2. vrai; **3.** vrai; **4.** vrai

B

1. regardent les vagues et les bateaux. **2.** jouent au ballon.

C place, eau, à la jambe et au dos, de vent, jaune, au ballon, une glace

Klettbuch 622024 Découvertes, Lehrerbuch. © Ernst Klett Verlag Stuttgart 2013
Von diesen Vorlagen ist die Vervielfältigung für den eigenen Unterrichtsgebrauch gestattet. Die Kopiergebühren sind abgegolten.

Le passé composé

A *Welches ist das Wort, an das sich das* Participe passé *anpasst? Unterstreiche es!*

1. Il les a compris.	l'histoire	les devoirs	les annonces
2. Vous l'avez bue.	le thé	la bière	le café
3. Ils les ont aimées.	les chocolats	les salades	les pains
4. Elle les a achetés.	les tomates	les oranges	les cafés
5. Nous ne l'avons pas vu.	la fille	les garçons	le chien

B *Löse nun diese Beispiele.*

1. J'ai mangé la pizza. → Je l'ai ________________ .

2. Tu n'as pas vu les garçons. → Tu ne les as pas ___________ .

3. Ils n'ont pas perdu les crayons à l'école. → Ils ne les ont pas _____________ à l'école.

C *Bearbeite folgende Sätze genauso.*

1. Elle a vu la Tour Eiffel. ______________________________

2. Nous avons trouvé les parents. ______________________________

3. Je n'ai pas écrit les textes. ______________________________

Solutions:
A 1. les devoirs 2. la bière 3. les salades 4. les cafés 5. le chien
B 1. Je l'ai mangée. 2. Tu ne les as pas vus. 3. Ils ne les ont pas perdus à l'école.
C 1. Elle l'a vue. 2. Nous les avons trouvés. 3. Je ne les ai pas écrits.

Klettbuch 622024 Découvertes, Lehrerbuch. © Ernst Klett Verlag Stuttgart 2013
Von diesen Vorlagen ist die Vervielfältigung für den eigenen Unterrichtsgebrauch gestattet. Die Kopiergebühren sind abgegolten.

Les phrases de la leçon

1. *Schneide die drei Streifen an den gestrichelten Linien auseinander.*
2. *Klebe die Streifen so zusammen, dass ein langer Streifen entsteht (oder zwei).*
3. *Rolle den Papierstreifen auf.*
4. *Rolle den Streifen nun so weit wieder ab, bis die 1. Aufgabe erscheint. Dann die 2. usw.*
5. *Bearbeite die einzelnen Aufgaben schriftlich und kontrolliere deine Lösung durch vorsichtiges Aufrollen des Papierstreifens.*
6. *Alles richtig? Super! Weiter! Hast du Fehler gemacht? Notiere die Aufgabenstellung und die richtige Lösung auf einem Karteikärtchen, das du dir nun immer mal wieder ansiehst. Aus Fehlern kann man lernen.*
7. *Rolle den Papierstreifen wieder vorsichtig auf und halte ihn mit einer Büroklammer zusammen.*

C'est les vacances de **printemps**.	Dans la petite chambre, il y a **une fenêtre** qui **donne sur un petit jardin**.	Sur la plage, les gens **jouent au ballon.**
Es sind Frühlingsferien.	In dem kleinen Zimmer gibt es ein Fenster, das zu einem kleinen Garten hin liegt.	Am Strand spielen die Leute Ball.
Alex et sa famille veulent passer une semaine **au bord de la mer.**	Ils disent qu'il faut **jouer à** pile ou face.	Alex **lance** son skim dans l'eau.
Alex und ihre Familie wollen eine Woche (Ferien) am Meer verbringen.	Sie sagen, dass man „Kopf oder Zahl" spielen muss.	Alex wirft ihr Skimboard ins Wasser.
Dans **le sud-ouest** de la France, il y a **des** jolies **plages.**	Jérôme dit que ce n'est pas **juste** et que Malou et lui, ils n'ont jamais de chance.	Alex monte sur son skim et tombe sur **le sable.**
Im Südwesten Frankreichs gibt es schöne Strände.	Jérôme sagt, dass das nicht gerecht ist und dass Malou und er nie Glück haben.	Alex steigt auf ihr Skimboard und fällt in den Sand.
A Arcachon il y a **la dune du Pilat.**	En Normandie, on peut voir **des bateaux et des phares.**	Les vagues **emportent** son skimboard.
In Arcachon gibt es die Düne von Pilat.	In der Normandie kann man Boote und Leuchttürme sehen.	Die Wellen nehmen sein/ihr Skimboard mit.
En Normandie, on trouve **des hôtels et des gîtes.**	Avant **le départ**, la famille fait **les valises**.	J'ai mal à **la jambe** et **au dos.**
In der Normandie findet man Hotels und Ferienhäuser.	Vor der Abfahrt packt die Familie die Koffer.	Mein Bein und mein Rücken tun mir weh.

Klettbuch 622024 Découvertes, Lehrerbuch. © Ernst Klett Verlag Stuttgart 2013
Von diesen Vorlagen ist die Vervielfältigung für den eigenen Unterrichtsgebrauch gestattet. Die Kopiergebühren sind abgegolten.

Traduis les phrases! (Unité 5, Découvertes)	C'est **une autoroute à péage**.	Tu n'es pas de la **région?**
	Das ist eine mautpflichtige Autobahn.	Bist du nicht von hier?
Les voyages, **ça t'intéresse? – Oui, ça m'intéresse.**	Il y a souvent **des bouchons** sur l'autoroute**.**	Sur la plage, il y a beaucoup de **vagues.**
Verreist du gern? – Oh ja, sehr.	Auf der Autobahn gibt es oft Staus.	Am Strand gibt es viele Wellen.
Tu me passes **ton baladeur mp3**?	Alex **envoie un MMS** à un copain.	Sur la plage, il y a **un drapeau.**
Gibst du mir deinen MP3-Player?	Alex schickt einem Freund eine MMS.	Am Strand gibt es eine Flagge.
Papa, je voudrais mettre **la radio**.	Traduis les phrases! (Unité 5, Atelier A)	Sur la plage on trouve **des huîtres**.
Papa, ich möchte gern das Radio einschalten.		Am Strand findet man Austern.
Ça ne **vous plaît** pas?	Le printemps est **une saison** où l'eau est froide.	**En automne,** il y a peu de touristes à Arcachon.
Gefällt euch das nicht?	Der Frühling ist eine Jahreszeit, in der das Wasser (noch) kalt ist.	Im Herbst sind wenige Touristen in Arcachon.
Il fait très chaud **au soleil.**	Au printemps, ce n'est pas encore **la bonne saison** pour **nager.**	**En été,** beaucoup de familles passent leurs vacances à Arcachon.
In der Sonne ist es sehr heiß.	Im Frühling ist es noch nicht die richtige Jahreszeit zum Schwimmen.	Im Sommer verbringen viele Familien ihre Ferien in Arcachon.
		Traduis les phrases! (Unité 5, Atelier B)

© Ernst Klett Verlag Stuttgart 2013
Von diesen Vorlagen ist die Vervielfältigung für den eigenen Unterrichtsgebrauch gestattet. Die Kopiergebühren sind abgegolten.

Unité 6

S. 88–100 **Notre journal**

Ziele

Inhaltlicher Schwerpunkt

Diese *Unité* stellt eine Besonderheit dar! Die S erhalten zu Beginn eine (fiktive) E-Mail mit der neuen Ausgabe der französischen Schülerzeitung *Boléro* und werden aufgefordert, als Antwort eine eigene Schülerzeitung zu erstellen. In der Rubrik *Le coin Internet* berichten zwei Jugendliche von ihren Gewohnheiten im Umgang mit dem Internet. Die Rubrik *Le coin musique* behandelt die Frage nach der Lieblingsmusik der S und enthält die Steckbriefe des Sängers Christophe Maé und der Sängerin Zaz. *Le coin BD* berichtet über verschiedene Comics und stellt unter anderem den selbst gezeichneten Comic *Le facteur Vincent* vor. Das Thema Film bildet abschließend den Schwerpunkt der Rubrik *Le coin cinéma*.

Kompetenzerwartung

Am Ende dieser *Unité* können die S ihre eigene Schülerzeitung mit den Rubriken Internet, Musik, Comics und Film auf Französisch erstellen, dazu Wortschatz und Grammatik erschließen, Ideen, Bilder und Informationen recherchieren und das Ergebnis überprüfen und korrigieren (⟶ Portfolio-Auftrag SB, S. 88 ⟶ S. 98).

Kompetenzen (Die Schüler können …)

Funktionale kommunikative Kompetenzen: Kommunikative Fertigkeiten

Hör-(Seh-)verstehen/Sprechen

Kompetenzerwartungen	Kompetenztraining
– einer Radiosendung Informationen entnehmen	CdA: S. 72 (1)
– Geburtsjahre aus einem Hörtext entnehmen	SB: S. 129 (2)
– Interviews zur Internetnutzung führen	SB: S. 90 (2)
– Vorlieben/Abneigungen bezüglich Film/Fernsehen ausdrücken	SB: S. 132 (2) CdA: S. 79 (2)
– (Kurz-)Filme in der Zielsprache verstehen/zusammenfassen	SB: S. 96 (2), 132 (1–2)

Sprachmittlung

Kompetenzerwartungen	Kompetenztraining
– Programminformationen zu einer Fernsehsendung in die Zielsprache mitteln	CdA: S. 79 (1)

Leseverstehen/Schreiben

Kompetenzerwartungen	Kompetenztraining
– den Inhalt von Texten verstehen (auch in Form von Bildern)	SB: S. 89 (1), 90–91, 92–93, 94–95, 96–97
– Wortschatz erschließen und Informationen aus einem Text stichwortartig zusammenfassen	SB: S. 90 (1), 92 (1), 94 (1), 96 (1), 128 (1), 129 (1), 130 (1), 131 (1)
– über den (eigenen) Internetgebrauch Auskunft geben	SB: S. 90 (2), S. 128 (1)
– einen Sänger/eine Band vorstellen	SB: S. 92 (2)
– einen eigenen Comic erstellen und präsentieren	SB: S. 94 (2) CdA: S. 77 (3), 78 (4)
– einen Kurzfilm/die Lieblingssendung im Fernsehen vorstellen	SB: S. 96 (2) CdA: S. 79 (2)
– inhaltsbezogenes/formales Schreiben	CdA: S. 72 (1)

Funktionale kommunikative Kompetenzen: Verfügung über die sprachlichen Mittel

Wortschatz

Kompetenzerwartungen	Kompetenztraining
über Wortschatz zu diesen Themen verfügen und ihn anwenden:	
- „Erstellen einer Zeitung"	SB: S. 89 (1)
- Internet/Medien	SB: S. 90–91 (1–2), 128 (1)
- Musik/Musikstile	SB: S. 92–93 (1–2), 129 (1)
- *BD* / Comicstile	SB: S. 94–95 (1–2), 130 (1)
- Filmbeschreibung/-kritik	SB: S. 96–97 (1–2), 131 (1), 132 (2)
- *jouer à / jouer de*	CdA: S. 74 (2)

Grammatik

Kompetenzerwartungen	Kompetenztraining
grammatikalisches Grundinventar anwenden:	
- die Verben *dormir, sortir, partir*	SB: S. 128 (2) CdA: S. 73 (3–4)
- die Adjektive *beau, nouveau, vieux*	SB: S. 129 (3) CdA: S. 75 (3–4)
- die Verben *devoir, recevoir*	SB: S. 130 (2) CdA: S. 76 (1)

Aussprache und Intonation

Kompetenzerwartungen	Kompetenztraining
- Unterscheidung von *c/ç* in [k] und [s]	CdA: S. 76 (2)

Orthografie

Kompetenzerwartungen	Kompetenztraining
- eigene Texte auf Fehler prüfen	SB: S. 98
- zwischen *c* und *ç* unterscheiden	CdA: S. 76 (2)

Interkulturelle Kompetenzen

- **soziokulturelles Orientierungswissen**
- **praktische Bewältigung interkultureller Begegnungssituationen**
- **verständnisvoller Umgang mit kultureller Differenz**

Kompetenzerwartungen	Kompetenztraining
- die Stellung der *BD* als literarische Gattung kennen	SB: S. 94–95
- das Kurzfilmfestival *Festival des Très Courts* und dort eingereichte Filme kennen	SB: S. 96–97

Methodische Kompetenzen

Textrezeption

Kompetenzerwartungen	Kompetenztraining
- eigenständiges Erschließen von Texten und unbekanntem Vokabular durch Kontext und Analogien in anderen (Fremd-)Sprachen	SB: S. 90–91, 92–93, 94–95, 96–97, 128 (1), 129 (1), 130 (1), 131 (1)

Interaktion

Kompetenzerwartungen	Kompetenztraining
– eine Schülerzeitung gemeinsam planen und erstellen	SB: S. 89 (2), 90 (2), 92 (2), 94 (2), 96 (2)

Textproduktion

Kompetenzerwartungen	Kompetenztraining
– Artikel zu den Themen Internet, Musik, BD und Film verfassen	SB: S. 89 (2), 90 (2), 92 (2), 94 (2), 96 (2)

Lernstrategien

Kompetenzerwartungen	Kompetenztraining
– selbstständige Fehlerkontrolle	SB: S. 98

Lernbewusstheit und Lernorganisation

Kompetenzerwartungen	Kompetenztraining
– die eigene Arbeit in einem Stationenlernen organisieren	SB: S. 89 (2) CdA: S. 71

Zum didaktischen Prinzip

Diese *Unité* ist erstmalig als **durchgängige Lernaufgabe** konzipiert. Die S erhalten eine (fiktive) französische Schülerzeitung und werden aufgefordert, eine eigene Schülerzeitung auf Französisch zu erstellen. Der problemlösende Ansatz steht in dieser *Unité* klar im Vordergrund. Im Rahmen der Lernaufgabe erarbeiten die S die hierfür nötigen Strategien, den Wortschatz, die Grammatik sowie die Inhalte der Zeitung zielgebunden. Das Ergebnis strukturiert die einzelnen Lernschritte. Die Lesetexte der *Unité* sollen dabei weniger die Funktion von Mustertexten einnehmen, sondern vielmehr als Steinbruch für Ideen und Wortschatz für die eigenen Produkte dienen.

Die *Unité* kann unbeschadet ihres Charakters als Lernaufgabe sowohl im Rahmen eines selbstständig zu durchlaufenden Stationenlernens als auch linear-progressiv durchgenommen werden. Der Aspekt der selbst gesteuerten und eigenverantwortlichen Projektarbeit tritt im Rahmen des Stationenlernens jedoch deutlicher hervor als in der klassischen Erarbeitung einer *Unité*. Die bereits in *Découvertes Série jaune* Band 1 eingeübte Form des Stationenlernens wird an dieser Stelle um den Aspekt der abschließenden (eigenen/gegenseitigen) Fehlerkontrolle im *Bilan*-Teil durch eine entsprechende Strategie erweitert und führt den Prozess der Erziehung zum selbstständigen Lernen schrittweise fort.

Aufgrund der vorwiegend eigenverantwortlichen Lerntätigkeit der S wurde auf eine erhöhte Anzahl transparenter neuer Lexeme sowie auf geringe Komplexität der neuen grammatischen Strukturen Wert gelegt. Übungen für eine vertiefte Behandlung von Textverständnis, Wortschatzerschließung und Festigung grammatischer Strukturen wurden zugunsten des Zeitungscharakters der *Unité* in den *En-plus*-Teil (⟶ SB, S. 128–131) und das *Cahier d'activités* (⟶ S. 71–80) verlagert.

Der besondere Tipp

Bei gegebener technischer Ausstattung ist es optional möglich, die Schülerzeitung als Endprodukt auch mit dem PC erstellen zu lassen. Das Ergebnis kann der französischen Partnerschule (falls vorhanden) zugeschickt oder beispielsweise im Rahmen der Informationstage zur Sprachenwahl jüngeren S vorgestellt werden.

S. 88–89 Découvertes: Notre journal

Préparation en 3 minutes

- **Mitnehmen!** SB, *CdA*, Folie U6/1, OHP, KV 1–3
- **Schülerbuch:** S. 88–89
- ***Caher d'activités:*** S. 70–71
- **Schwerpunkte:** Rubriken einer Schülerzeitung kennenlernen, die gemeinsame Erstellung einer Schülerzeitung planen
- **Methoden/Sozialformen:** Gemeinsam arbeiten; PA
- **Hausaufgabe:** Arbeitsmaterialien besorgen

Neue Wörter

une équipe, voici, une édition, spécial/spéciale, les médias *(m., pl.)*, un coin, nouveau/nouvel/nouvelle, un style, préféré/préférée, un festival, court/courte, un sujet, le courage, un rédacteur/une rédactrice

---

Schritte zur Erarbeitung

Hinführung (SB, Folie U6/1)

S. 88/Folie U6/1: Semantisierung von *les médias, une équipe, un journal, une édition, une rédactrice* anhand der Folie.

Problematisierung (SB, Folie U6/1)
S. 88/Folie U6/1: Plenumsgespräch. S begründen auf Französisch, welches der in der Zeitung *Boléro* angebotenen Themen sie interessiert und warum, z. B. durch Impuls zu Vorlieben für bestimmte Musik/Sänger oder Verweis auf die eigene Internetnutzung aufgrund der Frage *Internet: Un peu, beaucoup, toujours ...?*

Erarbeitung 1 (SB)
S. 89, Nr. 1: S lesen die E-Mail zunächst in EA. Einmaliges Vorlesen im Plenum und ggf. Bezug auf das Foto auf S. 88 unten, das die vermeintliche Absenderin der Nachricht zeigt. Mündliche Umwälzung des neuen Vokabulars über den Impuls: *Qui est Coralie? Qu'est-ce qu'elle fait?* Anschließend erstellen S in PA ein Wörternetz zum Thema *Qu'est-ce qu'il faut pour faire un journal?*

Sicherung 1
Gemeinschaftliche Erstellung von Tafelbild 1: L legt ein Wörternetz an, verschiedene S übertragen ihre Erarbeitungsergebnisse an die Tafel. L koordiniert die Zuordnungen. Hier sollte ergänzend zum Vorschlag zu TB 1 auch bekanntes Vokabular aus den Rubriken *Internet, la musique, la BD, le cinéma* reaktiviert werden. S ergänzen ihre Ergebnisse im Heft.

Erarbeitung 2 (SB, *CdA*, KV 1)
S. 89, Nr. 2: Plenumsgespräch zur Besprechung des Arbeitsauftrags und des Stationenlernens. Hinweis auf den Laufzettel im *CdA*, S. 71, ggf. auf die Kopiervorlage (⟶ Differenzierung). Gemeinsame mündliche Wiederholung der Schreibstrategie im SB, S. 82. Anschließend Gruppenfindung und Besprechung der weiteren Arbeitsschritte (⟶ Zur Methodik 1).

Sicherung 2 (KV 2+3)
S protokollieren ihre Aufgabeneinteilung auf der Kopiervorlage (⟶ Alternative).

Festigung (*CdA*)
S. 70, Nr. 1–2: Trainingsübungen zur Vorentlastung der Inhalte des Stationenlernens (⟶ Zur Methodik 2).
Hausaufgabe: Mitbringen von benötigten Materialien zur Erstellung der Schülerzeitung: verschiedenfarbige Stifte, Schere, Klebstoff, Schreibpapier, Zeichenpapier, ggf. pro Gruppe ein Sammelordner oder Prospekthüllen für Zwischenergebnisse.

Tafelbild 1

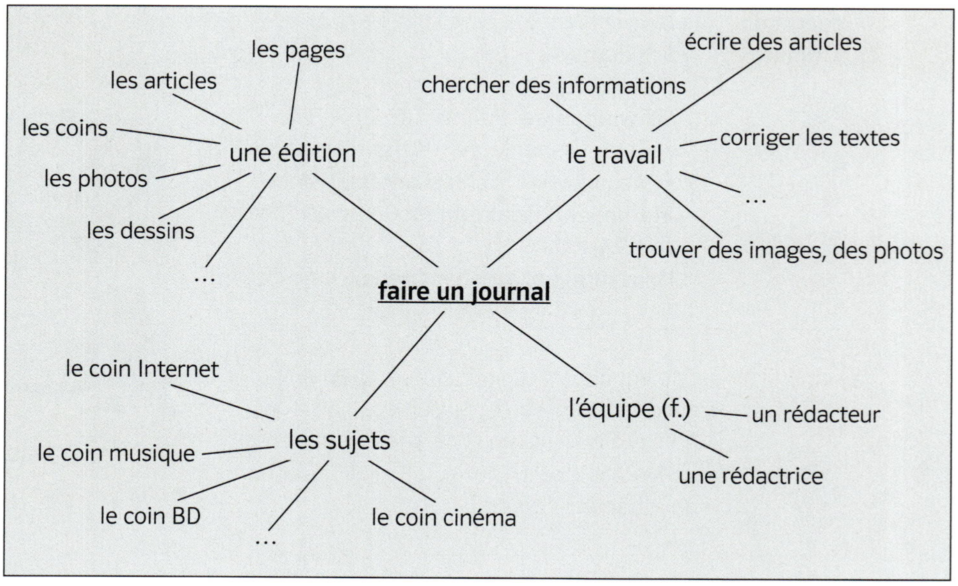

Tipps und Tricks

Differenzierung

Auf **KV 1** können im Rahmen des Stationenlernens und in Abhängigkeit der zur Verfügung stehenden Unterrichtszeit eigene Pflicht- und Wahlaufgaben vereinbart werden. Station 4 ist grundsätzlich als Wahlstation anzusehen. Schnellere S sollten dazu ermuntert werden, im Sinne eines vielfältigen Produktes auch die Station 4 zu bearbeiten.
Um bereits im Vorfeld möglicherweise auftretende Probleme bei der Erschließung der neuen grammatischen Strukturen abzufedern, können besonders leistungsstarke S als Experten für die grammatischen Pensen benannt werden (Station 1: Verben *dormir, sortir, partir*; Station 2: Adjektive *beau, nouveau, vieux*; Station 3: Verben *devoir, recevoir*). Die Experten können während der Stationenarbeit als Ansprechpartner für das jeweilige Pensum ihren Mitschülern Hilfestellungen bei der Bearbeitung der Grammatikaufgabe geben und somit auch den L entlasten.

Zur Methodik

1. SB, S. 89, Nr. 2: Zur Bewältigung der jeweiligen Aufgaben werden immer wieder Strategien und sprachliche Mittel bereitgestellt. Neben der detaillierten Besprechung des Portfolio-Ziels ist es an dieser Stelle entscheidend, die S noch einmal auf die Funktion der Strategien und *On-dit*-Kästen hinzuweisen und auch bereits behandelte Strategien noch einmal zu reaktivieren. Langfristig führt die Reflexion und Festigung der Strategien zu einem Zuwachs an Methodenkompetenz, die zur selbstständigen Bewältigung von Produktionsaufgaben unabdingbar sind.
2. *CdA*, S. 70, Nr. 1: Gelenkte und kontextualisierte Wortschatzübung: Als Vorbereitung auf die Lexikbereiche Internet, Computer, Musik, Bücher, Zeitungen, BD, Film, die in *Unité* 6 ergänzt werden, wird relevanter Wortschatz wiederholt.
***CdA*, S. 70, Nr. 2:** Als Vorbereitung der regelmäßigen Verben auf *-ir* (Gruppe *dormir, partir, sortir*) wird die in *Unité* 2 eingeführte Gruppe der regelmäßigen Verben auf *-dre* wiederholt. Dabei wird beim *Passé composé* der Unterschied der Bildung mit *être* und *avoir* reaktiviert. Dies spielt auch bei den Verben auf *-ir* eine Rolle (*dormir* vs. *partir/sortir*).

Alternative

Auf **KV 3** wird eine alternative Erarbeitungsstrategie vorgeschlagen, die je nach Lerngruppe und Zeitressourcen zur Bearbeitung der *Unité* herangezogen werden kann.

S. 89–97 Organisation des selbstständigen Arbeitens im Stationenlernen

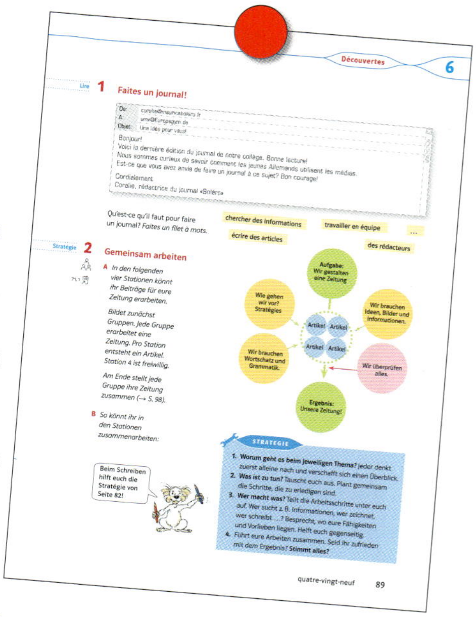
Découvertes 6

Lire 1 **Faites un journal!**

De: coralie@mauricebolero.fr
A: smv@Europagym.de
Objet: Une idée pour vous!

Bonjour!
Voici la dernière édition du journal de notre collège. Bonne lecture!
Nous sommes curieux de savoir comment les jeunes Allemands utilisent les médias.
Est-ce que vous avez envie de faire un journal à ce sujet? Bon courage!
Cordialement
Coralie, rédactrice du journal «Boléro»

Qu'est-ce qu'il faut pour faire un journal? *Faites un filet à mots.*

chercher des informations – travailler en équipe – … – écrire des articles – des rédacteurs

Stratégie 2 **Gemeinsam arbeiten**

A *In den folgenden vier Stationen könnt ihr Beiträge für eure Zeitung erarbeiten.*

Bildet zunächst Gruppen. Jede Gruppe erarbeitet eine Zeitung. Pro Station entsteht ein Artikel. Station 4 ist freiwillig.

Am Ende stellt jede Gruppe ihre Zeitung zusammen (→ S. 98).

B *So könnt ihr in den Stationen zusammenarbeiten:*

STRATEGIE

1. **Worum geht es beim jeweiligen Thema?** Jeder denkt zuerst alleine nach und verschafft sich einen Überblick.
2. **Was ist zu tun?** Tauscht euch aus. Plant gemeinsam die Schritte, die zu erledigen sind.
3. **Wer macht was?** Teilt die Arbeitsschritte unter euch auf. Wer sucht z. B. Informationen, wer zeichnet, wer schreibt …? Besprecht, wo eure Fähigkeiten und Vorlieben liegen. Helft euch gegenseitig.
4. Führt eure Arbeiten zusammen. Seid ihr zufrieden mit dem Ergebnis? **Stimmt alles?**

quatre-vingt-neuf 89

Zur Methodik

Die Lernaufgabe dieser *Unité* ist in Form eines Stationenlernens konzipiert. Die S durchlaufen in **drei obligatorischen und einer fakultativen Station** den Prozess der Erstellung einer Schülerzeitung. Sie erarbeiten selbstständig die Texte und Übungen, organisieren Material und erarbeiten in Gruppen das Portfolio-Produkt. Pro Station entsteht ein thematisch orientierter Artikel für die Zeitung, wobei die einzelnen Stationen vollkommen unabhängig voneinander bearbeitet werden können.
Das selbstständige Arbeiten in einem Stationenlernen wurde im ersten Band von *Découvertes Série jaune* bereits eingeübt. Sollten der in Band 1 angebotene Lernzirkel und das Stationenlernen als herkömmliche *Unités* behandelt worden sein, so empfiehlt sich die besonders **intensive Besprechung der Arbeitsabläufe und der Erwartungen an das Arbeitsverhalten und das Zielprodukt**. Vor dem Beginn der selbstständigen Arbeitsphase sollte eine genaue Zeitvorgabe gemacht werden.
Die vorgeschlagene Herangehensweise an die Erarbeitung der Stationstexte erfolgt im Dreischritt der ***activités avant la lecture / pendant la lecture / après la lecture***. Als *tâche préliminaire* holt die *activité avant la lecture* die S ab und lenkt ihre Aufmerksamkeit auf das Thema des Textes. Die *activité pendant la lecture* dient dazu, den Text sprachlich im Hinblick auf das Zielprodukt auszuwerten. Die *activité après la lecture* führt zu den S und ihren jeweiligen möglichen Ausdrucksbedürfnissen zurück.
Für die Erschließung der Texte bietet sich zunächst eine EA-Phase an, welche nach Bearbeitung des Erschließungsdreischritts durch den Vergleich in PA oder Weiterverarbeitung in GA erweitert wird. Die hier intendierte **stufenweise Öffnung** der Sozialform innerhalb der Stationen entspricht in Grundzügen dem *Think-Pair-Share*-Verfahren, für dessen französische Entsprechung sich mittlerweile die Begrifflichkeit *REP (Réfléchir-Echanger-Présenter)* durchgesetzt hat.

Raumgestaltung

Um die Redaktionsarbeit an der Schülerzeitung auch als solche sichtbar und erfahrbar zu machen, sollten **Gruppentische** als **Arbeitsinseln** eingerichtet werden. Die mitgebrachten Materialien zur Erstellung der Zeitung und die Zwischenprodukte können in Ordnern oder Sammelboxen aufbewahrt und in den Französischstunden ausgebreitet werden. Zum Anhören der Stationstexte und zur Durchführung von HV-Aufgaben können private MP3-Player benutzt oder auch Kopfhörer mit einem Adapterstecker an ein Abspielgerät angeschlossen werden.

Rolle der Lehrperson

Der L steht während der Bearbeitung der Stationen für Fragen und Hilfestellungen zu Verfügung. Er beobachtet die Arbeitsprozesse von der Texterschließung über die Bearbeitung der zugehörigen Aufgaben bis zur Verschriftlichung und Gestaltung des Portfolio-Produktes. Besonders bei Dialogübungen (z. B. S. 90, Nr. 2) gibt er Impulse und berichtigt wenn nötig. Zusätzlich kann er während der Stationenphase ein thematisch passendes **Kommunikationstraining** anbieten, indem er mit den S, die sich während der zielsprachlichen Dialoge in den Gruppen weniger beteiligen, in geschützterem Rahmen die Aufgaben nochmals bearbeitet. Zudem kann der L während der Produktionsphase einzelne schriftliche Ergebnisse, beispielsweise die der Grammatikübungen, kontrollieren und auf

mögliche Fehlerquellen hinweisen. Er diagnostiziert und sichert somit aus dem Hintergrund die Richtigkeit der Erschließung und der Produktion.
Alternativ: L legt die Lösungsblätter aus (⟶ CD-ROM) und die S übernehmen Verantwortung für ihr Lernen.

En-Plus*-Aufgaben und *Cahier d'activités

Während die vier Stationen jeweils mit ihren jeweiligen Artikeln und den flankierenden Erarbeitungsaufgaben auf je einer Doppelseite dargestellt werden, um den Charakter der Schülerzeitung deutlich herauszuheben, werden im *En-plus*-Teil (S. 128–132) sprachliche „Anker"-Aufgaben angeboten. Sie dienen der Vertiefung und der **Umwälzung** der neuen Lexeme und Grammatik. Die Aufgaben in *En plus* sind dabei weniger als qualitative (schwerere/einfachere) Differenzierungsaufgaben gedacht, sondern erweitern die Erschließung durch eine erste Umwälzung. Die Aufgaben auf den Stations-Doppelseiten und in *En plus* werden durch kleinschrittigere Arbeitsaufträge im *CdA* ergänzt, welche sich auf Wortschatz (z. B. S. 72, Nr. 1), Grammatikpensen (z. B. S. 75, Nr. 4) oder schriftliche Produktion (z. B. S. 78, Nr. 4) beziehen.

Zeitmanagement

Durch den produktorientierten Ansatz und die GA ist es sinnvoll, die Bearbeitungszeit für die *Unité* nicht zu knapp zu bemessen. Für jede Station müssen mindestens ca. 3–4 Stunden an **Arbeitszeit** für die S eingeplant werden. Generell ist anzuraten, dass die S sich in Abhängigkeit ihrer gemeinsamen GA selbstständig mithilfe ihres Laufzettels **Hausaufgaben** einteilen, schwerpunktmäßig im *CdA*.
In Abhängigkeit von der möglichen Schwerpunktsetzung und der Verteilung von Pflicht-/Wahlaufgaben, die L zu Beginn der Arbeit vorstrukturieren sollte, kann die Stundenanzahl für die Bearbeitung der *Unité* stark variieren. Besonders die vertiefenden Aufgaben in *En plus* (S. 128–132), die zusätzlich zu den Aufgaben im *CdA* angeboten werden, können den Zeitbedarf erhöhen und ggf. nur als **Hausaufgabe** bearbeitet werden. Die von L als HA vorgesehenen Übungen können farblich auf dem Laufzettel hervorgehoben werden.
Um eine Überforderung der S durch die selbstständige Erteilung von HA zu vermeiden, kann auch z. B. eine Wochenhausaufgabe gegeben werden: Vokabellernen, Verbkonjugationen und Adjektivdeklination auswendig lernen etc.
Zur **Verkürzung des Zeitbedarfs** ist es möglich, dass die Gruppen zwar alle Stationen und die dazugehörigen Übungen bearbeiten, aber nur zu einer Station ihrer Wahl einen Artikel schreiben. Das ergibt also nur einen Artikel pro Gruppe, am Ende entsteht in diesem Fall nur eine Zeitung pro Klasse. Die Artikel, die darin aufgenommen werden, können gemeinsam ausgewählt werden.

Der besondere Tipp

Wenn im Rahmen der eigenständigen Vokabelerschließung die **Lautschrift** eingeführt oder wiederholt werden soll, ist die Vorbereitung des Stationenlernens der geeignete Rahmen (⟶ Lautschriftzeichen im SB, S. 141).

S. 90–91 Station 1: Le coin Internet

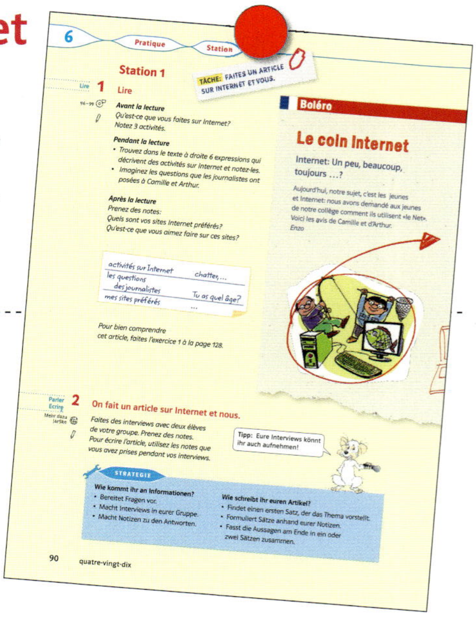
6 Pratique Station

Station 1

TÂCHE: FAITES UN ARTICLE SUR INTERNET ET VOUS.

Lire **1** Lire

96–99 **Avant la lecture**
Qu'est-ce que vous faites sur Internet? Notez 3 activités.

Pendant la lecture
- *Trouvez dans le texte à droite 6 expressions qui décrivent des activités sur Internet et notez-les.*
- *Imaginez les questions que les journalistes ont posées à Camille et Arthur.*

Après la lecture
Prenez des notes:
Quels sont vos sites Internet préférés?
Qu'est-ce que vous aimez faire sur ces sites?

activités sur Internet	chatter, …
les questions des journalistes	Tu as quel âge?
mes sites préférés	…

Pour bien comprendre cet article, faites l'exercice 1 à la page 128.

Boléro

Le coin Internet

Internet: Un peu, beaucoup, toujours …?

Aujourd'hui, notre sujet, c'est les jeunes et Internet: nous avons demandé aux jeunes de notre collège comment ils utilisent «le Net». Voici les avis de Camille et d'Arthur.
Enzo

Parler Ecrire **2** On fait un article sur Internet et nous.

Mehr dazu … *Faites des interviews avec deux élèves de votre groupe. Prenez des notes. Pour écrire l'article, utilisez les notes que vous avez prises pendant vos interviews.*

Tipp: Eure Interviews könnt ihr auch aufnehmen!

STRATEGIE

Wie kommt ihr an Informationen?
- Bereitet Fragen vor.
- Macht Interviews in eurer Gruppe.
- Macht Notizen zu den Antworten.

Wie schreibt ihr euren Artikel?
- Findet einen ersten Satz, der das Thema vorstellt.
- Formuliert Sätze anhand eurer Notizen.
- Fasst die Aussagen am Ende in ein oder zwei Sätzen zusammen.

90 quatre-vingt-dix

Neue Wörter

un site, un jeune/une jeune, utiliser qc, le net, un avis, surfer, un blog, le contact, un portable, le droit, avoir le droit de faire qc, parfois, une invitation, important/importante, sortir, la réalité, passer son temps à faire qc, c'est pourquoi, dormir, partir

Inhalt der Station

Im *coin Internet* der Schülerzeitung *Boléro* wird die Frage nach dem Internetkonsum der S aufgeworfen: *Internet: Un peu, beaucoup, toujours …?* Zwei S, Camille und Arthur, beschreiben in kurzen Stellungnahmen ihre persönliche Einstellung zum Thema Internet. Camille nutzt das Netz zum Surfen, Chatten, Bloggen, für Musik, Videos und soziale Netzwerke. Sie verbringt viel Zeit vor dem Computer, um mit Freunden zu kommunizieren. Arthur ist weniger affin. Er nutzt das Netz zwar für E-Mails und Recherchen, kommuniziert aber ansonsten lieber *en réalité*.

Ziel der Station

S können Auskunft über ihre eigene Internetnutzung geben und den Zeitbedarf des eigenen Medienkonsums problematisieren. Sie können ihre häufigsten Tätigkeiten im Netz und ihre Lieblingsseiten benennen. Sie können Fragen formulieren und ein Interview zur Mediennutzung führen, protokollieren und ausformulieren.
Die Lösungen zu den Übungen der Station finden sich im SB auf S. 196–197.

Mitnehmen! SB, CD-Player, CD 3 (Tracks 17–20, 29–30; MP3 96–99, 106–107), *CdA*, OHP, Folien U6/2+U6/3, GBH, evtl. Aufnahmegeräte, Schere, Papier, Stifte.
Grammatischer Schwerpunkt: Die Verben *dormir, sortir, partir* (⟶ G 22, GBH, S. 44 ff.).

Hinweise zur Durchführung

1 Lire

Avant la lecture: S notieren drei Aktivitäten im Internet, z. B. *chercher des informations, regarder des films, écrire des courriels, écouter de la musique, …*

Pendant la lecture: S lesen den Text aufmerksam und erschließen neue Lexeme über den Vokabelteil. Sie notieren neue Lexeme, die Tätigkeiten im Internet beschreiben (z. B. *surfer, chatter, écrire son blog …*) sowie Fragen, auf die die beiden Protagonisten des Textes geantwortet haben könnten (z. B. *Tu as quel âge? Qu'est-ce que tu aimes faire sur Internet? Quand est-ce que tu surfes? …*)

Après la lecture: Abschließend notieren die S ihre eigenen Lieblingsaktivitäten im Internet. L kann in den Gruppen nach Bedarf weiteres Internetvokabular geben, z. B. *les réseaux sociaux, le moteur de recherche, un portail vidéo, …*
Wegen der Sperrigkeit dieser Fachbegriffe wurde auf die Einführung verzichtet, da an ihrer Stelle auch der jeweilige Name von S genannt werden kann (z. B. Facebook, Google, YouTube, …).

***CdA*, S. 72, Nr. 1:** Gelenkte und kontextualisierte Wortschatzübung/formbezogenes Schreiben: In der Übung werden Wörter aus dem Lexikbereich Internet erschlossen und geschrieben, die zum thematischen Schwerpunkt der Station gehören und/oder auf den SB-Seiten 90 und 91 eingeführt werden. Wenn dies noch nicht an anderer Stelle geschehen ist, können einige Informationen zu OKAPI (⟶ Interkulturelles) gegeben werden.

2 On fait un article sur Internet et nous. (tâche)

Mithilfe der in S. 90, Nr. 1, erarbeiteten Fragen, der *Stratégie* auf S. 90 und der *On-dit*-Ausdrücke auf S. 91 interviewen sich S untereinander und notieren die Antworten der Mitschüler.

L motiviert zum Zielsprachengebrauch. S dürfen ggf. die Aufnahmefunktion ihrer Handys benutzen, wenn im Rahmen der schulischen Regelungen (ausnahmsweise/zielgebunden) das Mitbringen von Handys oder anderen Aufnahmegeräten erlaubt ist.
Aus den Notizen erstellen S in GA einen Artikel für die Zeitung, der sich in Form und Länge an den Musterartikel anlehnen kann. L gibt Hinweise zur Gestaltung und schlägt ggf. zusätzliche interessante Aspekte vor (Zeitproblematik, anderweitige Freizeitgestaltung, häusliche Regelungen, Einstellung der Eltern zum Medienkonsum …).
***CdA*, S. 72, Nr. 2:** Die Übung festigt durch Paralleltexte zum SB den Umgang mit dem Thema der Station und unterstützt so die Durchführung von Interviews, die in SB, S. 90, Nr. 2, verlangt werden. Es können einige Informationen zu *Radio Junior* gegeben werden.
Diese HV-Übung (CD 3, Tracks 29–30; MP3 106–107) kann als zusätzliche Übung für die

DELF *DELF*-Prüfung Niveau A1 eingesetzt werden.

***CdA*, S. 73, Nr. 3:** Grammatikübung: Verben auf *-ir* (Gruppe *dormir, partir, sortir*);
A: Präsens;
B: *Passé composé*, Angleichung des *Participe passé* bei den Verben, die das *Passé composé* mit *être* bilden.
Als (im Vergleich zu Übung 4) leichtere Aufgabe beschränkt sich diese Übung nur auf die Verben auf *-ir*.

Differenzierung

***CdA*, S. 73, Nr. 4:** Schwierigere Übung, da mehrere Verben/Verbgruppen zu berücksichtigen sind.

En plus

SB, S. 128, Nr. 1: A propos du texte
A: Erschließungsübung für neues Vokabular im Stationstext auf der Grundlage von Analogien in anderen Sprachen.
B: Schreibauftrag zur Erstellung von Steckbriefen der beiden Protagonisten des Stationstextes.
SB, S. 128, Nr. 2: On part, on sort ou on dort?
A: EA zur Formbildung der Verben *partir, sortir, dormir* (⟶ G 22).
B: Fragebildung im *Passé composé* mit anschließendem Vergleich in PA.

Interkulturelles

OKAPI ist ein französisches Jugendmagazin, das 14-tägig erscheint. Mit einer Auflage von über 70.000 Exemplaren gehört es zu den verbreitetsten Produkten der Jugendpresse. Es richtet sich vornehmlich an die Gruppe der *collégiens* (10–15 Jahre) und bietet v. a. Musik-, Mode- und Film-Berichte. Darüber hinaus finden jedoch auch gesellschaftliche, schulische und literarische Themen in den Heften ihren Platz. OKAPI veranstaltet häufig Leserwettbewerbe, sogenannte *concours*, zu aktuellen und kontroversen Themen.

S. 92–93 Station 2: Le coin musique

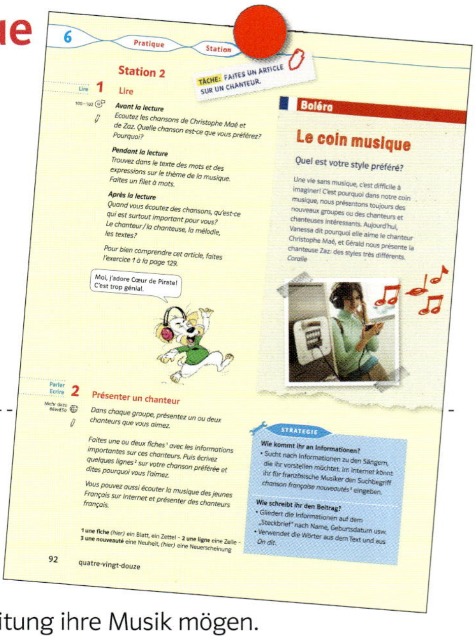
6 Pratique Station

Station 2

TÂCHE: FAITES UN ARTICLE SUR UN CHANTEUR.

Lire **1** **Lire**

100–102 **Avant la lecture**

Ecoutez les chansons de Christophe Maé et de Zaz. Quelle chanson est-ce que vous préférez? Pourquoi?

Pendant la lecture

Trouvez dans le texte des mots et des expressions sur le thème de la musique. Faites un filet à mots.

Après la lecture

Quand vous écoutez des chansons, qu'est-ce qui est surtout important pour vous? Le chanteur / la chanteuse, la mélodie, les textes?

Pour bien comprendre cet article, faites l'exercice 1 à la page 129.

Boléro

Le coin musique

Quel est votre style préféré?

Une vie sans musique, c'est difficile à imaginer! C'est pourquoi dans notre coin musique, nous présentons toujours des nouveaux groupes ou des chanteurs et chanteuses intéressants. Aujourd'hui, Vanessa dit pourquoi elle aime le chanteur Christophe Maé, et Gérald nous présente la chanteuse Zaz: des styles très différents.
Coralie

Parler Ecrire **2** **Présenter un chanteur**

Mehr dazu: 66wd5b

Dans chaque groupe, présentez un ou deux chanteurs que vous aimez.

Faites une ou deux fiches[1] avec les informations importantes sur ces chanteurs. Puis écrivez quelques lignes[2] sur votre chanson préférée et dites pourquoi vous l'aimez.

Vous pouvez aussi écouter la musique des jeunes Français sur Internet et présenter des chanteurs français.

STRATEGIE

Wie kommt ihr an Informationen?
- Sucht nach Informationen zu den Sängern, die ihr vorstellen möchtet. Im Internet könnt ihr für französische Musiker den Suchbegriff *chanson française nouveautés*[3] eingeben.

Wie schreibt ihr den Beitrag?
- Gliedert die Informationen auf dem „Steckbrief" nach Name, Geburtsdatum usw.
- Verwendet die Wörter aus dem Text und aus *On dit*.

1 **une fiche** *(hier)* ein Blatt, ein Zettel – 2 **une ligne** eine Zeile – 3 **une nouveauté** eine Neuheit, *(hier)* eine Neuerscheinung

92 quatre-vingt-douze

Neue Wörter

une mélodie, imaginer qc, c'est pourquoi, différent/différente, une fiche, un jeune/une jeune, un prénom, la naissance, un métier, un instrument, le violon, la batterie, l'harmonica *(m.)*, un album, jouer de qc, beau/bel/belle, important/importante, la voix, le rythme, gagner, l'argent *(m.)*, l'amour *(m.)*, la joie, vieux/vieil/vieille, connu/connue, un saxophone, la musique pop

Inhalt der Station

Im *coin musique* der Zeitung *Boléro* stellen zwei fiktive Protagonisten, Vanessa und Gérald, den Sänger Christophe Maé und die Sängerin Zaz vor. Zu beiden Künstlern gibt es einen Steckbrief und eine ausführliche Begründung, warum die Autoren der Schülerzeitung ihre Musik mögen.

Ziel der Station

S können einen Artikel über ihre Lieblingsmusik schreiben. Sie können ihre Lieblingssänger oder -gruppen in einem Steckbrief vorstellen und begründen, warum ihnen der Stil, die Texte oder die Melodie gefallen.
Die Lösungen zu den Übungen der Station finden sich im SB auf S. 197.

Mitnehmen! SB, CD-Player, CD 3 (Tracks 23–25, 28; MP3 100–102, 105), *CdA*, OHP, Folie U6/4, GBH, Schere, Papier, Stifte.
Grammatischer Schwerpunkt: Die Adjektive *beau, nouveau, vieux* (⟶ G 23, GBH, S. 47 ff.).
Interkultureller Schwerpunkt: S lernen die französischen Künstler Christophe Maé und Zaz kennen. Die Beschäftigung mit aktueller französischer Musik wird durch die Produktionsaufgabe initiiert.

Hinweise zur Durchführung

1 Lire

Avant la lecture: S hören sich über mitgebrachte Kopfhörer die Lieder von Christophe Maé und Zaz an und geben ein erstes Geschmacksurteil ab. Die erwartete Begründung kann kurz ausfallen, sollte aber schriftlich festgehalten werden. L sollte bei Bedarf Hilfestellung geben.
Pendant la lecture: Wortschatzerschließung: S erstellen aus den Wörtern des Lexikbereichs Musik ein Wörternetz. L ermutigt zur Erweiterung um bereits bekanntes Vokabular. S legen hier lexikalischen Grundstein für ihren eigenen Artikel.
Après la lecture: Vorentlastung der schriftlichen Produktion über die Impulsfrage: *Quand vous écoutez des chansons, qu'est-ce que vous trouvez important?* Anbahnung eines begründeten Urteils. L kann bereits hier auf *On-dit*-Ausdrücke von SB, S. 93, hinweisen.
***CdA*, S. 74, Nr. 1:** Strategieübung: Die Übung festigt über die Kompensationsstrategien Wortschatz, der in dieser Station eingeführt wird. Es werden Strategien der Erklärung wiederholt und erweitert, die in SB und *CdA* in *Unité* 4 angewendet wurden (*CdA*, S. 45, Nr. 9).
***CdA*, S. 74, Nr. 2: A:** Wortschatzübung zu *jouer à / jouer de* mit dem *article contracté*.
B: Eigenständige und kreative Fortsetzung der Teilaufgabe A. Die S sollen überlegen, was sie selbst und mit Freunden spielen.

2 Présenter un chanteur (tâche)

S bearbeiten die *Tâche* dieser Station in GA. Sie präsentieren nach dem Muster des Stationstextes ihre Lieblingssänger. Dazu bedienen sie sich der Strategie auf S. 92 und der *On-dit*-Ausdrücke auf S. 93.

L sollte darauf hinweisen, nach Möglichkeit einen französischen Sänger auszuwählen. Zur Erstellung eines Steckbriefs ist es mitunter notwendig, Informationen aus dem Internet zu beschaffen. Dies sollte als HA erfolgen, falls S während des Stationenlernens keinen Zugriff auf einen Computer haben. Unter gewissen Umständen ist zu erwägen, ob L den S erlauben kann, zweckgebunden für die Recherche ein mitgebrachtes Smartphone nutzen zu dürfen. Dies muss im Einklang mit der Hausordnung der Schule / den vereinbarten Regeln zum Umgang mit Mobilgeräten im Unterricht geschehen.

Differenzierung

***CdA*, S. 75, Nr. 3:** Übung zur Grammatik: Als im Vergleich zu Übung 4 leichtere Aufgabe beschränkt sich diese Übung nur auf die Adjektive *beau, nouveau, vieux*.
***CdA*, S. 75, Nr. 4:** Schwierigere Übung zur Grammatik: Mehrere Adjektive/Adjektivgruppen sind zu berücksichtigen. Der dialogische Ansatz, der im **A**-Teil vorliegt, soll im **B**-Teil konsequent fortgeführt werden. Damit wird neben dem rein formalen auch der kommunikative und kooperative Aspekt betont.

En plus

SB, S. 129, Nr. 1: A propos du texte
A: Erschließungsübung für neues Vokabular im Stationstext auf der Grundlage von Analogien in anderen Sprachen.
B: Korrektur falscher Informationen gemäß der Porträts der beiden vorgestellten Sänger Christophe Maé und Zaz.
SB, S. 129, Nr. 2: Quand est-ce qu'ils sont nés? (CD 3, Track 28; MP3 105)
HV-Übung zu Jahreszahlen. S hören über mitgebrachte Kopfhörer den HV-Text und notieren die Namen und Geburtsjahre der vorgestellten Personen.
SB, S. 129, Nr. 3: Tout nouveau, tout beau!
Grammatikübung zur Satzbildung. S bilden in PA Sätze unter Berücksichtigung der richtigen Form der Adjektive *beau, nouveau, vieux* (⟶ G 23).
SB, S. 129, Nr. 4: Tu aimes jouer?
Übung zum Training des dialogischen Sprechens. S bilden in PA Dialoge zu den Kollokationen *jouer à* (+Spiel) und *jouer de* (+Instrument). Nachdem in *Unité* 5 *jouer à* in Bezug auf Spiel und Sport eingeführt wurde, folgt nun *jouer de* in Bezug auf Musikinstrumente. Die Übung bietet gleichzeitig eine Wiederholung des *article contracté*.

Interkulturelles

Christophe Maé wurde 1975 in Carpentras (Vaucluse) geboren. Im Alter von 6 Jahren lernte er Geige spielen. Nach überstandener längerer Krankheit kamen im Alter von 16 Jahren die Instrumente Gitarre und Harmonica hinzu. Seine erste CD veröffentlichte Maé bereits 2002, das erste Studioalbum *Mon paradis* folgte allerdings erst fünf Jahre später. Sein Musikstil kann als *acoustic* näherungsweise beschrieben werden. Bevor er als Solomusiker bekannt wurde, spielte Maé 2005 im Musical *Le roi Soleil* den Bruder König Ludwigs XIV.
Die Sängerin **Zaz** heißt mit bürgerlichem Namen Isabelle Geffroy. Sie wurde 1980 in Tours geboren. Ihre Karriere als Berufsmusikerin begann sie im Alter von 20 Jahren. Mit dem Hit *Je veux* ihres Debütalbums *Zaz* gelang ihr 2010 der Durchbruch als Solokünstlerin. Ihr Musikstil basiert auf akustischem Jazz, den sie mit Elementen aus *soul* und *chanson* verbindet.

S. 94–95 Station 3: Le coin BD

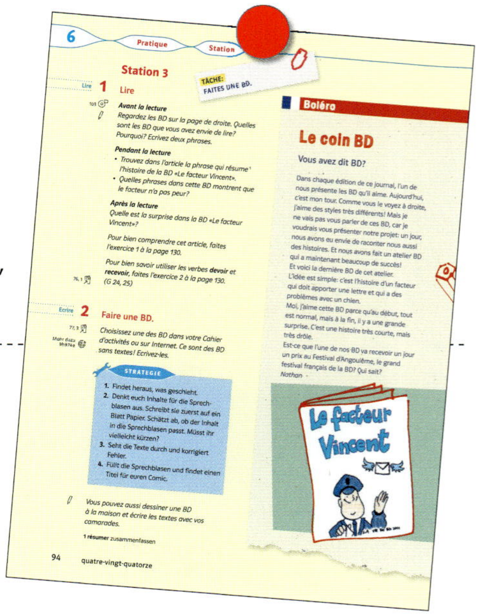
6 Pratique Station

Station 3

TÂCHE: FAITES UNE BD.

Lire **1 Lire**

Avant la lecture
Regardez les BD sur la page de droite. Quelles sont les BD que vous avez envie de lire? Pourquoi? Ecrivez deux phrases.

Pendant la lecture
- *Trouvez dans l'article la phrase qui résume[1] l'histoire de la BD «Le facteur Vincent».*
- *Quelles phrases dans cette BD montrent que le facteur n'a pas peur?*

Après la lecture
Quelle est la surprise dans la BD «Le facteur Vincent»?

Pour bien comprendre cet article, faites l'exercice 1 à la page 130.

Pour bien savoir utiliser les verbes ***devoir*** *et* ***recevoir****, faites l'exercice 2 à la page 130. (G 24, 25)*

Ecrire **2 Faire une BD.**

Choisissez une des BD dans votre Cahier d'activités ou sur Internet. Ce sont des BD sans textes! Ecrivez-les.

STRATEGIE
1. Findet heraus, was geschieht.
2. Denkt euch Inhalte für die Sprechblasen aus. Schreibt sie zuerst auf ein Blatt Papier. Schätzt ab, ob der Inhalt in die Sprechblasen passt. Müsst ihr vielleicht kürzen?
3. Seht die Texte durch und korrigiert Fehler.
4. Füllt die Sprechblasen und findet einen Titel für euren Comic.

Vous pouvez aussi dessiner une BD à la maison et écrire les textes avec vos camarades.

1 **résumer** zusammenfassen

94 quatre-vingt-quatorze

Boléro

Le coin BD

Vous avez dit BD?

Dans chaque édition de ce journal, l'un de nous présente les BD qu'il aime. Aujourd'hui, c'est mon tour. Comme vous le voyez à droite, j'aime des styles très différents! Mais je ne vais pas vous parler de ces BD, car je voudrais vous présenter notre projet: un jour, nous avons eu envie de raconter nous aussi des histoires. Et nous avons fait un atelier BD qui a maintenant beaucoup de succès!
Et voici la dernière BD de cet atelier.
L'idée est simple: c'est l'histoire d'un facteur qui doit apporter une lettre et qui a des problèmes avec un chien.
Moi, j'aime cette BD parce qu'au début, tout est normal, mais à la fin, il y a une grande surprise. C'est une histoire très courte, mais très drôle.
Est-ce que l'une de nos BD va recevoir un jour un prix au Festival d'Angoulême, le grand festival français de la BD? Qui sait?
Nathan

Neue Wörter résumer qc, c'est mon tour, différent/différente, un projet, car, un atelier, simple/simple, un facteur/une factrice, devoir faire qc, apporter qc à qn, une lettre, au début, recevoir qc, un prix, Angoulême, belge/belge, la réalité, la Belgique, les Schtroumpfs, la mode, à la mode, le Canada

Inhalt der Station Der *coin BD* der Zeitung *Boléro* stellt verschiedene französische und belgische Comics vor. Daneben wird das Ergebnis eines *atelier BD* präsentiert: ein selbst erstellter Comic mit dem Titel *Le facteur Vincent*, der eine kurze, überraschende und lustige Situation in acht Einzelbildern zeigt.

Ziel der Station S können mit Hilfe der *Stratégie* auf S. 94 und ggf. zweier Vorlagen im *CdA* einen eigenen Comic erstellen und diesen in einem Artikel für ihre Schülerzeitung präsentieren.
Die Lösungen zu den Übungen der Station finden sich im SB auf S. 197.

Mitnehmen! SB, CD-Player, CD 3 (Tracks 26, 31–32; MP3 103, 108–109), *CdA,* OHP, Folie U6/5, GBH, Schere, Papier, Stifte.
Grammatischer Schwerpunkt: Verben *recevoir, devoir* (⟶ G 24+25, GBH, S. 49–50).
Interkultureller Schwerpunkt: S erfahren die Bedeutung des *BD* als literarische Gattung in Frankreich und Belgien und lernen den *Prix du Festival d'Angoulême* kennen.

Hinweise zur Durchführung

1 Lire
Avant la lecture: Die Aufmerksamkeit der S wird auf den vorgestellten Comic gelenkt. S nehmen spontan Stellung zur Frage, welchen Comic sie am ehesten lesen möchten und warum. Als mögliche Entscheidungsgründe können der Stil (z. B. Schlümpfe oder Manga) und die kurzen Beschreibungen dienen.
Pendant la lecture: S finden im Comic *Le facteur Vincent* drei Sätze, die den Inhalt möglichst präzise zusammenfassen und die Aussage, die zeigt, dass der Briefträger keine Angst vor Hunden hat: *C'est l'histoire d'un facteur qui doit apporter une lettre et qui a des problèmes avec un chien. / Je fais ce métier depuis 10 ans. Un chien ne m'a jamais mordu! / Haha, c'est un chien méchant? …*
Après la lecture: S notieren die Auflösung der Überraschung: *La surprise du facteur Vincent, c'est le grand chien qu'il n'a pas vu. Il pense que le chien méchant est le petit chien.*
***CdA*, S. 76, Nr. 1:** Grammatikübung zur Formbildung von *devoir, recevoir.*

Tipp Ein Vergleich an der Tafel kann zeigen, dass beide Verben nach dem gleichen Schema konjugiert werden.

***CdA*, S. 76, Nr. 2:** HV (CD 3, Track 31–32; MP3 108–109) und Ausspracheübung zu *ç* und *c* als [s] und [k]. Anlass für die Übung ist die *„c cédille"* im *Participe passé* von *recevoir*.

2 Faire une BD. (tâche)
Die eigentliche *Tâche* der Station besteht in der Erstellung eines eigenen Comics. Im *CdA*, S. 77–78, Nr. 3–4, befinden sich zwei Bildvorlagen ohne Text. S denken sich in GA die Texte für die Geschichten aus.

Alternative/ Differenzierung

Die S zeichnen eine eigene Bildergeschichte und schreiben ihre Texte dazu passend. Zusätzlich zur BD können leistungsstarke S auch einen kurzen Artikel zum Thema BD oder zu ihrem eigenen Comic für die Zeitung erstellen.
***CdA*, S. 77–78, Nr. 3–4:** Inhaltsbezogenes Schreiben: Das *CdA* stellt für die Arbeit im SB zwei Bildgeschichten zur Verfügung. Die S haben den Auftrag, die Sprechblasen textsortenspezifisch mit Text zu füllen. Die S wählen hierfür eine der Bildgeschichten aus. Es bleibt dem L überlassen, ob die Auswahl ganz freigegeben wird oder ob einzelnen S/Gruppen ein Comic zugewiesen wird. Nr. 3 ist inhaltlich und sprachlich anspruchsvoller als Nr. 4.

Zur Methodik

Die Idee der Bildgeschichte geht zurück auf Lutz Küster: Aufgabe zu „Etre différent/e" (Niveau A 2/B1), S. 78–86, in: Eynar Leupold, Ulrich Krämer (Hrsg.): Französischunterricht als Ort interkulturellen Lernens, Klett/Kallmeyer, Stuttgart 2010. In seinem Aufsatz schlägt Küster eine Aufgabe vor, in der sich „die Einzelnen gedanklich in eine Minderheitenposition hineinversetzen … In der Fantasie spielen sie eine Möglichkeit durch, wie vor diesem Hintergrund eine Interaktion zwischen ihnen und der Umwelt vonstattengehen und mit welchen Empfindungen sie begleitet sein könnte." Im Rahmen der interkulturellen Kompetenz bieten die verschiedenen S-Lösungen die Möglichkeit, Reaktionen auf „Fremdheit" zu besprechen.

En plus

SB, S. 130, Nr. 1: A propos du texte
A: Erschließungsübung für neues Vokabular im Stationstext auf der Grundlage von Analogien in anderen Sprachen.
B: Korrektur falscher Informationen gemäß der Informationen des Stationstextes.
SB, S. 130, Nr. 2: Qu'est-ce qu'on doit faire pour recevoir un prix?
A: Formbildungsübung zu *recevoir*. S bilden Sätze, indem sie die richtigen Verbformen zu vorgegebenen Satzteilen im *Présent* und im *Passé composé* bilden.
B: Formbildungsübung zu *devoir*: S antizipieren Sätze mit *devoir*, die während eines *atelier de BD* fallen könnten.
SB, S. 131, Nr. 3: Miam, miam, c'est bon!
Wortschatzübung in PA: S ordnen verschiedenen *onomatopées* ihre entsprechende Bedeutung zu.

Interkulturelles

Das alljährliche ***Festival d'Angoulême*** (*Festival International de la Bande Dessinée*) gilt als das bedeutendste Comicfestival Europas. Seit 1974 vergibt eine Jury Preise in verschiedenen Kategorien.

S. 96–97 Station 4: Le coin cinéma

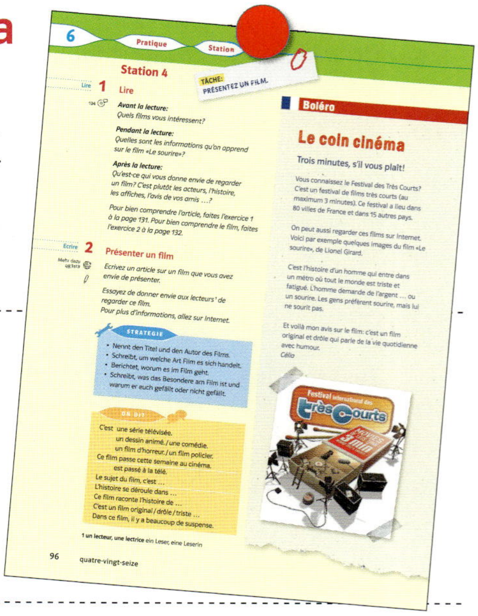
6 Pratique Station

Station 4

TÂCHE: PRÉSENTEZ UN FILM.

Lire **1 Lire**

104

Avant la lecture:
Quels films vous intéressent?

Pendant la lecture:
Quelles sont les informations qu'on apprend sur le film «Le sourire»?

Après la lecture:
Qu'est-ce qui vous donne envie de regarder un film? C'est plutôt les acteurs, l'histoire, les affiches, l'avis de vos amis …?

Pour bien comprendre l'article, faites l'exercice 1 à la page 131. Pour bien comprendre le film, faites l'exercice 2 à la page 132.

Ecrire **2 Présenter un film**

Mehr dazu qg3st9

Ecrivez un article sur un film que vous avez envie de présenter.
Essayez de donner envie aux lecteurs[1] de regarder ce film.
Pour plus d'informations, allez sur Internet.

STRATEGIE
- Nennt den Titel und den Autor des Films.
- Schreibt, um welche Art Film es sich handelt.
- Berichtet, worum es im Film geht.
- Schreibt, was das Besondere am Film ist und warum er euch gefällt oder nicht gefällt.

ON DIT
C'est une série télévisée.
un dessin animé. / une comédie.
un film d'horreur. / un film policier.
Ce film passe cette semaine au cinéma.
est passé à la télé.
Le sujet du film, c'est …
L'histoire se déroule dans …
Ce film raconte l'histoire de …
C'est un film original / drôle / triste …
Dans ce film, il y a beaucoup de suspense.

1 un lecteur, une lectrice ein Leser, eine Leserin

Boléro

Le coin cinéma

Trois minutes, s'il vous plaît!

Vous connaissez le Festival des Très Courts? C'est un festival de films très courts (au maximum 3 minutes). Ce festival a lieu dans 80 villes de France et dans 15 autres pays.

On peut aussi regarder ces films sur Internet. Voici par exemple quelques images du film «Le sourire», de Lionel Girard.

C'est l'histoire d'un homme qui entre dans un métro où tout le monde est triste et fatigué. L'homme demande de l'argent … ou un sourire. Les gens préfèrent sourire, mais lui ne sourit pas.

Et voilà mon avis sur le film: c'est un film original et drôle qui parle de la vie quotidienne avec humour.
Célia

Festival international des Très Courts

96 quatre-vingt-seize

Neue Wörter au maximum, avoir lieu, une image, le sourire, Girard, l'argent *(m.)*, sourire, un avis, original/originale, quotidien/quotidienne, l'humour *(m.)*, une série télévisée, un dessin animé, une comédie, un film d'horreur, un film policier, passer, se dérouler, le suspense

Inhalt der Station Die Station 4 *Le coin cinéma* ist **fakultativ**. Sie behandelt das Thema Film und Kino, welches anhand des *Festival des Très Courts* entfaltet wird. Die S lernen das Genre durch den Kurzfilm *Le sourire* kennen und erfahren im Stationstext die Hintergründe zu dessen Handlung.

Ziel der Station S können einen Kurzfilm aus der Auswahl der beim *Festival des Très Courts* vorgestellten Werke in einem Artikel für ihre Schülerzeitung präsentieren. Sie können Auskunft über Titel, Autor, Schauspieler, Genre und Handlung des Films geben.
Die Lösungen zu den Übungen der Station finden sich im SB auf S. 197–198.

Mitnehmen! SB, CD-Player, OHP, Folie U6/6, CD 3 (Track 27; MP3 104), *CdA*, DVD-Player, DVD (*Le sourire*), Schere, Papier, Stifte.

Hinweise zur Durchführung

1 Lire
Avant la lecture: S nennen als Vorentlastung zur Vorstellung eines Films spontan ihre Lieblingsfilme oder ihr Lieblingsgenre. L kann dazu anregen, auch bekannte französische Filme zu thematisieren (z.B. *Bienvenue chez les Ch'tis, Intouchables, Le petit Nicolas*).
Pendant la lecture: Erschließung von sachgebundenen Informationen zum Film *Le sourire* aus dem Stationstext. S notieren, was sie zu diesem Film aus dem Text entnehmen können und bereiten so die eigene Filmpräsentation vor.
Après la lecture: Gelenkt durch Impulsfragen nennen S die Kriterien für ihre Filmpräferenzen *(les acteurs, l'histoire, les affiches, l'avis des amis …)*.

Der besondere Tipp **Folie U6/6:** Als Überleitung zur *Tâche* können S über weitere Filmfestivals und ihre Preise sprechen. Dazu ordnen sie auf der Folie die Namen den Preisen und Logos zu. Unterstützende Fragen: *Dans quel pays? Dans quelle ville? Quand? Qui a gagné?* Eine Internetrecherche zu nicht erkannten Festivals kann sich bei Interesse anschließen.

2 Présenter un film (tâche)
Die eigentliche *Tâche* dieser Station wird durch das Anschauen des Films *Le sourire* und weiterer Kurzfilme auf DVD angebahnt. Das Anschauen der Filme kann bei gegebener technischer Ausstattung im Klassenraum erfolgen oder ggf. zu Hause (DVD liegt dem *CdA* bei). Ein erstes Ansehen der Filme kann auch während einer Unterbrechung des Stationenlernens im Plenum erfolgen.
S werden über die Strategie und die *On-dit*-Ausdrücke angeleitet, ihre eigene Filmkritik analog zum Stationstext zu verfassen.
Aufgrund der höheren Komplexität dieser Aufgabe sollte L eindringlich darauf hinweisen, dass bei den vorgestellten Filmen das Verständnis nur annäherungsweise erreicht wird.
***CdA*, S. 79, Nr. 1:** Sprachmittlungsübung: Die Übung greift die im *On-dit*-Kasten erwähnte *série télévisée* auf. Im Rahmen der Sprachmittlung kann Wortschatz des *On-dit*-Kastens angewandt werden.

***CdA*, S. 79, Nr. 2:** Mündliche/schriftliche Produktion: Die Übung gibt die Möglichkeit, die im SB-Text, S. 96, vorgestellte Sprechintention … *et voilà mon avis* … durch eine konkrete Anwendung zu füllen.

En plus

SB, S. 131, Nr. 1: A propos du texte
A: Erschließungsübung für neues Vokabular im Stationstext auf der Grundlage von Analogien in anderen Sprachen.
B: Ergänzung von Satzanfängen durch Informationen aus dem Stationstext.
SB, S. 132, Nr. 2: A propos du film
A: Sprachliche Vorentlastung zur Beschreibung von Filmen. S ordnen Satzanfänge für eine Filmkritik in die richtige Reihenfolge und ergänzen die relevanten Informationen zum Film *Le sourire*.
B: Gelenkte schriftliche Textproduktion zur Beurteilung des Films mithilfe vorgegebener Satzstrukturen.

Interkulturelles

Auf dem ***Festival des Très Courts*** werden Filme aus der ganzen Welt von maximal drei Minuten Länge gezeigt. Sieger des Festivals wird der beste und kürzeste Film. Das Festival wurde 1999 ins Leben gerufen.

S. 98 Bilan

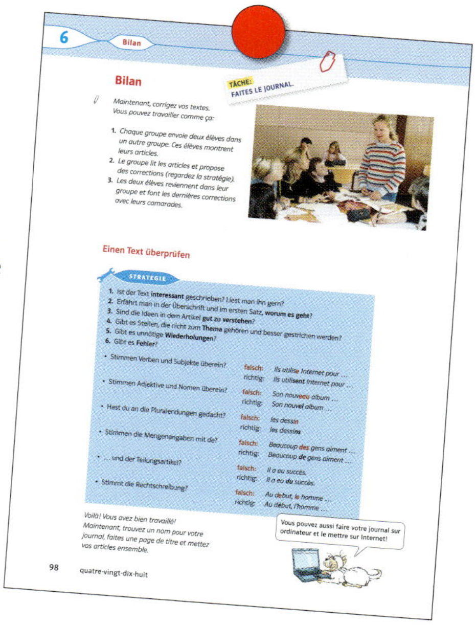
6 Bilan

Bilan

TÂCHE: FAITES LE JOURNAL.

Maintenant, corrigez vos textes. Vous pouvez travailler comme ça:

1. *Chaque groupe envoie deux élèves dans un autre groupe. Ces élèves montrent leurs articles.*
2. *Le groupe lit les articles et propose des corrections (regardez la stratégie).*
3. *Les deux élèves reviennent dans leur groupe et font les dernières corrections avec leurs camarades.*

Einen Text überprüfen

STRATEGIE

1. Ist der Text **interessant** geschrieben? Liest man ihn gern?
2. Erfährt man in der Überschrift und im ersten Satz, **worum es geht**?
3. Sind die Ideen in dem Artikel **gut zu verstehen**?
4. Gibt es Stellen, die nicht zum **Thema** gehören und besser gestrichen werden?
5. Gibt es unnötige **Wiederholungen**?
6. Gibt es **Fehler**?

- Stimmen Verben und Subjekte überein? falsch: *Ils utilise Internet pour …* richtig: *Ils utilisent Internet pour …*
- Stimmen Adjektive und Nomen überein? falsch: *Son nouveau album …* richtig: *Son nouvel album …*
- Hast du an die Pluralendungen gedacht? falsch: *les dessin* richtig: *les dessins*
- Stimmen die Mengenangaben mit *de*? falsch: *Beaucoup des gens aiment …* richtig: *Beaucoup de gens aiment …*
- … und der Teilungsartikel? falsch: *Il a eu succès.* richtig: *Il a eu du succès.*
- Stimmt die Rechtschreibung? falsch: *Au debut, le homme …* richtig: *Au début, l'homme …*

Voilà! Vous avez bien travaillé! Maintenant, trouvez un nom pour votre journal, faites une page de titre et mettez vos articles ensemble.

Vous pouvez aussi faire votre journal sur ordinateur et le mettre sur Internet!

98 quatre-vingt-dix-huit

SB, S. 98: Einen Text überprüfen
Strategie zur abschließenden Prüfung der erstellten Artikel für die Schülerzeitung: S prüfen ihre Texte daraufhin, ob sie interessant, informativ, verständlich, stringent, präzise und richtig sind. Bei der Fehlerkontrolle werden die Kongruenz von Subjekt und Verb, Adjektiven und Nomen, die Pluralendungen, Artikel und Partitive sowie die Orthografie überprüft.

***CdA*, S. 80, Nr. 1**
Es muss von L entschieden werden, ob dieser *Bilan*-Teil vor oder nach der Durchnahme der entsprechenden Seite im SB behandelt wird. Die Durchnahme vor dem SB-*Bilan* hat den Vorteil, dass sprachliche Mittel noch einmal vor der kreativen Zusammenstellung der Zeitung gefestigt werden. Die *Bilan*-Seite deckt folgende Teilbereiche ab:
A: Verben auf *-ir* (*dormir, partir, sortir*), Präsens und *Passé composé*, Angleichung des *Participe passé* bei den Verben, die das *Passé composé* mit *être* bilden;
B: Adjektive *beau, nouveau, vieux*;
C: Verben *devoir* und *recevoir* (Präsens und *Passé composé*).

Die **Lösungen** der *Bilan*-Aufgaben des *CdA* befinden sich im im *CdA* auf S. 101 und auf der CD-ROM.

Test, Klassenarbeit, Standardsicherung

Vorschlag für die inhaltliche Ausrichtung eines Tests, einer Klassenarbeit bzw. der Standardsicherung.

Schreiben
- Kurze Mitteilungen verfassen, z. B. in Form einer Postkarte oder E-Mail über einen Urlaubsaufenthalt und über dortige Aktivitäten und Vorlieben (inkl. Verwendung des *Passé composé*).
- Einen einfachen Text zu Bildern oder Bildfolgen verfassen, z. B. als Bildunterschriften und Sprechblasen zu einer kurzen Fotogeschichte.
- Einen einfachen Text über sich und andere schreiben, z. B. in Form eines Präsentations-Blogs mit einer Austauschklasse.

Verfügung über die sprachlichen Mittel

Grammatik:
- Die Verben auf *-ir* im Präsens, die Verben *devoir* und *recevoir* anwenden, z. B. im Rahmen einer geschlossenen Lückenübung (vgl. *CdA*, S. 80, Nr. 1).
- Die Adjektive *beau, nouveau, vieux* verwenden, z. B. im Rahmen einer halboffenen Zuordnungsübung mit verschiedenen Nomen und Adjektiven.

Interkulturelles Lernen
Französische / frankophone Chansons / Interpreten, Filme und Comics kennen lernen und bewerten, z. B. indem die S einen von drei Vorschlägen wählen und nach vorgegebenen Kriterien einen Steckbrief / eine kurze schriftliche Beurteilung verfassen.

Vorschlag für modulares Arbeiten mit den *Unités* 5 und 6

Modul 3: Moi, mes amis, mes activités

Sprechen / *production orale*

Kompetenzerwartungen	Kompetenztraining
– über Gewohnheiten und Alltagsbeschäftigungen sprechen, Vereinbarungen treffen	SB: S. 78 (10), S. 85 (1), S. 85 (3), S. 90 (2)
– über Interessen, Gefühle, Vorlieben und Abneigungen sprechen	SB: S. 75 (1), S. 78 (9), S. 88, S. 92 (2), S. 129 (4)
– einfache Informationen einholen und weitergeben; Situationen beschreiben, z. B. zur Vorbereitung einer Klassenfahrt	SB: S. 74 (B), S. 78 (9), S. 80 (3), S. 83 (1A, B, E), S. 85 (1), S. 86 (5)

Schreiben / *production écrite*

Kompetenzerwartungen	Kompetenztraining
– kurze Texte verfassen, z. B. über eine Region oder das Wetter, zu einer Person, zu Comic-Bildern	SB: S. 77 (6), 80 (2B), 82 (5/7), 84 (1E), 126 (3), 128 (1B), 132, 132 (2B), 139 (Stratégie) CdA: S. 62 (6), 63 (7C), 64 (10), 66 (13), 77 (3), 78 (4), 79 (1)
– einfache Texte über sich und andere schreiben, z. B. für einen Schülerzeitungsartikel	SB: S. 82 (5), S. 82 (6), S. 90 (2), S. 139 (*Stratégie*) CdA: S. 63 (7), S. 69 (4), S. 79 (2)
– einfache Texte zu Bildern und Bildfolgen verfassen, z. B. über einen Sänger, Film oder Comic	SB: S. 84 (E), S. 92 (2), S. 94 (2), S. 96 (2), S. 139 (*Stratégie*) CdA: S. 77 (3), S. 78 (4)

Laufzettel

Beachtet:
In dieser Unité ist es wichtig, auch Aufgaben im ***En-plus-Teil*** *eures Buches und im* ***Cahier d'activités*** *durchzunehmen. Diese Aufgaben sind in der folgenden Liste aufgeführt. Sie sollten von jedem von euch bearbeitet werden. Die nicht erwähnten Übungen oder Übungsteile sind freiwillig.*
Freiwillig ist auch die gesamte Station 4.
Damit ihr die ***Übersicht*** *behaltet, könnt ihr hier* ***„abhaken“****, welche Aufgaben ihr erledigt habt.*
Fandet ihr die gesamte Station schwer, normal oder leicht? Kreuzt die ***Ampelfarbe*** *an. In der rechten Spalte könnt ihr in einigen Stichworten beschreiben, was euch schwer- oder leichtfiel.*

Station	Aufgaben	Materialien	✓	Meine Bemerkungen
1: Le coin Internet				
	Text verstehen und Wortschatz erschließen	Buch S. 128, Nr. 1A	☐	
		Cahier S. 72, Nr. 1	☐	
	dormir, partir, sortir	Buch S. 128, Nr. 2	☐	
		Cahier S. 73, Nr. 3	☐	
2: Le coin musique				
	Text verstehen und Wortschatz erschließen	Buch S. 129, Nr. 1	☐	
		Cahier S. 74, Nr. 1	☐	
	Jahreszahlen verstehen	Buch S. 129, Nr. 2	☐	
	beau, nouveau, vieux	Buch S. 129, Nr. 3	☐	
		Cahier S. 75, Nr. 3	☐	
	jouer à, jouer de	Buch S. 129, Nr. 4	☐	
		Cahier S. 74, Nr. 2	☐	
3: Le coin BD				
	Text verstehen und Wortschatz erschließen	Buch S. 130, Nr. 1	☐	
	recevoir, devoir	Buch S. 130, Nr. 2	☐	
		Cahier S. 76, Nr. 1	☐	
	Zu einer Bildgeschichte passende Sprechblasen erfinden	Cahier S. 77, Nr. 3 **oder** Cahier S. 78, Nr. 4	☐	
4: Le coin cinéma				
	Text verstehen und Wortschatz erschließen	Buch S. 131, Nr. 1	☐	
	Einen Film verstehen	Buch S. 132, Nr. 2A	☐	
		Cahier S. 79, Nr. 1	☐	
	Seine Meinung zu einem Film oder einer Fernsehsendung äußern	Buch S. 132, Nr. 2B	☐	
		Cahier S. 79, Nr. 2	☐	

Klettbuch 622024 Découvertes, Lehrerbuch. © Ernst Klett Verlag Stuttgart 2013
Von diesen Vorlagen ist die Vervielfältigung für den eigenen Unterrichtsgebrauch gestattet. Die Kopiergebühren sind abgegolten.

Laufzettel

STATION	AUFGABEN	MATERIALIEN	MEINE BEMERKUNGEN	✓
1:				☐
				☐
				☐
				☐
				☐
				☐
2:				☐
				☐
				☐
				☐
				☐
				☐
3:				☐
				☐
				☐
				☐
				☐
				☐
4:				☐
				☐
				☐
				☐
				☐
				☐

Klettbuch 622024 Découvertes, Lehrerbuch. © Ernst Klett Verlag Stuttgart 2013
Von diesen Vorlagen ist die Vervielfältigung für den eigenen Unterrichtsgebrauch gestattet. Die Kopiergebühren sind abgegolten.

Le travail en équipe

Dans son courriel, Coralie explique comment son équipe travaille pour faire le journal.
Lisez d'abord sa liste, puis notez comment vous allez travailler.

Comment nous organisons le travail de rédaction

1. Nous travaillons **en équipe.**
2. Nous discutons: **quels articles** est-ce que nous voulons écrire?
3. Nous cherchons des **idées** pour les textes et les images. Nous cherchons des **informations**.
4. Nous **écrivons** les articles.
5. Nous **mettons** les articles **ensemble**.
6. Nous **contrôlons:**
   Articles intéressants?
   Erreurs?
   Corrections?
7. Enfin, le résultat: **Voilà notre journal!**

Stratégie

1. Bildet Gruppen (max. 4 Mitglieder).

____

2. Entscheidet, wo ihr anfangt. Stationen 1–3 müsst ihr bearbeiten, Station 4 ist freiwillig.

____

3. Sucht Ideen und Informationen für eure Artikel.

____

4. Lest die Artikel der französischen Zeitung ganz genau. Versucht eure Texte ähnlich aufzubauen. Sprachliche Hilfen findet ihr an den angegebenen Stellen. Beim Schreiben hilft euch auch die Stratégie auf Seite 82.

5. Auf Seite 98 steht, wie ihr die entstandenen Artikel zu einer Zeitung zusammenstellen könnt, …

6. … wie ihr eure Zeitung besprecht und die Schlusskorrektur durchführt.

Fertig!

Klettbuch 622024 Découvertes, Lehrerbuch. © Ernst Klett Verlag Stuttgart 2013
Von diesen Vorlagen ist die Vervielfältigung für den eigenen Unterrichtsgebrauch gestattet. Die Kopiergebühren sind abgegolten.

Unité 7

S. 101–112 On peut toujours rêver!

Ziele

Inhaltlicher Schwerpunkt

Diese *Unité* beschäftigt sich mit dem Themenfeld „Sport". Ausgehend von der *Fête du Sport*, bei der in Frankreich einmal im Jahr Sportarten und Sportvereine vorgestellt werden, wird die Beteiligung von Sacha, Mehdi, Marie, Alex und Léo an der Veranstaltung thematisiert. Die Jugendlichen formulieren Träume, die sie gern verwirklichen möchten und die prägend sind für diese Lebensphase.

Kompetenzerwartung

Am Ende dieser *Unité* können die S über beliebte Sportarten sprechen, Vorhaben sowie Wünsche äußern und begründen (⟶ Portfolio-Auftrag, SB, S. 101 ⟶ S. 109, Nr. 1 B), Gespräche über Wünsche anderer verstehen, Formulierungen für verschiedene Gefühlsäußerungen adäquat verwenden, schrittweise Strategien bei Hörverstehensübungen anwenden, ein *Résumé* schreiben und zwischen französischer und deutscher Sprache mitteln.

Kompetenzen (Die Schüler können …)

Funktionale kommunikative Kompetenzen: Kommunikative Fertigkeiten

Hör-(Seh-)verstehen / Sprechen

Kompetenzerwartungen	Kompetenztraining
– ein Gespräch verstehen, auch über Wünsche	SB: S. 101, 110 (4), 132 (2) CdA: S. 84 (5), 88 (11C), 89 (1), 91 (4B)
– vom Global- zum Detailverstehen gelangen	SB: S. 104 (5)
– ein Problemgespräch führen	SB: S. 103 (3), 110 (1) CdA: S. 83 (3)
– Argumente finden und formulieren	SB: S. 108 (7), 109 (1)
– Interessen und Wünsche ausdrücken und begründen	SB: S. 101 (C), 109 (1), 110 (1) CdA: S. 90 (1), 91 (4C)
– sich mit einem Austauschpartner auf Französisch unterhalten	CdA: S. 86 (10)

Sprachmittlung

Kompetenzerwartungen	Kompetenztraining
– den Inhalt einer deutschen Annonce auf Französisch wiedergeben	SB: S. 108 (8), 133 (5)
– den Inhalt eines französischen Prospekts und den Inhalt einer französischen Nachricht auf einem Anrufbeantworter auf Deutsch wiedergeben	CdA: S. 87 (11)

Leseverstehen / Schreiben

Kompetenzerwartungen	Kompetenztraining
– den Inhalt von Texten verstehen (auch in Form von Bildern)	SB: S. 102 (1), 105 (1), 106 (3/4), 109 (1) SB: S. 103 (2A) CdA: S. 82 (2), 83 (4), 87 (11A)
– einen Text zusammenfassen	SB: S. 103 (2B)
– Texte zu Interessen und Wünschen verstehen und stichwortartig zusammenfassen	SB: S.109 (1)
– eine E-Mail an eine französische Brieffreundin schreiben, um sie über Ferienpläne zu informieren	CdA: S. 87 (11B)
– Meinungen und Gefühle mit entsprechenden Ausdrücken formulieren	CdA: S. 81 (1), 89 (1)
– einen Blog-Eintrag schreiben	CdA: S. 82 (2)
– seine Wünsche beschreiben	SB: S. 109 (1B) CdA: S. 90 (1)
– ein Elfchen schreiben	CdA: S. 91 (5)

Funktionale kommunikative Kompetenzen: Verfügung über die sprachlichen Mittel

Wortschatz

Kompetenzerwartungen	Kompetenztraining
über Wortschatz zu diesen Themen verfügen und ihn anwenden:	
– Stimmungen/Gefühle	SB: S. 103 (3), 110 (1) CdA: S. 89 (1)
– Sport	SB: S. 101, 102 (1), 106 (3/4) CdA: S. 84 (5), 85 (7)
– Argumente	SB: S.108 (7), 110 (1) CdA: S. 87 (11A)
– Wünsche und Träume	SB: S. 101, 102 (1), 106 (3), 107 (6), 109 (1), 110 (1)

Grammatik

Kompetenzerwartungen	Kompetenztraining
grammatisches Grundinventar anwenden:	
– Verben auf *-ir* (*finir, réussir, choisir, réfléchir*)	SB: S. 104 (6), 110 (2), 133 (3) CdA: S. 82 (1), 84 (6), 89 (2)
– indirekte Objektpronomen *lui/leur*	SB: S. 105 (1/2), 107 (5), 111 (5), 133 (4) CdA: S. 85 (8), 89 (2), 90 (2)
– der unbestimmte Begleiter *tout*	SB: S. 107 (6), 110 (3) CdA: S. 86 (9), 89 (2), 90 (3)
– Objektpronomen *me, te, nous, vous*; direkte Objektpronomen *le, la les*	CdA: S. 81 (2)

Interkulturelle Kompetenzen

- **soziokulturelles Orientierungswissen**
- **praktische Bewältigung interkultureller Begegnungssituationen**
- **verständnisvoller Umgang mit kultureller Differenz**

Kompetenzerwartungen	Kompetenztraining
– über Basiswissen zur *Fête du Sport* verfügen	SB: S. 101, 102 (1), 106 (3) CdA: S. 82 (2), 84 (6)
– grundlegende Informationen über das dt.-frz. Jugendwerk kennen lernen	SB: S. 108 (8)

Methodische Kompetenzen

Textrezeption

Kompetenzerwartungen	Kompetenztraining
- beim Lesen und Hören selektive Informationen herausfinden	SB: S. 101(B), 104 (5), 110 (4), 132 (2) CdA: S. 84 (5), 87 (7), 91 (4)
- Verbindungswörter in eine Zusammenfassung einbauen	SB: S. 103 (2B)

Interaktion

Kompetenzerwartungen	Kompetenztraining
- einen Dialog als Rollenspiel mit verschiedenen Gemütszuständen präsentieren	SB: S. 103 (3)
- ihre Sprechfertigkeit in Diskussionen üben	SB: S. 108 (7)

Textproduktion

Kompetenzerwartungen	Kompetenztraining
- eigene Wünsche und Träume beschreiben (Portfolio)	SB: S. 109 (1) CdA: S. 90 (1)
- eine Textzusammenfassung schreiben	SB: S. 103 (2B)

Lernstrategien

Kompetenzerwartungen	Kompetenztraining
- einen „Spickzettel“ für eine Präsentation erarbeiten	SB: S. 109 (1)
- Hörverstehensstrategien vom Global- zum Detailverstehen anwenden	SB: S. 104 (5)

Präsentation

Kompetenzerwartungen	Kompetenztraining
- eigene Wünsche und Träume anderer vorstellen	SB: S.109 (1)

Lernbewusstheit und Lernorganisation

Kompetenzerwartungen	Kompetenztraining
- grammatische Regeln erkennen	SB: S. 105 (1)
- Texte kritisch lesen	SB: S. 106 (4)
- Strategien zur Selbstkontrolle und Bewusstheit des eigenen Lernstandes nutzen (*Bilan*)	SB: S. 110–111 (1–6) CdA: S. 89 (1–2)

S. 101 Découvertes: On peut toujours rêver!

Découvertes 7

Unité 7

On peut toujours rêver!

Vis-à-vis

Viele französische Städte laden einmal im Jahr zur *Fête du sport* ein. Dort stellen sich Sportvereine und Clubs vor und die Besucher können Sportarten ausprobieren. Beliebt sind in Frankreich vor allem Fußball, Tennis, Judo, Rugby und auch die *arts du cirque* („Zirkuskünste" wie z. B. Jonglieren).

le parachutisme

le saut à l'élastique pour les enfants

A **Avant l'écoute**
Regardez les photos et imaginez: De quoi est-ce que Mehdi et Sacha parlent?

B **Pendant l'écoute**
De quoi est-ce que les deux garçons rêvent? Que propose Sacha à Mehdi?

C **Après l'écoute**
Et toi, de quoi est-ce que tu rêves?

PORTFOLIO
Am Ende dieser Unité kannst du über deine Vorhaben und Wünsche sprechen und sie begründen.

cent-un 101

Preparation en 3 minutes

- **Mitnehmen!** SB, *CdA*, CD-Player, CD 3 (Track 33; MP3 110), Folie U7/1, OHP, evtl. Laptop, Beamer
- **Schülerbuch:** S. 101; S. 108, Nr. 7
- ***Cahier d'activités*:** S. 81, Nr. 1; S. 86, Nr. 10
- **Schwerpunkt:** Über Wünsche und Träume zum Thema „Sport" sprechen
- **Sozialform:** PA
- **Hausaufgabe:** SB, S. 108, Nr. 7 B

Neue Wörter

rêver (de qc), l'art *(m.)*, le cirque, les arts du cirque *(m.)*, le parachutisme, le saut à l'élastique

Schritte zur Erarbeitung

Hinführung (evtl. Laptop, Beamer)
L schreibt das Wort *sport* an die Tafel und lässt davor Platz für *Fête du*, was später ergänzt wird. L: *A quoi est-ce que vous pensez?* Die S sprechen von ihrem Lieblingssport, in welchen Vereinen sie sind usw. L fragt im UG, welchen Sport sie gern ausprobieren möchten. Dann wird *Fête du* ergänzt und L fragt, was das sein könnte. L erklärt, dass es sich um eine Veranstaltung handelt, bei der Sportarten und Vereine vorgestellt werden (⟶ Zur Methodik).

Problematisierung (Folie U7/1)
Folie U7/1: L zeigt zunächst nur das Bild von Mehdi und Sacha: *Qui est-ce? Qu'est-ce qu'ils font?* Der L gibt das Wort *rêver* an, um die Antwort zu ermöglichen. Danach Aufdecken der ganzen Folie. L gibt *le parachutisme* und *le saut à l'élastique* an. L fragt nach möglichen Zusammenhängen zwischen den drei Bildern und kommt zu weiteren „Künsten", die Jugendliche gern ausprobieren möchten. Er erklärt *art, le cirque, les arts du cirque* (ggf. mit echten Bällen jonglieren; Balancieren auf einem Seil imitieren).

Erarbeitung (SB, CD 3, Track 33; MP3 110)
S. 101 B: L schreibt die beiden Fragen an die Tafel und klärt mit den S das Verständnis. Während des Hörens notieren S Stichwörter zu den Fragen. Nach dem 1. Hören werden die Antworten im UG besprochen (⟶ Interkulturelles).
Um das Detailverstehen abzuprüfen, kann L folgende Fragen stellen:
- *C'est quand, la Fête du sport? (samedi)*
- *Qu'est-ce qu'il faut pour faire du parachutisme? (un pilote, un avion)*
- *A quel âge est-ce qu'on peut commencer à faire du saut à l'élastique? (à 12 ans)*
- *Qu'est-ce que Sacha fait à la Fête du sport? (Il aide Léo à préparer le stand des arts du cirque.)*
- *Pourquoi est-ce que Mehdi vient? (Il adore les arts du cirque.)*

Diese Fragen können im Anschluss an das zweite Hören besprochen werden oder der L stoppt nach jedem Teil, in dem die Antwort zu finden ist.

Sicherung (SB)
S. 101 C: Die S fassen den gehörten Text mündlich zusammen und beantworten Frage C in PA (⟶ Alternative).

Festigung (*CdA*, SB)
CdA, S. 81, Nr. 1: Wiederholung einiger Redewendungen zu Wünschen und um sich einig zu werden, Bearbeitung in EA.
SB, S. 108, Nr. 7 A: Im Anschluss daran bietet sich die mündliche Übung an, die mit Hilfe der angegeben Wörter, Kollokationen und Strukturen gut vorbereitet werden kann und inhaltlich zu dem Thema „Träume und Wünsche" passt:

Die S suchen sich eine Aktivität aus, die sie gern ausprobieren möchten, oder einen Gegenstand, den sie gerne besitzen würden. Sie notieren Argumente für und gegen ihren Wunsch. Danach suchen sie sich einen Partner und informieren sich gegenseitig über ihren Wunsch und nennen ihre Gegenargumente. Ggf. kann der Mitschüler weitere Argumente finden (⟶ Doppelstunde).
Hausaufgabe: SB, S. 108, Nr. 7 B: S schreiben einen Dialog zu ihrem Traum und benutzen die vorgegeben Formulierungen als Hilfestellung. Der L weist auf mögliche Verwendung der Redemittel von U2, S. 27 (*Je trouve que*), U3, S. 47 (etwas vorschlagen), U5, S. 78 (Interesse begründen), hin.

Interkulturelles

Jules Bianchi ist ein französischer Rennfahrer, der 1989 in Nizza geboren wurde. Im Alter von drei Jahren begann der aus einer Rennfahrerfamilie stammende Jules bereits mit dem Kartfahren. Er ist u.a. in der Formel 3 gefahren und fährt seit 2013 in der Formel 1 für das Team Marussia.

Tipps und Tricks

Zur Methodik

Im Internet sind Plakate verschiedener *Fêtes du Sport* zu finden, die ausgedruckt oder per Beamer gezeigt werden können. Durch solch ein authentisches Beispiel wird den S deutlich gemacht, dass es die *Fête du Sport* wirklich gibt und dass alle Familienmitglieder Sportarten ausprobieren können.

Alternative

Ausgehend von Jules Bianchi, dem von Sacha bewunderten Star, sollen die S über ihre Idole aus dem Sport sprechen. Die Übung soll als Spiel stattfinden:
Parler des idoles: In EA schreiben die S Eigenschaften oder Aussehen ihres Idols in Stichworten auf; ein S geht nach vorn und liest ein Stichwort vor; S dürfen nach jedem Stichwort raten, um welchen Sportler/welche Sportlerin es sich handelt. Wenn die richtige Person gefunden wurde, begründen die S, warum sie ihn/sie bewundern. Dies kann auch auf Persönlichkeiten aus anderen Bereichen ausgeweitet werden.
Weitere Möglichkeit: Die Mitschüler stellen dem S, der vorn sitzt, Fragen, um herauszufinden, welche Person sich der betreffende S ausgesucht hat.
Danach bearbeiten die S schriftlich Aufgabe C auf S. 101.

Doppelstunde

Wenn eine Doppelstunde zur Verfügung steht, kann hier im *CdA*, S. 86, Nr. 10, angeschlossen werden. Zur Vorbereitung der Tandemübung werden alle wichtigen Vokabeln wiederholt. Um die S daran zu erinnern, dass es nicht um das wörtliche Übersetzen geht, kann Nr. 1 zunächst beispielhaft im Plenum besprochen werden. Danach sprechen die S den Dialog in PA.

S. 102–103 Atelier A (1/Simple comme bonjour!)

7 Atelier A B

Atelier A

1 Simple comme bonjour!

111–114

1. A Vincennes, la Fête du sport a ouvert ses portes. Un homme explique à des enfants comment faire: «Alors, vous choisissez les activités que vous voulez essayer. Toi, tu choisis par exemple le trampoline, puis le rugby. On finit quand on veut. On peut aussi faire un parcours avec plusieurs activités. Les enfants qui réussissent à le faire reçoivent un petit cadeau. Vous avez des questions?»

2. Au stand des arts du cirque, il y a déjà beaucoup de monde. Des enfants mettent des vêtements de clown, d'autres apprennent à faire de l'équilibre sur les mains ou sautent sur le trampoline. Sacha est là lui aussi pour proposer avec Léo un atelier de corde molle. Mais Léo n'est pas encore arrivé. Sacha regarde l'heure pour la dixième fois. Qu'est-ce qui se passe? A ce moment-là, il voit arriver Mehdi, Marie et Alex.

3. *Sacha:* Salut! Vous avez vu Léo?
Mehdi: Non, pourquoi?
Sacha: Il doit apporter une corde molle, mais il est très en retard!
Marie: Ecoute, il va arriver! Mais à propos, qu'est-ce qu'on fait avec une corde molle?
Sacha: On fait de l'équilibre dessus et …

Tout à coup, le portable de Sacha sonne.

Sacha: Allô, Léo? … Quoi? … Ce n'est pas possible! … Mais il nous faut une corde! Il y a déjà beaucoup de monde, ici! … Ecoute, il faut trouver une solution! … D'accord. Alors, salut. Zut! Léo ne peut pas aller chercher la corde: il a perdu la clé de notre club!

4. Pour Sacha, c'est la catastrophe: son atelier va tomber à l'eau. Et que dire aux enfants qui attendent? Ses amis réfléchissent. Tout à coup, Mehdi prend un air mystérieux: «Je n'ai pas de corde, mais j'ai des idées! Une minute!»
Peu après, il revient avec des balles. Il lance 3 balles en l'air et commence à jongler.
Alex: Ouaouh! Tu sais jongler! Pas mal!
Sacha est heureux: «Génial, Mehdi! Où est-ce que tu as appris ça?»
Mehdi: Voilà, j'ai fini! J'ai appris avec mon père. Si tu veux, les enfants peuvent apprendre avec moi.
Sacha: Merci, Mehdi, c'est fantastique!
Mehdi: De rien. Tu vois, c'est simple comme bonjour!

102 cent-deux

Préparation en 3 minutes

- **Mitnehmen!** SB, *CdA*, OHP, Folie U7/2, CD-Player, CD 3 (Tracks 34–38; MP3 111–114), KV 1
- **Schülerbuch:** S. 102–103, Nr. 1–2; S. 108, Nr. 7; S. 136
- ***Cahier d'activités*:** S. 82, Nr. 2; S. 83, Nr. 4
- **Schwerpunkt:** Leseverstehen
- **Methoden/Sozialformen:** Echo-Lesen (⟶ *Boîte à outils 15*); PA
- **Hausaufgabe:** *CdA*, S. 82, Nr. 2; Vokabeln lernen

Neue Wörter

Vincennes, choisir qc, un trampoline, finir, un parcours, réussir à faire qc, le monde, beaucoup de monde, un clown, l'équilibre *(m.)*, sauter, un atelier, une corde, mou/mol/molle, la corde molle, Qu'est-ce qui se passe?, à propos, sonner, il faut qc, une solution, un club, réfléchir, une balle, jongler, De rien.

Schritte zur Erarbeitung

Hinführung (SB)
S. 108, Nr. 7 B: Besprechung der Hausaufgabe. Einzelne S lesen ihre Dialoge vor.
L schreibt *La Fête du Sport* an die Tafel und fasst mit den S im UG zusammen, was besprochen wurde. Der L macht dann etwas vor, was ihm leicht fällt, und sagt: *C'est simple comme bonjour!* Die S erklären die Bedeutung der Aussage.

Problematisierung (KV 1, SB)
KV 1: Zur Vorentlastung des Vokabulars bearbeiten die S die Kopiervorlage in EA oder PA. Die übrigen Vokabeln werden durch L-Erklärungen semantisiert.
S. 136: Danach bespricht der L mit den S die Strategien für das Hörverstehen.

Erarbeitung (SB, Folie U7/2, CD 3, Tracks 34–38; MP3 111–114, KV 1)
S. 102/Folie U7/2: Der L spielt zunächst bei geschlossenen Büchern einmal den kompletten Text vor. Die S sollen die Hauptaussage des Textes verstehen. Die Folie kann als visuelle Unterstützung dienen. Folgende Leitfragen helfen den S als Orientierung: Um was geht es? Welche Personen werden erwähnt?
Im 2. Hördurchgang gelangen die S zum Detailverstehen. Der L spielt den S den Text abschnittweise vor. Die pro Abschnitt gefundenen Informationen werden an der Tafel gesammelt (⟶ Tafelbild 1) (⟶ Zur Methodik 1, Interkulturelles 1).
Abschnitt 1: Der L erfragt die Details mithilfe der folgenden Fragen:
C'est où, la Fête du sport? (à Vincennes)
Qui est là? (un homme, des enfants)
De quelles activités est-ce qu'ils parlent? (le trampoline, le rugby)
Qu'est-ce qu'ils reçoivent? (des cadeaux)
Abschnitt 2: Für die Details hier verwendet L KV 1. Die Überschrift *Que font les enfants?* gibt an, dass die S auf die im Text angesprochenen Aktivitäten achten sollen. Die S kreuzen die Aktivitäten an, die sie gehört haben (⟶ Interkulturelles 2).
Abschnitt 3: In diesem Abschnitt geht es um das Hauptproblem an dem Tag, das mit folgenden Fragen inhaltlich geklärt wird:
Qui attend Sacha? (Léo)
Qu'est-ce qu'il doit apporter? (une corde molle)
Quel est le problème? (Léo a perdu la clé du club).
Abschnitt 4: Hier wird mit zwei Fragen das Wichtigste der Situation und des Gesprächs erfragt.
Quelle est l'idée de Mehdi? Il jongle avec trois balles.
Avec qui est-ce qu'il a appris ça? (avec son père)

Sicherung (SB)
S. 102, Nr. 1: Die S lesen den Text laut vor. Die beiden ersten Abschnitte können jeweils von zwei S anteilig gelesen werden. Die Abschnitte 3 und 4 werden mit verteilten Rollen und bei Abschnitt vier zusätzlich mit zwei Erzählern gelesen. Somit kann eine größere Zahl S einbezogen werden. Wenn größere Probleme beim Vorlesen bestehen, kann eine Phase des Echo-Lesens (⟶ *Boîte à outils 15*) eingeschoben werden (⟶ Der besondere Tipp).
S. 103, Nr. 2 A: Die S arbeiten in Stillarbeit. Leistungsstarke S können gleich zu Beginn den Teil B mit einbeziehen (⟶ Zur Methodik 2).
Festigung (*CdA*)
S. 83, Nr. 4: Die Aufgabe ergänzt die Fertigkeiten des Atelier-A-Teils durch das Leseverstehen einer Handlungsanleitung (Jonglieren). Dabei ist durchaus intendiert, dass die S versuchen, die Anweisung auch „praktisch" auszuprobieren.
Die Übung kann auch in PA durchgeführt werden.
Hausaufgabe: S. 82, Nr. 2: S formulieren einen Eintrag für ihren Blog. Außerdem tragen sie die neuen Vokabeln in ihr Vokabelheft ein und lernen sie.

Tafelbild 1

La Fête du sport à Vincennes

(1)
Les enfants font des activités:
- le trampoline, le rugby …
- un parcours

→ Ils réussissent. → Ils reçoivent un cadeau.

(2)
Au stand des arts du cirque:
- mettre des vêtements du cirque,
- apprendre à faire de l'équilibre sur les mains,
- sauter sur le trampoline.

Léo n'est pas encore arrivé.
→ Mehdi commence à jongler avec trois balles.
→ Il trouve ça simple comme bonjour.

Interkulturelles

1. Vincennes: ca. 50.000 Einwohner; liegt im Großraum Paris. Bekannt ist sein im 12. Jh. erbautes Schloss, eines der bedeutendsten Schlösser Frankreichs.

2. Wie in Deutschland auch liegt die ***corde molle*** (*slackline*) in Frankreich im Trend und wird sicher noch eine Weile aktuell bleiben. Die „Slackline" ist das Gurtband, das zwischen zwei Befestigungspunkten, z. B. Bäumen, gespannt und auf welchem balanciert wird. Der Sport ähnelt dem Seiltanz und erfordert Konzentration, Gleichgewicht und Koordination.

Tipps und Tricks

Zur Methodik

1. Die S schreiben das TB 1 (1) erst in ihr Heft, wenn alle Abschnitte besprochen und der Text laut gelesen wurde. Das TB 1 (1) ist so angelegt, dass die S sich bei späterem Durchlesen noch einmal vor Augen führen können, was die *Fête du sport* ist. Wenn es darum geht, den Inhalt des Textes festzuhalten, kann Teil (2) ergänzt werden.

2. SB, S. 103, Nr. 2: Es bietet sich an, leistungshomogene Gruppen zu schaffen. Leistungsstarke S werden an einen Tisch gesetzt und bearbeiten gleichzeitig A + B. Sie können sich bei grammatikalischen Problemen gegenseitig helfen. Der L kann sich nun den S widmen, die Schwierigkeiten mit dem syntaktischen Aufbau der französischen Sätze haben. Vielleicht können die leistungsschwächeren S in einer Tischgruppe nahe der Tafel platziert werden, so dass zusammen am „Aufbau" der Sätze gearbeitet wird. Die S im mittleren Leistungsfeld bearbeiten A und B nacheinander und können ggf. bei den leistungsstarken S oder dem L nachfragen.

Der besondere Tipp

Fächerübergreifendes Arbeiten: Diese *Unité* kann als Anlass für einen eigenen Tag wie die *Fête du Sport* sein; dies kann im Rahmen eines Sportfests durchgeführt werden. An der Schule kann aber auch eine eigene *Fête du sport* an einem Samstag initiiert werden, die für alle Interessierten offen ist. Dabei können L, S, Eltern oder ortsansässige Vereine ihren Sport präsentieren. Ausgehend von diesem Text können S Plakate gestalten mit Wunschvorstellungen, welche Sportarten gezeigt werden. Einen kleineren Rahmen bietet der Sportunterricht, wo in Kooperation mit dem Sportlehrer einmal im Monat neue Sportarten vorgestellt werden.

S. 102–104 Atelier A (2)

Préparation en 3 minutes

- **Mitnehmen!** SB, *CdA*, CD-Player, CD 3 (Tracks 38+43; MP3 115+120), ggf. Handys
- **Schülerbuch:** S. 102–104, Nr. 3–5; S. 108, Nr. 8; S. 133, Nr. 5
- ***Cahier d'activités:*** S. 82–83, Nr. 2–3; S. 84, Nr. 5
- **Schwerpunkte:** Telefongespräche führen, Hörverstehen
- **Sozialform:** PA
- **Hausaufgabe:** SB, S.108, Nr. 8; S. 133, Nr. 5

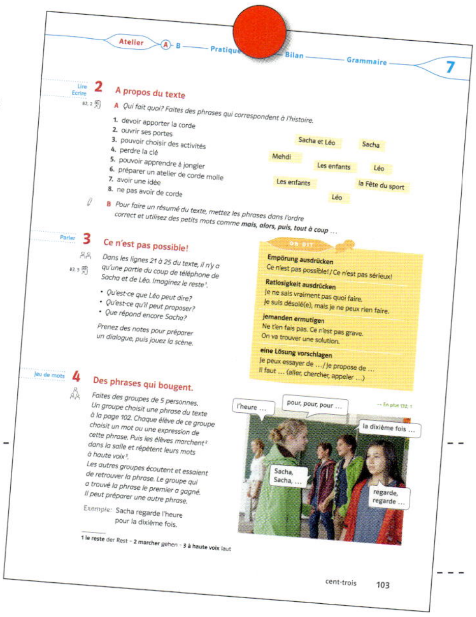
Atelier A – B — Pratique — Bilan — Grammaire 7

Lire / Ecrire **2 A propos du texte**

82, 2 **A** *Qui fait quoi? Faites des phrases qui correspondent à l'histoire.*

1. devoir apporter la corde
2. ouvrir ses portes
3. pouvoir choisir des activités
4. perdre la clé
5. pouvoir apprendre à jongler
6. préparer un atelier de corde molle
7. avoir une idée
8. ne pas avoir de corde

Sacha et Léo / Sacha / Mehdi / Les enfants / Léo / Les enfants / la Fête du sport / Léo

B *Pour faire un résumé du texte, mettez les phrases dans l'ordre correct et utilisez des petits mots comme* **mais, alors, puis, tout à coup** …

Parler **3 Ce n'est pas possible!**

83, 3 *Dans les lignes 21 à 25 du texte, il n'y a qu'une partie du coup de téléphone de Sacha et de Léo. Imaginez le reste[1].*

- *Qu'est-ce que Léo peut dire?*
- *Qu'est-ce qu'il peut proposer?*
- *Que répond encore Sacha?*

Prenez des notes pour préparer un dialogue, puis jouez la scène.

ON DIT

Empörung ausdrücken
Ce n'est pas possible! / Ce n'est pas sérieux!

Ratlosigkeit ausdrücken
Je ne sais vraiment pas quoi faire.
Je suis désolé(e), mais je ne peux rien faire.

jemanden ermutigen
Ne t'en fais pas. Ce n'est pas grave.
On va trouver une solution.

eine Lösung vorschlagen
Je peux essayer de … / Je propose de …
Il faut … (aller, chercher, appeler …)

Jeu de mots **4 Des phrases qui bougent.**

Faites des groupes de 5 personnes. Un groupe choisit une phrase du texte à la page 102. Chaque élève de ce groupe choisit un mot ou une expression de cette phrase. Puis les élèves marchent[2] dans la salle et répètent leurs mots à haute voix[3]. Les autres groupes écoutent et essaient de retrouver la phrase. Le groupe qui a trouvé la phrase le premier a gagné. Il peut préparer une autre phrase.

Exemple: Sacha regarde l'heure pour la dixième fois.

→ En plus 132, 1

1 le reste der Rest – **2 marcher** gehen – **3 à haute voix** laut

cent-trois 103

Neue Wörter

3. sérieux/sérieuse, Ne t'en fais pas. *(fam.)*
4. une phrase, bouger

Schritte zur Erarbeitung

Hinführung (*CdA*, SB)
CdA, S. 82, Nr. 2: Besprechung der Hausaufgabe.
SB, S. 102: Die S fassen den Text mündlich zusammen.

Problematisierung (SB)
S. 103, Nr. 3: Der L bespricht mit den S die Wendungen aus dem *On-dit*-Kasten, um verschiedene Stimmungen auszudrücken. *sérieux/sérieuse* und *Ne t'en fais pas.* werden erklärt und von den S notiert.

Erarbeitung 1 (SB)
S. 103, Nr. 3: Nachdem der Wortschatz und der Inhalt des Textes abgeklärt sind, wird die Übung in PA bearbeitet. Ein S liest die Z. 21–25 laut vor, ein anderer liest die Ausdrücke im gelben Kasten. L stellt die Bedeutung der Ausdrücke sicher. L ergänzt noch *De rien!*
Die S haben 10 Minuten Zeit, einen Dialog auszuarbeiten. L geht durch den Klassenraum und hilft bei Problemen. Als Abschluss spielen einige S-Paare ihren Dialog vor. Ggf. bringen zwei S oder der L Handys mit.

Sicherung 1 (*CdA*)
S. 83, Nr. 3: Bearbeitung in EA zur Sicherung der Ausdrücke.

Erarbeitung 2 (SB, CD 3, Track 38; MP3 115)
S. 104, Nr. 5: Die Übung schließt inhaltlich an den *Atelier*-Text an. Es geht um die Strategie des Hörverstehens vom Global- zum Detailverstehen. Der L bespricht mit den S den blauen Kasten. Die S sollen sich ein ähnliches Raster ins Heft schreiben (⟶ Differenzierung).
Avant l'écoute: Die S spekulieren über mögliche Themen und ziehen dabei das Bild mit in Betracht.
Pendant l'écoute: Die S ergänzen die Informationen zu *qui, situation, pourquoi, Léo, mots-clés*.
Après l'écoute: Bearbeitung von Teil B. Die Aufgabe wird verglichen, indem ein S den vorgegebenen Halbsatz liest und ein zweiter S den Teil wiederholt und den Satz vervollständigt. Der L vergewissert sich nach jedem Satz, ob alle S den fehlenden Teil verstanden und richtig notiert haben. Ggf. wird er an die Tafel geschrieben.

Sicherung 2 (*CdA*, CD 3, Track 43; MP3 120)
S. 84, Nr. 5: Bearbeitung in EA. Die Aufgabe greift die Übung im SB, S. 104, Nr. 5, auf eine einfachere, gesteuertere Art auf. Die Aufgabe zeigt, dass auch bei authentischen Hör-(Seh-)Dokumenten das Globalverstehen sowie die Formulierung der Hauptaussage trotz unbekannten Wortschatzes möglich sind. Die Aufgabe kann mit der Kompetenz *Parler* abgeschlossen werden: *Qu'est-ce que vous pensez de cette activité? Discutez.* Auf der Video-DVD kann die Szene als Video angeschaut werden.

Festigung (SB)
S. 103, Nr. 4: Die Übung bietet noch einmal eine mündliche Phase zur Wiederholung der neuen Textstrukturen (⟶ Zur Methodik 1+2).
Hausaufgabe: S. 108, Nr. 8: Die S geben die wichtigsten Punkte einer Anzeige auf Frz. wieder (⟶ Interkulturelles). Um die wichtigsten Informationen und hilfreiche Formulierungen zu erhalten, nehmen sie SB, S. 133, Nr. 5, zu Hilfe.

Interkulturelles

OFAJ – DFJW: Die Abkürzungen stehen für *Office Franco-Allemand pour la Jeunesse* und Deutsch-Französisches JugendWerk. Es handelt sich um eine Organisation, die im Rahmen des Elysée-Vertrags 1963 gegründet wurde. Sie stellt ein Instrument der deutsch-französischen Freundschaft dar (www.ofaj.org und www.dfjw.org).

Tipps und Tricks

Differenzierung

SB, S. 132, *En plus*, Nr. 2: Leichtere Hörverständnisübung zum selben Text.

Zur Methodik

1. SB, S. 103, Nr. 4: Die S der ratenden Gruppen rufen nicht durcheinander, sondern melden sich, wenn sie den Satz erkannt haben. Der L passt auf, wer sich zuerst gemeldet hat. Um unreflektiertes und verfrühtes Melden zu unterbinden, besteht die Möglichkeit, einen Minuspunkt bei falscher Antwort zu geben.
Alternative Übungsformen: Sportpantomime, Personenpuzzle, Satzpuzzle, …
2. SB, S. 132, *En plus*, Nr. 1: Zusätzliche Wortschatzübung.

S. 104 Atelier A (3)

Préparation en 3 minutes

- **Mitnehmen!** SB, *CdA*, farbige Kreide, GBH
- **Schülerbuch:** S. 102, Nr. 1; S. 104, Nr. 6; S. 133, Nr. 3
- ***Cahier d'activités:*** S. 82, Nr. 1; S. 84, Nr. 6
- **Schwerpunkt:** Verben auf *-ir* mit Stammerweiterung (⟶ G 26, GBH, S. 52–53)
- **Sozialform:** PA
- **Hausaufgabe:** Fantasiegeschichte unter Vorgaben schreiben

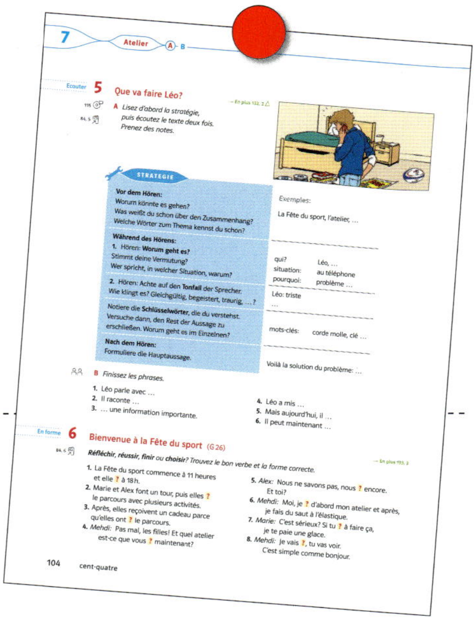
7 Atelier A B

Ecouter **5** **Que va faire Léo?**

115 · 84, 5 · → En plus 132, 2

A *Lisez d'abord la stratégie, puis écoutez le texte deux fois. Prenez des notes.*

STRATEGIE

Vor dem Hören:
Worum könnte es gehen?
Was weißt du schon über den Zusammenhang?
Welche Wörter zum Thema kennst du schon?

Während des Hörens:
1. Hören: **Worum geht es?**
Stimmt deine Vermutung?
Wer spricht, in welcher Situation, warum?

2. Hören: Achte auf den **Tonfall** der Sprecher.
Wie klingt es? Gleichgültig, begeistert, traurig, …?

Notiere die **Schlüsselwörter**, die du verstehst.
Versuche dann, den Rest der Aussage zu erschließen. Worum geht es im Einzelnen?

Nach dem Hören:
Formuliere die Hauptaussage.

Exemples:
La Fête du sport, l'atelier, …

qui? Léo, …
situation: au téléphone
pourquoi: problème …

Léo: triste
…

mots-clés: corde molle, clé …

Voilà la solution du problème: …

B *Finissez les phrases.*

1. Léo parle avec …
2. Il raconte …
3. … une information importante.
4. Léo a mis …
5. Mais aujourd'hui, il …
6. Il peut maintenant …

En forme **6** **Bienvenue à la Fête du sport** (G 26)

84, 6 · → En plus 133, 3

***Réfléchir, réussir, finir** ou **choisir**? Trouvez le bon verbe et la forme correcte.*

1. La Fête du sport commence à 11 heures et elle ? à 18 h.
2. Marie et Alex font un tour, puis elles ? le parcours avec plusieurs activités.
3. Après, elles reçoivent un cadeau parce qu'elles ont ? le parcours.
4. *Mehdi:* Pas mal, les filles! Et quel atelier est-ce que vous ? maintenant?
5. *Alex:* Nous ne savons pas, nous ? encore. Et toi?
6. *Mehdi:* Moi, je ? d'abord mon atelier et après, je fais du saut à l'élastique.
7. *Marie:* C'est sérieux? Si tu ? à faire ça, je te paie une glace.
8. *Mehdi:* Je vais ?, tu vas voir. C'est simple comme bonjour.

104 cent-quatre

Schritte zur Erarbeitung

Hinführung (SB)
S. 108, Nr. 8: Besprechung der Hausaufgabe. Der L wiederholt mit den S die Konjugation der Verben auf *-ir* ohne Stammerweiterung am Beispiel von *dormir* (⟶ Zur Methodik 1).

Problematisierung
Der L schreibt aus der Aufgabe zum Blog-Eintrag aus dem *CdA* (S. 82, Nr. 2) folgenden Satz an die Tafel: *Ses amis réfléchissent*. Der L fragt nach dem Infinitiv und folgert, dass bestimmte Verben auf *-ir* nach einem teilweise abweichenden Muster, nämlich mit Stammerweiterung, gebildet werden.

Erarbeitung (SB, farbige Kreide, *CdA*)
SB, S. 102, Nr. 1: Die S suchen die Verbformen von *finir*, *réfléchir*, *réussir*, *choisir* im Text (Z. 2: *vous choisissez*; Z. 3 *tu choisis*; Z. 4 *on finit*; Z. 5 *ils réussissent*; Z. 28 *ils réfléchissent*). Mit diesen Formen wird die Stammerweiterung herausgearbeitet und an der Tafel festgehalten (⟶ Tafelbild 2). Die S sollen ihr Heft für dieses TB quer nehmen.
CdA, S. 82, Nr. 1: Bearbeitung in EA.

Sicherung (SB)
S. 104, Nr. 6: Bearbeitung in EA.

Festigung (*CdA*, SB, GBH)
CdA, S. 84, Nr. 6 + SB, S. 133, *En plus* 3: Bearbeitung in PA (⟶ Zur Methodik 2).
Hausaufgabe: Die S schreiben eine Fantasiegeschichte, in der möglichst oft die neuen Verben auf *-ir* oder alle Verben auf *-ir* vorkommen. Dadurch wird eine Automatisierung außerhalb gebundener Übungsformen angestrebt (⟶ Zur Methodik 3).

Tafelbild 2

Verben auf -ir

ohne Stammerweiterung	mit Stammerweiterung
Présent: dormir, (sortir, partir)	Présent: finir (réfléchir, réussir, choisir)
je dors	je fin**is**
tu dors	tu fin**is**
il/elle/on dort	il/elle/on fin**it**
nous dormons	nous fini**ssons**
vous dormez	vous fini**ssez**
ils/elles dorment	ils/elles fini**ssent**
	Regel: Bei den Pluralformen wird die Stammerweiterung mit «ss» eingefügt.

Passé composé:	Passé composé:
j'ai dormi	j'ai fini
je suis sorti/e	j'ai réfléchi
je suis parti/e	j'ai réussi
	j'ai choisi

Regel: Die Participe-passé-Form der Verben auf -ir endet auf -i.
Das Passé composé wird bei den Verben der Bewegungsrichtung mit être, bei den übrigen mit avoir gebildet.

Tipps und Tricks

Zur Methodik

1. In dieser Einheit wird die Konjugation der Verben *finir, réfléchir, réussir* und *choisir* eingeführt. Dabei können die Formen dieser Verben mit Stammerweiterung kontrastiv zu den in vorherigen Lektionen eingeführten Verben auf *-ir* (ohne Stammerweiterung) erklärt werden. Zur Wiederholung wird das Verb *dormir* ausgewählt und an die Tafel geschrieben (⟶ TB 2). Danach wird *finir* als Verb mit Stammerweiterung gegenübergestellt. Die Singularformen werden in einer Farbe markiert und die Pluralformen mit Stammerweiterung in einer anderen Farbe hervorgehoben.
Alternative: Wer nicht kontrastiv arbeiten möchte, kann lediglich die rechte Spalte der neuen in U7 einzuführenden Verben als TB 2 anschreiben.
2. *CdA*, S. 84, Nr. 6: Weitere Übung zu den Verben auf *-ir* (hier auch mit *passé-composé-*Formen, die von den S selbst zu bilden sind). Hier wird die Zusatzfrage gestellt, um die S zu veranlassen, die Lücken nicht nur formal zu füllen.
SB, S.133, *En plus*, Nr. 3: Kontrastive Übung zu Formen mit und ohne Stammerweiterung.
3. Zur weiteren Erklärung und Übung der Verbkonjugationen: SB, S. 111; GBH, S. 52–53; weitere Übungsmöglichkeit: GBH, S. 58.

S. 105–107 Atelier B (1)

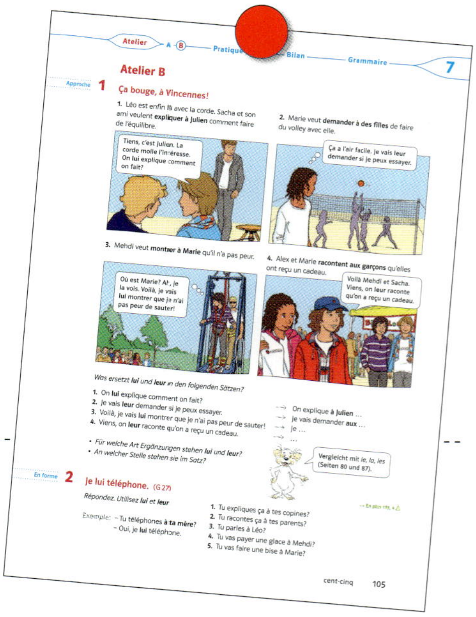

Préparation en 3 minutes

- **Mitnehmen!** SB, *CdA*, GBH, OHP, Folien U7/3+U7/4, KV 2+3, farbige Kreide
- **Schülerbuch:** S. 105, Nr. 1+2; S. 107, Nr. 5; S. 133, Nr. 4
- ***Cahier d'activités*:** S. 81, Nr. 2
- **Schwerpunkt:** Die indirekten Objektpronomen *lui* und *leur* (⟶ G 27, GBH, S. 53–55)
- **Sozialform:** PA
- **Hausaufgabe:** SB, S. 133, Nr. 4A; im GBH Regeln nachlesen

Schritte zur Erarbeitung

Hinführung (*CdA*, SB, Folie U7/3)
Besprechung der Hausaufgabe: Fantasiegeschichte zum „Einschleifen" der neu eingeführten Verbformen.
S. 81, Nr. 2: Wiederholung der Objektpronomen *me, te, vous, nous, le, la, les*. Bearbeitung in EA.
SB, S. 105, Nr. 1/Folie U7/3: Einführung der indirekten Objektpronomen *lui* und *leur*. Der L zeigt zunächst nur das erste Bild. Die S schauen sich das Bild an; ein S liest den Text zum Bild aus dem SB bzw., nachdem L ihn an die Tafel geschrieben hat, laut vor. Danach folgen die Bilder 2–4.

Problematisierung (SB, Folie U7/3, farbige Kreide)
SB, S. 105, Nr. 1/Folie U7/3: Jeweils ein S übersetzt mündlich einen Satz des Textes. Danach fragt L jeweils nach den Satzgliedern Subjekt, Prädikat und indirektem Objekt. Die S notieren die Sätze in ihr Heft.

Erarbeitung (Folien U7/3+U7/4, farbige Kreide, KV 2)
Folien U7/3+U7/4: L legt die Folien übereinander und ein S liest den Text der ersten Sprechblase. Der L fragt die S, welche Wörter aus dem Text über dem Bild durch das fett gedruckte *lui* ersetzt werden, und lässt die S die Antwort begründen. In gleicher Weise wird mit den folgenden Bildern gearbeitet. Nachdem alle vier Sprechblasen besprochen sind, fragt der L, wovon es abhängt, ob *lui* oder *leur* gebraucht wird. Danach Tafelanschrieb (⟶ Tafelbild 3) (⟶ Zur Methodik 1+2). Der L lässt hierbei den OHP ausgeschaltet, so dass die S dies aus dem Gedächtnis versuchen sollen. Er bespricht die erste Regel, bei der die fehlenden Wörter ergänzt werden. Nun zeigt der L noch einmal die Folien und greift die Bilder 1 und 3 heraus, um kontrastiv den Gebrauch von direkten Objektpronomen (*le, la, les*) oder indirekten Objektpronomen (*lui, leur*) herauszuarbeiten. Der L kommt zu Regel 2. Danach sollen die S die Unterschiede bei der Satzstellung erkennen (einfache Zeit: Pronomen vor Vollverb; bei Hilfsverb + Infinitiv: Pronomen vor Infinitiv). Die Regel 3 wird bearbeitet. Danach folgen die Regeln 4 und 5, bei denen unterschiedliche Stellungen im Satz besprochen werden.
KV 2: Die Erarbeitung des TB 3 erfolgt mithilfe der Kopiervorlage, so dass die S nicht das komplette TB abschreiben müssen.

Sicherung (SB)
S. 105, Nr. 1: Die S bearbeiten gemeinsam im UG Sätze 1–4 unter den Bildern (⟶ Zur Methodik 3).

Festigung (SB, KV 3, GBH)
S. 105, Nr. 2/KV 3: Bearbeitung der Kopiervorlage, die der Übung im SB entspricht (⟶ Zur Methodik 4).
S. 107, Nr. 5: Bearbeitung in PA (⟶ Zur Methodik 5).
Hausaufgabe: S. 133, Nr. 4A; Lesen von G 27 im GBH, S. 53–55.

Tafelbild 3

Le foot plaît à Mehdi? – Oui, ça lui plaît.
Sacha écrit à Marie? – Oui, il lui écrit.
Léo montre les cadeaux à ses copains? – Oui, il leur montre les cadeaux.
Qu'est-ce que Marie explique à ses copines? – Elle leur explique le jeu.

Regel 1: Die Formen der indirekten Objektpronomen heißen lui in der Einzahl und leur in der Mehrzahl. Es spielt keine Rolle, ob es sich um maskuline oder feminine Objekte handelt.

Regel 2: Indirekte Objektpronomen stehen bei Verben, die mit «à qn» weitergeführt werden.

Regel 3: Bei einfachen Verbformen steht das Pronomen vor dem Verb.

Sacha et son copain veulent expliquer à Julien comment faire de l'équilibre.
Sacha et son copain veulent lui expliquer comment faire de l'équilibre.

Regel 4: Bei Infinitivkonstruktionen steht das Pronomen vor dem Infinitiv.

J'ai écrit à Julien. Je lui ai écrit.

Regel 5: Bei zusammengesetzten Zeiten steht das Pronomen vor dem Hilfsverb.

Tipps und Tricks

Zur Methodik

1. Eselsbrücke: *lui* bei einer Person, *leur* bei mehreren Personen (*leur* hat einen Buchstaben mehr als *lui*).
Warum Eselsbrücken? Mit Zusatzinformationen werden neue Verbindungen und Signale im Gehirn verankert. Durch Assoziationen werden sowohl Kurzzeit- als auch Langzeitgedächtnis positiv beeinflusst. Wichtig ist es dabei, die S in den Findungsprozess solcher Eselsbrücken einzubeziehen, da sie sie durch das UG und eigenes Nachdenken eher behalten. Zudem werden dadurch viele Lerntypen angesprochen.
2. Zur Erarbeitung von TB 3:
Es werden bewusst andere, kürzere Sätze als im SB gewählt. Die Erarbeitung des TBs kann in zwei Etappen erfolgen. In der zweiten Etappe werden die Satzstellungen bei

Verneinungen, Infinitivkonstruktionen und zusammengesetzten Zeiten als Ergänzung des Tafelbilds besprochen.
Den S können darüber hinaus folgende Hilfestellungen mitgegeben werden, da sie typische Fehlerquellen darstellen. Diese müssen nicht im TB erscheinen.
Beachte: Nicht mit Possessivpronomen *leurs* verwechseln.
Beachte: In den meisten Fällen entspricht das indirekte Objekt im Französischen dem deutschen Dativobjekt. Manchmal gibt es aber Unterschiede zum Deutschen. Beim Verbanschluss: zuerst direktes Objekt (= Akkusativobjekt), dann indirektes Objekt (= Dativobjekt).
3. SB, S. 105, Nr. 1: Die S sollen sich hier auf die Unterscheidung von *lui* und *leur* und auf einfache Satzstellung konzentrieren. Ein Beleg für Verneinung und Infinitiv folgt im Text.
4. SB, S. 105, Nr. 2: Die Übung kann erweitert werden, indem die S alle Sätze mit den Objektpronomen verneinen, sie ins *Passé composé* und *Futur composé* setzen.
5. *CdA*, S. 85, Nr. 8: Weitere Übungsmöglichkeiten zu *lui* und *leur*.

S. 106–107 Atelier B (2/Des rêves plein la tête)

7 Atelier A B

3 Des rêves plein la tête

116–117

1. Les derniers sportifs rangent leurs affaires, les stands ferment. La Fête du sport est presque finie. Les garçons retrouvent Alex et Marie et le petit groupe cherche une place sur l'herbe.
Alex: Nous avons fait tout le parcours et nous avons eu des cadeaux toutes les deux! Regardez! Et vous, est-ce que vous êtes restés au stand toute la journée?
Mehdi: Ben moi, j'ai quitté le stand quand Léo est arrivé avec la corde et je suis parti faire du saut à l'élastique! Ce n'est pas du parachutisme, mais bon!
Sacha: Moi, snif! Je n'ai pas pu monter dans une voiture de sport. Mais notre atelier a eu beaucoup de succès! Et après, j'ai fait de l'escrime. J'aime bien!

118

2. *Alex:* Vous n'avez pas oublié le tirage au sort, j'espère! C'est dans quelques minutes! A propos, qu'est-ce qu'on peut gagner?!
Marie: Je ne sais pas. Mais mon rêve à moi, c'est d'avoir un jour un cheval.
Alex: Un cheval seulement? Moi, j'aime tous les animaux et je voudrais en avoir beaucoup. Plus tard, j'aimerais bien habiter à la campagne et être biologiste.
Mehdi: Ben moi, mon rêve, c'est plutôt …
Tous: … de faire du parachutisme!
Mehdi: C'est ça. Mais pour ça, il me faut plus d'argent de poche!
Léo: C'est comme Julien, Julien Aldon. Ses parents ne peuvent pas lui donner beaucoup d'argent de poche. Alors il aide ses voisins et par exemple, il leur propose de faire les courses. Mais écoutez! Chut! …
Marie: Il est génial, ce Sacha! Il va inviter qui, alors?!

Lire 4 A propos du texte

Corrigez le résumé.

La Fête du sport ouvre ses portes.
Les amis racontent leur journée: Alex et Marie ont fait tout le parcours et elles ont eu un cadeau. Mehdi a fait du parachutisme. L'atelier d'escrime de Sacha a eu beaucoup de succès. Après le tirage au sort, les amis parlent de leurs rêves. Marie dit qu'elle veut avoir deux girafes. Alex raconte qu'elle déteste la campagne et que plus tard, elle veut être actrice. Mehdi veut faire du parachutisme. Pour gagner de l'argent de poche, il peut aider Léo. Au tirage au sort, Sacha gagne un tour en bateau.

106 cent-six

Préparation en 3 minutes

- **Mitnehmen!** SB, *CdA*, GBH, CD-Player, CD 3 (Tracks 39–41; MP3 116–118), OHP, Folie U7/5, KV 4
- **Schülerbuch:** S. 106–107, Nr. 3–5; S. 133, Nr. 4
- ***Cahier d'activités:*** S. 85, Nr. 7
- **Schwerpunkt:** Hörverstehen
- **Sozialform:** PA
- **Hausaufgabe:** SB, S. 133, Nr. 4B

Neue Wörter

plein/pleine, fini/finie, l'herbe *(f.)*, tout/toute, tous/toutes, tous les deux/toutes les deux, snif, l'escrime *(f.)*, le tirage au sort, un cheval/des chevaux, seulement, la campagne, un biologiste/une biologiste, plus (de), l'argent de poche *(m.)*, un voisin/une voisine

Schritte zur Erarbeitung

Hinführung (SB, GBH, Folie U7/5)
SB, S. 107, Nr. 5; GBH, S. 53–55: Besprechung der Hausaufgabe.
Folie U7/5: Semantisierung einiger neuer Wörter für die Überschrift des Textes: *plein/pleine* mittels Bild auf Folie (leeres/volles Glas) erklären; *un rêve* reaktivieren; *une tête* als Skizze, am eigenen Körper zeigen oder malen. Der L schreibt den Titel des Textes an die Tafel.

Problematisierung (Folie U7/5)
Die S spekulieren über den Fortgang der Geschichte der *Fête du Sport*.
Der L semantisiert *fini/finie, tout/toute, tous/toutes, tous les deux/toutes les deux, snif. Fini, snif* und *tout* durch eine Situation darstellen; übrige Wörter (*l'herbe, l'escrime, le tirage au sort, un cheval/des chevaux, la campagne, un voisin/une voisine*) mit Folie U7/5 semantisieren.

Erarbeitung (SB, CD 3, Tracks 39–40; MP3 116–117, KV 4)
S. 106, Nr. 3/KV 4: Die S hören den 1. Teil des Textes bei geschlossenen Büchern und fassen die Hauptaussage in einem Satz zusammen. Beim 2. Hören wird auf das Detailverstehen Wert gelegt, bei dem die Kopiervorlage zum Einsatz kommt.
Der 2. Teil des Texts wird mit der 2. Übung auf der KV erarbeitet.

Sicherung (SB)
S. 106, Nr. 4: Bearbeitung in EA oder PA. Der L kann den S den Hinweis geben, dass zehn Fehler zu verbessern sind.

Festigung (SB, *CdA*)
SB, S. 106, Nr. 3: Die S notieren sich Stichworte zum Text, um in der Folgestunde in der Lage zu sein, den Text mündlich zusammenzufassen.
CdA, S. 85, Nr. 7: Wiederholung des Wortschatzes. Die Übung zielt auf Aktivitäten, die in dieser *Unité* (bzw. schon vorher) eingeführt wurden. Es ist sinnvoll, gemeinsam die Ausdrücke zu sammeln, die man verwenden kann, um die persönlichen Vorlieben und Abneigungen auszudrücken:
J'aime faire de l'équilibre / J'aime la corde molle / J'aimerais apprendre à faire de l'équilibre. / J'aimerais apprendre (à faire de) la corde molle. Le trampoline / faire du trampoline. Le rugby / faire du rugby. Le saut à l'élastique / faire du … usw.
Zumeist geht *faire de …* . Bei Jonglieren ist nur *jongler* bekannt.
Hausaufgabe: SB, S. 133, *En plus*, Nr. 4B: Schwierigere Übung zu den indirekten Objektpronomen.

S. 106–107 Atelier B (3)

Préparation en 3 minutes

- **Mitnehmen!** SB, *CdA*, farbige Kreide
- **Schülerbuch:** S. 106, Nr. 3; S. 107, Nr. 6; S. 133, Nr. 4
- ***Cahier d'activités:*** S. 86, Nr. 9; S. 90, Nr. 3
- **Schwerpunkt:** Der Begleiter *tout* (⟶ G 28, GBH, S. 56–57)
- **Sozialform:** PA
- **Hausaufgabe:** *CdA*, S. 90, Nr. 3

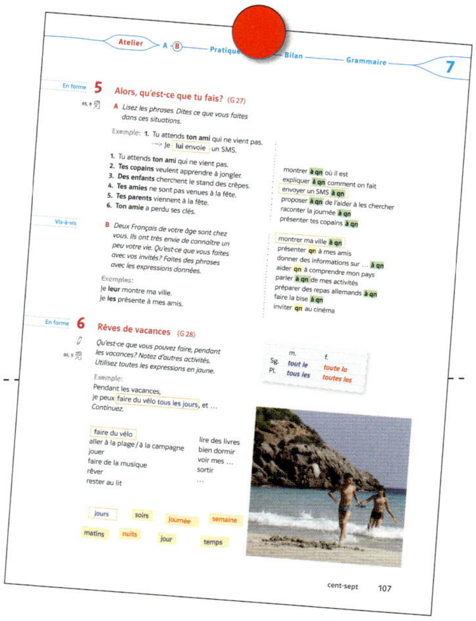
Atelier A B Pratique Bilan Grammaire 7

En forme **5** Alors, qu'est-ce que tu fais? (G 27)

A *Lisez les phrases. Dites ce que vous faites dans ces situations.*

Exemple: 1. Tu attends **ton ami** qui ne vient pas. → Je **lui envoie** un SMS.

1. Tu attends **ton ami** qui ne vient pas.
2. **Tes copains** veulent apprendre à jongler.
3. **Des enfants** cherchent le stand des crêpes.
4. **Tes amies** ne sont pas venues à la fête.
5. **Tes parents** viennent à la fête.
6. **Ton amie** a perdu ses clés.

montrer à qn où il est
expliquer à qn comment on fait
envoyer un SMS à qn
proposer à qn de l'aider à les chercher
raconter la journée à qn
présenter tes copains à qn

Vis-à-vis

B *Deux Français de votre âge sont chez vous. Ils ont très envie de connaître un peu votre vie. Qu'est-ce que vous faites avec vos invités? Faites des phrases avec les expressions données.*

Exemples:
Je **leur** montre ma ville.
Je **les** présente à mes amis.

montrer ma ville à qn
présenter qn à mes amis
donner des informations sur … à qn
aider qn à comprendre mon pays
parler à qn de mes activités
préparer des repas allemands à qn
faire la bise à qn
inviter qn au cinéma

En forme **6** Rêves de vacances (G 28)

Qu'est-ce que vous pouvez faire, pendant les vacances? Notez d'autres activités. Utilisez toutes les expressions en jaune.

Exemple:
Pendant les vacances,
je peux faire du vélo tous les jours, et …
Continuez.

	m.	f.
Sg.	*tout le*	*toute la*
Pl.	*tous les*	*toutes les*

faire du vélo
aller à la plage / à la campagne
jouer
faire de la musique
rêver
rester au lit

lire des livres
bien dormir
voir mes …
sortir
…

jours soirs journée semaine
matins nuits jour temps

cent-sept 107

Schritte zur Erarbeitung

Hinführung (SB)
S. 133, *En plus*, Nr. 4: Besprechung der Hausaufgabe.
Der L formuliert Beispielsätze mit *tout/tous etc.*, die zur Situation passen, z. B.: *Voilà tous les élèves de la classe*. Oder: *Tous les élèves sont dans la salle de classe*.

Problematisierung (SB)
S. 106, Nr. 3: Der L schreibt alle Sätze an die Tafel; zusätzlich die entsprechenden Sätze aus dem Text (Z. 6 *Nous avons fait tout le parcours*. Z. 7/8 *Nous avons eu des cadeaux toutes les deux*. Z. 9/10 *Vous êtes restés au stand toute la journée*. Z. 23/24 *J'aime tous les animaux*.). Die S finden die Gemeinsamkeit.

Erarbeitung (farbige Kreide)
Die S leiten die Regeln für die Formen und die Benutzung der Struktur ab. Der L entwickelt im UG Tafelbild 4, das die S abschreiben.

Sicherung (SB)
S. 107, Nr. 6: Bearbeitung in PA.

Festigung (*CdA*)
S. 86, Nr. 9: Bearbeitung in EA. Das Beispiel *nos* zeigt, dass *tout* nicht nur mit den Artikeln als Begleiter kombiniert werden kann.
Hausaufgabe: S. 90, *En plus*, Nr. 3: Leichtere Übung zu *tout*.

Tafelbild 4

	Masculin	Féminin
Singulier	tout le …	toute la …
Pluriel	tous les …	toutes les …

Die Form von tout hängt von dem folgenden Substantiv ab.
Auf tout/toute/tous/toutes folgt immer ein zweiter Begleiter:
- ein bestimmter Artikel (le, la, les) oder
- ein unbestimmter Artikel (un, une) oder
- ein Demonstrativbegleiter (ce/cet, cette, ces) oder
- ein Possessivbegleiter (mon, ma, mes etc.),

der an das folgende Nomen angeglichen wird.

Hausaufgabe: Vor der Bearbeitung der Aufgaben zu *Pratique* die Hausaufgabe *CdA*, S. 90, Nr. 3, besprechen.

S. 109 Pratique

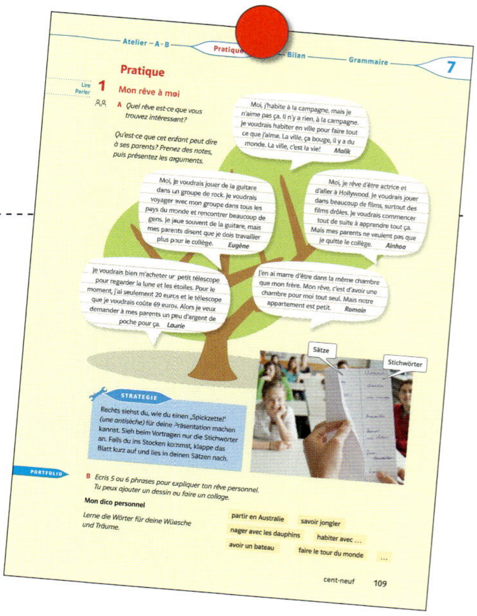

Hinweise zur Funktion des *Pratique*-Teils
⟶ *Unité* 1, S. 43.
Alle Lösungen finden sich auf der CD-ROM.

Lire
Parler

SB, S. 109, Nr. 1
A: Die S lesen in EA die Träume der Jugendlichen und machen sich Notizen zu dem Traum, den sie am interessantesten finden. Danach zeigt der L ihnen, wie sie einen „Spickzettel" gestalten und sinnvoll einsetzen (S. 109, *Stratégie*). Der L bringt eine leere Folie mit und richtet darauf zwei Spalten so wie auf S. 109 gezeigt ein. Da der L die Folie nicht knicken und damit die Sätze verdecken kann, wird ein S gebeten, die Spalten, Wörter und Sätze auf einem Blatt mitzunotieren. L nimmt den ersten Text als Beispiel:

	Malik
Malik habite à la campagne.	la campagne
Il n'aime pas la campagne parce qu'il n'y a rien.	ne pas aimer rien
Il préfère la ville.	préférer la ville
Il y a du monde, beaucoup de choses à faire.	du monde

Jeder S schreibt sich einen Spickzettel nach diesem Muster. Danach stellen einzelne S einen Traum vor der Klasse vor (⟶ Der besondere Tipp).

Portfolio

B: Die S schreiben ausgehend von den abgedruckten Texten und ihren Präsentationen einen Text zu ihrem eigenen Traum. Dazu gestalten sie eine Collage, malen ein Bild oder schneiden irgendwo eines aus und kleben es dazu. Die Texte auf S. 109 dienen als Modell für den erwarteten Portfolio-Text.

Der besondere Tipp

Vortragen/freie Rede:
Es ist unerlässlich, im Unterricht häufig Raum für mündliche Kommunikation in der Fremdsprache zu schaffen. So können Situationen im fremdsprachigen Land oder im

Kontakt mit Rahmen eines Schüleraustauschs trainiert werden. Je länger die mündlichen Fertigkeiten nicht geübt werden, desto größer werden die Hemmungen, sich in der Fremdsprache zu äußern. Die kontinuierliche mündliche Arbeit ist außerdem wichtig für die Oberstufe, da dort mündliche Kursarbeiten in einigen Bundesländern verbindlich festgelegt sind. Nicht nur die Prüfungsformate machen kontinuierliche mündliche Übungsphasen notwendig, sondern auch die Tatsache, dass es sich um einen langfristigen Prozess handelt, in dem an der mündlichen Ausdrucksfähigkeit gearbeitet wird. Auch für Zertifikatsprüfungen ⟶ *DELF*, S. 214 f.) sind mündliche Prüfungsvorbereitungen wichtig.

Lire
Médiation
Ecrire
Ecouter

***CdA*, S. 87–88, Nr. 11**

Der *Pratique*-Teil des SB wird durch einen zusammenhängenden „aufgabenorientierten" Auftrag ergänzt. Dies geschieht hier nach *CdA* 1, U6, P12, und *CdA* 2, U2, P12, zum dritten Mal.

Die S trainieren die vier Fertigkeiten in einer Übung. Sie wollen Ferien in Frankreich verbringen und haben ihren L um Informationsmaterial gebeten. Sie lesen sich die Informationen im Prospekt durch und suchen Argumente, um ihre Eltern von den Ferien dort zu überzeugen. Danach schreiben sie an ihre Brieffreundin, um zu erfragen, ob sie auch mitfahren möchte. Schließlich hören die S sich die Antwort ihrer Brieffreundin als Voicemail an und notieren als Notizzettel für ihre Eltern die wichtigsten Punkte ihrer Antwort. Wenn möglich, können die S über das Internet weitere Informationen zu dem vorgeschlagenen Austauschprojekt und der Stadt Camaret-sur-Mer recherchieren (⟶ Interkulturelles).

Tipp Evtl. können die S hier schon mit zweisprachigen Wörterbüchern arbeiten.

Interkulturelles

Das ***Bureau International de Liaison et de Documentation*** (*BILD*) war eine der ersten Organisationen, die sich um die Verständigung zwischen deutschen und französischen Kindern, Jugendlichen und jungen Erwachsenen kümmerten. Zusammen mit ihrer deutschen Schwesterorganisation „Gesellschaft für übernationale Zusammenarbeit" führt sie seit 1945 Sprachkurse verbunden mit Freizeitaktivitäten in beiden Ländern durch.

Camaret-sur-Mer liegt auf der Halbinsel Crozon im *Département Finistère* in der Bretagne. Brest liegt nur 15 km entfernt, Quimper 47 km. Die wichtigste Sehenswürdigkeit, der *Tour Vauban*, Teil einer Befestigungsanlage aus dem 17. Jh., gehört zum UNESCO Weltkulturerbe.

S. 110–111 Bilan

Hinweise zur Funktion des *Bilan*-Teils ⟶ *Unité* 1, S. 45.

Kopiervorlagen zur **Diagnose**, zum **Fördern** und zur **Differenzierung** befinden sich *en bloc* im hinteren Teil des Buches – im Anschluss an die *Unités*. Die Lösungsbogen zu den Kopiervorlagen befinden sich auf der CD-ROM zum Ausdrucken und zur Weitergabe an die S.

Die Lösungen befinden sich im SB, S. 198, bzw. im *CdA*, S. 101–102, sowie auf der CD-ROM.

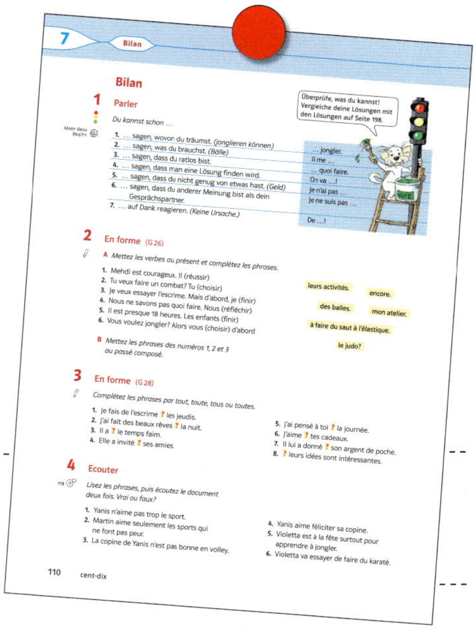
7 Bilan

Bilan

1 Parler

Du kannst schon …

1. … sagen, wovon du träumst. *(jonglieren können)*
2. … sagen, was du brauchst. *(Bälle)*
3. … sagen, dass du ratlos bist.
4. … sagen, dass man eine Lösung finden wird.
5. … sagen, dass du nicht genug von etwas hast. *(Geld)*
6. … sagen, dass du anderer Meinung bist als dein Gesprächspartner.
7. … auf Dank reagieren. *(Keine Ursache.)*

… jongler. / Il me … / … quoi faire. / On va …! / Je n'ai pas … / Je ne suis pas … / De …!

Überprüfe, was du kannst! Vergleiche deine Lösungen mit den Lösungen auf Seite 198.

2 En forme (G 26)

A *Mettez les verbes au présent et complétez les phrases.*

1. Mehdi est courageux. Il (réussir)
2. Tu veux faire un combat? Tu (choisir)
3. Je veux essayer l'escrime. Mais d'abord, je (finir)
4. Nous ne savons pas quoi faire. Nous (réfléchir)
5. Il est presque 18 heures. Les enfants (finir)
6. Vous voulez jongler? Alors vous (choisir) d'abord

leurs activités. / encore. / des balles. / mon atelier. / à faire du saut à l'élastique. / le judo?

B *Mettez les phrases des numéros 1, 2 et 3 au passé composé.*

3 En forme (G 28)

Complétez les phrases par tout, toute, tous ou toutes.

1. Je fais de l'escrime ? les jeudis.
2. J'ai fait des beaux rêves ? la nuit.
3. Il a ? le temps faim.
4. Elle a invité ? ses amies.
5. J'ai pensé à toi ? la journée.
6. J'aime ? tes cadeaux.
7. Il lui a donné ? son argent de poche.
8. ? leurs idées sont intéressantes.

4 Ecouter

Lisez les phrases, puis écoutez le document deux fois. Vrai ou faux?

1. Yanis n'aime pas trop le sport.
2. Martin aime seulement les sports qui ne font pas peur.
3. La copine de Yanis n'est pas bonne en volley.
4. Yanis aime féliciter sa copine.
5. Violetta est à la fête surtout pour apprendre à jongler.
6. Violetta va essayer de faire du karaté.

110 cent-dix

Parler **SB, S. 110, Nr. 1**

Aufgabe zur Evaluation: Du kannst schon …

Lire/Ecrire/Ecouter	***CdA*, S. 89, Nr. 1** Zuordnungsaufgabe zu Meinungen, Gefühle äußern, Vorschläge machen.
Differenzierung	***CdA*, S. 90, *En plus*, Nr. 1:** Leichtere Übung zum inhalts- und formbezogenen Schreiben.
En forme	**SB, S. 110, Nr. 2** Übung zu den neu eingeführten Verben auf *-ir*: *réussir, choisir, finir, réfléchir*. **SB, S. 110, Nr. 3** Übung zum Begleiter *tout*.
Ecouter	**SB, S. 110, Nr. 4 (CD 3, Track 42; MP3 119)** Übung zum Detailverstehen anhand einer *vrai/faux*-Aufgabe.
En forme	**SB, S. 111, Nr. 5** Übung zu den indirekten Objektpronomen *lui* und *leur*. ***CdA*, S. 89, Nr. 2** **A:** Verben auf *-ir*. **B:** Die indirekten Objektpronomen *lui* und *leur*. **C:** Der Begleiter *tout*.
Differenzierung	***CdA*, S. 90, *En plus*, Nr. 2:** Leichtere Übung zu den indirekten Objektpronomen *lui* und *leur*. ***CdA*, S. 90, *En plus*, Nr. 3:** Leichtere Übung zum Begleiter *tout*. Die Übung kann durch den Auftrag ergänzt werden: *Ecris trois phrases avec un maximum de ces mots (et les formes de „tout") dans ton cahier.* (Lösungsbeispiel: *Pendant toute la journée, tout le groupe a rangé toutes les affaires et tous les ballons de toutes les filles et de tous les garçons.*)
Jeu de mots	**SB, S. 111, Nr. 6** Wortschatzübung zu den Themenbereichen Traum und *Fête du Sport*.
Differenzierung	***CdA*, S. 91, *En plus*, Nr. 4 (CD 3, Track 46; MP3 123):** Schwierigere Übung zum Hörverstehen: Interviews mit Personen auf der Straße. Auf der Video-DVD kann die Szene als Video angeschaut werden. ***CdA*, S. 91, *En plus*, Nr. 5:** Schwierigere Übung zur Sprachmittlung und zum kreativen Schreiben.
Tipp	Es kann auch ein anderes Thema als *Cirque* für das kreative Schreiben gewählt werden. Es empfiehlt sich hingegen, die feste Form und ein einheitliches Thema für alle S beizubehalten.

Test, Klassenarbeit, Standardsicherung

Vorschlag für die inhaltliche Ausrichtung eines Tests, einer Klassenarbeit bzw. der Standardsicherung.

Hör-Seh-Verstehen
- Einfache, ggf. vorentlastete Filmsequenzen global verstehen, z. B. Aussagen zu einem Internet-Werbeclip oder Kurzfilm über Träume von Kindern in die richtige Reihenfolge bringen.
- Didaktisierten Hör-Seh-Texten Informationen entnehmen, z. B. in Form von Schlüsselwörtern oder mit dem Schema *vrai/faux/pas dans le texte*.

Verfügung über die sprachlichen Mittel

Grammatik:
- Die Verben auf *-ir* mit Stammerweiterung korrekt anwenden, z. B. im Rahmen einer halboffenen Dialogübung mit vorgegebenen Verben.
- Die indirekten Objektpronomen *lui* und *leur* anwenden, z. B. in einer geschlossenen Übung mit Satzumformungen.

Wortschatz: Das Wortfeld „Zirkus / Feste / Träume" verstehen, z. B. im Rahmen einer Hörübung zu den genannten Wortfeldern.

Interkulturelles Lernen
Die französische Stadt Vincennes mit ihren Besonderheiten kennen lernen, z. B. im Rahmen einer Internetrecherche mit vorformulierten Fragen auf der Homepage der Stadt (www.vincennes.fr).

Vorschlag für modulares Arbeiten mit der *Unité* 7

Modul 4: Moi et mes rêves

Hör-Seh-Verstehen / *compréhension audio-visuelle*

Kompetenzerwartungen	Kompetenztraining
- einfache, ggf. didaktisierte Filmsequenzen (z. B. *clip vidéo, spot publicitaire*) global verstehen, ggf. nach Vorentlastung	SB: S. 101 (Hörtext und Clip), ⟨S. 115 (1)⟩, S. 136 (*Stratégies*) CdA: S. 84 (5), S. 91 (4)
- einfachen didaktisierten Hör-Seh-Texten nach bestimmten Vorgaben einzelne Informationen entnehmen	SB: S. 102 (1)/103 (2), S. 104 (5), S. 106 (3)/(4), S. 110 (4) CdA: S. 88 (11C)

Lesen / *compréhension écrite*

Kompetenzerwartungen	Kompetenztraining
- global und im Detail kurze, ggf. didaktisierte Alltagstexte zum Thema Zirkus / Feste / Träume / Ferien verstehen	SB: S. 106 (3)/S. 106 (4), S. 109 (1), ⟨S. 115 (2)⟩ CdA: S. 83 (4), S. 87 (11A)
- einfache literarische Kurztexte global verstehen	SB: ⟨S. 113⟩

Que font les enfants?

sonner

faire du volley

des balles (f.)

beaucoup de monde

un trampoline /
sauter sur le trampoline

une corde molle

jongler

faire de l'équilibre
sur les mains

faire du foot

un clown /
mettre des vêtements de clown

Klettbuch 622024 Découvertes, Lehrerbuch. © Ernst Klett Verlag Stuttgart 2013
Von diesen Vorlagen ist die Vervielfältigung für den eigenen Unterrichtsgebrauch gestattet. Die Kopiergebühren sind abgegolten.

Die indirekten Objektpronomen

Le foot plaît à Mehdi?	– Oui, ça lui plaît.
Sacha écrit à Marie?	– Oui, il lui écrit.
Léo montre les cadeaux à ses copains?	– Oui, il leur montre les cadeaux.
Qu'est-ce que Marie explique à ses copines?	– Elle leur explique le jeu.

Regel 1: Die Formen der indirekten Objektpronomen heißen ____________ in der Einzahl und ____________________ in der Mehrzahl. Es spielt keine Rolle, ob es sich um maskuline oder __________________ Objekte handelt.

Regel 2: Indirekte Objektpronomen stehen bei Verben, die mit «à qn» weitergeführt werden.

Regel 3: Bei einfachen Verbformen steht das Pronomen ____________ dem Verb.

Sacha et son copain veulent expliquer à Julien comment faire de l'équilibre.
Sacha et son copain veulent lui expliquer comment faire …

Regel 4: Bei Infinitivkonstruktionen steht das Pronomen vor dem __________________________.

J'ai écrit à Julien Je lui ai écrit.

Regel 5: Bei zusammengesetzten Zeiten steht das Pronomen vor dem ____________________________.

Beachte: Nicht mit Possessivpronomen «leurs» verwechseln.

Beachte: In den meisten Fällen entspricht das indirekte Objekt im Französischen dem deutschen ________________________. Manchmal gibt es aber Unterschiede zum Deutschen.

Beim Verbanschluss: zuerst direktes Objekt (= Akkusativobjekt), dann indirektes Objekt (= Dativobjekt)

Solutions: lui, leur, feminine, vor, Infinitiv, Hilfsverb, Dativobjekt

Von diesen Vorlagen ist die Vervielfältigung für den eigenen Unterrichtsgebrauch gestattet. Die Kopiergebühren sind abgegolten.

Je lui téléphone.

Ecris les réponses. (Ein Wort bleibt jedes Mal übrig!)

1. Tu expliques ça à tes copines?

leur	Oui,	explique	je	ça	lui

____

2. Tu racontes ça à tes parents?

Oui,	raconte	leur	ça	lui	je

____

3. Tu parles à Léo?

lui	Oui,	je	leur	parle

____

4. Tu vas payer une glace à Mehdi?

glace	je	leur	vais	une	lui	payer	Oui,

____

5. Tu vas faire une bise à Marie?

je	vais	une	Oui,	lui	leur	bise	faire

____

____

Solutions:
1. Oui, je leur explique ça.
2. Oui, je leur raconte ça.
3. Oui, je lui parle.
4. Oui, je vais lui payer une glace.
5. Oui, je vais lui faire une bise

Klettbuch 622024 Découvertes, Lehrerbuch. © Ernst Klett Verlag Stuttgart 2013
Von diesen Vorlagen ist die Vervielfältigung für den eigenen Unterrichtsgebrauch gestattet. Die Kopiergebühren sind abgegolten.

Des rêves plein la tête

A *Ecoute le texte et complète les phrases.*

1. Les garçons retrouvent ______________________ et ______________________.

2. Nous avons eu des ______________________.

3. Mehdi est parti pour faire du saut à ______________________.

4. Sacha fait de ______________________.

B *Ecoute le texte et coche la bonne réponse.*

1. Les enfants ne veulent pas oublier
- ☐ le tirage au sort.
- ☐ les animaux.
- ☐ de sortir.

2. Marie rêve d'avoir
- ☐ des chevaux.
- ☐ des cadeaux.
- ☐ un cheval.

3. Alex aimerait être
- ☐ campagnarde.
- ☐ biologiste.
- ☐ biologie.

4.
- ☐ Mehdi
- ☐ Marie
- ☐ Julien

a besoin de plus d'argent de poche.

5. Julien aide
- ☐ ses parents.
- ☐ ses sœurs.
- ☐ ses voisins.

Solutions:
A 1. Alex, Marie, 2. cadeaux, 3. l'élastique, 4. l'escrime
B 1. le tirage au sort, 2. un cheval, 3. biologiste, 4. Mehdi + Julien, 5. ses voisins

© Ernst Klett Verlag Stuttgart 2013
Von diesen Vorlagen ist die Vervielfältigung für den eigenen Unterrichtsgebrauch gestattet. Die Kopiergebühren sind abgegolten.

S. 113–115 Plateau 3

Ziele

Inhaltlicher Schwerpunkt

Plateau 3 bezieht sich auf die in den *Unités* 5–7 erworbenen Kompetenzen und Kenntnisse. *Plaisir de lire* widmet sich mit einem authentischen Text der Lebenswelt der Jugendlichen mit den Themen „Schule“, „verliebt sein“ und „der Traum abzuhauen“.
In *Révisions* geht es um Hörverstehen (Übung 1), Wiederholung der Grammatik (Objektpronomen, Übung 2) und um Wortschatzarbeit mit anschließendem kreativem Schreiben. Daran schließen sich Aufgaben zur Vorbereitung der *DELF*-Prüfung an.

Kompetenzerwartung

Die S können die Hauptaussagen eines längeren, zusammenhängenden Textes auf Französisch formulieren sowie gezielt Informationen aus einem Text heraussuchen und eine Romanfigur charakterisieren. Sie können Hörverstehensstrategien anwenden und eigene Texte ausgehend von ein paar Schlüsselwörtern entwickeln. Die S können Aussagen über einen Text bewerten (*vrai/faux*). Sie können sich selbst vorstellen, einen Monolog zu einem Thema halten und ein Rollenspiel präsentieren.

S. 113 Plaisir de lire

Préparation en 3 minutes

- **Mitnehmen!** SB
- **Schülerbuch:** S. 113
- **Schwerpunkte:** Leseverstehen, Wortfeldarbeit
- **Methode:** Museumsgang (⟶ *Boîte à outils 12*)
- **Hausaufgabe:** Wortfelder erstellen

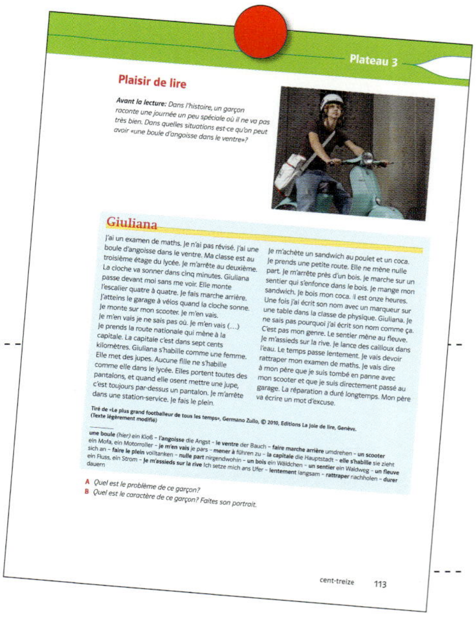
Plateau 3

Plaisir de lire

Avant la lecture: *Dans l'histoire, un garçon raconte une journée un peu spéciale où il ne va pas très bien. Dans quelles situations est-ce qu'on peut avoir «une boule d'angoisse dans le ventre»?*

Giuliana

J'ai un examen de maths. Je n'ai pas révisé. J'ai une boule d'angoisse dans le ventre. Ma classe est au troisième étage du lycée. Je m'arrête au deuxième. La cloche va sonner dans cinq minutes. Giuliana passe devant moi sans me voir. Elle monte l'escalier quatre à quatre. Je fais marche arrière. J'atteins le garage à vélos quand la cloche sonne. Je monte sur mon scooter. Je m'en vais. Je m'en vais je ne sais pas où. Je m'en vais (…) Je prends la route nationale qui mène à la capitale. La capitale c'est dans sept cents kilomètres. Giuliana s'habille comme une femme. Elle met des jupes. Aucune fille ne s'habille comme elle dans le lycée. Elles portent toutes des pantalons, et quand elle osent mettre une jupe, c'est toujours par-dessus un pantalon. Je m'arrête dans une station-service. Je fais le plein. Je m'achète un sandwich au poulet et un coca. Je prends une petite route. Elle ne mène nulle part. Je m'arrête près d'un bois. Je marche sur un sentier qui s'enfonce dans le bois. Je mange mon sandwich. Je bois mon coca. Il est onze heures. Une fois j'ai écrit son nom avec un marqueur sur une table dans la classe de physique. Giuliana. Je ne sais pas pourquoi j'ai écrit son nom comme ça. C'est pas mon genre. Le sentier mène au fleuve. Je m'assieds sur la rive. Je lance des cailloux dans l'eau. Le temps passe lentement. Je vais devoir rattraper mon examen de maths. Je vais dire à mon père que je suis tombé en panne avec mon scooter et que je suis directement passé au garage. La réparation a duré longtemps. Mon père va écrire un mot d'excuse.

Tiré de «Le plus grand footballeur de tous les temps», Germano Zullo, © 2010, Editions La Joie de lire, Genève. (Texte légèrement modifié)

une boule *(hier)* ein Kloß – **l'angoisse** die Angst – **le ventre** der Bauch – **faire marche arrière** umdrehen – **un scooter** ein Mofa, ein Motorroller – **je m'en vais** je pars – **mener à** führen zu – **la capitale** die Hauptstadt – **elle s'habille** sie zieht sich an – **faire le plein** volltanken – **nulle part** nirgendwohin – **un bois** ein Wäldchen – **un sentier** ein Waldweg – **un fleuve** ein Fluss, ein Strom – **Je m'assieds sur la rive** Ich setze mich ans Ufer – **lentement** langsam – **rattraper** nachholen – **durer** dauern

A *Quel est le problème de ce garçon?*
B *Quel est le caractère de ce garçon? Faites son portrait.*

cent-treize 113

Neue Wörter/ Kein Lernwortschatz

une boule, l'angoisse, le ventre, faire marche arrière, un scooter, je m'en vais, mener à, la capitale, elle s'habille, faire le plein, nulle part, un bois, un sentier, un fleuve, Je m'assieds sur la rive., lentement, rattraper, durer

Schritte zur Erarbeitung

Hinführung (SB)
S. 113, *Avant la lecture*: Bei geschlossenen Büchern werden die S auf den Text eingestimmt, in dem sie sich im UG zur *boule d'angoisse dans le ventre* äußern und von entsprechenden persönlichen Erlebnissen berichten. Danach schauen sie sich das Foto im SB an. L: *Est-ce que le garçon a l'air d'avoir peur?* Die S beschreiben seinen Gesichtsausdruck und schließen auf seinen Gemütszustand. Danach überlegen sie, wo er herkommen und wo er hinfahren könnte.

Problematisierung
Die S schließen das Buch. Sie sollen zunächst Sätze aus dem Text in die richtige Reihenfolge bringen. Damit bauen sie eine Erwartungshaltung zu den einzelnen Aspekten auf, die in dem Textauszug angesprochen werden.
Der L schreibt folgende Sätze an die Tafel, die S notieren die für sie plausibel erscheinende Reihenfolge (⟶ Zur Methodik 1):
Giuliana s'habille comme une femme. (3)
Mon père va écrire un mot d'excuse. (5)
Je prends la route nationale qui mène à la capitale. (2)

J'ai un examen de maths. (1)
Je m'arrête près d'un bois. (4)
Die S präsentieren ihre Lösungen und diskutieren darüber. Hier können hilfreiche Redemittel eingebaut werden: *Je ne suis pas d'accord …, Je ne crois pas …, A mon avis …*

Erarbeitung (SB)
S. 113: Die S lesen den Text still und suchen die Sätze der Vorübung im Text (⟶ Zur Methodik 2).
S. 113, A+B: Bearbeitung der Fragen.
Bevor die S den Jungen charakterisieren, wird das notwendige Vokabular – insbesondere Adjektive – dafür wiederholt und gesammelt, z. B.: *gentil/le, aimable, sympa, méchant/e, égoïste, drôle, triste, calme, nerveux/nerveuse, compliqué/e, difficile, courageux/courageuse, lâche.*

Sicherung/Festigung
Die S schreiben eine kurze Zusammenfassung des Textes mit ihren Worten.
Hausaufgabe: Die S erstellen zu verschiedenen Themen Wortfelder (⟶ Zur Methodik 3).

Interkulturelles

Französisch wird von 220 Millionen Menschen gesprochen, 115 Millionen davon sind Muttersprachler. U. a. wird Französisch in Frankreich, der Schweiz, Luxemburg, Belgien, Kanada, Monaco, Teilen Afrikas und der Karibik gesprochen. Französisch wird auch in vielen Institutionen, wie z. B. der EU, als Amtssprache benutzt.

Germano Zullo (*1968 in Genf) schreibt Geschichten für Kinder, aber auch Romane und Gedichte. Der Text „Giuliana" stammt aus dem Roman *Le plus grand footballeur de tous les temps*, der 2010 veröffentlicht wurde. In dem Roman beschreibt der Autor den schwierigen Weg vom Kindsein zum Erwachsenwerden. Für den jungen Erzähler spielt Fußball eine große Rolle und seine Lebenssituation ist von der Tatsache geprägt, dass seine Eltern getrennt leben. Plötzlich kommt die erste große Liebe ins Spiel: Giuliana.

Tipps und Tricks

Zur Methodik

1. Da es sich bei dem Text um einen inneren Monolog handelt, wird die richtige Lösung wohl kaum dabei sein. Es werden Angst vor schulischen Situationen, die erste Schwärmerei und Liebe, die Beziehung zu den Eltern, der Wunsch abzuhauen und der Traum, der „von Regeln begrenzten Welt" zu entfliehen, thematisiert. Dies kann zu einer lebhaften Diskussion führen.
2. SB, S. 113, Textzeilen 11–12: *La capitale, c'est dans sept cents kilomètres.*
L: Welche Stadt ist mit *la capitale* gemeint? Wo könnte der Wohnort des Jungen sein? Um welches Land geht es? In welchen Ländern spricht man Französisch?
Die S äußern Vermutungen und im Anschluss kann L kurz Informationen über den Autor geben (⟶ Interkulturelles) und einen Bezug zur möglichen *capitale* herstellen.
3. Im Rahmen der Textarbeit können Wortfelder zu den angesprochenen Themen erarbeitet werden. Hierfür gibt es verschiedene Formen: *Mindmap*, dreispaltige Tabelle, Abbildungen, die das Wortfeld widerspiegeln (z. B. das Bild einer Person mit verschiedenen Kleidungsstücken, auf die die entsprechenden Vokabeln geschrieben werden, oder Post-its mit den Begriffen, die sich die S auf die Kleidungsstücke kleben können) …
Folgende Wortfelder eignen sich:
– Kleidung, z. B.: *s'habiller, mettre qc, une jupe, porter qc, un pantalon, …*
S suchen weitere Kleidungsstücke. Sie können als Gedankenstütze die Kleidungsstücke dazumalen oder Bilder aus Zeitschriften ausschneiden.
– Schule: *une interrogation de maths, réviser, la classe, le lycée, la cloche, sonner, physique, rattraper l'examen, écrire un mot d'excuse, …*
Die S suchen weitere Fächer und schreiben zur Wiederholung ihren Stundenplan auf Französisch auf. Die S suchen Begriffe für weitere Räume im Schulgebäude und zeichnen

den Plan ihrer/einer Schule mit den entsprechenden französischen Raumbezeichnungen. Die Wortfelder können den S auch gruppenweise zugeordnet werden. Zu Beginn der folgenden Stunde tragen sie ihre Ergebnisse in der Gruppe zusammen, L kontrolliert die gefundenen Begriffe auf Bedeutung und Rechtschreibung. Danach können die S ihre Ergebnisse auf Plakaten präsentieren (⟶ Museumsgang, *Boîte à outils 12*), die Zuhörer notieren das Wortfeld.
Wenn dies aufgrund von Zeit- oder Raumproblemen nicht möglich ist, können die S ihre Ergebnisse an der Tafel präsentieren. Die Mitschüler notieren sich alle Vokabeln.

S. 114 Révisions

Informationen zu den *Révisions*- sowie *Autocontrôle*-Übungen ⟶ S. 81.
Im *CdA* gibt es in *Plateau* 3 im Gegensatz zu *Plateau* 1 und 2 keine Grammatikübungen, sondern einen *coin jeux*.
Die Lösungen zu den SB-Übungen finden sich im SB, S. 198, sowie auf der CD-ROM.

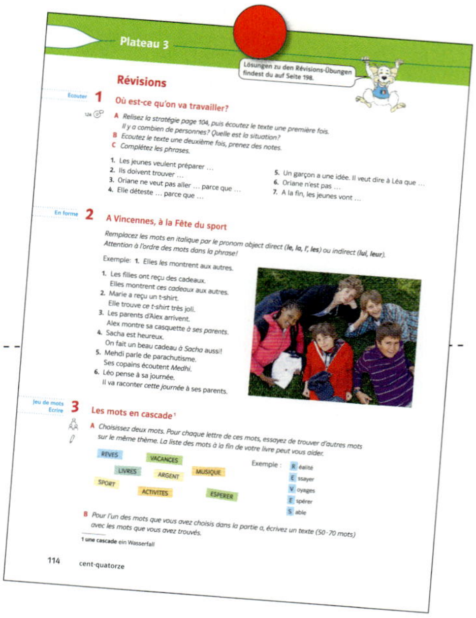
Plateau 3

Lösungen zu den Révisions-Übungen findest du auf Seite 198.

Révisions

Ecouter **1** Où est-ce qu'on va travailler?

124 **A** *Relisez la stratégie page 104, puis écoutez le texte une première fois. Il y a combien de personnes? Quelle est la situation?*
B *Ecoutez le texte une deuxième fois, prenez des notes.*
C *Complétez les phrases.*

1. Les jeunes veulent préparer …
2. Ils doivent trouver …
3. Oriane ne veut pas aller … parce que …
4. Elle déteste … parce que …
5. Un garçon a une idée. Il veut dire à Léa que …
6. Oriane n'est pas …
7. A la fin, les jeunes vont …

En forme **2** A Vincennes, à la Fête du sport

*Remplacez les mots en italique par le pronom object direct (**le, la, l', les**) ou indirect (**lui, leur**). Attention à l'ordre des mots dans la phrase!*

Exemple: 1. Elles *les* montrent aux autres.

1. Les filles ont reçu des cadeaux. Elles montrent *ces cadeaux* aux autres.
2. Marie a reçu un t-shirt. Elle trouve *ce t-shirt* très joli.
3. Les parents d'Alex arrivent. Alex montre sa casquette *à ses parents*.
4. Sacha est heureux. On fait un beau cadeau *à Sacha* aussi!
5. Mehdi parle de parachutisme. Ses copains écoutent *Medhi*.
6. Léo pense à sa journée. Il va raconter *cette journée* à ses parents.

Jeu de mots Ecrire **3** Les mots en cascade[1]

A *Choisissez deux mots. Pour chaque lettre de ces mots, essayez de trouver d'autres mots sur le même thème. La liste des mots à la fin de votre livre peut vous aider.*

REVES VACANCES LIVRES ARGENT MUSIQUE SPORT ACTIVITES ESPERER

Exemple: R éalité, E ssayer, V oyages, E spérer, S able

B *Pour l'un des mots que vous avez choisis dans la partie a, écrivez un texte (50-70 mots) avec les mots que vous avez trouvés.*

1 une cascade ein Wasserfall

114 cent-quatorze

Portfolio ***CdA*, S. 92**
Hinweise zum Selbstevaluationsbogen ⟶ S. 82.
Das Lehrwerk setzt eigene Schwerpunkte, wenn sich dies durch die Inhalte anbietet. Das gilt z. B. für die Themen Reisevorbereitungen (U5), Medien (U6), und das Äußern von Vorhaben und Wünschen (U7).

Ecouter **SB, S. 114, Nr. 1 (CD 3, Track 47; MP3 124)**
Es wird hier Bezug genommen auf die HV-Strategie aus *Unité* 7, S. 104, die sich die S noch einmal anschauen.
A: Beim ersten Hören geht es nur um das Globalverständnis.
B: Beim zweiten Hören notieren die S Stichwörter zu den wichtigsten Aspekten. Der L lässt einen oder mehrere S den Text anhand der Stichwörter mündlich zusammenfassen.
C: Vervollständigung von Sätzen, um von der Mündlichkeit zur Schriftlichkeit und zum Detailverständnis zu gelangen.

En forme **SB, S. 114, Nr. 2**
Wiederholung der direkten und indirekten Objektpronomen (⟶ *le, la, les* = *Unité* 5, *lui, leur* = *Unité* 7).

Jeu de mots
Ecrire **SB, S. 114, Nr. 3**
Ausgehend von den einzelnen Buchstaben eines Wortes schreiben die S Listen mit Einzelwörtern. Damit schreiben sie einen Text, der zum Thema passt.

Le coin jeux ***CdA*, S. 93**
Die Spiele-Ecke:
Trouver l'heure: PA: Ein S schreibt eine Uhrzeit auf, der Partner versucht die Uhrzeit durch Fragen herauszufinden.
Jeu de dé: **Mitnehmen!** Würfel für die Hälfte der Schülerzahl + GBH.

PA: Die S schlagen im GBH S. 68–71 auf, ein S nennt ein Verb und eine Zeit, der andere S würfelt (die Augenzahl steht für ein Personalpronomen) und muss die entsprechende Verbform nennen.

Mots épelés: GA in 4er-Gruppen: Ein S sucht sich ein Wort aus und nennt den Anfangsbuchstaben sowie die folgenden Buchstaben durcheinander, die Mitschüler dürfen die Buchstaben mitschreiben und müssen das Wort erraten.

Tipp Zunächst erscheint es sinnvoll, nur mit den Wörtern der jeweiligen *Unité* zu arbeiten. Wenn das problemlos klappt, können die S, die buchstabieren, auch auf länger bekannte Lexeme zurückgreifen.

Compter de 1 à 60: GA in 3er-Gruppen: Die S sagen im Uhrzeigersinn die Zahlen 1–60 auf, bei jeder Zahl, die durch vier teilbar ist, sagt der S *Boum*; wer einen Fehler macht, bekommt einen Minuspunkt.

Tipp Das Spiel kann auch mit Zahlen bis 100 gespielt werden, ebenso können andere Kombinationen gewählt werden: z. B. jede 5. oder 3. Zahl wird durch *Boum* ersetzt (Achtung: dann ist evtl. eine andere Gruppeneinteilung nötig). Spannender ist es auch, wenn man nicht nur die Zahlen ersetzt, die durch die jeweils genannte Zahl teilbar sind, sondern auch die Zahlen, in denen die gewählte Ziffer vorkommt.

Qui suis-je? **Mitnehmen!** Stecknadel, Klebestreifen oder Post-its.
Jedem S wird eine Lehrwerksperson angeheftet. Durch Fragen sollen sie herausfinden, wer sie sind.

Ecrire un court poème: EA: Kurze Gedichte nach Vorlage schreiben.

Tipp Man kann die Gedichte auch für einige Tage an einer Schnur im Klassenzimmer aufhängen. In jeder Stunde werden dann 2–3 Gedichte abgenommen und vorgetragen, bis alle von der Schnur verschwunden sind.

S. 115 On prépare le DELF

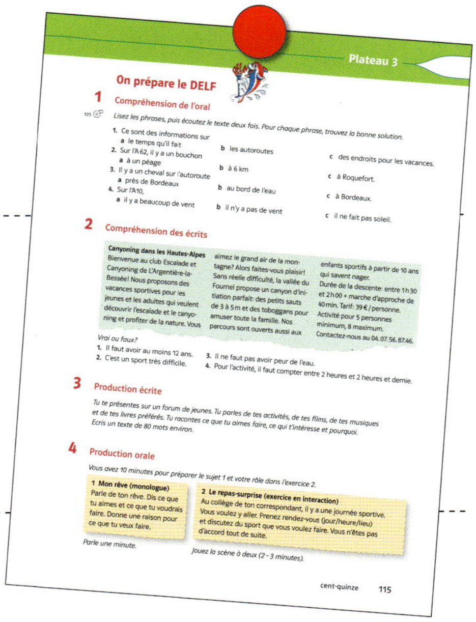
Plateau 3

On prépare le DELF

1 Compréhension de l'oral

125 *Lisez les phrases, puis écoutez le texte deux fois. Pour chaque phrase, trouvez la bonne solution.*

1. Ce sont des informations sur
   a le temps qu'il fait b les autoroutes c des endroits pour les vacances.
2. Sur l'A 62, il y a un bouchon
   a à un péage b à 6 km c à Roquefort.
3. Il y a un cheval sur l'autoroute
   a près de Bordeaux b au bord de l'eau c à Bordeaux.
4. Sur l'A10,
   a il y a beaucoup de vent b il n'y a pas de vent c il ne fait pas soleil.

2 Compréhension des écrits

Canyoning dans les Hautes-Alpes
Bienvenue au club Escalade et Canyoning de L'Argentière-la-Bessée! Nous proposons des vacances sportives pour les jeunes et les adultes qui veulent découvrir l'escalade et le canyoning et profiter de la nature. Vous aimez le grand air de la montagne? Alors faites-vous plaisir! Sans réelle difficulté, la vallée du Fournel propose un canyon d'initiation parfait: des petits sauts de 3 à 5 m et des toboggans pour amuser toute la famille. Nos parcours sont ouverts aussi aux enfants sportifs à partir de 10 ans qui savent nager.
Durée de la descente: entre 1 h 30 et 2 h 00 + marche d'approche de 40 min. Tarif: 39 € / personne.
Activité pour 5 personnes minimum, 8 maximum.
Contactez-nous au 04. 07. 56. 87. 46.

Vrai ou faux?
1. Il faut avoir au moins 12 ans.
2. C'est un sport très difficile.
3. Il ne faut pas avoir peur de l'eau.
4. Pour l'activité, il faut compter entre 2 heures et 2 heures et demie.

3 Production écrite

Tu te présentes sur un forum de jeunes. Tu parles de tes activités, de tes films, de tes musiques et de tes livres préférés. Tu racontes ce que tu aimes faire, ce qui t'intéresse et pourquoi. Ecris un texte de 80 mots environ.

4 Production orale

Vous avez 10 minutes pour préparer le sujet 1 et votre rôle dans l'exercice 2.

1 Mon rêve (monologue)
Parle de ton rêve. Dis ce que tu aimes et ce que tu voudrais faire. Donne une raison pour ce que tu veux faire.
Parle une minute.

2 Le repas-surprise (exercice en interaction)
Au collège de ton correspondant, il y a une journée sportive. Vous voulez y aller. Prenez rendez-vous (jour/heure/lieu) et discutez du sport que vous voulez faire. Vous n'êtes pas d'accord tout de suite.
Jouez la scène à deux (2–3 minutes).

cent-quinze 115

Allgemeine Hinweise zu *DELF* ⟶ *Plateau* 1, S. 83.
Alle Lösungen finden sich auf der CD-ROM.

Zur Methodik Vor der Bearbeitung erläutert L erneut den Aufbau einer *DELF*-Prüfung und weist darauf hin, dass die Übungen auch unbekanntes Vokabular enthalten können.
Die Bearbeitung erfolgt in der vorgegebenen Reihenfolge ohne weitere Hilfestellungen, um eine prüfungsähnliche Situation zu erzeugen.

Compréhension de l'oral **SB, S. 115, Nr. 1 (CD 3, Track 48; MP3 125)**
Die S finden die richtigen Satzenden.
Dabei sollen sie unbekannte Vokabeln außer Acht lassen und aus dem Kontext auf die richtige Antwort schließen.
Anschließend wird die HV-Übung noch einmal angehört und die Antworten im Plenum besprochen. Unbekanntes Vokabular kann beim L erfragt werden.

Compréhension des écrits **SB, S. 115, Nr. 2**
Die S entscheiden, ob vier Aussagen zum Text wahr oder falsch sind. Es sind keine Begründungen oder Belege erforderlich. L kann den Tipp geben, dass unbekannte Wörter aus dem Deutschen oder anderen Fremdsprachen ableitbar sind. Im UG werden die Antworten besprochen, indem sie mit Textbelegen versehen werden.

Production écrite

SB, S. 115, Nr. 3
Die S stellen sich selbst schriftlich vor, indem sie auf vorgegebene Aspekte eingehen. Der L macht den S klar, dass alle genannten Aspekte in ihrem Text vorkommen sollen. Zur Vorbereitung ihres Textes notieren die S die Stichwörter (*activités, films, musiques, livres préférés, ce que j'aime faire, ce qui m'intéresse + pourquoi*) und machen sich mindestens zwei Notizen zu jedem.
Einige Texte können im Plenum vorgelesen werden.
Alternativ kann der L oder ein S einen Text vorlesen und die Mitschüler sollen den beschriebenen S erraten.

Production orale

SB, S. 115, Nr. 4
Die S halten einen Einminutenmonolog (*Mon rêve*) und stellen einem Partner ihren Traum vor. In einem Rollenspiel unterhalten sie sich über einen Sporttag (*Une journée sportive*). Je nach Größe der Klasse können alle Gruppen im Plenum präsentieren. Dadurch wird die Prüfungssituation simuliert und die S gewöhnen sich an „öffentliche Auftritte" in der Fremdsprache.

Hier kannst du dich selbst einschätzen:

☺ Super!

😐 Na ja.

☹ Das muss ich noch üben.

Trage hier deine Lösungen ein und vergleiche sie mit dem Lösungsblatt. Hast du Fehler gemacht oder etwas nicht gewusst, dann mache die Aufgaben, die neben meiner Pfote stehen.

1	☐	Du kannst sagen, dass du dieses Mädchen nicht kennst.	Je ne ______________________________ .	1
2	☐	Du kannst jemanden fragen, in welcher Klasse er/sie ist.	Tu es ______________________________ ?	2
3	☐	Du kannst sagen, dass du in der 7b bist.	Je suis en ______________________________ .	2
4	☐	Du kannst jemanden fragen, warum er/sie wütend ist.	Pourquoi est-ce que ______________________ ?	3
5	☐	Du kannst sagen, dass es dir gut geht.	Je vais ____________________ .	4
6	☐	Du kannst sagen, dass dich etwas ärgert.	Ça ____________________ .	5
7	☐	Du kannst sagen, dass du etwas nicht verstanden hast, und du kannst um Wiederholung bitten.	Je n'ai ____________________ . Tu ____________________ , s'il te plaît?	6
8	☐	Du kannst etwas sagen, wenn du in einem Gespräch nicht weiterweißt (z.B. „Ich will sagen …").	Je ________________ … (Euh … je ________________ le mot).	7
9	☐	Du kannst eine Person beschreiben (Junge, klein, sympathisch, schwarzhaarig, rotes T-Shirt).	 C'est un ______________________________ ______________________________ . Il ______________________________ et il ______________________________ .	8

Klettbuch 622024 Découvertes, Lehrerbuch. © Ernst Klett Verlag Stuttgart 2013
Von diesen Vorlagen ist die Vervielfältigung für den eigenen Unterrichtsgebrauch gestattet. Die Kopiergebühren sind abgegolten.

Hier kannst du dich selbst einschätzen:

- ☺ Super!
- 😐 Na ja.
- ☹ Das muss ich noch üben.

Trage hier deine Lösungen ein und vergleiche sie mit dem Lösungsblatt. Hast du Fehler gemacht oder etwas nicht gewusst, dann mache die Aufgaben, die neben meiner Pfote stehen.

1	☐ Du kannst fragen, was jemand gegen dich hat.	Qu'__________ tu __________ __________ ?	1
2	☐ Du kannst sagen, dass dein Freund/deine Freundin düstere Gedanken hat.	 Il/Elle __________ .	2
3	☐ Du kannst jemanden fragen, was er/sie über etwas denkt, und sagen, was du darüber denkst (es ist lustig).	Qu'__________ tu __________ ? Moi, je __________ .	3
4	☐ Du kannst sagen, wie jemand aussieht (glücklich).	Il __________ . / Elle __________ .	4
5	☐ Du kannst sagen, dass du die Nase voll hast.	__________ .	5
6	☐ Du kannst jemandem viel Glück wünschen.	Bonne __________ ! 	6
7	☐ Du kannst sagen, dass du heute schon einmal angerufen hast und dass du später noch mal anrufst.	J'ai déjà __________ . Je __________ tard.	7
8	☐ Du kannst sagen, dass du nichts hörst.	Je __________ .	7

Klettbuch 622024 Découvertes, Lehrerbuch. © Ernst Klett Verlag Stuttgart 2013
Von diesen Vorlagen ist die Vervielfältigung für den eigenen Unterrichtsgebrauch gestattet. Die Kopiergebühren sind abgegolten.

Hier kannst du dich selbst einschätzen:

- ☺ Super!
- 😐 Na ja.
- ☹ Das muss ich noch üben.

Trage hier deine Lösungen ein und vergleiche sie mit dem Lösungsblatt. Hast du Fehler gemacht oder etwas nicht gewusst, dann mache die Aufgaben, die neben meiner Pfote stehen.

1	☐	Du kannst sagen, dass du an einem Spiel teilnimmst.	Je ______________ un jeu.	1
2	☐	Du kannst jemanden auffordern, etwas zu tun oder an etwas teilzunehmen.	______________ !	2
3	☐	Du kannst dich mit jemandem vor dem Kino verabreden.	On se ______________ devant le cinéma?	3
4	☐	Du kannst einen Vorschlag machen (z.B. in den Park gehen).	Je ______________ au parc. 	4–6
5	☐	Du kannst einem Vorschlag zustimmen oder ihn ablehnen.	 D'a__________ . / Bonne __________ . / Je __________ bien. / Si tu __________ . / __________ pas?  Ça ______________ .	4–6
6	☐	Du kannst sagen, dass du lieber lesen würdest.	J'______________ lire.	4–6
7	☐	Du kannst jemandem sagen, dass er aufhören soll.	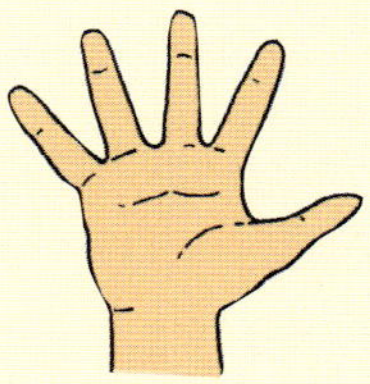 ______________ !	7

Von diesen Vorlagen ist die Vervielfältigung für den eigenen Unterrichtsgebrauch gestattet. Die Kopiergebühren sind abgegolten.

Hier kannst du dich selbst einschätzen:

☺ Super!
😐 Na ja.
☹ Das muss ich noch üben.

Trage hier deine Lösungen ein und vergleiche sie mit dem Lösungsblatt. Hast du Fehler gemacht oder etwas nicht gewusst, dann mache die Aufgaben, die neben meiner Pfote stehen.

1	☐ Du kannst sagen, dass etwas benötigt wird (Käse).	Il ________________ fromage.  1
2	☐ Du kannst sagen, dass man etwas tun muss (einkaufen).	Il ________________ les ________________ . 2
3	☐ Du kannst fragen, wie viel jemand von etwas will und wie viel man von etwas braucht.	Vous ________________________________ ? Il ________________________________ ? 3
4	☐ Du kannst sagen, dass du etwas hoffst (dass die Crêpes gut sind).	J'________________ les crêpes ________________ .  4
5	☐ Du kannst sagen, dass du etwas lieber trinkst (Milch).	 Je ________________________ lait. 5
6	☐ Du kannst jemanden bitten, dir etwas zu reichen (Butter).	Tu ________________ le beurre, ________ te plaît? 6
7	☐ Du kannst sagen, dass du satt bist.	Je n'________________________ . 5
8	☐ Du kannst jemanden beruhigen.	Ce ________________________ . 7

Klettbuch 622024 Découvertes, Lehrerbuch. © Ernst Klett Verlag Stuttgart 2013
Von diesen Vorlagen ist die Vervielfältigung für den eigenen Unterrichtsgebrauch gestattet. Die Kopiergebühren sind abgegolten.

Hier kannst du dich selbst einschätzen:

- ☺ Super!
- 😐 Na ja.
- ☹ Das muss ich noch üben.

Trage hier deine Lösungen ein und vergleiche sie mit dem Lösungsblatt. Hast du Fehler gemacht oder etwas nicht gewusst, dann mache die Aufgaben, die neben meiner Pfote stehen.

1	☐ Du kannst sagen, dass dich etwas interessiert.	Ça ______________________ .	1
2	☐ Du kannst jemanden fragen, ob du ihm/ihr helfen kannst.	Je peux ______________ ? 	2
3	☐ Du kannst jemanden fragen, ob er dir schreibt.	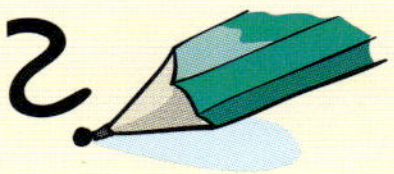 Tu vas ______________ ?	3
4	☐ Du kannst über die Jahreszeit und das Wetter sprechen: Im Frühling regnet es oft.	Au ______________________ ______________________ . 	4
5	☐ Du kannst sagen, dass du die Stadt noch nicht kennst.	La ville? Non, je ne ______________________ ______________ .	5
6	☐ Du kannst jemandem mitteilen, was deine Eltern sagen (sie sagen, es sei eine gute Idee).	Mes parents ______________________ ______________ .	6
7	☐ Du kannst sagen, dass etwas nicht gerecht ist.	Ce n'est ______________________ !	7
8	☐ Du kannst vorschlagen, Kopf oder Zahl zu spielen.	On joue ______________________ ? 	8

Von diesen Vorlagen ist die Vervielfältigung für den eigenen Unterrichtsgebrauch gestattet. Die Kopiergebühren sind abgegolten.

Hier kannst du dich selbst einschätzen:

- ☺ Super!
- 😐 Na ja.
- ☹ Das muss ich noch üben.

Trage hier deine Lösungen ein und vergleiche sie mit dem Lösungsblatt. Hast du Fehler gemacht oder etwas nicht gewusst, dann mache die Aufgaben, die neben meiner Pfote stehen.

1	☐ Du kannst sagen, wovon du träumst (jonglieren können).	 ______________ jongler.	1
2	☐ Du kannst sagen, was du brauchst (Bälle).	Il me ______________ .	2
3	☐ Du kannst sagen, dass du ratlos bist.	______________ quoi faire.	3
4	☐ Du kannst sagen, dass man eine Lösung finden wird.	On va ______________ .	3
5	☐ Du kannst sagen, dass du nicht genug von etwas hast (Geld).	Je n'ai pas ______________ . 	4
6	☐ Du kannst sagen, dass du anderer Meinung bist als dein Gesprächspartner.	Je ne suis pas ______________ .	5
7	☐ Du kannst auf Dank reagieren. (Keine Ursache.)	De ______________ ! 	6

Klettbuch 622024 Découvertes, Lehrerbuch. © Ernst Klett Verlag Stuttgart 2013
Von diesen Vorlagen ist die Vervielfältigung für den eigenen Unterrichtsgebrauch gestattet. Die Kopiergebühren sind abgegolten.

1 *Complète le texte par la bonne forme de* ***connaître*** *et les mots qui manquent.*

Léa: Vous ____________ ce garçon?

Antoine et Nathalie: Non, nous ne ____________ pas ce garçon. C'est peut-être un nouveau.

Max: Si, moi, je ____________ ce nouveau. Il s'appelle ____________ . Il est de ____________ .
Il a ____________ ans. Il est en ____________ .

Léa: Il a ____________ sympa.

2 *Vous êtes dans quelle classe, les copains?*

A *Ecris les réponses. (Antworte und schreibe die Zahlen aus.)*

1. Gabriel, tu es dans quelle classe? (5e) – Je ____________ .
2. Louise est dans quelle classe? (6e) – Elle ____________ .
3. Léon est aussi en 6e? (3e) – Non, ____________ .
4. Marcel et Vincent sont aussi en 3e? (4e) – ____________ .

B *Complète le dialogue.*

Anni: J'ai onze ans. – Alors tu es ____________ .

Marie et Thomas: Nous avons treize ans. – Alors vous ____________ .

Simon: Moi, j'ai douze ans. – Alors tu ____________ .

Et toi? – ____________ .

3 **A** *Coche les phrases qui vont avec le dessin. (Kreuze die Sätze an, die zum Bild passen.)*

- ☐ Il est content.
- ☐ Il est triste.
- ☐ Ça ne va pas.
- ☐ Il est cool.
- ☐ Il est en colère.
- ☐ Il est drôle.

Von diesen Vorlagen ist die Vervielfältigung für den eigenen Unterrichtsgebrauch gestattet. Die Kopiergebühren sind abgegolten.

B *Pourquoi est-ce qu'il est en colère? Imagine les réponses.*
(Schreibe ein paar Ideen auf. Die Sprechblasen und Bilder können dir dabei helfen.)

Où sont mes copains?

1. Il est en colère parce que ______________________________

____

J'ai oublié mes devoirs.

2. ______________________________

____

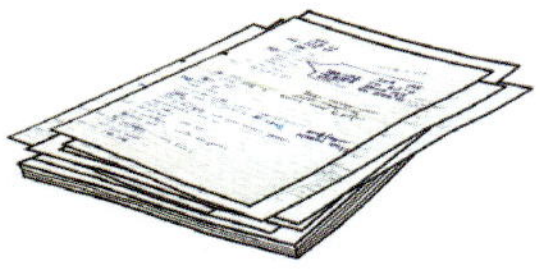

3. ______________________________

____

4 *Complète le dialogue.*

1. Louis begrüßt Sophie und fragt, wie es ihr geht.	______________________________
2. Sophie bedankt sich und antwortet, dass es ihr sehr gut geht.	______________________________
3. Louis findet, dass sie fröhlich aussieht und fragt, warum es ihr [so] gut geht.	______________________________ ______________________________
4. Sophie erzählt, dass sie sich freut, weil ihre Freundin Lucie in ihrer Klasse ist.	______________________________ ______________________________

5 *Relie les phrases aux images. (Was sagt der Junge auf den Bildern? Ordne die Sätze den Sprechblasen zu.)*

1. Ça m'énerve! **2.** Je suis timide. **3.** J'ai un problème.

Klettbuch 622024 Découvertes, Lehrerbuch. © Ernst Klett Verlag Stuttgart 2013
Von diesen Vorlagen ist die Vervielfältigung für den eigenen Unterrichtsgebrauch gestattet. Die Kopiergebühren sind abgegolten.

6 *Relie les phrases. (Verbinde die Sätze.)*

Gaspard		Léa	
1.	Tu connais le mot «l'emploi du temps»?	**a.**	Pourquoi pas? Vous n'avez pas bien travaillé?
2.	Je ne comprends pas. Ça va trop vite.	**b.**	Je ne sais pas. Je suis désolée.
3.	Zoé et moi, nous ne comprenons pas les mots de la leçon.	**c.**	Oh pardon!
4.	Que veut dire «décrire qc»?	**d.**	Non. C'est dommage.
5.	Je ne comprends pas. Tu peux répéter, s'il te plaît?	**e.**	Oui, bien sûr! Je vais répéter.

7 *Qu'est-ce que tu dis? (Du möchtest im Französischunterricht etwas erzählen, aber dir fallen die richtigen Wörter nicht ein. Was kannst du in dieser Situation sagen?)*
Coche les bonnes expressions. (Kreuze die passenden Ausdrücke an.)

- ☐ Bof!
- ☐ Je ne connais pas le mot.
- ☐ Ça m'énerve.
- ☐ Pas de problème!
- ☐ Je ne trouve pas le mot.
- ☐ Euh …
- ☐ C'est dommage.
- ☐ Je veux dire …
- ☐ C'est bête.

8 *Présente cette fille. Regarde la liste des mots en allemand. (Stelle das Mädchen vor.)*

- **14 Jahre**
- **Toulouse**
- **Schwester Marie, 16**
- **Bruder Christophe, 10**
- **Aussehen / Kleidung**
- **Charakter**
- **Hobbys: Musik, Sport**

Von diesen Vorlagen ist die Vervielfältigung für den eigenen Unterrichtsgebrauch gestattet. Die Kopiergebühren sind abgegolten.

1 **A** *Pascal est triste. Les autres ne sont pas sympas. Pourquoi? Il ne comprend pas. Complète les questions et les phrases.*

(1) ne pas parler avec qn – **(2)** ne plus appeler qn –
(3) avoir qc contre qn – **(4)** ne pas être sympa –
(5) faire des choses bêtes – **(6)** être toujours seul

1. Pourquoi est-ce qu'ils ______________________________?

2. Léonie, pourquoi est-ce que tu ______________________________?

3. Qu'est-ce qu'ils ______________________?

4. Pourquoi est-ce qu'ils ___________________________?

5. Thomas et Sarah, pourquoi est-ce que vous

____?

6. Je __________________________________ .

B *Que pensent les autres? Traduis. (Übersetze.)*

1. *Marion et Théo:* Er denkt nicht an seine Freunde.

____

2. *Léonie:* Er sitzt immer vor seinem Computer.

Il est ____

3. *Annie:* Er ist immer allein.

____

4. *Gaspard:* Er ist zu schüchtern.

____

5. *Lilou:* Er ist nicht lustig.

____

6. *Luc:* Unsere Unterhaltungen interessieren Pascal nicht.

Nos ____

Klettbuch 622024 Découvertes, Lehrerbuch. © Ernst Klett Verlag Stuttgart 2013
Von diesen Vorlagen ist die Vervielfältigung für den eigenen Unterrichtsgebrauch gestattet. Die Kopiergebühren sind abgegolten.

2 *Hélène a rendez-vous avec son copain Victor, mais Victor n'est pas là. Elle est triste. Qu'est-ce qu'on dit dans cette situation?*

☐ Elle est malheureuse.
☐ Elle est contente.
☐ Elle a peur.
☐ Elle est fatiguée.
☐ Elle a des idées noires.
☐ Elle ne sait pas quoi faire.
☐ Elle est mystérieuse.
☐ Elle est curieuse.

3 *Ecris cinq phrases.*

Comment est-ce que tu trouves …?
les catacombes?
les élèves de la 4^{e}A?
les égouts?
les mangas?
les vampires?
les souris?
…

Je pense que …
Je trouve que/qu' …

nul – bête – dangereux – intéressant – bizarre – fantastique – super – drôle – mystérieux

1. ______________________________
2. ______________________________
3. ______________________________
4. ______________________________
5. ______________________________

4 *Quel mot va avec quel dessin? (Welches Wort passt zu welchem Bild?)*

malheureux – bizarre – curieux – content

1. Elle a l'air ____________________ .

2. Ils sont ____________________ .

3. Elle est ____________________ .

4. Elles ont l'air ____________________ .

Klettbuch 622024 Découvertes, Lehrerbuch. © Ernst Klett Verlag Stuttgart 2013
Von diesen Vorlagen ist die Vervielfältigung für den eigenen Unterrichtsgebrauch gestattet. Die Kopiergebühren sind abgegolten.

5 *Qu'est-ce qu'il pense?*

- ☐ Je suis triste.
- ☐ J'en ai marre.
- ☐ Je suis fatigué.
- ☐ Je suis en colère.
- ☐ Ça m'énerve.
- ☐ Je suis courageux.
- ☐ C'est trop nul!

6 *Qu'est-ce qu'ils disent à la fille? (Was sagen die Jungen zu dem Mädchen?)*

____

7 *Mets les dialogues dans le bon ordre. (Bringe die Sätze in die richtige Reihenfolge.)*

A

- ☐ *M. Brel:* Hélène? Je ne connais pas d'Hélène.
- ☐ *Hélène:* Excusez-moi, monsieur. Je vais rappeler dans une heure.
- ☐ *M. Brel:* Allô. C'est qui à l'appareil?
- ☐ *Hélène:* Mais monsieur, je suis une copine de Sophie.
- ☐ *Hélène:* Bonjour, monsieur. C'est Hélène.
- ☐ *M. Brel:* Une copine de qui? Je n'entends rien. Il y a trop de bruit!

B

- ☐ *Mme Valentin:* Je suis désolée, Antoine. Marc n'est pas là.
- ☐ *Antoine:* Quand est-ce qu'il va rentrer?
- ☐ *Mme Valentin:* Non, il est au CDI avec des copains. Ils travaillent sur Internet.
- ☐ *Antoine:* Bonjour, madame. C'est Antoine. Je voudrais parler à Marc. Est-ce qu'il est là?
- ☐ *Mme Valentin:* Je ne sais pas.
- ☐ *Antoine:* C'est dommage. Je vais rappeler plus tard. Merci et au revoir, madame.
- ☐ *Antoine:* Est-ce qu'il est au gymnase?

Klettbuch 622024 Découvertes, Lehrerbuch. © Ernst Klett Verlag Stuttgart 2013
Von diesen Vorlagen ist die Vervielfältigung für den eigenen Unterrichtsgebrauch gestattet. Die Kopiergebühren sind abgegolten.

1 *Qu'est-ce qu'ils font? Mets les mots dans le bon ordre et écris les phrases. (Schreibe die Sätze, indem du die Wörter in die richtige Reihenfolge bringst.)*

1. visite / Je / la / des / Catacombes / participe / à / .

____

2. faire / tour / pas / un /Anne et Nicolas / veulent / ne / .

____

3. de / Vous / envie / avez / avec / venir / nous / ?

____

4. rester / maison / à / veulent / Ils / la / .

____

5. ne / participez / Vous / pas / la / visite / à / ?

____

2 *Qu'est-ce qu'on dit?*

Klettbuch 622024 Découvertes, Lehrerbuch. © Ernst Klett Verlag Stuttgart 2013
Von diesen Vorlagen ist die Vervielfältigung für den eigenen Unterrichtsgebrauch gestattet. Die Kopiergebühren sind abgegolten.

3 *Théo et Sandrine*

1. Arbeitet zu zweit.
2. Faltet die Seite entlang der Mittellinie. Einer übernimmt die Rolle von Théo, der andere die von Sandrine.
3. Übertragt die unterlegten Sätze ins Französische.
4. Kontrolliert euch gegenseitig mithilfe der Lösungen in Klammern.

Théo	Sandrine
Du fragst Sandrine, ob sie Lust hat, mit dir ein Spiel am Computer zu spielen.	[Tu as envie de jouer à l'ordinateur avec moi?]
[C'est une bonne idée. Mais d'abord, je vais faire mes devoirs.]	Du antwortest, dass das eine gute Idee ist, aber dass du zuerst deine Hausaufgaben machst.
Du sagst, dass du auch deine Hausaufgaben machst. Du schlägst vor, dass ihr euch um vier trefft.	[Moi aussi, je vais faire mes devoirs. On se retrouve à quatre/16 heures?]
[J'aimerais mieux venir un peu plus tard, parce que j'aide encore ma sœur.]	Du möchtest lieber etwas später kommen, denn du hilfst noch deiner Schwester.
Du bist einverstanden.	[(Je suis) d'accord.]
[On se retrouve à cinq heures moins le quart?]	Du schlägst vor, dass ihr euch um Viertel vor fünf trefft.

4 *Tu as envie?*

Travaillez à deux. Elève A propose une activité, élève B répond et explique pourquoi il/elle est d'accord ou non. (Wechselt euch ab.)

Elève A Qu'est-ce qu'on fait cet après-midi? Je propose **d'aller au cinéma**. Tu as envie?
Elève B ☺ Bonne idée! Oui, j'ai envie.
☹ Ah non, ça ne me dit rien. J'aimerais mieux …

Elève A

faire – venir – aider – apprendre – regarder – organiser – participer – …

Elève B

Ah non! – Peut-être. – Je veux bien. – Bof! – J'aimerais mieux … – Bonne idée! – Je ne sais pas. Ça ne me dit rien. – Si tu veux. – C'est trop nul! – Non, je n'ai pas envie.

Puis écris trois dialogues.

Klettbuch 622024 Découvertes, Lehrerbuch. © Ernst Klett Verlag Stuttgart 2013
Von diesen Vorlagen ist die Vervielfältigung für den eigenen Unterrichtsgebrauch gestattet. Die Kopiergebühren sind abgegolten.

5 *Après l'école, ton copain Bernard propose d'aller à la piscine ensemble. Tu es très content/e. Qu'est-ce que tu peux dire? Coche les phrases correctes. (Kreuze die möglichen Antworten an.)*

- ☐ Je ne sais pas.
- ☐ J'aimerais bien.
- ☐ La piscine? Ce n'est pas vraiment mon truc.
- ☐ D'accord. Bonne idée.
- ☐ L'eau est encore trop froide.
- ☐ J'aimerais mieux faire un tour en ville.

6 *Complète le dialogue par une réponse positive (☺) ou négative (☹). Voilà des expressions que tu peux utiliser: (Diese Ausdrücke kannst du verwenden.)*

Bonne idée! – Je ne sais pas trop. – Pourquoi pas? – Je suis d'accord. – Nous n'avons pas envie. – J'aimerais mieux … – Ce n'est pas mon truc. – Je veux bien. – Si tu veux.

1. *Louise:* Je propose d'aller au cinéma. *Luc:* ☺ ______________________________ . ______________________________
2. *Thierry:* On va participer à la course? *Sylvie:* ☹ ______________________________ . ______________________________
3. *Annie:* On organise une fête? *Théo:* ☺ ______________________________ ______________________________ .
4. *Léa:* On fait les devoirs ensemble? *Olivier:* ☹ ______________________________ ______________________________ .
5. *Victor:* Je voudrais faire un tour. Et vous? *Sylvie et Louis:* ☹ ______________________________ ______________________________ .

7 *Qu'est-ce qu'on dit?*

Klettbuch 622024 Découvertes, Lehrerbuch. © Ernst Klett Verlag Stuttgart 2013
Von diesen Vorlagen ist die Vervielfältigung für den eigenen Unterrichtsgebrauch gestattet. Die Kopiergebühren sind abgegolten.

Hier findest du die Aufgab
mit denen du üben und dic
verbessern kannst.

1

Qu'est-ce qu'il faut pour une salade de fruits? Ecris les mots.
(Schreibe auf, was man für einen Obstsalat braucht.)

Il faut …

1

2

3

1. ____________________ 2. ____________________ 3. ____________________

4

5

6

4. ____________________ 5. ____________________ 6. ____________________

2

Qu'est-ce qu'il faut faire / ne faut pas faire?
Relie les deux parties des phrases qui vont ensemble. (Verbinde die Satzteile.)

1. Pour être un bon élève		inviter des copains
2. Pour faire du sport		aller au cinéma
3. Pour organiser une fête		apprendre les leçons
4. Pour préparer un gâteau	il faut / il ne faut pas	ne pas trop manger
5. Pour voir un bon film		ne pas oublier son stylo
6. Pour faire des reportages		faire des courses
7. Pour écrire un exposé		faire des interviews

Klettbuch 622024 Découvertes, Lehrerbuch. © Ernst Klett Verlag Stuttgart 2013
Von diesen Vorlagen ist die Vervielfältigung für den eigenen Unterrichtsgebrauch gestattet. Die Kopiergebühren sind abgegolten.

3 *Qu'est-ce qu'il faut acheter?*

A *Il faut …*

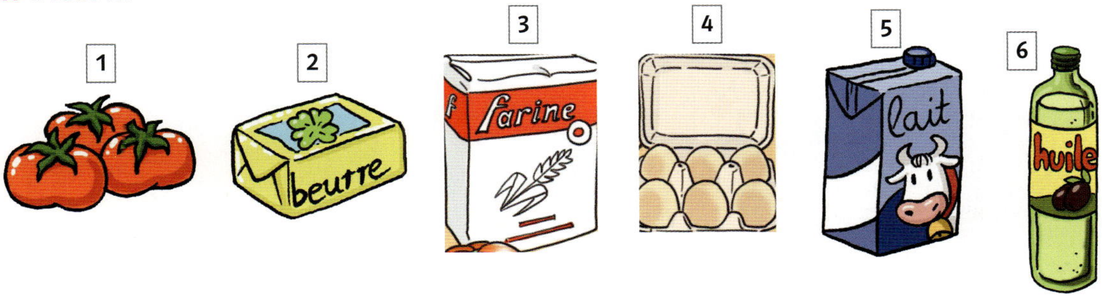

1. des tomates ______ 2. ______ 3. ______

4. ______ 5. ______ 6. ______

B *Il en faut combien?*

1. 1 kg	1. Combien de tomates est-ce qu'il faut? Il en faut un kilo.
2. 500 g	2. Combien de beurre est-ce qu'il faut? ______
3. 2 kg	3. Combien de farine est-ce qu'il faut? ______
4. 6	4. Combien d'œufs est-ce qu'il faut? ______
5. 1 l	5. Combien de lait est-ce qu'il faut? ______
6. 1 bouteille	6. Combien d'huile est-ce qu'il faut? ______

4 *Ajoute les formes d'**espérer** et complète les phrases.*

1. dass es morgen schön wird (Wetter)
2. dass wir gute Noten haben werden.
3. dass er seinen Freund treffen wird.
4. dass eure Freunde zu eurem Fest am Samstag kommen werden.
5. dass ihre Eltern auch froh sein werden.

1. J'espère ______ qu'il va faire beau demain ______ .
2. Nous ______ que ______ .
3. Maurice ______ qu' ______ .
4. Vous ______ que ______ .
5. Benoît et Léa ______ que ______ .

Klettbuch 622024 Découvertes, Lehrerbuch. © Ernst Klett Verlag Stuttgart 2013
Von diesen Vorlagen ist die Vervielfältigung für den eigenen Unterrichtsgebrauch gestattet. Die Kopiergebühren sind abgegolten.

5 *Complète le dialogue. (Vervollständige den Dialog.)*

1

2

1. *La mère:* Tu prends encore des ________________ ?
2. *La fille:* Non, je préfère la m____________________________ .

3

4

3. *La mère:* Tu prends du ________________________ ?
4. *La fille:* Non, merci. Je ________________________ .

6 *Nous avons faim et soif.*

Trouve les mots et les articles corrects et complète le texte. (Finde die Wörter und ergänze jeweils den richtigen Artikel.)

1. J'ai faim. Tu me passes ___________________________?
2. J'ai soif. Tu me passes ____?
3. Je vais faire un gâteau. Tu me passes ___________________________?
4. Je veux boire un café. Tu me passes ___________________________?
5. J'adore les fruits. Tu me passes ___________________________?

AGEFUR

SUJ-ED-MOPEM

RAFNIE

ECRUS

ROGAEN

7 *Qu'est-ce qu'on dit? Coche les bonnes phrases. (Kreuze an, was man hier sagen kann.)*

- ☐ Quelle catastrophe!
- ☐ Zut!
- ☐ Pardon.
- ☐ Fais attention!
- ☐ Pourquoi?
- ☐ Ce n'est pas grave.
- ☐ Tiens!

Klettbuch 622024 Découvertes, Lehrerbuch. © Ernst Klett Verlag Stuttgart 2013
Von diesen Vorlagen ist die Vervielfältigung für den eigenen Unterrichtsgebrauch gestattet. Die Kopiergebühren sind abgegolten.

Hier findest du die Aufgaben, mit denen du üben und dich verbessern kannst.

1

Ça t'intéresse?
A la plage, tu poses des questions à des copains.
Regarde les images et complète le texte. Ecris tes questions et les réponses de tes copains.

1. *Toi:* La ____________________, ça t' __________ intéresse?

Léo: ☺ Oui, ça __________ intéresse beaucoup.

2. *Toi:* Le ____________________, ça __________ intéresse?

Sarah: ☹ ____.

3. *Toi:* Les ____________________, ça __________ intéresse?

Luc et Christophe: ☺ ____.

4. *Toi:* Le ____?

Irène et Lisa: ☹ ____.

2

Qu'est-ce qu'il dit?

____

3

Un courriel?
1. Arbeitet zu zweit.
2. Faltet die Seite entlang der Mittellinie. Einer übernimmt die Rolle von Marie, der andere die von Mamie.
3. Übertragt die unterlegten Sätze ins Französische.
4. Kontrolliert euch gegenseitig mithilfe der Lösungen in Klammern.

Marie	Mamie
1. Du sagst deiner Oma, dass ihr morgen in die Ferien fahren werdet.	[Demain, nous allons aller en vacances.]
[Tu vas m'écrire, Marie?]	**2.** Du fragst Marie, ob sie dir schreiben wird.
3. Natürlich wirst du ihr E-Mails schreiben.	[Bien sûr, je vais t'écrire des courriels.]
[Je n'aime pas beaucoup les courriels. Je préfère les cartes postales avec des jolies photos.]	**4.** Du magst E-Mails nicht besonders. Du ziehst Postkarten mit schönen Fotos vor.
5. Dann wirst du ihr einige Karten von Arcachon schicken.	[Alors, je vais t'envoyer quelques cartes postales d'Arcachon.]
[Merci et bonnes vacances.]	**6.** Du bedankst dich und wünschst ihr schöne Ferien.

Von diesen Vorlagen ist die Vervielfältigung für den eigenen Unterrichtsgebrauch gestattet. Die Kopiergebühren sind abgegolten.

4 *Les saisons*

A *C'est quelle saison? Ecris la saison avec l'article sous les images. (Schreibe die richtige Jahreszeit mit dem Artikel unter die Bilder.)*

____________ ____________ ____________ ____________

B *Ecris un texte de trois ou quatre phrases dans ton cahier à l'aide des mots donnés.*

1. hiver / faire froid / neiger / porter des vêtements chauds / faire du ski

2. printemps / faire beau / soleil / jardin / jouer au foot / parc

3. été / aller à la plage / nager / pique-nique / skimboard

4. automne / un peu froid / souvent pleuvoir / vent / vélo

C *Ecris encore une phrase pour chaque saison.*

5 *La région, tu la connais?*

Martina de Düsseldorf est en vacances à Arcachon. Elle rencontre Emilie, une fille de Bordeaux, qui connaît bien la région.
Emilie montre la ville à Martina. Complète le dialogue.

Emilie: On visite la dune du Pilat? Tu ________ connais déjà?

Martina: Non, je ne ________ connais pas encore. Mais mes parents ________ connaissent.

Ils ________ trouvent très intéressante.

Emilie: J'aime bien les marchés du Cap Ferret et d'Arcachon. Tu ________ connais?

Martina: Oui, je ________ connais. Je regarde souvent les stands avec les beaux fruits.

Emilie: Et le phare du Cap Ferret, tu ________ as déjà vu?

Martina: Oui, je ________ connais. Je ________ trouve super.

6 *Une discussion à la plage*

A *Lis le dialogue.*

Mme Guibert: Vous voulez aller à la plage?
Marie: Oui, j'ai envie de nager.
M. Guibert: Ce n'est pas une bonne idée aujourd'hui parce qu'il pleut.
Marie: Ce n'est pas grave.
Jérôme: Moi, je vais faire du skimboard.
Mme Guibert: Ce n'est pas trop dangereux?
Jérôme: Non, je vais essayer de rester debout.
M. Guibert: Après, je vous retrouve au Café de la plage. Je vous invite à manger une crêpe.

Klettbuch 622024 Découvertes, Lehrerbuch. © Ernst Klett Verlag Stuttgart 2013
Von diesen Vorlagen ist die Vervielfältigung für den eigenen Unterrichtsgebrauch gestattet. Die Kopiergebühren sind abgegolten.

B *Mets les phrases au discours indirect. (Vervollständige die Sätze in der indirekten Rede.)*

1. Mme Guibert demande ____________________ aller à la plage.

2. Marie répond ____________________ envie de nager.

3. M. Guibert trouve ____________________ une bonne idée aujourd'hui parce qu'il pleut.

4. Marie dit ____________________ grave.

5. Jérôme explique ____________________ faire du skimboard.

6. Mme Guibert veut savoir ____________________ trop dangereux.

7. Jérôme répond ____________________ essayer de rester debout.

8. M. Guibert dit ____________________ les retrouver au Café de la plage et

____________________ les invite à manger une crêpe.

7 *Pauvre Pierre! Qu'est-ce qu'il dit à sa mère?*

Pierre: Je peux jouer au foot avec Sébastien?
Sa mère: Non, tu n'as pas fait tes devoirs. Alors, va dans ta chambre et apprends ta leçon!
Pierre: Mais Lucie est déjà allée au cinéma avec Alex.

8 *Qui va ranger la cuisine?*

Laurent und Jacques sollen die Küche aufräumen, aber natürlich hat keiner Lust. Laurent hat eine Idee:

Klettbuch 622024 Découvertes, Lehrerbuch. © Ernst Klett Verlag Stuttgart 2013
Von diesen Vorlagen ist die Vervielfältigung für den eigenen Unterrichtsgebrauch gestattet. Die Kopiergebühren sind abgegolten.

1

Ils rêvent de quoi?
Devant le stand des arts du cirque, les jeunes parlent de leurs rêves.
A *Regarde les images et complète les phrases. (Vervollständige die Sätze mithilfe der Bilder.)*

1. Pascal rêve de faire ____________

______________________________ .

2. Marie rêve de faire ____________

______________________________ .

3. Nathalie rêve de faire _________

______________________________ .

4. Julie et Luc rêvent de

______________________________ .

5. Maurice rêve de faire _________

______________________________ .

6. Anatole rêve de faire _________

______________________________ .

B *Et toi? Quelle activité est-ce que tu aimes bien?*

Je rêve de ____ .

2

Qu'est-ce qu'il faut?
Relie les deux parties des phrases. (Verbinde die Satzteile.)

1. Pour jouer au foot,
2. Pour faire du skimboard,
3. Pour faire de l'équilibre,
4. Pour jongler,
5. Pour faire de la natation,
6. Pour sauter,

a. il faut des balles.
b. il faut une corde molle.
c. il faut une piscine.
d. il faut un ballon.
e. il faut un trampoline.
f. il faut des vagues.

Klettbuch 622024 Découvertes, Lehrerbuch. © Ernst Klett Verlag Stuttgart 2013
Von diesen Vorlagen ist die Vervielfältigung für den eigenen Unterrichtsgebrauch gestattet. Die Kopiergebühren sind abgegolten.

3 *Qu'est-ce qu'on peut dire à la fille?*
Coche les phrases correctes. (Kreuze die möglichen Antworten an.)

- ☐ C'est bizarre!
- ☐ Ce n'est pas grave.
- ☐ Pas de problème!
- ☐ Ça ne m'intéresse pas.
- ☐ On va trouver une solution.
- ☐ De rien.
- ☐ Ah bon?
- ☐ Je vais t'aider.

4 *Ils n'en ont pas assez.*
Quel mot va avec quelle image? Ecris les phrases. (Beschrifte die Bilder mithilfe der Wörter.)

humour | argent | courage | temps | chaises | idées

Elle n'a pas assez de ______________________ .

Il ______________________ .

Nous ______________________ .

Il n'y a pas ______________________ .

Je ______________________ .

Elle ______________________ .

Klettbuch 622024 Découvertes, Lehrerbuch. © Ernst Klett Verlag Stuttgart 2013
Von diesen Vorlagen ist die Vervielfältigung für den eigenen Unterrichtsgebrauch gestattet. Die Kopiergebühren sind abgegolten.

5 *Je ne suis pas de ton avis.*
Louise und Marcel sind am Zirkusstand und diskutieren darüber, was sie machen sollen. Louise macht einige Vorschläge, aber Marcel ist immer dagegen.

1. *Arbeitet zu zweit.*
2. *Faltet die Seite entlang der Mittellinie. Einer übernimmt die Rolle von Louise, der andere die von Marcel.*
3. *Übertragt abwechselnd die Sätze in den unterlegten Kästchen ins Französische.*
4. *Kontrolliert euch gegenseitig mithilfe der Lösungen in Klammern.*

Louise	Marcel
Du möchtest gern Trampolin springen. Du findest das super.	[Je voudrais faire du trampoline. Je trouve que c'est super!]
[C'est trop nul! Moi, je préfère le saut à l'élastique.]	Du findest das total blöd. Du möchtest lieber Bungee springen.
Du findest das schade. – Du sagst, Marcel solle sich den Clown daneben anschauen. Der sei sehr lustig.	[C'est dommage. – Mais regarde le clown là-bas. Il est très drôle.]
[Je ne suis pas de ton avis. Je trouve le clown bête.].	Du bist nicht ihrer Meinung. Du findest den Clown dumm.
Du fragst Marcel, ob er vielleicht Lust zum Fechten hat.	[Tu as peut-être envie de faire de l'escrime?]
[Ça ne me dit rien. Je suis contre.]	Das sagt dir nichts. Du bist dagegen.
Dann willst du mit Sacha jonglieren lernen. Du verabschiedest dich.	[Alors, je vais apprendre à jongler avec Sacha. Salut.]
[C'est une idée génial. Je vais faire ça aussi.]	Du sagst, dass das eine tolle Idee ist. Das willst du auch machen.

6 *Qu'est-ce qu'elles disent? (Was sagen die beiden?)*

Klettbuch 622024 Découvertes, Lehrerbuch. © Ernst Klett Verlag Stuttgart 2013
Von diesen Vorlagen ist die Vervielfältigung für den eigenen Unterrichtsgebrauch gestattet. Die Kopiergebühren sind abgegolten.

Atelier A Mme Vitevite sait tout. (Schülerbuch S. 13, Nr. 4)

1 △ *Complète par la forme correcte du verbe.*

1. *Marie:* Tu ______________ (connaître) Mme Vitevite? On a cours avec elle, maintenant.
2. *Mehdi:* Tout le monde ______________ (connaître) Mme Vitevite! C'est Mme Ducharme. Oh, elle arrive!
3. *Mme Ducharme:* Bonjour, bonjour! Vous ______________ (savoir) dans quelle salle on est, aujourd'hui?
4. *Marie:* Moi, je ______________ (savoir)! On est dans la salle 25.
5. *Mme Ducharme:* Merci, alors vite, vite, on y va!
6. *Marie:* Mais vous ______________ (savoir), madame, on a encore 5 minutes!
7. *Mme Ducharme:* Marie, tu aimes bien rester avec tes copains et parler. Nous ______________ (savoir) bien tout ça!
8. *Marie:* Vous ______________ (connaître) bien vos élèves, madame!
9. *Mme Ducharme:* Oui Marie, et je ______________ (connaître) aussi Mme Vitevite! Allez, on y va!
10. *Marie:* Mais comment elle ______________ (savoir) ça?
11. *Mehdi:* Zut, les profs ______________ (savoir) toujours tout!
12. *Mme Ducharme:* Non, Mehdi, mais ils ______________ (connaître) bien leurs élèves.

2 △ *Complète le texte par **savoir** ou **connaître**.*

Marie: Léo, tu __________ qui est Nicolas?

Léo: Non, je ne ________________ pas Nicolas.

Zoé et Paul: Nous ________________________ Nicolas.

Nous ________________ qu'il joue bien au foot.

Christine et Annie: Vous ______________ d'où il est?

Zoé et Paul: Non, nous ne ______________ pas d'où il est.

Mais nous _________________________ sa copine.

Elle ______________ d'où il est.

Klettbuch 622024 Découvertes, Lehrerbuch. © Ernst Klett Verlag Stuttgart 2013
Von diesen Vorlagen ist die Vervielfältigung für den eigenen Unterrichtsgebrauch gestattet. Die Kopiergebühren sind abgegolten.

Atelier B Trouvez le mot. (Schülerbuch S. 17, Nr. 5)

1 △ *Qu'est-ce que c'est?*

A *Trouve le mot qui va avec la définition. (Was wird hier beschrieben? Verbinde die Sätze mit den Wörtern.)*

1. C'est une chose qu'on prend pour écrire ou dessiner.
2. C'est un endroit au collège où les élèves vont quand ils ont cours.
3. C'est quelqu'un qui donne des cours à des élèves.
4. C'est un endroit du collège où on va quand on n'est pas en forme.

un professeur
une infirmerie
un crayon
une salle de cours

B *Trouve la définition qui va avec le mot.*

1. C'est quelqu'un qui fait de la danse.
2. C'est un endroit à l'école où on mange.
3. C'est un endroit où on fait de la natation.
4. C'est quelque chose/une carte qu'on a avant une fête.
5. C'est un endroit où on fait du sport.
6. C'est quelque chose qu'on donne à un ami pour son anniversaire.
7. C'est quelqu'un qui écrit/travaille pour un journal.
8. C'est quelque chose/un moyen de transport qu'on trouve à la gare.

une piscine
un cadeau
un gymnase
un journaliste
une cantine
une invitation
un danseur
un train

2 △ *Complète le texte par* ***qui, que, qu', où****.*

1. Voilà Christophe. C'est un garçon ____________ tout le monde aime.
2. Il va souvent au gymnase ____________ il fait du sport.
3. Dominique est un élève ____________ énerve souvent les profs.
4. Il connaît beaucoup de blagues ___________ il raconte aux copains.
5. C'est un élève ____________ ne travaille pas bien en classe.
6. Il va souvent au CDI _________ il travaille avec les copains.

Klettbuch 622024 Découvertes, Lehrerbuch. © Ernst Klett Verlag Stuttgart 2013
Von diesen Vorlagen ist die Vervielfältigung für den eigenen Unterrichtsgebrauch gestattet. Die Kopiergebühren sind abgegolten.

Pratique «Französisch für Anfänger» (Schülerbuch S. 21, Nr. 3)

1 △ *Regarde l'affiche et lis le texte dans ton livre page 21. C'est vrai ou faux?*

	vrai	faux
1. Hendrik n'aime pas beaucoup la France.		
2. Mais il aime bien son professeur de français.		
3. Sa copine Valérie est française.		
4. Hendrik trouve Valérie très cool.		
5. Johannes est le frère de Valérie.		
6. Hendrik et ses copains font un voyage en France.		
7. Ils parlent déjà bien le français.		
8. Hendrik ne va pas oublier son voyage en France.		

un voyage – eine Fahrt/eine Reise

2 △ *Les élèves de la classe de Thomas vont aller en France.*
(Schreibe alles auf Französisch auf, was du über diese Klassenfahrt weißt.)

Qui? les élèves de la classe 8A du Gymnasium Horn de Brême et deux professeurs

Quoi? visiter Paris, rencontrer les copains français

Pourquoi? connaître Paris (la tour Eiffel, le Louvre etc.), parler le français (au collège, dans les familles)

Quand? du 3 octobre au 11 octobre (8 jours)

Von diesen Vorlagen ist die Vervielfältigung für den eigenen Unterrichtsgebrauch gestattet. Die Kopiergebühren sind abgegolten.

Atelier A A propos du texte (Schülerbuch S. 27, Nr. 2B)

1 △ *Raconte l'histoire à l'aide des images et des mots. Fais des phrases complètes.*
(Erzähle die Geschichte in ganzen Sätzen.)

Mercredi soir / Julien / sur Internet.
lire une discussion / Des élèves / écrire
des choses bêtes sur Julien / être tristea

Jeudi matin / visiter les catacombes /
avoir envie de parler / Alex et Léo /
ne pas écouter

Dans les catacombes / penser à la discussion
sur Internet / avoir des idées noires

quitter le groupe / chercher la sortie /
tout à coup / une main

2 △ *Complète le texte avec les mots suivants (Fülle die Lücken mit folgenden Wörtern).*

grille fermée | groupe | couloirs | sombre | peur | vampires
quiche | visite | sortie | catacombes | souris | idées noires

Jeudi, les classes de 5ᵉA et 5ᵉB font la ________________ des ________________ .

Le professeur: «Faites attention! Il fait ________________ dans les ________________ . Ne quittez pas le ____________ !» Les filles ont __________ des ______________ , mais aussi des ______________ .

Julien n'a pas envie des rester avec les autres. Il est triste et il a des ________________________ parce que les autres ne sont pas sympas. Ils ont appelé Julien «une ____________».

Alors, Julien cherche une __________ et arrive devant une ________________________________.

Klettbuch 622024 Découvertes, Lehrerbuch. © Ernst Klett Verlag Stuttgart 2013
Von diesen Vorlagen ist die Vervielfältigung für den eigenen Unterrichtsgebrauch gestattet. Die Kopiergebühren sind abgegolten.

Atelier B La surprise de Vladimir (Schülerbuch S. 32, Nr. 7)

1 △ *Trouve les participes et complète le tableau. (Finde die Partizipien und vervollständige die Tabelle.)*

Partizip	Passé composé	Infinitiv
UV	j'ai vu	voir
SPNEÉ	on	
UE	elles	
ENTADUT	il	
ATIF	j'	
RÉCCEHI	nous	
RUDEP	elle n' pas	
SIRP	tu	
UL	il	
VERTUO	elle	
LÉAPPE	vous	
PIMROCS	nous pas	
NORTÉM	tu	
PUNRÉCD	ils	

2 △ *Regarde les dessins et écris les phrases au passé composé. (Schreibe Sätze zu den Bildern im Passé composé.)*

1. ouvrir / voir

2. ne pas écrire / faire

3. attendre / prendre

4. être au cinéma / perdre

5. lire / ne rien comprendre

6. pleuvoir

(**Solutions: 1.** Elle a ouvert la porte [et] elle a vu une souris. **2.** Ils ont fait du vélo. Ils n'ont pas écrit de carte à mamie. **3.** Elles ont attendu devant le métro. Elles ont pris le métro. **4.** Elle a été au cinéma. Elle a perdu son portable. **5.** Il a lu un livre [mais] il n'a rien compris. **6.** Il a plu.)

Von diesen Vorlagen ist die Vervielfältigung für den eigenen Unterrichtsgebrauch gestattet. Die Kopiergebühren sind abgegolten.

Pratique C'est la classe! (Schülerbuch S. 34, Nr. 1)

1 *Décris un personnage. Les mots peuvent t'aider. (Beschreibe eine Person auf dem Bild mithilfe der Wörter.)*

1

- pas beaucoup de cheveux
- un pull bizarre
- des lunettes[1]
- un prof?

2

- jean, t-shirt
- sympa
- timide, n'aime pas parler aux filles
- aime bien la fille qui est à côté de lui

3

- blonde, cheveux longs
- jolie robe et jolies chaussures
- aime les vêtements et les magasins
- n'aime pas les jeunes qui ont des vêtements nuls

4

- t-shirt trop petit
- a du chocolat dans la main
- aime manger, aime les pizzas, le chocolat, les gâteaux, …
- n'aime pas la salade

5

- lunettes
- bons élèves
- aiment l'école, les livres, les maths
- n'aiment pas les vacances/ le sport

6

- aime raconter des blagues et des histoires drôles
- n'aime pas les gens tristes
- a beaucoup d'amis

1 des lunettes *(f., pl.)* eine Brille

Klettbuch 622024 Découvertes, Lehrerbuch. © Ernst Klett Verlag Stuttgart 2013
Von diesen Vorlagen ist die Vervielfältigung für den eigenen Unterrichtsgebrauch gestattet. Die Kopiergebühren sind abgegolten.

2 *Lis la présentation de Sarah.*

Bonjour, je m'appelle Sarah. J'adore la musique et j'ai des cours de violon deux fois par semaine. J'ai déjà joué plusieurs fois devant un public. La musique est mon rêve. J'aimerais faire de la musique toute la journée, mais mes parents ne sont pas d'accord. Ils trouvent que je ne travaille pas assez[1] à l'école. C'est vrai que mes notes ne sont pas excellentes, mais je crois que je vais quand même avoir mon bac[2] dans quatre ans.
Et après, je vais être musicienne.

1 assez – genug, **2 le bac** – das Abitur

A *Dans la présentation de Sarah, il y a des mots que tu ne connais pas. Mais tu les comprends quand même parce qu'ils ressemblent à des mots que tu connais ou parce que tu comprends le contexte. (In der Vorstellung von Sarah gibt es einige Wörter, die du noch nicht gelernt hast, aber du verstehst sie trotzdem, weil du ähnliche Wörter kennst oder weil du den Zusammenhang verstehst.)*

1. Traduis en allemand:
- un violon – ____________________
- devant un public – ____________________
- excellent/e – ____________________
- une musicienne – ____________________

2. Trouve le mot français pour:
- ich glaube – ____________
- trotzdem – ____________________

B *Réponds aux questions.*

1. Pourquoi est-ce que les parents de Sarah ne sont pas d'accord avec leur fille?

Parce qu'____

2. Qu'est-ce qu'elle va faire après le bac?

____

Von diesen Vorlagen ist die Vervielfältigung für den eigenen Unterrichtsgebrauch gestattet. Die Kopiergebühren sind abgegolten.

Atelier A Et tes notes, Sacha? (Schülerbuch S. 45, Nr. 4)

1 △

A *Complète avec la bonne forme de vouloir* **v** *ou pouvoir* **p**.

M. Massicard: Sacha, on **p** parler un moment? C'est à propos de tes notes.
Sacha: Ben euh, je ne **p** pas maintenant. Mes copains **v** faire du foot avec moi, alors …

Mme Massicard: Ils **p** attendre un peu. Sacha, tu ne **p** pas ou tu ne **v** pas parler de tes résultats? Ecoute, on a eu ton bulletin et tu n'as pas la moyenne. Ton père et moi, nous **p** parler de ça avec toi, non?
Sacha: Oui, vous **p**, mais …

pouvons – peux – peut – veux – peuvent – peux – veulent – pouvez

B *Que veulent les parents de Sacha? Que veut faire Sacha?*
Qu'est-ce que Sacha peut faire pour avoir la moyenne? Qu'est-ce que ses amis peuvent faire?
Remets les phrases dans le bon ordre. (Bringe die Wörter in die richtige Reihenfolge.)

1. mauvaises – parler – veulent – au collège – ses – de – avec Sacha – notes – de Sacha – les parents

   ___

2. copains – du – faire – ses – aller – foot – Sacha – avec – veut

   ___

3. travailler – moyenne – Sacha – avoir – la – pour – peut

   ___

4. devoirs – faire – écouter – cours – il – en – et – ses – peut

   ___

5. peut – professeurs – parler – à – ses – aussi – il

   ___

6. Sacha – peuvent – ses – aider – amis

   ___

2 △

Ecris le dialogue.

Du bist bei deiner französischen Freundin Valérie und fragst sie, ob ihr heute ins Kino gehen könnt. Es gebe einen tollen Film. Valérie würde gerne, aber heute kann sie nicht (keine Zeit, zu viele Hausaufgaben etc.). Sie schlägt vor, dass ihr morgen ins Kino gehen könnt. Morgen wollen eure Freunde Luc und Robert mit euch ins Kino kommen. Danach könnt ihr spielen.

Toi: ___

___

Valérie: ___

___

___

___

___

Klettbuch 622024 Découvertes, Lehrerbuch. © Ernst Klett Verlag Stuttgart 2013
Von diesen Vorlagen ist die Vervielfältigung für den eigenen Unterrichtsgebrauch gestattet. Die Kopiergebühren sind abgegolten.

Atelier B Drôle de cours! (Schülerbuch S. 50, Nr. 8)

1 △ *Aujourd'hui, Sacha raconte le cours de français à ses parents. Qu'est-ce qu'il dit? Coche la forme correcte du participe. Attention: il y a des formes du passé composé avec* ***avoir*** *et* ***être****! (Kreuze die richtige Form des Partizips an.)*

1. Ce matin, nous sommes **?** dans la cour avec M. Dubois, le prof de français.	☐ descendu	☐ descendus	☐ descendues
2. Nous avons **?** à faire du théâtre.	☐ commencé	☐ commencée	☐ commencés
3. Mais plusieurs filles sont **?** pour regarder.	☐ arrivés	☐ arrivée	☐ arrivées
4. Elles ont **?** du bruit.	☐ fait	☐ faites	☐ faites
5. Alors une surveillante est **?**.	☐ venu	☐ venues	☐ venue
6. Puis le mauvais temps est **?**.	☐ arrivé	☐ arrivés	☐ arrivée
7. Alors tout le monde est **?** dans le collège.	☐ retournés	☐ retourné	☐ retournée
8. Nous ne sommes pas **?** longtemps dans la salle de cours.	☐ restées	☐ resté	☐ restés
9. Une minute plus tard, la fin du cours est **?**. Quel théâtre!	☐ arrivé	☐ arrivée	☐ arrivées

2 △ *Qu'est-ce que tu as fait samedi?*

Une amie te demande: Qu'est-ce que tu as fait samedi?
Tu racontes. Ecris 6–8 phrases.
Relie les phrases (verbinde die Sätze) par ***hier, à (quatre heures)*** *etc.*
Voici quelques mots pour trouver des idées:

J'ai …
Je suis …
Mes parents …
Mon frère …
Ma copine …
Nous avons …
Nous sommes …

aller (au cinéma) – quitter – arriver – rencontrer – chercher – expliquer (l'histoire) – rentrer – rester – organiser (une fête) – participer – proposer – crier – féliciter – retourner – vouloir / ne pas pouvoir – prendre (son vélo) – faire (un tour) – …	hier, à (quatre heures), d'abord, ensuite, puis, un peu plus tard, le soir, enfin etc.

Klettbuch 622024 Découvertes, Lehrerbuch. © Ernst Klett Verlag Stuttgart 2013
Von diesen Vorlagen ist die Vervielfältigung für den eigenen Unterrichtsgebrauch gestattet. Die Kopiergebühren sind abgegolten.

Pratique Ici et là-bas (Schülerbuch S. 52, Nr. 1)

1 △ *Le collège en France*
Vrai ou faux? Corrige les phrases fausses. (Korrigiere die falschen Sätze.)

	vrai	faux	corrigé
1. Dans les collèges français, les élèves ont cours de 8 heures à 16 ou 17 heures.	☐	☐	______
2. Les notes vont de zéro à vingt.	☐	☐	______
3. Thierry a 6/20. C'est un bon élève.	☐	☐	______
4. Quand un prof est malade, les élèves peuvent rentrer à la maison.	☐	☐	______
5. Léonie est malade. Elle va au CDI.	☐	☐	______
6. A midi, les élèves mangent à la cantine.	☐	☐	______
7. Les cours en France ont 45 minutes comme en Allemagne.	☐	☐	______
8. Après les cours, les élèves ont des devoirs à faire.	☐	☐	______

2 △ *Deine französische Freundin möchte wissen, wie ein Schultag bei dir abläuft.*
Du schreibst ihr eine E-Mail und erzählst ihr:

- wann du morgens in die Schule gehst,
- wie viele Unterrichtsstunden ihr habt,
- welche Fächer du magst und welche nicht,
- wie die Noten in Deutschland aussehen,
- wo du mittags isst,
- was du nach der Schule machst.

Klettbuch 622024 Découvertes, Lehrerbuch. © Ernst Klett Verlag Stuttgart 2013
Von diesen Vorlagen ist die Vervielfältigung für den eigenen Unterrichtsgebrauch gestattet. Die Kopiergebühren sind abgegolten.

Atelier A Vous désirez? (Schülerbuch S. 60, Nr. 5)

1 △ *Qu'est-ce qu'on dit en français?*
Ecris les numéros dans les cases. (Welcher französische Ausdruck entspricht der Situation auf Deutsch? Schreibe die richtigen Nummern in die Kästchen.)

7. Et avec ça?	**5.** Je voudrais des tomates.	**10.** Merci, et au revoir.	**4.** Ça fait 3 € 50.
2. Ça fait combien?	**12.** Bonjour, mademoiselle.	**1.** Voilà 5 €.	**8.** Vous désirez?
6. J'en prends un kilo.	**9.** Vous en voulez combien?	**11.** Merci, c'est tout.	**3.** Et voilà 1€50.

- (12) Eine Kundin begrüßen.
- ( ) Nach den Wünschen fragen.
- ( ) Sagen, was man gerne hätte/möchte.
- ( ) Nach der Menge fragen.
- ( ) Die Menge angeben.
- ( ) Nach weiteren Wünschen fragen.
- ( ) Sagen, dass das alles sei.
- ( ) Nach dem Preis fragen.
- ( ) Den Preis nennen.
- ( ) Bezahlen.
- ( ) Das Wechselgeld zurückgeben.
- ( ) Sich bedanken und sich verabschieden.

2 △ *Mets le dialogue dans le bon ordre. Trouve le mot caché. (Bringe den Dialog in die richtige Reihenfolge und finde das Lösungswort.)*

- ( ) O Oui, j'en ai. Elles sont très bonnes.
- ( ) L Je n'aime pas les pommes.
- ( ) O Non, je n'ai plus de bananes. Mais j'ai des pommes.
- (1) C Bonjour, mademoiselle. Vous désirez?
- ( ) T Ce n'est pas grave. Je vais faire un gâteau.
- ( ) H J'ai envie de faire une salade de fruits. Vous avez des oranges?
- ( ) A Mais il en faut pour une salade de fruits.
- ( ) C Et des bananes. Vous en avez aussi?

Le mot caché est: ______________________

Von diesen Vorlagen ist die Vervielfältigung für den eigenen Unterrichtsgebrauch gestattet. Die Kopiergebühren sind abgegolten.

Atelier B A table (Schülerbuch S. 64, Nr. 6)

1 △ *Qu'est-ce que tu peux dire à table? Complète les phrases. (Vervollständige die Sätze.)*

1. Du möchtest, dass man dir die Butter reicht. → Tu me ______________________________, s'il te plaît?
2. Das Fleisch schmeckt sehr gut. → La viande est _______________________ .
3. Quiche ist dein Lieblingsgericht. → Mon plat _______________, c'est _________________ .
4. Du hast keinen Durst mehr. → Merci, je n'ai ____________________________ .
5. Du möchtest noch ein bisschen Gemüse haben. → Je _______________________ encore un peu de _______________________, s'il te plaît.
6. Du isst niemals Käse. → Je ne _______________________________ de fromage.

2 ▲ *A la cantine*
Sophie et Vincent vont à la cantine. Ils parlent du repas. Regarde bien le vocabulaire de la leçon 4 (pages 155–159). Puis, complète le texte. (Vervollständige den Text mit den Wörtern der Lektion.)

Sophie: Comment est-ce que tu tr________________ le re_____________ aujourd'hui?

Vincent: Il n'est pas ma____________ . J'aime b___________ la vi______________ et les lé________________ .

Sophie: Moi, je n'a_____________ pas les légumes. Je pré_____________ la s_______________ .

Vincent: Qu'est-ce qu'on va b_____________? Du j____________ d______ f_____________ ?

Sophie: Moi, je prends plu_____________ de l'e____________ mi_______________ .

Vincent: Comme de________________ , je voudrais des fr______________ . Tu en v_____________ aussi?

Sophie: Non, aujourd'hui, il y a des cr_______________ . C'est mon p____________ pr_______________ .

Vincent: Alors, b____________ ap_______________ !

Klettbuch 622024 Découvertes, Lehrerbuch. © Ernst Klett Verlag Stuttgart 2013
Von diesen Vorlagen ist die Vervielfältigung für den eigenen Unterrichtsgebrauch gestattet. Die Kopiergebühren sind abgegolten.

Pratique Mon menu de rêve (Schülerbuch S. 67, Nr. 2)

1 *Compose ton menu préféré.*

△ **A** *Coche d'abord les choses que tu veux manger et boire.*
(Kreuze an, was du gern isst und trinkst.)

Entrées
- ☐ salade
- ☐ tomates
- ☐ soupe
- ☐ saucisson

Plats principaux
- ☐ quiche
- ☐ steak-frites
- ☐ viande
- ☐ moules-frites
- ☐ légumes
- ☐ pommes de terre
- ☐ frites

Fromage
- ☐ Camembert
- ☐ Roquefort
- ☐ Fromage blanc

Desserts
- ☐ fruits: pommes, oranges
- ☐ salade de fruits
- ☐ gâteau aux pommes
- ☐ crêpes au chocolat
- ☐ gaufres
- ☐ yaourt
- ☐ glace

Boissons
- ☐ coca
- ☐ diabolo menthe
- ☐ eau minérale
- ☐ jus de pomme
- ☐ jus d'orange

B *Ecris un petit texte sur ton menu préféré.*

Comme entrée, je prends ______________________

J'aime bien ______________________

Après, ______________________

Mon plat principal préféré est ______________________

avec ______________________

Comme dessert, ______________________

Comme boisson, ______________________

2 *Grand repas multiculturel*

△ *Regarde l'affiche dans ton livre, page 67, et réponds aux questions en français.*

1. Wer nimmt an diesem Essen teil?

   Ce sont ______________________

2. Welche Gerichte von dem Plakat kennst du schon?

   ____

3. Kennst du noch weitere internationale Gerichte?

   ____

4. Wann und wo findet das Essen statt?

   ____

5. Was sollen die Schüler mitbringen?

   ____

6. Finde im Plakat den französischen Ausdruck für „der Reichtum der kulturellen Unterschiede".

   ____

Von diesen Vorlagen ist die Vervielfältigung für den eigenen Unterrichtsgebrauch gestattet. Die Kopiergebühren sind abgegolten.

Atelier A On y va? (Schülerbuch S. 78, Nr. 10)

1 △ *Les Guibert discutent. Qu'est-ce qu'ils disent? (Vervollständige die Sätze.)*

1. M. Guibert demande s'ils visitent Bordeaux.
2. Mme Guibert répond qu'elle ______________________________ .
3. Jérôme demande si Bordeaux ______________________________ .
4. M. Guibert répond que c'est ______________________________ .
5. Alex dit qu'elle ______________________________ .
6. Jérôme veut savoir s'ils ______________________________ .
7. M. Guibert répond que c'est ______________________________ .
8. Mme Guibert veut savoir si Alex ______________________________ .
9. Alex dit qu'elle ______________________________ .

2 ▲ *Vacances à Bordeaux*
Nicolas passe ses vacances à Bordeaux. Un jour, il rencontre Sophie. Il parle avec elle.

A *Qu'est-ce qu'on dit? Complète le texte avec les verbes.*

dire | expliquer | trouver | répondre que qu | demander | vouloir savoir si

1. Nicolas ____________ qu'il a envie d'aller à Arcachon. Il ________________ à Sophie si elle veut venir aussi.
2. Sophie ________________ qu'elle adore Arcachon et elle ________________ s'ils peuvent aussi aller sur la dune du Pilat.
3. Nicolas ________________ qu'il y a toujours beaucoup de gens sur la dune. Il préfère aller à la plage.
4. Sophie ____________________ s'ils peuvent nager dans la mer.
5. Nicolas ____________ que c'est une bonne idée, mais qu'il fait encore un peu froid.

B *Ecris le dialogue entre Nicolas et Sophie dans ton cahier. (Schreibe den Dialog in der direkten Rede.)*

Nicolas: J'ai envie d'aller à Arcachon. Tu veux venir aussi?
Sophie: …

Klettbuch 622024 Découvertes, Lehrerbuch. © Ernst Klett Verlag Stuttgart 2013
Von diesen Vorlagen ist die Vervielfältigung für den eigenen Unterrichtsgebrauch gestattet. Die Kopiergebühren sind abgegolten.

Atelier B Vous connaissez la région? (Schülerbuch S. 80, Nr. 3)

1 △ **A** *Marc pose des questions à Alex et Jérôme. Complète leurs réponses avec les pronoms objets* ***le, la, les***.

1. – Vous connaissez la région? – Non. Nous la visitons pour la première fois.

Marc:	Alex et Jérôme:
2. – Vous êtes dans un gîte? Il est bien?	Oui, nous ________ trouvons bien.
3. – Vous avez goûté les fruits de mer d'ici?	– Oui, et nous ________ aimons beaucoup.
4. – Jérôme, tu aimes les moules?	– Oui, je ________ aime bien.
5. – Vous connaissez la dune du Pilat?	– Non, nous ne ________ connaissons pas encore.

B **1.** – Vous avez déjà visité la «Ville d'hiver»? – Non. Mais nous allons la visiter demain.

Marc:	Alex et Jérôme:
2. – Vous avez vu les autres quartiers?	– Non, mais nous allons peut-être ________ visiter.
3. – Vous allez voir le marché?	– Oh oui, nous avons envie de ________ voir.
4. – Il faut aussi visiter le phare!	– Oh, nous pouvons ________ voir tout de suite?
5. – Vous venez à la fête du printemps, ce soir?	– Nous allons ________ proposer à nos parents.

2 △ *Un pique-nique*
Aujourd'hui, il fait beau. Les Guibert vont manger dans le jardin. Madame Guibert pose des questions aux enfants. Réponds aux questions. (Verwende in deiner Antwort die angegebenen Wörter. Ergänze das Subjekt und die Objektpronomen. Achte auf den Apostroph.)

1. Marie et Jérôme, vous avez déjà fait la quiche? (ne / pas encore / faire)

– Non, ____

2. Philippe et Marie, vous pouvez mettre la table? (pouvoir / mettre / dans le jardin)

– Oui, ____

3. Jérôme , tu as envie d'inviter ton nouveau copain Marc? (avoir envie de / inviter)

– Oui, ____

4. Marie, tu as acheté les boissons? (Non. / oublier. / Mais / aller / acheter / tout de suite)

– Zut! ____

5. Philippe, tu veux déjà goûter le dessert? (vouloir / goûter)

– Oui, ____

Klettbuch 622024 Découvertes, Lehrerbuch. © Ernst Klett Verlag Stuttgart 2013
Von diesen Vorlagen ist die Vervielfältigung für den eigenen Unterrichtsgebrauch gestattet. Die Kopiergebühren sind abgegolten.

Pratique On prépare un voyage. (Schülerbuch S. 83, Nr. 1)

1 *Votre classe prépare un voyage à Bordeaux.*
Du telefonierst mit dem Reisebüro in Bordeaux, um Informationen für eure Klassenfahrt zu bekommen.
Complète le texte et écris le dialogue en français.

1. Du begrüßt die Dame.	Bonjour, ________________ .
2. Du stellst dich vor.	Je ____________________.
3. Du sagst, dass du mit deiner Klasse eine Reise nach Bordeaux machen willst.	Je veux __________________________________ avec __________________ .
4. Du fragst sie, ob sie dir Informationen über Aktivitäten senden kann, die für Kinder interessant sind.	Est-ce que vous pourriez ______________________ ________________________ des activités ______________________ pour les enfants.
5. Die Dame möchte wissen, wie alt ihr seid.	Vous avez ________________ ?
6. Du sagst ihr dein Alter.	______________ ans.
7. Die Dame sagt, dass sie dir Informationen für die Reise schicken wird.	Je vais __________________________________ pour ________________ .
8. Du bedankst dich bei ihr.	________________________ , madame.

2 *Le petit train du Cap Ferret*
Lis les informations et réponds aux questions en français. Ecris dans ton cahier.

Entre le bassin d'Arcachon et l'océan, il y a un petit train qui traverse le village du Cap Ferret. Il y a deux arrêts. Les deux kilomètres du trajet se font en 12 minutes. Vous pouvez prendre le petit train tous les jours du début avril jusqu'à fin septembre.

Tarif:				
	aller adulte:	4 €	aller enfant:	2,50 €
	aller-retour adulte:	6 €	aller-retour enfant:	4,50 €

Vous pouvez acheter votre billet dans le train.

1. Welche Strecke fährt der kleine Zug? ______________________________

2. Wie viele Haltestellen gibt es? ______________________________

3. Wie lange braucht man für die Fahrt? ______________________________

4. Kann man den Zug auch an Weihnachten nehmen? ______________________________

____

5. Was kostet die Hin- und Rückfahrt für Kinder? ______________________________

6. Wo kann man die Fahrkarte kaufen? ______________________________

Klettbuch 622024 Découvertes, Lehrerbuch. © Ernst Klett Verlag Stuttgart 2013
Von diesen Vorlagen ist die Vervielfältigung für den eigenen Unterrichtsgebrauch gestattet. Die Kopiergebühren sind abgegolten.

Atelier A Bienvenue à la Fête du sport (Schülerbuch S. 104, Nr. 6)

1 △ *Mets les verbes à la forme correcte. (Ergänze die Verben in der richtigen Form.)*

1. La Fête du sport commence à 11 heures et elle ______________ (finir) à 18 h.

2. Marie et Alex font un tour, puis elles ______________________ (choisir) le parcours avec plusieurs activités.

3. Après, elles reçoivent un cadeau parce qu'elles ont ______________ (réussir) le parcours.

4. *Mehdi:* Pas mal, les filles! Et quel atelier est-ce que vous ______________________ (choisir) maintenant?

5. *Alex:* Nous ne savons pas, nous ______________________________ (réfléchir) encore. Et toi?

6. *Mehdi:* Moi, je ______________ (finir) d'abord mon atelier et après, je fais du saut à l'élastique.

7. *Marie:* C'est sérieux? Si tu ________________ (réussir) à faire ça, je te paie une glace.

8. *Mehdi:* Je vais ________________ (réussir), tu vas voir. C'est simple comme bonjour.

2 △ *Quel atelier choisir?*
Complète le texte avec les verbes corrects.

réussir | choisir | finir | réfléchir

Annie: Léa, tu veux ________________ quel atelier?
Moi, je ________________ l'atelier de trampoline.

Léa: Je ________________ encore. Et vous, Pascal et Martin?

Pascal: Nous avons ______________ l'atelier de corde molle. Mais moi, je n'ai pas bien ________________ .

Annie: Regardez Laure et Vincent. Ils ________________ l'atelier de cirque.
Ils ____________________ bien à jongler.

Martin: Quel atelier est-ce que nous pouvons encore ______________ ?

Annie: ____________________ bien. Moi, j'ai ______________ le saut à l'élastique.

Léa: Bonne idée. Mais Luc et moi, nous ________________ d'abord notre atelier d'escrime.

Klettbuch 622024 Découvertes, Lehrerbuch. © Ernst Klett Verlag Stuttgart 2013
Von diesen Vorlagen ist die Vervielfältigung für den eigenen Unterrichtsgebrauch gestattet. Die Kopiergebühren sind abgegolten.

Atelier B Alors, qu'est-ce que tu fais? (Schülerbuch S. 107, Nr. 5)

1 **A** *Qu'est-ce que tu fais dans ces situations? Complète les phrases par les pronoms objets.*

△ 1. Tu attends **ton ami** qui ne vient pas. → Je lui ______ envoie un SMS.

2. **Tes copains** veulent apprendre à jongler. → Je ______ explique comment on fait.

3. **Des enfants** cherchent le stand de crêpes. → Je ______ montre où il est.

4. **Tes amies** ne sont pas venues à la fête. → Je ______ raconte la journée.

5. **Tes parents** viennent à la fête. → Je ______ présente mes copains.

6. **Ton amie** a perdu ses clés. → Je ______ propose de l'aider à les chercher.

B *Qu'est-ce que tu fais avec vos invités? Complète les phrases avec les pronoms objets.*

1. Je ______ reçois bien.
2. Je ______ donne des informations sur …
3. Jes ______ aide à comprendre mon pays.
4. Je ______ parle de mes activités.
5. Je ______ prépare des repas allemands.
6. Je ______ fais la bise.
7. Je ______ invite au cinéma.

2 **A** *Réponds aux questions et remplace les mots soulignés par **lui** ou **leur**. Mets les mots dans* △ *le bon ordre. Attention à la place des pronoms. (Beantworte die Fragen und ersetze die unterstrichenen Satzteile durch ein Pronomen. Achte auf die richtige Stellung des Pronomens.)*

1. Alice explique les ateliers à Nicolas? – Oui, ______________________________ .

2. Léo a parlé à Marie? – Non, ______________________________ .

3. Il va demander aux copains d'attendre? – Oui, ______________________________ .

4. Vous avez téléphoné aux copains? – Non, ______________________________
______________________________ .

5. Les copains vont montrer le cirque à Nadine? – Non, ______________________________
______________________________ .

Klettbuch 622024 Découvertes, Lehrerbuch. © Ernst Klett Verlag Stuttgart 2013
Von diesen Vorlagen ist die Vervielfältigung für den eigenen Unterrichtsgebrauch gestattet. Die Kopiergebühren sind abgegolten.

B ***le, l', la, les, lui*** *ou* ***leur****? Complète le texte par le pronom objet correct (direct ou indirect).*

Jérôme veut aller à la fête du sport avec Manon. Il ________ téléphone, et dix minutes après, il ________ voit devant le stand des arts du cirque. Il ________ montre le trampoline et ________ demande si cela ________ intéresse. Puis, Jérôme rencontre deux copains, et il ________ présente à Manon. Les copains demandent où est le stand de l'escrime. Jérôme ________ explique où c'est et il ________ aide à ________ trouver. Manon ________ raconte qu'on peut aussi apprendre à jongler, et elle dit que cela va ________ intéresser. Puis, Jérôme achète une gaufre et ________ donne à Manon. Il ________ achète aussi un coca. Manon dit que la fête du sport ________ plaît beaucoup.

Pratique Mon rêve à moi (Schülerbuch S. 109, Nr. 1)

1 *Des rêves*

△ **A** *Lis encore une fois les cinq textes de ton livre (p. 109). Réponds aux questions.*

1. Qui veut avoir sa propre chambre? – C'est ____________________ .
2. Qui veut faire de la musique plus tard? – C'est ____________________ .
3. Qui rêve d'être une star? – C'est ____________________ .
4. Qui rêve de vivre en ville? – C'est ____________________ .
5. Qui veut regarder la lune? – C'est ____________________ .

B *Complète les phrases avec les mots donnés.*

argent | la campagne | films drôles | guitare | Hollywood | le monde | sans son frère | téléscope | la ville

1. Malik n'aime pas ______________________________ , mais il adore ______________________________ .
2. Aïnhoa veut aller à ____________________ . Elle veut jouer dans des ______________________________ .
3. Laurie veut acheter ______________________________ . Mais elle n'a pas beaucoup d'____________________ .
4. Romain veut avoir une chambre ______________________________ .
5. Eugène veut jouer de ______________________________ et connaître ______________________________ .

 © Ernst Klett Verlag Stuttgart 2013
Von diesen Vorlagen ist die Vervielfältigung für den eigenen Unterrichtsgebrauch gestattet. Die Kopiergebühren sind abgegolten.

2 *Un courriel*

Du sitzt mit deinem französischen Brieffreund Cédric am Computer und liest eine Mail von deiner Cousine Martina, die Cédric auch kennt. Cédric, der nicht gut genug Deutsch kann, bittet dich, die Mail ins Französische zu übersetzen.

A:	cousine@zuhause.de
De:	Martina@kant-dortmund.de

Hallo, wie geht's? Mir geht es gut. Seit einer Woche bin ich am Kant-Gymnasium in Dortmund. Die Schule gefällt mir und die Lehrer sind sehr nett. Morgen haben wir hier ein Sportfest und man kann viele Aktivitäten wählen. Du weißt, dass ich gerne Sport treibe, und ich werde Trampolin und Fechten wählen. Man kann sogar Fallschirmspringen lernen!!
Das finde ich toll. Ich träume davon, später als Sportlehrerin zu arbeiten.
Und du? Hast du Träume?
Treffen wir uns in den Ferien?
Bis bald,
Martina

A:	cousine@zuhause.de
De:	Martina@kant-dortmund.de

____

____

____

____

____

____

____

____

____

____

____

Klettbuch 622024 Découvertes, Lehrerbuch. © Ernst Klett Verlag Stuttgart 2013
Von diesen Vorlagen ist die Vervielfältigung für den eigenen Unterrichtsgebrauch gestattet. Die Kopiergebühren sind abgegolten.

Boîtes à outils

Boîte à outils 1

Moustique – das Maskottchen

Moustique ist der Sprachassistent des L. *Moustique* ist Franzose und daher spricht er immer Französisch (Deutsch allenfalls mit französischem Akzent). *Moustique* spielt mit dem L Szenen vor, die dem Einüben neuer Redemittel dienen. Von *Moustique* gibt es eine Handpuppe. Alternativ kann *Moustique* auch als „Stockpuppe" gebastelt werden, dazu wird die Kopiervorlage 1 von rechts und links auf dickes Papier kopiert und um einen kleinen Holzstab geklebt.
Wer nicht basteln lassen möchte, kann ersatzweise auch die Folie auflegen.

Boîte à outils 2

Namenskarten

Die Namen im Schülerbuch, S. 8 werden nach Geschlecht farblich unterschiedlich als laminierte Karten vorbereitet (Namen auf mindestens DIN-A5 großen Karton aufkleben), mit dem Locher gestanzt und mit Bändern zum Umhängen versehen, um einen schnellen Wechsel zu ermöglichen.
Alternativ können Nichtbastler mit Klebezetteln (z. B. Post-its) arbeiten und den Namenszettel am Körper oder auf der Stirn anheften.

Boîte à outils 3

Omniumkontakt

Beim Omniumkontakt gehen die S frei im Raum herum und sprechen sich spontan an, wenn sie sich begegnen. Auf Signal von L (z. B. 1x Klatschen) werden bestimmte Handlungen ausgeführt, z. B. Namenskarten tauschen. Auf ein zweites Signal (z. B. 2x Klatschen) wird das Spiel beendet. Auf diese Weise ist ein hoher Sprachumsatz in kurzer Zeit mit zahlreichen Gesprächspartnern möglich.

Boîte à outils 4

Auswischtechnik

Der Tafelanschrieb wird von den S im Chor und/oder einzeln auf Zeichen nachgesprochen und sukzessive mit dem Schwamm weggewischt, wobei die S das jeweils Fehlende ergänzen müssen, bis sie die Redemittel auswendig können.

Boîte à outils 5

Flaggen basteln

Mithilfe von Trinkhalmen, Papier und Klebestift kann man ganz leicht Nationalflaggen basteln. Jeder S sollte je eine deutsche und eine französische Flagge basteln, die immer wieder bei den entsprechenden Übungen eingesetzt werden können.
Darüber hinaus müssen im Rahmen der individuellen Sprachenbiografie die evtl. in der Lerngruppe vorhandenen Herkunftsprachen ebenfalls gewürdigt und Flaggen ihrer Nationalität gebastelt werden. Auch kann der Flaggensatz nach und nach um die Länder der Frankophonie erweitert werden.

Boîte à outils 6

Sprachenbiografie

Im Rahmen einer individuellen Sprachenbiografie werden die vorhandenen Herkunftssprachen der S wertgeschätzt und ein Sprach(lern)bewusstsein geschaffen. Dazu erstellt jeder S auf einem Blatt eine Übersicht über erlernte Sprachen, über die Sprachen der Familie usw. Dieses Blatt wird anschließend im Portfolio-Ordner abgeheftet.

Boîte à outils 7

Lire – Regarder – Parler

Mit diesem Verfahren können die S ihre Aussprache üben. Um einen kurzen Text auswendig zu lernen, sitzen sich die S gegenüber. Ein S liest zunächst einen Satz leise, bis er ihn auswendig kann. Dann schaut er seinem Partner in die Augen und spricht den Satz laut, ohne dabei auf den Text zu sehen. Anschließend ist der Partner an der Reihe.

Boîte à outils 8

Gruppenbildung mit Zahlen

Die Gruppeneinteilung kann bereits über die Zahlen erfolgen, indem bis zu der Zahl gezählt wird, in deren Anzahl Kleingruppen erforderlich sind.
Später sortieren sich die Einser, die Zweier usw. zusammen und üben in Gruppen.
(⟶ Zahlen bis 39, Band 1, *Unité 3*)

Boîte à outils 9

Zahlenspiele

1. Man zählt bis zwölf und dann rückwärts. Beim nächsten Durchgang in Zweierschritten, dann in Dreierschritten usw.
2. Es gibt verschiedenfarbige Sets von Karten mit Zahlen von eins bis zwölf. Die S ziehen Karten und müssen ihre Partner finden, indem sie Fragen stellen: *Tu as le 3? Oui/ Non, j'ai le … .*)
3. Sobald die Zahlen bis 39 (*Unité 3*) und bis 100 (*Unité 5*) bekannt sind, kann „Die verflixte 7" gespielt werden.

Boîte à outils 10

Portfolio-Mappen

Die S sollten gleich zu Anfang an das eigenständige Führen einer Portfolio-Mappe gewöhnt werden. Hier können sie ihre **Sprachenbiografie** (Teil 1) weiterführen (indem sie ihre Kenntnisse und Ziele beim Sprachenlernen festhalten), die schönsten Exemplare ihrer Arbeiten in einem **Dossier** (Teil 2) einheften (hier wird der Fortschritt im Fach Französisch dokumentiert: die persönlichen „Produkte" in französischer Sprache wie eigene Gedichte, Briefe usw. können hier gesammelt und nachgeschlagen werden), sowie Bögen zur Auto-Evaluation und später auch Delf-Diplome, Wettbewerbsurkunden und ähnliches (Teil 3 = **Sprachenpass**) unterbringen. Dies geschieht in Anlehnung an das Europäische Sprachenportfolio.

Unterrichtsmappen

Im Unterschied zu Portfolio-Mappen führen die S außerdem „normale" Unterrichtsmappen, in die sie Tafelbilder, Redemittel + besondere Vokabeln, Hausaufgaben und Arbeitsblätter, Fehlerprotokolle usw. einheften.

Boîte à outils 11

Ich möchte einen unbekannten Hörtext verstehen! Dazu ...

- schaue ich mir (falls vorhanden) das Bild an, das zu dem Text gehört;
- lese ich mir den Titel durch und überlege, worum es in dem Hörtext gehen könnte;
- höre ich aufmerksam zu, wenn der Text vorgespielt wird;
- achte ich zunächst auf allgemeine Dinge;
- versuche ich, mir bekannte Wortfetzen zu erfassen;
- achte ich auf Wörter, die ich aus einer anderen Sprache kenne;
- achte ich auf die Stimme und die Gefühle der sprechenden/singenden Personen.

Boîte à outils 12

Museumsgang

Der Museumsgang eignet sich in besonderem Maße als Methode, um mit S das **Präsentieren von Ergebnissen** zu üben. Der Grundgedanke dabei ist, dass möglichst jeder S einmal die Ergebnisse seiner Gruppe vortragen kann.
Plakate werden an verschiedenen durch Nummern gekennzeichneten Stellen im Klassenraum aufgehängt. Vor jedem Plakat muss genügend Platz für eine Gruppe von 6–8 S sein, die sich dort austauschen können. Ggf. müssen Tische und Stühle beiseite geschoben werden.
Jede Gruppe geht zunächst zu dem von ihr angefertigten Plakat. Dann werden durch Abzählen von 1 bis x in jeder Gruppe so viele neue Gruppen gebildet, wie es Darstellungen gibt. Alle, die dieselbe Zahl haben, bilden eine neue Gruppe und gehen jeweils zu dem Plakat, das an ihrer Nummer aufgehängt ist. Die Person, die an der Erstellung des jeweiligen Plakats beteiligt war, erläutert kurz (maximal 2 Minuten) das Plakat und die bei der Erstellung verwirklichten Ideen. Die anderen haben die Möglichkeit, Rückfragen zu stellen. Auf ein Signal der Lehrperson geht jede Gruppe ein Bild weiter. Der Museumsgang endet, wenn alle Bilder von allen gewürdigt wurden.

Boîte à outils 13

Fragekette

Der L stellt eine Frage, ein S beantwortet die Frage und stellt dieselbe Frage einem weiteren S, der sie beantwortet und sie danach einem weiteren S stellt. Um spontane Antworten zu fördern und einen Überraschungseffekt zu erzielen, kann der fragende S einem anderen S einen Softball zuwerfen, der dann die Frage beantwortet und weiterstellt.
Alternativ können im fortgeschrittenen Lernstadium Fragen von dem L auf Folie oder Karteikarten vorbereitet worden sein, die sich die S dann gegenseitig stellen.

Boîte à outils 14

Vokabellernen

Da Französisch für die S in der Regel die zweite Fremdsprache ist, kennen sie das Vokabellernen bereits von ihrer ersten Fremdsprache her. Im Sinne fächerverbindenden Arbeitens ist es hilfreich, mit den S die **bereits bekannten Stragegien** zu thematisieren und für den Französischunterricht nutzbar zu machen. Dabei ist das Arbeiten mit Farbstiften und anderen Markierungsmöglichkeiten zu empfehlen, damit besondere Lernschwierigkeiten kenntlich gemacht und so im Laufe der Zeit besser behoben werden können. Es gibt verschiedene Möglichkeiten des Umgangs mit dem neuen Vokabular:

- **Zweispaltiges Vokabelheft** (zur Übersichtlichkeit und Lesbarkeit mindestens im DIN-A5-Format): links werden die französischen, rechts die deutschen Vokabeln (Nomen mit Genusangabe [am besten farblich markiert: blau für Maskulinum, rot für Femininum], Adjektive mit Genus und Numerus, Verben im Infinitiv mit ihren Ergänzungen) notiert. Kontexte können unterhalb des französischen Eintrags stehen mit der entsprechenden Übersetzung unterhalb des deutschen Eintrags.
- **Dreispaltiges Vokabelheft**: in der zusätzlichen dritten Spalte werden die neuen Vokabeln in einem Kontext notiert.
- **Karteikarten**: Die S notieren auf die eine Seite das französische Wort + Kontextbeispiel (grammatische Angaben wie bei den Vokabelheften), auf die Rückseite der Karteikarte notieren sie die deutsche Bedeutung und die Übersetzung des Kontextbeispiels.
- **Computerprogramme** wie z. B. Phase 6 (www.phase-6.de)
- Erstellen von ***mots images, filets de mots, centres thématiques***

Boîte à outils 15

Echo-Lesen

Die S hören abschnittsweise den Lektionstext von der CD. Sie lesen halblaut etwas zeitversetzt – also wie ein Echo – die entsprechenden Abschnitte. Diese Methode hilft den S, die Intonation und die Aussprache zu hören und direkt zu imitieren. Da die S dabei nicht von einer anderen Person kontrolliert werden, probieren sie Lautschemata aus und gewöhnen sich an die neue Sprache.

Boîte à outils 16

Namenskarten

Spielregeln

- Zieht eine Karte (die Mädchen eine Mädchen-, die Jungen eine Jungenkarte). Spielt so, als wäre das euer Name. Wenn ihr nicht wisst, wie er ausgesprochen wird, fragt euren Lehrer/eure Lehrerin.
- Fragt euch jetzt gegenseitig nach eurem neuen Namen.
- Sucht einen Partner, mit dem ihr die Namenskarte austauscht. Wiederholt den Vorgang mindestens fünfmal.

Boîte à outils 17

Fehlerwächter

Damit der L seine Verantwortung für die Korrektur der Fehler zeitweise an die S abgeben kann (Förderung der Lernerautonomie), wird zusammen mit der Lerngruppe für bestimmte Phasen ein Fehlerwächter bestimmt. Diese Person achtet beim Vortragen von Ergebnissen auf die sprachlichen Fehler, die die Präsentierenden machen und macht sich dazu Notizen.
Im Anschluss an die Präsentation nennt der Fehlerwächter die jeweils korrekte Form und lässt diese nachsprechen. Zu Beginn der Spracherwerbsphase ist auch Chorsprechen sinnvoll. Der L übernimmt in dieser Phase die Rolle des Moderators und lässt die S weitestgehend selbstständig agieren.
Für diese Phase ist ein gutes soziales Klima in der Lerngruppe wichtig und es ist darauf zu achten, dass einzelne S nicht ausgegrenzt werden.
Es können für eine Phase auch mehrere Fehlerwächter bestimmt werden.

Boîte à outils 18

Fragekarten

Jeder S bekommt einen Bogen mit vorbereiteten Karten. Auf jeder Karte steht eine Frage und in Klammern die erwartete Antwort. Die Karten werden ausgeschnitten und auf einen Stapel gelegt.
Die S arbeiten mit ihren Nachbarn. Zunächst wird eine Karte vom ersten Stapel gezogen und dem Nachbarn die daraufstehende Frage gestellt. Dieser prüft, ob die Antwort richtig ist. Wenn ja, bekommt er die Karte und ihm wird noch eine Frage gestellt. Ist die Antwort nicht richtig, wird die Karte unter den Stapel gelegt und der Nachbar stellt eine Frage. Jeder darf maximal dreimal hintereinander ziehen. Gewonnen hat, wer am Schluss die meisten Karten hat.

Boîte à outils 19

Lernen durch Lehren (LdL)

Diese Methode dient der **Förderung selbstständigen Arbeitens**. Die S übernehmen zeitweise die Lehrerrolle, bereiten eigenständig Unterrichtsinhalte vor und präsentieren sie dann der gesamten Lerngruppe. Eine **Expertengruppe** übernimmt nach einer Erarbeitungsphase, in der sie sich mit dem zu präsentierenden Inhalt vertraut macht und überlegt, wie sie ihn präsentiert, die Moderation des Unterrichts.
Grundidee ist, dass z. B. durch die selbstständige Erarbeitung und Präsentation von Wortschatz oder Grammatik eine tiefere Verankerung und Vernetzung des Wissens stattfindet und dass durch die veränderte Rollenverteilung in einer Lerngruppe die Aufmerksamkeit der S geschärft wird.
LdL bedarf gründlicher Vorbereitung und sollte sukzessive eingeführt werden, damit die S in ihrer Rolle nicht überfordert werden (zu Beginn sollte man sich noch auf kurze Sequenzen beschränken).

Boîte à outils 20

TPR – Total physical response

Bei dieser Methode (TPR) wird die Fremdsprache hauptsächlich durch „Befehle" (sprachliche Impulse) vermittelt, die vom L gegeben und den S durch Bewegungen ausgeführt werden, bis einige S selbst in der Lage sind, der Klasse Befehle in der Fremdsprache zu erteilen. Diese Methode ist aus der Primarstufe bekannt und wird zu Beginn der Sek. I weiterhin praktiziert. Der Einsatz des TPR kann auch in Verbindung mit Requisiten erfolgen oder mit dem Singen von Liedern (+ stampfen, klatschen usw.). Der Vorteil: Aktionen werden unmittelbar mit den entsprechenden fremdsprachigen Bezeichnungen verknüpft und dementsprechend gut memorisiert. Die Methode beruht auf dem Prinzip der Ganzheitlichkeit und orientiert sich am Muttersprachenerwerb.

Boîte à outils 21

Echo-Methode/Echo-Spiel

Hier können die S im Anfangsunterricht die Aussprache noch intensiver lernen, indem sie das Gesagte/Gerufene wiederholen, aber es genauso modulieren, wie der L es vorgibt. Dabei kann man laut rufen, flüstern, brüllen, etwas ausdehnen oder spitz sprechen, mal fröhlich, mal zornig dabei sein. Für die jungen S bietet es sich an, die Hände als Trichter vor dem Mund zu halten. Dieses Verfahren fördert die Gemeinschaft der Gruppe und die Motivation.
Variante: S teilen sich in Kleingruppen in die vier Ecken des Klassenraums. Sie müssen darauf achten, in welche Richtung der L ruft. Beispiel: *Je suis ici* (nach links) ⟶ *Je suis ici* (linke Gruppe/Ecke antwortet). *Nous sommes à l'école* (nach rechts) ⟶ *Nous sommes à l'école* (rechte Gruppe/Ecke antwortet). Steigerung: (Name) … *tu es où?* ⟶ *Je suis ici.*

Boîte à outils 22

Fehlerlesen

Bei dieser spielerischen Übung kommt es auf Genauigkeit beim Lesen und beim Zuhören an. Die vorzulesenden Texte (auch Dialoge) werden reihum (im Uhrzeigersinn) in der gesamten Lerngruppe gelesen. Der 1. S fängt an und wenn er bei einem Wort (auch bei der *liaison*) einen Fehler macht, muss er das Lesen abgeben und der Nachbar liest weiter. Der Fehler soll durch die Mitschüler entdeckt werden, die dies durch zweimaliges Klopfen mit der flachen Hand auf den Tisch signalisieren. Der entsprechende S verbessert den Aussprachefehler. Sollte er sich getäuscht haben, darf der Vorlesende weitermachen. Sollte niemand den Fehler gehört haben, sagt der L „Stopp" und korrigiert den S. Der Nachbar liest dann weiter.

Boîte à outils 23

Vokabelmemory

Am Ende einer Einheit kann man mit der gesamten Lerngruppe Vokabelmemory spielen.
Dabei gehen zwei S vor die Tür. Die anderen S suchen sich einen Partner (nicht den Tischnachbarn!) und wählen gemeinsam aus dem lektionsbegleitenden Vokabular des Schülerbuchs (üblicherweise aus der letzten *Unité* oder alternativ aus den letzten zwei *Unités*) ein Wort aus, wobei ein S die deutsche, der andere die französische Bedeutung repräsentiert. Alle S gehen wieder auf ihren Platz zurück und stehen hinter ihrem Tisch. Nun kommen die zwei S wieder herein und müssen versuchen, die Vokabelpaare zu finden. Sie rufen einen S auf, der „seine" Vokabel nennt. Anschließend rufen sie einen zweiten S auf, der ebenfalls seine Vokabel nennt. Sollten die beiden Vokabeln zusammenpassen, setzen sich die zwei S wieder hin. Die ratenden S können gemeinsam oder gegeneinander antreten. Wenn sie gemeisam antreten, kann man die Zeit messen, die sie benötigen, bis alle S wieder sitzen. Nun können zwei andere S versuchen, die Zeit zu schlagen. Dieses Verfahren findet i.d.R. bei den S großen Anklang, da alle konzentriert auf spielerische Weise die Vokabeln wiederholen.

Boîte à outils 24

Murmelphase – *Expression simultanée*

In einer Murmelphase sprechen alle S möglichst leise gleichzeitig, indem sie sich mit der Partnerin/dem Partner über ein Thema austauschen. Auf diese Weise wird der Sprachumsatz gefördert. So wird auch vermieden, dass das Unterrichtsgespräch immer von denselben S dominiert wird.

Boîte à outils 25

Zeitwächter

Die S können alternierend für einen bestimmten Zeitraum (für eine bestimmte Übung, aber auch eine Woche lang) die Aufgabe des Zeitwächters übernehmen.
Die Aufgabe besteht darin, mittels einer Stoppuhr und eines Glöckchens/einer Klingel das Einhalten eines vorgegebenen Zeitraums zu überwachen. Dies kann zum Ziel haben, Aufgaben sinnvoll zu begrenzen, Gerechtigkeit zu gewährleisten, Langeweile oder Überdehnung vorzubeugen, S an Aufgaben zu gewöhnen, sie in die Unterrichtsgestaltung einzubeziehen, zu motivieren und zu differenzieren.

Boîte à outils 26

Bienenkorb

Die Bezeichnung für diese Methode kommt daher, dass die Atmosphäre im Klassenzimmer der eines Bienenkorbs gleicht. Die Methode ermöglicht den Austausch über Informationen, Meinungen, Stimmungen, offene Fragen oder Lösungen und dient somit der Selbstvergewisserung.
Vorteil: Aktivierung aller S: die Sprechanteile erhöhen sich, Sprechhemmungen werden abgebaut. Vorbereitung ist nicht erforderlich.
Durchführung: Kleingruppen bilden, Aufgabenstellung in Bezug auf die vorangegangene Arbeitsphase vorgeben und gegebenenfalls visualisieren, Ablauf erklären und Zeitlimit vorgeben.

Boîte à outils 27

Treppenspiel – *Le jeu de l'escalier*

Das Treppenspiel (*Le jeu de l'escalier*) ist eine in der Grundschule häufig genutzte Spielvariante. Der L zeichnet eine Treppe mit einer von ihm gewählten Anzahl an Stufen an die Tafel (die Anzahl der Stufen entspricht der Anzahl der abzufragenden Wörter). Je nach Art der Reaktivierung des Wortschatzes können auch z. B. Bildkarten zum Einsatz kommen, die jeweils neben einer Stufe angeheftet werden.
Erreicht ein S die höchste Stufe, erhält er die Höchstpunktzahl, sein Name wird neben der Stufe notiert. Erreicht er weniger Stufen, wird entsprechend verfahren.
Der Zeitfaktor bei der Vorbereitung ist gering. Diese Art der Reaktivierung wird von jüngeren Lernern sehr gut angenommen. Außerdem mögen sie Übungen mit Wettbewerbscharakter. Das Spiel lässt sich bei fast allen Themen einsetzen.

Boîte à outils 28

Partnerfolie

Mit der Partnerfolie kann man die Schülerinnen und Schüler in den verschiedensten Bereichen sprachlich aktivieren. Dabei arbeiten alle Schülerinnen und Schüler einer Lerngruppe gleichzeitig.
Das Lernarrangement ist wie folgt:
Schüler(innen) arbeiten paarweise zusammen und sitzen sich gegenüber. Schüler(in) A hat einen freien Blick auf die über Overheadprojektor eingespielte Folie.
Schüler(in) B sitzt mit dem Rücken zur Folie. Schüler(in) A setzt die Impulse/stellt die Fragen und Schüler(in) B reagiert auf die Impulse/Fragen.
Schüler(in) A kontrolliert Antworten mithilfe der Lösungen auf der Folie.
Nach einem Durchgang oder nach einigen Minuten tauschen Schüler(innen) die Plätze und B setzt jetzt die Impulse oder stellt die Fragen.

Boîte à outils 29

Frage-/Antwortkärtchen

S schneiden Frage- und Antwortkärtchen aus. Die Fragekärtchen werden verdeckt auf einen Stapel gelegt, die Antwortkärtchen werden offen auf dem Tisch ausgebreitet. S1 zieht eine Fragekarte und liest die Frage vor. S2 sucht aus den Antwortkärtchen das passende Kärtchen heraus und liest die Antwort laut vor. Anschließend werden die beiden Kärtchen nebeneinander auf den Tisch gelegt. Danach zieht S2 ein Fragekärtchen und S1 antwortet usw.

Boîte à outils 30

Farbige Karten

Farbige Karten können im Unterricht zur Wiederholung grammatischer Strukturen eingesetzt werden: blau für Maskulinum, rot für Femininum, schwarz für Plural (einsetzbar z. B. beim Artikel, bei den Begleitern, beim Adjektiv usw.). Die Karten lassen sich besonders gut für Wiederholungsphasen im Unterricht verwenden.
Die Herstellung ist ganz einfach: ein farbiges DIN-A4-Blatt wird in gleich große Teile zerschnitten (DIN-A6 oder DIN-A7), dann werden die Kärtchen laminiert.

Boîte à outils 31

Kugellager

Das **Kugellager** ist ein zeitlich begrenztes Gespräch über ein **bestimmtes Thema**. Die S sitzen oder stehen sich in einem Innen- und einem Außenkreis gegenüber. Die S des Innenkreises stellen den jeweils vor ihnen befindenden S des Außenkreises Fragen oder präsentieren ihnen die Ergebnisse einer Arbeitsphase. Die S des Außenkreises beantworten die Fragen oder hören zu. Nach einer vorher vereinbarten Zeit bzw. auf Signal des L hin geht der Innenkreis im Uhrzeigersinn zwei Plätze weiter. Diesmal beginnt der Außenkreis damit, Fragen zu stellen bzw. Ergebnisse zu präsentieren und die S des Innenkreises beantworten die Fragen oder hören zu. Dieses Verfahren wird ein paar Mal wiederholt.
Vorteil der Methode: Erhöhung der individuellen Sprechzeit mit wechselnden Gesprächspartnern.

Boîte à outils 32

Aufdecktechnik

Eine Folie wird ganz abgedeckt. Sukzessive werden alle Teile aufgedeckt, sodass zum Schluss die gesamte Folie sichtbar ist.
Mit dieser Methode lenkt der L den Blick der S zunächst auf einzelne Aspekte. Dadurch beugt er der Gefahr der Ablenkung vor und ermöglicht eine zielgenaue Semantisierung. Der L hat bei dieser Methode eine stark steuernde Funktion.

Boîte à outils 33

La chasse au trésor

Einem S werden die Augen verbunden. Es wird ein Schatz versteckt, die anderen S rufen dem S mit den verbundenen Augen zu, wie er gehen muss, um den Schatz zu finden. Sobald der Schatz gefunden ist, ist ein anderer S an der Reihe, mit Hilfe von Wegbeschreibungen einen versteckten Schatz mit verbundenen Augen zu finden. Alternativ können mehrere Gruppen jeweils einen Schatz suchen. Dabei kann man örtlich ausweichen: z. B. auf den Flur, in eine andere freie Klasse, in die Sporthalle (dort kann man einen Parcours aufbauen, durch den man dann die Kinder mit verbundenen Augen schickt).

Boîte à outils 34

Offenes-Buch-Methode

Folgendes Vorgehen:
- Vorspielen der Szene von Tonträger bei geöffneten Büchern
- Erarbeitung des neuen Wortschatzes, Chorsprechen, sukzessiver Tafelanschrieb
- Bewusstmachung der Grammatik aufgrund von farbigem Tafelbild
- Lesen mit verteilten Rollen
- Auflegen der Folie bei geschlossenen Büchern
- Lehrer-Schüler-Dialog, Fragekette

Boîte à outils 35

Tandembogen

Bei den **Tandembögen** handelt es sich um Übungsbögen für die **Partnerarbeit**. Um gute Kommunikationsvoraussetzungen zu haben, sitzen sich die beiden Partner/innen während der Übungsphase gegenüber, stellen/geben sich im Wechsel Fragen/Impulse und antworten auch im Wechsel (in der Kopiervorlage 1 mit Raster unterlegt). Sie kontrollieren sich dabei gegenseitig. Nach einem Durchgang werden die Rollen gewechselt. Am Ende können einzelne Dialoge im Plenum vorgestellt werden. Vorteil dieses Verfahrens: Beide Schüler/innen sind während der Übung sprachlich produktiv.

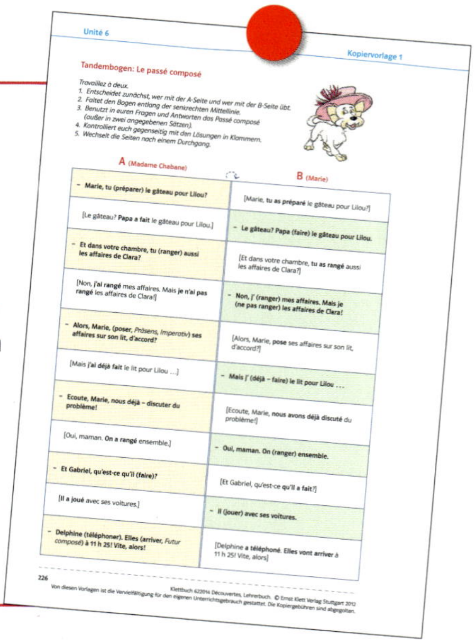
Unité 6 — Kopiervorlage 1

Tandembogen: Le passé composé

Travaillez à deux.
1. *Entscheidet zunächst, wer mit der A-Seite und wer mit der B-Seite übt.*
2. *Faltet den Bogen entlang der senkrechten Mittellinie.*
3. *Benutzt in euren Fragen und Antworten das Passé composé (außer in zwei angegebenen Sätzen).*
4. *Kontrolliert euch gegenseitig mit den Lösungen in Klammern.*
5. *Wechselt die Seiten nach einem Durchgang.*

A (Madame Chabane)	B (Marie)
– Marie, tu (préparer) le gâteau pour Lilou?	[Marie, **tu as préparé** le gâteau pour Lilou?]
[Le gâteau? **Papa a fait** le gâteau pour Lilou.]	**– Le gâteau? Papa (faire) le gâteau pour Lilou.**
– Et dans votre chambre, tu (ranger) aussi les affaires de Clara?	[Et dans votre chambre, **tu as rangé** aussi les affaires de Clara?]
[Non, **j'ai rangé** mes affaires. Mais **je n'ai pas rangé** les affaires de Clara!]	**– Non, j' (ranger) mes affaires. Mais je (ne pas ranger) les affaires de Clara!**
– Alors, Marie, (poser, *Präsens, Imperativ*) **ses affaires sur son lit, d'accord?**	[Alors, Marie, **pose** ses affaires sur son lit, d'accord?]
[Mais **j'ai déjà fait** le lit pour Lilou …]	**– Mais j' (déjà – faire) le lit pour Lilou …**
– Ecoute, Marie, nous déjà – discuter du problème!	[Ecoute, Marie, **nous avons déjà discuté** du problème!]
[Oui, maman. **On a rangé** ensemble.]	**– Oui, maman. On (ranger) ensemble.**
– Et Gabriel, qu'est-ce qu'il (faire)?	[Et Gabriel, qu'est-ce **qu'il a fait**?]
[**Il a joué** avec ses voitures.]	**– Il (jouer) avec ses voitures.**
– Delphine (téléphoner). Elles (arriver, *Futur composé*) **à 11 h 25! Vite, alors!**	[Delphine **a téléphoné**. **Elles vont arriver** à 11 h 25! Vite, alors]

226

Klettbuch 622014 Découvertes, Lehrerbuch. © Ernst Klett Verlag Stuttgart 2012
Von diesen Vorlagen ist die Vervielfältigung für den eigenen Unterrichtsgebrauch gestattet. Die Kopiergebühren sind abgegolten.

Boîte à outils 36

Au marché (Auf dem Marktplatz)

Die „Marktplatz-Methode" eignet sich zum Präsentieren oder Austauschen von Ergebnissen. Es ist eine flexible, an viele Situationen adaptierbare Methode, die Bewegung in den Unterricht bringt. Im Fremdsprachenunterricht erzielt man damit einen hohen Sprachumsatz.

Im Klassenraum muss dazu der mittlere Raum, von Tischen befreit, als „Marktplatz" groß genug sein, dass die S umhergehen und sich jeweils neue Partner/innen suchen können.

Für den Fall, dass die S die Bewegung scheuen und bei einer Partnerin/einem Partner „stecken bleiben", sollte L z. B. ein Glöckchen bereithalten und mit den S vereinbaren, dass bei jedem Ertönen des Signals ein neuer Gesprächspartner/eine neue Gesprächspartnerin gesucht wird. In der vorliegenden Situation erhalten die S den Auftrag, mit dem im Heft notierten gestrigen Tagesablauf immer wieder neue Partner/innen aufzusuchen, um sie nach ihrem Tagesablauf zu befragen.

Boîte à outils 37

Stopp-Lesen

Schüler/innen lesen Texte im Tandem. S 1 liest (halblaut), stoppt an einer beliebigen Stelle, S 2 muss den Satz beenden, z. B. Schülerbuch, S. 102, Nr. 1: S 1: *Le 14 Juillet est …* S 2: *la Fête nationale de la France: c'est l'anniversaire de la Révolution française.*
Bei Satz 2 beginnt S2 und S1 beendet den Satz.
Dieses Verfahren kann auch abschnittsweise angewandt werden.

Boîte à outils 38

Monologue minute (Einminutenrede)

Beim *Monologue minute* erhalten die S die Aufgabe, eine Minute über ein Thema möglichst frei zu sprechen. Durch das anfänglich zugelassene Auswendiglernen bekommen die S die nötige Sicherheit im Vortragen und Sprechen. In fortgeschrittenem Stadium soll dann nicht mehr auswendig gelernt werden. Man kann in einer zweiten Stufe einen „Assistenten“ soufflieren lassen oder Karteikärtchen mit Notizen zulassen, bevor man zum ganz freien Sprechen übergeht. Die Methode kann ritualisiert und den S damit die Scheu vor dem freiem Sprechen genommen werden. Außerdem erlauben die Minivorträge Sprechanteile für mehrere S, ohne dass Langeweile aufkommt.
Die Methode kann man anhand der Minitexte Schülerbuch, S. 102, Nr. 1 einführen: Jeder S lernt einen Text zu einem Fest nach Wahl auswendig und trägt ihn vor.

Boîte à outils 39

Gruppeneinteilung mit Postkarten

Eine motivierende Variante zum Abzählverfahren stellt die Gruppeneinteilung mithilfe von Postkarten dar: Jede/r S bringt zu Beginn des Schuljahres eine selbst ausgewählte Postkarte mit (schön sind natürlich Fotos oder Motive, die mit Frankreich zu tun haben), die in einer dekorativen Schachtel ihren Platz finden. Soll in Kleingruppen gearbeitet werden, bildet ein S die Zufallsgruppen durch das Ziehen der Postkarten. Dieses Verfahren lässt sich natürlich auch anwenden, wenn Hausaufgaben vorgelesen werden sollen oder wenn jemand für eine Präsentation ausgewählt werden soll.

Boîte à outils 40

Verben schnipsen

Um sich das Paradigma eines Verbs besser zu merken, können S die Verben rhythmisch schnipsen. Die Geschwindigkeit kann nach und nach gesteigert werden.

Glossar A–Z auf einen Blick

A2 des Gemeinsamen europäischen Referenzrahmens Auf dieser Niveaustufe verfügen die Schüler/innen über folgende Kompetenzen:
Hörverstehen: Sie können kurzen, langsam und deutlich gesprochenen Tonaufnahmen über vorhersehbare alltägliche Dinge wesentliche Information entnehmen.
Leseverstehen: Sie können kurze, einfache Texte lesen und verstehen, Internationalismen, gebräuchliche Zeichen und Schilder an öffentlichen Orten wie Straßen, Restaurants, Bahnstationen oder am Arbeitsplatz verstehen (Wegweiser, Verbotsschilder, Warnungen …). Sie können aus einfacheren schriftlichen Materialien spezifische Informationen herausfinden.
Sprechen: Sie können Sätze und häufig gebrauchte Ausdrücke verstehen, die mit Alltagsbereichen zusammenhängen (z. B. Informationen zur Person und zur Familie, Einkaufen, Arbeit, nähere Umgebung). Sie können sich in einfachen, routinemäßigen Situationen verständigen, in denen es um einen direkten Austausch von Informationen über vertraute und geläufige Dinge geht. Sie können mit einfachen Mitteln die eigene Herkunft und Ausbildung, die direkte Umgebung und Dinge im Zusammenhang mit unmittelbaren Bedürfnissen beschreiben.

Alternative Lehr- und Lernverfahren Als „alternativ" werden Methoden bezeichnet, die für sich in Anspruch nehmen, anders zu sein als die „konventionellen", vor allem aber ganzheitlich und nicht nur kognitiv vorzugehen. Dazu gehören unter anderem die Suggestopädie, *Total physical response, Natural Approach* und *Community language learning.*

Au marché → *Boîte à outils 36*, S. 280

Aufdecktechnik → *Boîte à outils 32*, S. 279

Aufgabenorientierter Unterricht (Task-based learning) Beim aufgabenorientierten Unterricht ist die kommunikativ orientierte Aufgabe *(task)* zentral. Diese Unterrichtsform ermöglicht Kommunikation im Klassenzimmer und implementiert gleichzeitig weiteren Sprach- und Wissenserwerb.

Auswischtechnik → *Boîte à outils 4*, S. 271

Auto-contrôle Schüler/innen überprüfen Aufgaben selbstständig anhand von Lösungen oder mithilfe der Partnerin/des Partners.

Auto-évaluation Schüler/innen schätzen ihren Kenntnisstand selbstständig ein.

Berichtigen Berichtigen nennt man die Tätigkeit des Schülers nach Rückgabe einer schriftlichen Arbeit. Der Schüler/in soll zeigen, dass er/sie seine Fehler identifiziert hat und verbessern kann. Besonders geeignet ist die Arbeit mit individuellen Fehlerkorrekturgittern.

Bienenkorb → *Boîte à outils 26*, S. 277

Bilan Schüler/innen evaluieren ihren Kenntnisstand anhand von Kompetenzerwartungen. Dies kann im Rahmen der Auto-Evaluation oder der Fremdevaluation erfolgen. Die *Bilan*-Seiten im Schülerbuch („Du kannst jetzt schon …") und Diagnosebogen im Lehrerbuch fassen die wichtigsten Kompetenzerwartungen der jeweiligen *Unité* zusammen. Die meist geschlossenen *Bilan*-Übungen und die Lösungen im Anhang ermöglichen die Selbstkontrolle. *Online-Links* zur Klett-Internetseite führen zu zusätzlichem kostenlosen Übungsmaterial.

Bildungsplan/ Lehrplan Der Bildungsplan oder Lehrplan benennt die zu erreichenden Kompetenzen. Für die allgemein bildenden Schulen sind sie mit Niveaukonkretisierungen und Umsetzungsbeispielen auf der Webeite der jeweiligen Regierungspräsidien im Internet nachzulesen.

Bildungsstandards Bildungsstandards sichern die Qualität schulischer Abschlüsse und verbessern die Vergleichbarkeit des schulischen Fremdsprachenlernens im Hinblick auf die zu erreichenden Abschlussniveaus.

CIEP *CIEP* ist die Abkürzung für *Centre international d'études pédagogique*s, das im Auftrag des französischen Erziehungsministeriums tätig ist. ⟶ DELF

Curriculum = Bildungsplan/ Lehrplan Das Curriculum, auch Bildungsplan oder Lehrplan genannt, benennt die Lernziele, die innerhalb eines Schuljahres zu erreichen sind. ⟶ schulinternes Curriculum

DELF *DELF*-Zertifikate sind staatliche, vom französischen Erziehungsministerium vergebene, Sprachdiplome, die durch Standardisierung in der ganzen Welt anerkannt sind. Die Prüfungen werden vom *Centre international d'études pédagogiques (CIEP)* entwickelt und von den Kultureinrichtungen der französischen Botschaften durchgeführt.
Die Prüfungsinhalte sind an den Gemeinsamen europäischen Referenzrahmen für Sprachen (GeR) angelehnt. Es gibt spezielle *DELF*-Prüfungen für Schüler (*DELF scolaire*).

Dico personnel *Dico personnel* bezeichnet den individuellen Wortschatz der einzelnen Schüler/innen. Schreiben oder sprechen Schüler/innen in der Fremdsprache z. B. über das eigene Befinden, die Schule, Vorlieben, Urlaub, dann benötigen sie zunehmend in der Wortschatzprogression des Lehrwerks nicht enthaltenen, zusätzlichen Wortschatz. Dieser wird je nach Bedarf im Unterricht durch die Lehrperson ergänzt. Hilfestellungen bietet z. B. das neue *Découvertes* im lektionsbegleitenden Vokabular unter der Rubrik *Mon dico personnel*. So gelingt es den Lernenden, ihren individuellen Wortschatz thematisch zu ordnen und zu erweitern.

Differenzierung und Individualisierung Es werden innere Differenzierung (Binnendifferenzierung) und äußere Differenzierung unterschieden. Das Ziel innerer Differenzierung ist, alle Lerner entsprechend ihren Voraussetzungen (Begabung, Lerntempo, Lernertyp) optimal zu fördern. Äußere Differenzierung bedeutet das Zusammenfassen von Lernern mit angenommenen annähernd gleichen Leistungsvoraussetzungen an bestimmten Schulformen. Das neue *Découvertes* unterstützt diese Förderung. Im *En plus*-Teil *(différenciation)* am Ende des Schülerbuches ab S. 116 ff. und im Anschluss an jede Einheit des *Cahier d'activités* finden die Lehrenden und Lernenden ein großes, zusätzliches Angebot an Übungen mit unterschiedlichen Niveaustufen. Diese zusätzlichen Übungen passen zu genau definierten Einsatzorten im *Atelier*-Teil der *Unités*. Weitere Differenzierungsangebote befinden sich im Lehrerbuch im Anschluss an die *unité*bezogenen Teile (Differenzieren).

Doppelstunde Eine Doppelstunde bezeichnet einen 90-Minuten Unterrichtsblock, bestehend aus zwei Unterrichtseinheiten zu jeweils 45 Minuten ohne Pause. Das Doppelstundenmodell ist u.a. eine Folge der neuen Bildungspläne, die neue Anforderungen an die Unterrichtsgestaltung stellen, wie z.B. zunehmende Schülerorientierung, offenere Arbeitsformen, verstärkte Gruppenarbeit, Projektarbeit und fächerübergreifendes Arbeiten. Die darauf ausgerichtete Unterrichtsplanung ermöglicht mehr Methodenvielfalt, Handlungsorientierung und Raum für kreative Aufgabenstellungen und intensivere Übungsphasen.

Echo-Lesen → *Boîte à outils 15*, S. 274

Echo-Methode/ Echo-Spiel → *Boîte à outils 21*, S. 276

Einsprachigkeit Lehrer/innen und Schüler/innen bemühen sich in allen Phasen des Unterrichts um eine weitgehende Verwendung der französischen Sprache. Bei der Semantisierung schwieriger Wörter oder bei Sprachreflexion ist der Gebrauch der Muttersprache erlaubt und ratsam.

E-Learning Der Computer als multimediales Medium leistet für den Französischunterricht sowohl *offline* als auch *online* hervorragende Dienste. *Offline* bietet er die Möglichkeit der individuellen und stützenden Arbeit und des Übens mit Lernsoftware, mit Nachschlagewerken und Wörterbüchern auf CD-Rom, mit Textverarbeitungsprogrammen sowie mit Präsentationsprogrammen. *Online* ist der Computer ein Medium für die Recherche und Aufbereitung von authentischen Materialien sowie für Kommunikation im Internet.

En plus *En plus* bezeichnet zusätzliche Aufgaben in unterschiedlichen Differenzierungsniveaus.

Eselsbrücken Veranschaulichende Zusatzinformationen und interessante Beispiele für die Schülerin/den Schüler liefern Erkennungssignale für das aufnehmende Gehirn. Anschauliche Darstellungen im Unterricht lassen viele Eingangskanäle mitschwingen; insbesondere sind hier die motorischen und haptischen Kanäle angesprochen. Eselsbrücken erhöhen die Speicherfähigkeit im Kurzzeit- und Langzeitgedächtnis, wenn Vokabeln, grammatische Strukturen oder andere Inhalte „begriffen" werden.

Europäisches Portfolio der Sprachen (EPS) EPS ist eine Sammlung in Form eines Ordners, basierend auf einer Initiative des Europarats, schulische und außerschulische Sprachlernleistungen eines Schülers auf der Grundlage des Gemeinsamen europäischen Referenzrahmens grenzüberschreitend und verständlich zu dokumentieren. Das EPS soll zu lebenslangem Weiterlernen ermutigen. Grundsätzlich besteht jedes EPS aus den drei Teilen Sprachenpass, Sprachenbiografie und Dossier. Eine Akkreditierung durch den Europarat ist erforderlich.

Evaluation Mittels der Evaluation werden die Leistungen der Lernenden über einen bestimmten Zeitraum hinweg bewertet. Die geläufigsten Formen sind Tests oder Klassenarbeiten. Die Leistungsermittlung muss valide und objektiv sein und hat wichtige Funktionen, z. B. diagnostische Funktion, Rückmeldefunktion, Berechtigungsfunktion, erzieherische Funktion usw.

Fachübergreifender Unterricht/ Fächerverbindender Unterricht Im fachübergreifenden/fächerverbindenden Unterricht werden in den regulären Unterricht eines Faches in Bezug auf einen Unterrichtsgegenstand oder ein Thema Beiträge aus einem anderen Fach bzw. anderen Fächern integriert, um Fachinhalte zu erweitern. Art und Umfang der Bearbeitung werden dabei vom jeweiligen Thema bestimmt.

Farbige Karten → *Boîte à outils 30*, S. 278

Feedback Feedback wird eingesetzt um Lernvorgänge und Verhaltensveränderungen auszulösen. Dabei wird Verhalten analysiert, interpretiert und die Wirkung auf andere beschrieben. Feedbackmaßnahmen fördern eine offene Kommunikation, individuellen Leistungszuwachs und können die Arbeitsatmosphäre im Hinblick auf die Zusammenarbeit verbessern.

Fehler Als Fehler werden gemeinhin Verstöße gegen das gültige Regelsystem (Kompetenzfehler) oder gegen den situationsbedingten Sprachgebrauch (Performanzfehler) angesehen. Fehler sollten als normale Begleiterscheinung unterschiedlicher Stadien von Lernprozessen („Interimssprachen") gesehen werden. Der Grad der Beeinträchtigung kommunikativer Handlungen ist bei der Fehlergewichtung entscheidend.

Fehlerlesen → *Boîte à outils 22*, S. 276

Fehlerwächter → *Boîte à outils 17*, S. 275

Fertigkeiten Fertigkeiten sind automatisierte Komponenten fremdsprachlichen Handelns, die systematisch entwickelt werden müssen. Traditionellerweise wird von vier Grundfertigkeiten ausgegangen, den rezeptiven Bereichen des Hörverstehens und des Leseverstehens sowie den produktiven Fertigkeiten Sprechen und Schreiben. Rezeptiv darf nicht mit passiv verwechselt werden, da Sprachaufnahme und Sprachverarbeitung höchst aktive Konstruktionsprozesse darstellen. Im Bereich des Hörverstehens hat sich eine Erweiterung des Verständnisses dieser Fertigkeit vollzogen, wir sprechen heute vom Hör- und Hör-Seh-Verstehen.

Flaggen basteln → *Boîte à outils 5*, S. 271

Frage-Antwort-kärtchen → *Boîte à outils 29*, S. 278

Fragekarten → *Boîte à outils 18*, S. 275

Fragekette → *Boîte à outils 13*, S. 273

Freiarbeit Freiarbeit ist eine Form offenen Unterrichts. In „freier Wahl der Arbeit" (Maria Montessori) wählen die Schüler innerhalb einer „vorbereiteten Umgebung" ihren Lerngegenstand aus, bestimmen ihr Lerntempo und ihre Lerndauer, entscheiden mit der Aufgabe auch über den Schwierigkeitsgrad und suchen sich ggf. einen Lernpartner oder eine Lerngruppe aus. Die gängigste Organisationsform ist die Wochenplanarbeit.

Fremdevaluation An Schulen wird die Fremdevaluation z. B. durch eine Schulaufsichtsbehörde durchgeführt. Die Steuerungsinstanz befindet sich außerhalb der zu evaluierenden Organisation oder Person und legt bereits im Vorfeld der Evaluation die zu evaluierenden Kriterien fest.
Als Grundlagen der Evaluation dienen z. B. die Präsentation der Schule in einem Schulportfolio, Unterrichtsbesuche oder Interviews mit allen am Schulleben beteiligten Gruppen.
Die Fremdevaluation dient dazu, Stärken der Organisation zu ermitteln und möglichen Handlungsbedarf in anderen Bereichen aufzudecken (Qualitätssicherung und Qualitätsentwicklung).

Fremdsprachen-biografie Das Motto „lebenslanges Lernen" wird in vielen Bildungsbereichen genannt – auch oder gerade beim Lernen fremder Sprachen. Diese Bestrebungen führen automatisch zu dem Begriff der Fremdsprachenbiografie. Jedes Kind soll heute mit der Erfahrung aufwachsen, dass Fremdsprachen wichtig für eine erfolgreiche Zukunftsgestaltung sind. Mit dem Durchlaufen verschiedener Phasen und Sprachen soll jedes Kind eine eigene Fremdsprachenbiografie als wichtigen Teil seiner Bildung und Ausbildung erleben. Durch die Anleitung zu eigenständigem und motiviertem Fremdsprachenlernen sollen Kinder über ihre Schulzeit hinaus weitere Fremdsprachen lernen oder Kenntnisse auffrischen bzw. erweitern. Häufig wird von einer individuellen, schulzeitbegleitenden Fremdsprachenbiografie gesprochen. Diese sollte schon früh begonnen werden, so dass ein Kind das Fremdsprachenlernen von einer zur nächsten Institution mitnimmt und erweitert. Als eine Maßnahme kann das Fremdsprachenportfolio eines jeden Kindes angesehen werden.

Frühbeginn Frühbeginn bezeichnet das frühzeitige Erlernen einer Fremdsprache.

Ganzheitliches Lernen Dieses Prinzip geht insbesondere auf Pestalozzi (1746–1872) zurück, der das Lernen mit Kopf, Herz und Hand fordert. In der Reformpädagogik wird es intensiv weiterverfolgt. Neben der Kognition wird über alle Sinneskanäle gelernt und dabei die Affektion und Kreativität angesprochen.

Gemeinsamer europäischer Referenzrahmen

Der GeR, wie der Referenzrahmen abgekürzt wird, wurde mit dem Ziel entwickelt, Fremdsprachenkenntnisse in der EU vergleichbar zu machen und Standards für fremdsprachliche Lehr- und Lernprozesse zu erstellen. Mithilfe des Referenzrahmens ist eine fundierte Eigen- und Fremdeinschätzung möglich. Er ermöglicht zum einen, den Ist-Zustand zu ermitteln; zum anderen zeigt er die Lernbereiche auf, in denen sich die Lernerin/der Lerner noch verbessern kann. „Der Gemeinsame europäische Referenzrahmen: Lernen, Lehren und Beurteilen" teilt die fremdsprachliche Kompetenz in Teilkompetenzen ein.
Der Referenzrahmen gibt verschiedene Niveaus der Sprachbeherrschung an. Vom niedrigsten Niveau beginnend werden sie als A1, A2, B1, B2, C1 und C2 bezeichnet. Bei allen Niveaus werden die einzelnen Fertigkeitsbereiche wie Leseverstehen, Hörverstehen, schriftliche Sprachproduktion und mündliche Sprachproduktion dargestellt.

Geschlossene Unterrichtsformen

Unterrichtskonzepte gelten als geschlossen, wenn sie relativ detailliert definiert, klar strukturiert und kleinschrittig sind. Der Unterricht ist für alle Schüler gleich, denn er wird vom Lehrer für alle gemeinsam durchgeführt. Dahinter steht die Überzeugung, dass auf diesem klar festgelegten Weg die meisten Schüler das Meiste in relativ kurzer Zeit lernen.

Grammatikvermittlung

Grammatikvermittlung erfolgt in der Schule didaktisch reduziert und in einer linguistischen und pragmatischen Progression. Man unterscheidet zwischen einem induktiven Vorgehen, bei dem die Lerner eine Regelhaftigkeit auf der Basis von Beispielen selbst erkennen sollen, und einem deduktiven, bei dem der umgekehrte Weg von der allgemeinen Regel zur Anwendung in konkreten Beispielen gegangen wird. Grammatik hat eine „dienende Funktion". Ziel ist die kompetente Reflexion über die Fremdsprache.

Gruppenbildung mit Postkarten

⟶ *Boîte à outils 39*, S. 32/S. 281

Gruppenbildung mit Zahlen

⟶ *Boîte à outils 8*, S. 272

Handlungsorientierung

Bei handlungsorientiertem Unterricht steht die Aktivität der Schülerin/des Schülers im Mittelpunkt. Die Schülerin/Der Schüler wird zur Selbstorganisation und -verantwortung erzogen mit der beratenden Lehrperson als Hilfe. Handlungsorientierter Fremdsprachenunterricht orientiert sich an der Lebenswelt der Schüler/innen, ist schülerzentriert, interaktiv, inhaltsorientiert, intentional und ganzheitlich. Leitziel ist die Kommunikationsfähigkeit, so dass eine Brücke geschlagen wird zwischen schulischem Lernen und außerschulischem Verhalten und der Anwendung des Wissens.

Hörtext verstehen

⟶ *Boîte à outils 11*, S. 273

Individualisierung

Methoden/Aufgaben usw., die auf das Individuum, den Einzelnen genau abgestimmt sind.

Individualisiertes Lernen

⟶ Differenzierung/Individualisierung

Individueller Wortschatz Individualisierter Wortschatz bezeichnet im Unterschied zum Lernwortschatz den Wortschatz, den jede/r Einzelne erworben hat. → *Dico personnel*

Interkulturelle Kompetenz Bei dieser Kompetenz geht es darum, den Lernenden Neugier und Offenheit für andere Kulturen zu vermitteln, Orientierungswissen mit entsprechender Handlungsorientierung aufzubauen und mit der eigenen Kultur zu vergleichen. Dabei soll dem Aspekt der Fremdartigkeit tolerant und kritisch begegnet werden und die Bereitschaft eigene Positionen zu überdenken gefördert werden.

IQB (Institut für Qualitätssicherung im Bildungswesen) Das Institut für Qualitätsentwicklung im Bildungswesen (IQB) unterstützt die Arbeiten der Länder in der Bundesrepublik Deutschland in Bezug auf Sicherung und kontinuierliche Weiterentwicklung von Bildungserträgen im Schulsystem. Ziele des IQB sind die Weiterentwicklung, Operationalisierung, Normierung und Überprüfung von Bildungsstandards.

Kollokation Kollokationen sind typische und gebräuchliche Wortverbindungen aus mindestens zwei Wörtern, wie zum Beispiel *la carte bleue* (Visakarte), *le pain complet* (Vollkornbrot) oder *mettre la table*. Sie sind ein fester Bestandteil der alltäglichen Kommunikation.

Kompetenzen Kompetenzen geben Auskunft über das, was jemand kann. In den neuen Bildungsstandards geht es um den Erwerb kommunikativer Fertigkeiten (Hör- und Hör-Seh-Verstehen, Leseverstehen, Sprechen, Schreiben und Sprachmitteln), um das Verfügen über sprachliche Mittel, um interkulturelle und methodische Kompetenzen. Diese werden im neuen *Découvertes* in jeder *Unité* Schritt für Schritt aufgebaut und thematisch sinnvoll miteinander verknüpft.

Kooperatives Lernen Soziale Lernformen wie Partner- und Gruppenarbeit sind besondere Formen von Kleingruppenunterricht, die Prozesse beim Lernen thematisieren und strukturieren. Sie fordern eine hohe Aktivität der Lernenden bei der gemeinsamen Lösung eines Problems.

Korrektur Korrektur nennt man die Tätigkeit des Lehrers, Fehler in Schülertexten zu markieren, zu klassifizieren und zu gewichten. Die Korrektur eines Fehlers ist abhängig vom Kenntnisstand des Lerners, von der konkreten Unterrichtssituation und von den verfolgten Lehrzielen. Wichtig beim Umgang mit Fehlern sind Fehlerprophylaxe und Fehlervermeidungsstrategien.

Kugellager → *Boîte à outils 31*, S. 279

La chasse au trésor → *Boîte à outils 33*, S. 279

Lehrerraumprinzip Das Lehrerraumprinzip ordnet die Unterrichtsräume einer Schule den Lehrkräften zu. Diese unterrichten v. a. in ihrem Raum oder einer begrenzten Anzahl von Räumen. Die Lerngruppen wechseln die Räume und kommen zum Fachunterricht zu der jeweiligen Lehrperson. Räume können den Erfordernissen eines Faches entsprechend gestaltet und mit Materialien (z. B. frankophone Wandplakate, Leseecke im Französischunterricht) ausgestattet werden.

Lernaufgaben Lernaufgaben im Fremdsprachenunterricht sind Arbeitsaufträge, bei denen die Schüler/innen im Anschluss an Übungen ihre erworbenen Kompetenzen (Hörverstehen, Schreiben, Sprechen, Mediation, Lesen) konkret situativ einsetzen müssen.

Lernfortschritt Lernfortschritt bezeichnet die Entwicklung/Weiterentwicklung des Lernens einer Lernenden/eines Lernenden. Im Rahmen von Evaluationsbogen haben die Lernenden die Möglichkeit, ihren Lernfortschritt selber einzuschätzen.

Lernorientierung In einem lernorientierten Fremdsprachenunterricht erwerben die Schüler/innen ihre fremdsprachlichen Kenntnisse aktiv und selbstbestimmt in der Interaktion mit der Lehrperson und den Mitschülern. Vorhandenes Wissen wird mit neu erworbenen Wissen verknüpft. Eine dafür geeignete Methode ist das entdeckende Lernen. Hier erschließen die Lernenden neue grammatische Strukturen auf der Grundlage von Beispielsätzen und formulieren anschließend selbstständig die Regel.

Lernkompetenz/Lern- und Arbeitstechniken/Lernen durch Lehren Lernkompetenz bei Schüler/innen umfasst die Fähigkeit, eigenes Lernen und Können zu planen, strukturieren, gestalten, reflektieren, kontrollieren und zu bewerten. Die Umsetzung der Lernkompetenz erfordert Lernstrategien, bestimmte Lern- und Arbeitstechniken, die bei den Lernaufgaben geübt werden. ⟶ *Boîte à outils 19*, S. 275

Lerntypen Es gibt nahezu so viele Lerntypen in einer Klasse wie Schüler/innen. Demzufolge sollen Schüler/innen angeleitet werden zu erkennen, wie sie am besten lernen. Eine mögliche Kategorisierung geht von fünf Lerntypen aus: Gesprächstyp, visueller Typ, haptischer Typ, verbal-abstrakter Typ und auditiver Lerntyp. Es sind auch Mischformen möglich. Wie hier zu sehen ist, sind insbesondere die Sinneskanäle von Bedeutung. Demzufolge stellt die Lehrperson den Schülerinnen/Schülern vielfältige Angebote zur Verfügung, um alle zu erreichen und bestmöglich zu fördern.

Lernwortschatz Lernwortschatz bezeichnet den Wortschatz, den die Schüler/innen im Laufe eines Lehrgangs gemeinsam erwerben.

Lire – Regarder – Parler ⟶ *Boîte à outils 7*, S. 272

Medien Zu den klassischen Medien zählen auditive (z. B. CD), visuelle (z. B. Tafel, Overheadprojektor, Bilder) und audiovisuelle Medien (z. B. Film, Video, DVD, Beamer) sowie das Lehrwerk. Zu den neuen Medien zählen Computer, Software, Smartboard usw.

Mehrsprachigkeit Ein Mensch wird als mehrsprachig bezeichnet, wenn er in der alltäglichen Kommunikation zwei oder mehr Sprachen benutzt. Der Wechsel von der einen in die andere Sprache gelingt ohne Probleme. Mehrsprachigkeit wird immer wichtiger und als Schlüsselkompetenz angesehen.

Mentales Lexikon Man vermutet, dass der Wortschatz einer Sprache in einer organisierten und geordneten Form in bestimmten Bereichen des Gehirns abgespeichert ist. Diese einzelnen „Speicherareale" für die verschiedenen Sprachen sind allerdings untereinander verbunden; sie können zu Interferenzen Anlass geben, stellen gleichzeitig aber ein Transferpotenzial dar.

Methodenkompetenz Methodenkompetenz wird verstanden als die Fähigkeit, Informationen zu beschaffen, zu strukturieren, zu bearbeiten, aufzubewahren, wieder abzurufen und darzustellen; das eigene Lernen zu planen, zu gestalten und auszuwerten; Ergebnisse von Verarbeitungsprozessen richtig zu interpretieren und in geeigneter Form zu präsentieren; Problemlösungstechniken anzuwenden und Problemlösungsprozesse zu gestalten.

Modulares Unterrichten Beim Unterrichten in Modulen wird von der Lehrwerksprogression abgewichen und themenorientiert gearbeitet.

Monologue minute → *Boîte à outils 38*, S. 281

Motivation Für das Erlernen einer Fremdsprache ist es wichtig, dass die Lernerin/der Lerner durch das Lehrwerk und den Unterricht motiviert wird. Dies gelingt z. B. durch Angebote im Lehrwerk, die verstärkt das eigenständige Üben in den Vordergrund setzen und das Gefühl vermittelt, sich in einer sanktionsfreien Lernumgebung zu bewegen. Dies findet man z. B. im neuen *Découvertes* in den *Bilan*-Teilen, *Plateau*-Phasen und bei den Differenzierungsaufgaben.

Murmelphase → *Boîte à outils 24*, S. 277

Museumsgang → *Boîte à outils 12*, S. 273

Namenskarten → *Boîte à outils 2*, S. 271; *Boîte à outils 16*, S. 274

Netzwerkarbeit Neue Tendenzen der Unterrichtsentwicklung streben an, Schulen unterschiedlicher Form und Trägerschaft immer stärker in lokalen Netzwerken zur Unterrichtsentwicklung zusammenzubringen, damit sie gemeinsam an verschiedenen Themen arbeiten und von- bzw. miteinander lernen können.

Offenes-Buch-Methode → *Boîte à outils 34*, S. 279

Offener Unterricht Unterrichtskonzepte gelten als offen, wenn unterschiedliche Situationen überlegt und verschiedene unterstützende Hilfsmittel und Materialien vorbereitet werden, um Variabilität für den individuellen Zugang der Schüler/innen und für den Prozess des Lernens zu haben. Was Schüler/innen beitragen und einbringen, was die Gruppe vorschlägt und überlegt, wird ernst genommen und beeinflusst den Unterrichtsverlauf. Offener Unterricht ist dabei ein Sammelbegriff für viele verschiedene Unterrichtsformen, wie z. B. Lernen an Stationen, Freiarbeit, Projektunterricht, Simulationen, Rollenspiele und szenisches Interpretieren.

Omniumkontakt → *Boîte à outils 3*, S. 271

Outputorientierung Neben dem traditionellen Französischunterricht, der bislang eher an der Lernzielorientierung angelehnt war (Input), haben die Bildungsstandards eine Umorientierung hin zur Outputorientierung veranlasst, d. h. die Lehrperson gestaltet den Unterricht kreativer und freier gemäß neuen Bildungsstandards. Dabei steht nicht im Vordergrund was die Lehrperson lehrt, sondern was die Lernenden können. → Schülerorientierung

Partnerevaluation Partnerevaluation, auch Partnereinschätzung genannt, bezeichnet die Einschätzung der Lernpartnerin/des Lernpartners. Im *Cahier d'activités* unter der Rubrik „Das kann ich schon!" kommt die Partnereinschätzung als Evaluationsinstrument zum Einsatz.

Partnerfolie → *Boîte à outils 28,* S. 278

Persönlichkeitsbezogene Kompetenzen / Savoir-Être Teil der allgemeinen Kompetenzen; individuelle, die Persönlichkeit charakterisierende Faktoren wie positive Einstellungen zum Fremdsprachenunterricht, Motivationen, Selbstkontrolle, Selbsteinschätzung, Kritikfähigkeit und Werte.

Phonem-Graphem-Korrespondenz Hierbei geht es um die Vernetzung von visuellen und auditiven Leistungen. Die Verbindung von Laut- und Schriftsprache bereitet vielen Schülerinnen/Schülern gerade in der Fremdsprache Schwierigkeiten.

Plateau-Phase Plateau-Phasen sind Unterrichtsphasen, in denen die Schüler/innen sich keine neuen Strukturen und Wortschatz aneignen, sondern ihre erworbenen Kompetenzen sichern, anwenden und evaluieren. Diese sind im neuen *Découvertes* als fakultativ gekennzeichnet und befinden sich nach *Unité* 2, 4 und 7.

Portfolio/ Portfolio-Mappen Ein Portfolio ist eine Sammelmappe mit individuellen Dokumentationen des schulischen und außerschulischen Lernens. Die für den Fremdsprachenunterricht wichtigste Form ist das Europäische Portfolio der Sprachen. Im neuen *Découvertes* werden die Schüler/innen behutsam Schritt für Schritt mittels einer Portfolio-Aufgabe am Ende jeder *Unité* zur Erstellung einer eigenen Portfolio-Mappe angeleitet.
→ *Boîte à outils 10,* S. 272

Prozedurales Wissen/Savoir-faire Teil der allgemeinen Kompetenzen; Fähigkeit, Handlungen und Prozesse zu planen und auszuführen und dabei die nötigen Mittel richtig einzusetzen.

Referenzrahmen → Gemeinsamer europäischer Referenzrahmen

Ritualisierung Rituale im Unterricht (z. B. die Art der Begrüßung, der Hausaufgabenbesprechung, der Vokabelüberprüfung usw.) geben jeder Unterrichtsstunde einen Rahmen. Sie strukturieren den Ablauf und bringen Abwechslung und Tempo in den Unterricht. Darüber hinaus liefern Rituale Transparenz und sorgen für eine bessere Planungskompetenz auf Seiten der Lehrenden und Lernenden.

Sachkompetenz/ Savoir
Unter Sachkompetenz wird das deklarative Wissen und die Entwicklung kommunikativer Fertigkeiten (Hör-Seh-Verstehen, Leseverstehen, Sprechen, Schreiben) verstanden. Dazu gehören der Erwerb sprachlicher Mittel (Wortschatz, Grammatik, Aussprache und Intonation, Orthografie, Pragmatik), die Fähigkeit zur Sprachreflexion, das Wissen um Strukturen, Fähigkeiten im Umgang mit französischsprachigen Texten sowie der Erwerb soziokulturellen Orientierungswissens (grundlegendes Wissen über Geografie und Geschichte, Politik und Gesellschaft, Werte und Normen, Sitten und Bräuche, *Civilisation quotidienne* etc.)

Schlüsselqualifikation
Schlüsselqualifikationen sind fachunspezifische Kompetenzen im kognitiven Bereich wie zusammenhängendes Denken, Problemlösen, kommunikative Kompetenzen, soziale Kompetenzen (Teamfähigkeit, Kritikfähigkeit), Selbstkompetenz (Kreativität, Ausdauer), die im Unterricht auf verschiedene Art und Weise eingeübt werden.

Schlüsselwörter
Als Schlüsselwörter werden Wörter bezeichnet, die für den Inhalt eines Textes, Gesprächs usw. wichtiger sind als andere Wörter. Anhand von Schlüsselwörtern können die Hauptaussagen von (Text)inhalten verstanden werden.

Schülerfeedback
Beim Schülerfeedback geben die Lernenden z. B. in Form von Fragebogen, ein Feedback darüber, wie sie den Unterricht und die Lehrperson wahrnehmen.

Schülerorientierung
Hierbei handelt es sich um einen kreativ und frei gestalteten Unterricht, der auf den neuen Bildungsstandards basiert, und auf die Lernenden und deren Können fokussiert ist.

Schulinternes Curriculum
Schulinterne Curricula werden in den einzelnen Fachkonferenzen einer Schule verabschiedet und enthalten eine Zusammenstellung von Unterrichtseinheiten, die für das jeweilige Fach an der jeweiligen Schule verbindlich und spezifisch sind.

Selbstevaluation/ Selbsteinschätzung
→ *Auto-évaluation*

Sozialformen
Sozialformen beschreiben, in welchen Beziehungsstrukturen im Unterricht gelernt wird. Einzel-, Partner- und Gruppenarbeit, aber auch moderne interaktive Formen sind die gebräuchlichsten Varianten.

Soziokulturelles Wissen
Unter soziokulturellem Wissen wird Orientierungswissen über die Alltagskultur des eigenen Landes und anderer (französischsprachiger) Länder verstanden. Soziokulturelles bzw. landeskundliches Wissen ist die Basis für die Entwicklung einer interkulturellen Kompetenz.

Sprachbewusstsein
Bei Sprachbewusstsein handelt es sich um das Bewusstsein für die Struktur von Sprache und das Erkennen von Einheiten wie Text, Satz, Wort und Silbe. Es ist von großer Bedeutung, dass Schüler/innen erkennen, wie sprachliche Einheiten in kleinere segmentiert und daraus wieder größere sprachliche Strukturen aufgebaut werden können.

Sprachenbiografie
→ *Boîte à outils 6*, S. 272

Sprachenübergreifendes Unterrichten Sprachenübergreifendes Unterrichten meint das Einbeziehen von weiteren Sprachen in den Französischunterricht. Dies kann auf vielfältige Weise passieren: durch Wortschatzerschließung und -vernetzung, durch kontrastive Spracharbeit und die Schaffung von Sprachbewusstheit sowie durch Übertragen von in einer Sprache erworbenen Techniken auf andere Sprachen. Außerdem kann Französisch als „Brückensprache" für den Erwerb von rezeptiven oder produktiven Kenntnissen in anderen (romanischen) Sprachen dienen.

Sprachmittlung/Médiation Sprachmittlung/*Médiation* bedeutet, vorgegebene Äußerungen oder Texte aus der einen Sprache in eine andere Sprache zu übertragen. Damit ist sowohl das Übersetzen (schriftlich), das Dolmetschen (mündlich) als auch das sinngemäße Übertragen (schriftlich oder mündlich) gemeint. Letzteres gewinnt im Unterricht in lernerorientierten Situationen an Bedeutung; die traditionelle Übersetzung ist auf dem Rückzug.

Sprachspiele Sprachspiele werden im Fremdsprachenunterricht verstärkt eingesetzt, um einen spielerischen Zugang zur Fremdsprache zu ermöglichen.

Stopp-Lesen → *Boîte à outils 37*, S. 280

Tandembogen → *Boîte à outils 35*, S. 280

TPR – Total physical response → *Boîte à outils 20*, S. 276

Treppenspiel → *Boîte à outils 27*, S. 278

Unterrichtsmappen → *Boîte à outils 10*, S. 272

Unterrichtsmethode Unter Unterrichtsmethode versteht man die Gesamtheit der Schritte, Maßnahmen und Bedingungen, die über die Auseinandersetzungen mit den Unterrichtsinhalten zum Unterrichtsziel hinführen sollen.

Unterrichtsplanung Unterrichtsmethoden beinhalten sorgfältige Planungsphasen, um mit Unterrichtsinhalten zum Unterrichtsziel zu gelangen. Auch die didaktisch reflektierte Organisierung von Lernprozessen ist dabei von großer Bedeutung. So ist die Lehrperson gefordert, eine abgestimmte Stoff- und Methodenauswahl zu treffen, die Schülervoraussetzungen und -interessen bei der Planung des Unterrichts miteinzubeziehen und darauf zu achten, dass die Unterrichtsplanung vorgenommen wird von der Hinführung zur Festigung, vgl. Rubrik „Schritte zur Erarbeitung".

Verben schnipsen → *Boîte à outils 40*, S. 94/S. 281

Vernetzung Dem fächerübergreifenden und -verbindenden Unterricht kommt eine große Bedeutung bei der Vernetzung von Lerninhalten zu, wenn Lernleistungen bei neu erworbenem Wissen mit bereits vorhandenem Wissen vernetzt werden.

Visualisierung Im Fremdsprachenunterricht werden Bilder, Illustrationen und Grafiken zur Visualisierung eingesetzt. Sie dienen der Veranschaulichung, Motivation und der Anregung von Denkprozessen.

Vokabellernen → *Boîte à outils 14*, S. 274

Vokabelmemory → *Boîte à outils 23*, S. 277

Vorentlastung Neue Unterrichtsgegenstände und -themen werden vorentlastet (Schlüsselwörter, Bilder, Beispielsätze usw.), so dass die Schüler/innen davon ausgehend Hypothesen bilden können. Dies umfasst Aktivitäten vor der Bearbeitung, die bedingen, dass die Schüler/innen ein neues Phänomen anschließend in seiner Gesamtheit schneller erfassen, weil sie bereits auf Vorkenntnisse/Vorwissen aufbauen.

Wissen Wissen und Fertigkeiten in der Fremdsprache werden durch zyklisches und wiederholendes Üben gefestigt. Dabei sollte Üben motivierend (situativ und kommunikativ) und methodisch abwechslungsreich gestaltet werden.

Wochenplanarbeit Wochenplanarbeit ist eine Form offenen Unterrichts. Wochen- oder auch Tages- bzw. Monatspläne legen Pflicht- und Wahlpflichtaufgaben für einen Schüler/eine Schülerin innerhalb eines abgegrenzten Zeitrahmens fest. Wochenpläne sind oftmals in einen thematischen Rahmen eingebunden. Sie können fachbezogen, fachübergreifend oder projektorientiert angelegt sein. Schüler können ebenfalls an der Erstellung von Wochenplänen beteiligt werden.

Wortschatzarbeit Wortschatzarbeit bezeichnet Unterrichtseinheiten, Aufgaben usw., die dem Wortschatzerwerb dienen.

Wortschatzerwerb Die Geschichte des Fremdsprachenunterrichts ist reich an methodischen Varianten zum Thema „Wörterlernen“, die einen Spannungsbogen von überwiegend mechanischen („Vokabelpauken“) zu mehr kognitiv ausgerichteten Konzepten (intelligentes Vernetzen im mentalen Lexikon) aufweisen. Man vermutet heute, dass der Wortschatz (und auch die Syntagmen) einer Sprache in einer organisierten und geordneten Form in bestimmten Bereichen des menschlichen Großhirns abgespeichert ist. Dies bezeichnet man als das mentale Lexikon. Es gibt geeignete Phasenmodelle zum Lehren und Lernen neuer Wörter.

Zeitwächter → *Boîte à outils 25*, S. 277

Zweitsprachenerwerb Zweitsprachenerwerb befasst sich mit der Frage, wie Menschen eine andere als ihre erste Sprache außerhalb des Unterrichts erlernen. Zum einen besteht die Auffassung, dass dies auf der Basis angeborener Prinzipien und Strukturen geschieht, zum anderen wird der Zweitsprachenerwerb als ein Ergebnis sozialer Interaktion gesehen.

Bildquellennachweis

Bayard JEUNESSE, Paris, 189.1; Bernard Friot, 107.1; Bétot., Bill Akwa, Bagnolet, 14.1, 14.2, 14.3, 14.4, 14.5; BigStockPhoto.com (muzsy), Davis, CA, 218.10; Cinetext GmbH (Constantin), Frankfurt, 253.1; Corbis (Sydney Low/NewSport), Düsseldorf, 204.1; Corel Corporation Deutschland, Unterschleissheim, 139.5; dreamstime.com (Ints Vikmanis), 218.8; (Rafer), 140.8; (Speedfighter17), Brentwood, TN, 246.1; Festival International de la Bande Dessinée, citer®9eArt+/FIBD, Paris, 193.1; Festival des Tr.s Courts, 195.1; Fotolia.com (XE13), 206.1; (alain wacquier), 136.2, 139.3, 140.3; (babimu), 218.4; (Betacam-SP), 139.9; (byjeng), 140.9; (FOOD-pictures), 164.1; (full image), 139.6; (Henri FRONTIER), 156.1; (Klaus Eppele), 218.7; (Lionel Fristot), 246.1; (Ludovic L'HENORET), 173.1; (M.studio), 136.12; (Maceo), 136.7; (mario beauregard), 140.1; (photocrew), 140.11; (Tatyana Nyshko), 140.7; (tycoon101), 140.10; (ueuaphoto), 218.5; (Yves Damin), New York, 140.14; France Télévisions (2013), Paris, 16.1, 16.6; Gendrot, Paul, Paris, 263.1; Germano Zullo, 223.1; Getty Images (AFP PHOTO / JOHN THYS), 142.1; (Bridgeman), 17.4; (hemis.fr), 266.1; (Stone), München, 246.6; Imago, Berlin, 17.8; Ingram Publishing, Tattenhall Chester, 136.1, 139.2, 140.2; iStockphoto (Alberto L. Pomares G.), 218.9; (Jason Titzer), 246.5; (Neil Wysocki), 139.8; (Olivier Blondeau), 136.3, 139.1, 140.4; (vikif), Calgary, Alberta, 136.9; MARCO POLO, Paris (F. Bouillot/Naudin), 136.10, 261.1; Klett-Archiv, 13.1, 17.3, 17.5, 17.6, 17.7, 17.9; (MARCO POLO, Paris (F. Bouillot/Naudin)), 248.3, 265.1, 265.2, 265.3; (Peter Nierhoff), 199.1; (Prisca Martaguet), 221.1; (Stefan Zörlein), U4.5; (Tevau GmbH), Stuttgart, 16.2, 16.3, 16.4, 16.5, 16.7, 17.2; laif (Eric CATARINA/STILLS/GAMMA), 86.1; (RGA/REA), Köln, 103.1; BILD-GÜZ, Stuttgart, 215.1; Mauritius Images (Alamy), Mittenwald, 72.2; Mediatoon Foreign Rights, Paris, 148.1, 148.2, 148.2, 148.2, 148.3, 148.3, 148.3; PantherMedia GmbH (Josef Müllek), München, 218.3; shutterstock (sam100), 218.2; (Daniel Gilbey Photography), 140.12; (Monkey Business Images), 139.4; (Muellek Josef), 246.2; (Ramon grosso dolarea), 136.11; (Rohit Seth), 140.13; (Sandra Kemppainen), 136.5; (TimmyQ), 246.4; (Viktor1), New York, NY, 136.8; Télé Bocal Association loi 1901, Paris, 17.1; Thinkstock (Digital Vision), 218.1; (George Doyle), 136.4; (iStockphoto), München, 63.1, 72.1, 136.6, 139.7, 140.5, 140.6, 218.6, 257.1; www.pixelio.de (Barbara Unterberger), München, 261.2

Sollte es in einem Einzelfall nicht gelungen sein, den korrekten Rechteinhaber ausfindig zu machen, so werden berechtigte Ansprüche selbstverständlich im Rahmen der üblichen Regelungen abgegolten.

Inhalte der CD-ROM

Kopiervorlagen zur Differenzierung aus dem Lehrerbuch . . .
- Diagnosebögen mit Lösungen
- Förderübungen mit Lösungen
- Differenzierungsübungen mit Lösungen

Lösungen . . .
zu den Übungen aus dem Schülerbuch und dem *Cahier d'activités*

alle Kopiervorlagen aus dem Lehrerbuch . . .
sowie die Lösungen dazu

Transkripte . . .
aller Hörtexte des Schülerbuchs und des *Cahier d'activités*

in Kürze . . .
- alle *Boîtes à outils*
- alle *Préparations en 3 minutes*
- „Auf einen Blick-" und *„Mon dico personnel"*
- alle Kästchen aus dem lektionsbegleitenden Vokabular des Schülerbuchs
- Tafelbilder aus dem Lehrerbuch in editierbarer Form

Übergreifendes Zusatzmaterial . . .
- Beispiel für ein schulinternes Curriculum und eine Vorlage dazu